普通高等教育精品规划教材

高等学校出版科学专业系列教材

出版学导论

罗紫初 著

WUHAN UNIVERSITY PRESS
武汉大学出版社

图书在版编目(CIP)数据

出版学导论/罗紫初著.—武汉：武汉大学出版社,2014.8(2022.8 重印)
高等学校出版科学专业系列教材
ISBN 978-7-307-14123-0

Ⅰ.出…　Ⅱ.罗…　Ⅲ.出版学—高等学校—教材　Ⅳ.G230

中国版本图书馆 CIP 数据核字(2014)第 193893 号

责任编辑:詹　蜜　　责任校对:汪欣怡　　版式设计:马　佳

出版发行:**武汉大学出版社**　(430072　武昌　珞珈山)
(电子邮箱：cbs22@ whu.edu.cn　网址：www.wdp. com.cn)
印刷:湖北金海印务有限公司
开本:720×1000　1/16　　印张:21.25　　字数:368 千字　　插页:1
版次:2014 年 8 月第 1 版　　2022 年 8 月第 4 次印刷
ISBN 978-7-307-14123-0　　定价:45.00 元

目　录

第一章　出版活动概述

☞ **内容要点：**

本章重点论述出版的概念及其基本环节，出版物的概念、类型、结构及其相关知识，出版活动产生与发展的简要过程等。

☞ **学习要点：**

通过本章的学习，熟悉出版和出版物的基本概念及相关知识，了解出版活动产生与发展的历史过程。

☞ **关键术语：**

出版、出版活动、出版资本、出版项目策划、选题、组稿、审稿、加工整理、装帧设计、发稿、校对、出版物发行、出版物、开本、印张、中国标准书号及代码、中国标准连续出版物号及代码、音像制品、电子出版物、网络出版物、非正式出版物、内部出版物、非法出版物、淫秽出版物、知识生产、书肆、槐市、雕版印刷术、活字印刷术、电子书

出版活动是人类社会发展到一定阶段的产物，既是人类文明发展的重要标志，又是促进人类文明发展的有力工具，对社会的发展有着极为重要的促进作用。

第一节　出版活动及其构成

探讨出版活动的规律性，必须首先了解什么是出版。对出版概念的不同理解，实际上反映了人们对出版活动内涵的不同认识。所以，中外出版界都很重视对出版概念的研究，并由此而形成了各种不同的描述。本节的探讨，即从对出版活动各种不同描述的介绍开始。

一、国内外出版界对出版活动的认识

国内外出版界对出版活动的认识，既有相通之处，也有不同之点。现将

国内外出版界对出版活动认识的几种代表性观点列举如下。

1. 国外出版界对出版活动的描述

日本学者认为："采用印刷术及其他机械的或化学的方法，对文稿、图画、照片等著作品进行复制，将其整理成各种出版物形态，向大众颁布的一系列行为，统称为出版"。① 英国学者认为：出版是指"向公众提供用抄写、印刷或其他任何方法复制的书籍、地图、版画、照片……"②美国学者认为："出版是公众可获得的，以印刷物或电子媒介为形式的出版物的准备和印刷、制作的过程。"③

1971 年出版的《世界版权公约》第 6 条给出版所下的定义是："可供阅读或者通过视觉可以感知的作品以有形的形式加以复制，并把复制品向公众传播的行为。"④韩国学者认为：出版是"以散布或发售为目的，把文稿、文书或图画、乐谱之类印刷出来使之问世、刊行。"⑤

各国学者给出版所下的定义尽管在文字上稍有差别，但对出版活动本质特征的描述却十分接近。各国学者都认为出版活动的内涵应由以下内容构成：①出版是将已有的作品加工形成出版物的过程；②原始作品必须经过一个大量复制的过程，使其具有一定的载体形式，才能成为出版物；③通过一定方式使公众获得这些出版物。

2. 国内出版界对出版活动的认识

与国外学者对出版活动内涵的认识较为一致的情况相比，国内出版界对出版活动内涵的认识则有着较明显的差异。现将国内学者对出版内涵的几种代表性的描述如下：①"凡将文字、图画或其他符号印刷到纸上，或把它们印成为图书报刊的工作，都称为出版。"⑥②"把书刊、图画等编印出来。"⑦③"把著作物编印成为图书报刊的工作。"⑧④"出版是指出版机构根据一定的方针和计划，选择整理人类的思想成果和资料，通过出版赋予它们一定的

---

① 中国出版科学研究所．编辑实用百科全书[M]．北京：中国书籍出版社，1994：7.

② 林穗芳．明确出版概念，加强出版学研究[J]．出版发行研究，1990(6)：14.

③ 彭建炎．出版学概论[M]．长春：吉林大学出版社，1992：8.

④ 中国出版科学研究所．编辑实用百科全书[M]．北京：中国书籍出版社，1994.

⑤ 林穗芳．明确出版概念，加强出版学研究[J]．出版发行研究，1990(6)：14.

⑥ 赵晓恩．出版词典[M]．北京：中国书籍出版社，1991：3.

⑦ 汉语大字典编委会．汉语大字典[M]．武汉：湖北辞书出版社，1988：5.

⑧ 夏征农．辞海[M]．上海：上海辞书出版社，1989：2867.

物质形态，然后向社会传播。"①⑤《中华人民共和国著作权法实施条例》的定义："出版，指将作品编辑加工后，经过复制向公众发行。"②⑥"出版，是出版者对作者创作的作品进行选择、加工，然后以某种载体形式（如图书、报刊、声像制品、软件制品等）通过流通领域传播给读者（或用户）的过程。"③⑦"社会上各种作品，包括文稿、图片、信息、音响、录像制品等原件，汇集到出版机构以后，经过审定、选择、编辑和加工，使一定的物质载体复制成各种形式的出版物，通过流通渠道传播到全社会。"④

国内对出版活动内涵认识的诸种观点，大体可分为两大类型。一类观点认为出版活动主要是出版物的印刷工作，包括①、②、③种意见都属于此种类型。这类在我国出版界长期占主流地位的观点，是在我国出版实践活动长期按计划分工模式运作的条件下形成的。它将发行活动排斥于出版之外，缺少对出版内涵中最关键部分——出版目的的描述，很显然，这类观点对出版内涵的揭示是不完整的。另一类观点吸纳了国外出版界对出版内涵认识中的合理部分，并结合我国出版界非常重视编辑工作的特点，对出版活动内涵进行了较全面的描述，这些表述已与国际出版界对出版活动内涵的认识逐步接近。林穗芳先生在为《编辑实用百科全书》所撰写的有关词条中，提出将作品转化为出版物要具备四个条件：一是经过编辑，具有适合阅读或吸取的内容；二是具有一定的物质形式；三是经过复制；四是向公众发行，如出售、出租等。这可以说是第二类观点对出版活动内涵理解的代表性描述。新闻出版总署组织编写的《出版专业理论与实务》（初级）一书中综合了国内外专家的意见，将出版概念描述为"编辑复制作品并向公众发行的活动"。⑤

二、出版的概念与内涵

综合国内外出版界各位专家对出版内涵认识的趋同化意见，我们认为出版活动的内涵应由以下基本内容组成。

---

① 阙道隆．实用编辑学[M]．北京：中国书籍出版社，1985：17.

② 王鼎吉．书的出版知识[M]．北京：书目文献出版社，1994：2-4.

③ 张小萍，米新美．对出版社与作者关系的再认识[M]//孙五川主编．市场经济与编辑出版．天津：天津教育出版社，1994：166.

④ 中国出版科学研究所．编辑实用百科全书[M]．北京：中国书籍出版社，1994：150.

⑤ 全国出版专业职业资格考试办公室．出版专业理论与实务（初级）[M]．武汉：崇文书局，2004：1.

1. 出版是对已有的作品进行深层次开发的活动

出版不是对原始信息进行开发，而是对现成的作品进行开发。接受原始信息，将其归纳、整理与提炼，形成知识产品的任务，已由作者完成，或者说已主要由作者完成。已有作品的形成过程系作者劳动过程，不归属于出版活动。作家创作、画家写生、音乐家谱曲等都不属于出版活动。

2. 出版是对原作品进行编辑加工，使其具有适合于读者消费的出版物内容的过程

出版过程虽不是知识信息的主要形成过程，但却是一个对知识信息体系进行选择与整理的过程。这种选择是按照适合于读者消费的要求进行的，并且，还要按照同样的要求对选定作品里的知识信息进行整理、补充、完善，这就是通过编辑工作对原作品进行编辑加工。纸质货币不是出版物，纸币的印刷不是出版活动，就是因为它没有对原作品进行编辑加工，也就缺少可供读者消费的知识信息内容的缘故。

3. 出版是对加工好的已有作品进行大量复制，使其具有能供读者消费的载体形式的过程

无论采用何种方式对作品进行复制，出版都是使加工好的知识信息具有能供读者消费的载体形式的过程。只有经过大量复制，作品中所含的知识信息才能被众多的读者接受。档案工作也需对原作品(文件)进行编纂、整理，使分散的材料能编辑成一卷一卷的卷宗，但档案工作不是出版，因为它没有大量复制的过程。在商品社会，作品大量复制的过程也是出版物的商品生产过程。

4. 出版还是一个将出版物“公之于众”的过程

通过各种方式将经过加工整理并大量复制的原作品广泛向读者传播，是出版活动的内在动机与根本目的。从西方“出版”这一词汇的演变来看，法语 publier 和英语 publish 均源自拉丁语 publicare，而拉丁语 publicare 的本意是“公之于众”。可见，在赋予“出版”一词的众多含义中，“公之于众”的含义更有着特殊的地位。

综合上述四个特征，我们可对出版的概念作如下表述：所谓出版，就是将经过加工提炼的知识信息产品，通过某种生产方式大量复制在一定的物质载体上，并进行广泛传播的过程。

三、出版活动的构成

从经济学角度考察，出版活动是一个围绕出版产品——各种类型出版物的商品生产与流通进行一系列运作的过程。这一过程由多个相互衔接的具体工作环节构成。从资本价值形态变化的角度来考察一项完整的出版活动，这一过程可以用如下公式表示：

$$G \rightarrow W \left\langle \begin{matrix} A \\ P_m \end{matrix} \right. \cdots P \cdots W' \rightarrow G'$$

式中，G 为投入出版过程的预付货币资金形态，也就是出版者为即将启动的出版项目所准备的投入资本；出版项目启动后，出版者要投入资本购买生产资料，为产品生产作准备，货币资金形态转化为生产资料的资金价值形态 W，其中 A 为转化为劳动力部分的货币价值，P_m 为转化为生产资料的货币价值；P 为生产过程；W'表示包括预付资金价值及其增值在内的商品资金价值形态；G'表示经流通过程回收的包括预付资金价值及其流通过程增值在内的货币资金形态。

对上述出版资本的价值形态变化过程进行考察，我们就会发现，在出版活动中，出版资本的总循环由三个主要阶段组成。第一阶段，$G \rightarrow W \left\langle \begin{matrix} A \\ P_m \end{matrix} \right.$，这是出版资本的投入阶段，该阶段的任务是通过物资采购等为出版物生产作准备。第二阶段，$\cdots P \cdots W'$，这是出版资本的增值阶段，该阶段的任务是通过印刷等生产手段，形成出版产品。第三阶段，$W' \rightarrow G'$，这是出版资本的原值与增值部分的价值实现阶段，该阶段的任务是组织产品市场交换，实现货币价值的回归。

在这一由三个阶段组成的出版资本循环结构中，出版资本的价值循环只有不停地从一个阶段转入到另一阶段，出版活动才能顺利进行。如果资本在第一阶段停顿下来，货币资本就会变成储藏货币，只能存银行，得小利；如果资本在生产阶段停顿下来，就会形成生产资料压库、劳动力无所事事的状态；如果资本在第三阶段停顿下来，产品卖不出去，货币资金不能回收，则劳动耗费无法补偿，也无法组织下一轮的出版物再生产。

在出版业内部，出版社的出版部门和物质供应部门履行的是第一阶段职能，出版社的编辑部门与印刷厂履行的是第二阶段职能，出版社的发行部门与书店履行的是第三阶段职能。履行各种职能的出版机构相互联系，互相协调，共同构成了一个生气勃勃的有机体系。

上述过程的具体操作，是通过一系列具体的业务环节进行的。现代出版活动，无论是印刷出版物的生产，还是音像出版物的制作，或电子出版物的开发，其一般工作过程都须由四个基本环节组成。这四个基本环节是：出版项目策划、作品的编辑加工、物质产品制作、出版物发行。下面分别对这四个环节进行扼要介绍。

1. 出版项目策划

无论是出版一种图书，还是制作一盘录音带，或生产一张光盘，对于出版机构来说，都可以说是在运作一个经营项目。因此，在正式运作之前，必须进行深入的市场调查与研究，并要在广泛收集信息的基础上对拟启动的项目及其相关要素进行设计、安排与决策，这一过程就是项目策划的过程。可见，所谓出版项目策划，是指出版者在某项出版活动正式启动之前，根据已经掌握的信息及自身的条件，对该项出版活动的宗旨、目标、策略、步骤、资源、产品、效益等构成要素进行构思与设计，并形成系统、完整的项目运作方案的过程。

出版项目策划是对一项出版活动的所有构成要素进行设计。其具体内容包括以下五个方面：一是选题策划，这是对拟向市场推出的出版物主题及相关内容进行设计和选择，包括出版物主题内容、出版形式、规模、时间等；二是产品形象策划，这是对出版物外观形态及其要素如风格、载体、用料、篇幅、装帧、开本等进行设计和选择；三是目标市场策划，这是对拟重点开发与占领的市场要素如区域、读者年龄、文化层次、职业层次等进行设计、定位，以及占领目标市场的具体方式如价格水平、市场容量设计等进行选择；四是资源配置策划，这是对各类出版资源的配置方案进行设计和选择，包括人力配备、资金投入、原材料使用规格设计、印刷厂家与其他生产厂家的选择、稿源及作者的选择等；五是发行与宣传促销策划，这是对出版物发行活动进行设计，包括发行方式与渠道的选择、宣传时机的安排、宣传媒体的选择、宣传形式与策略的设计，等等。

2. 作品的编辑加工

任何载体的出版物，都是对一定的作品进行编辑加工的结果。对作品进行编辑加工的过程，是由编辑工作来完成的。编辑工作是依照一定的思路开发选题，组织和加工整理好作品，以形成符合正式出版要求的出版物精神产品的一系列工作。在出版全过程中，编辑工作是中心环节。无论何种物质形态的出版物，都必须经过编辑工作过程，才能具有利于传播的精神文化内涵，成为正式出版物。

从选择作品到其加工整理成出版物的精神产品形态的完整过程，须经过六个主要环节，这也就是编辑工作的六项基本内容：一是选题，这是指编辑人员按照策划要求设计具体选题、制订选题计划的工作；二是组稿，这是按照选题计划的要求，组织作者完成作品创作任务的工作；三是审稿，这是对组织来的作品进行审读、评价和处理的过程；四是加工整理，这是指对不需退修或已退修而决定采用的作品进行修改润饰的工作，其中加工的任务是通过文字与内容的增、删、改，优化作品质量，整理的任务是通过对全稿所进行的技术性检查，使作品的各个部分统一协调；五是装帧设计，这是对出版产品的物质形态构造进行安排，包括书刊的封面、版式、开本、插图设计，音像制品的封装设计等；六是发稿与校对，这是将加工整理好的作品发往生产单位进行技术设计和生产安排，并对生产单位制作出的用于大量复制的母本（如书刊的清样、音像制品的母带等）进行检查，以发现与订正其差错的工作。

3. 物质产品制作

这是将编辑工作阶段所形成的精神产品加工制作成能够广为传播的具有一定外在形态的物质产品的阶段。此阶段的具体操作，因其载体材料及其生产方式的不同，内容也各不相同。现对几类主要出版产品分别进行描述。

印刷出版物的制作，大体要经过三个步骤。一是排版，即按设计要求将文稿制作成纸型或软片的过程；二是制版印刷，即利用排版过程形成的纸型或胶片制作印版，再利用印版印制出版物散页的过程（主要指书、刊等需要装订才能成形的出版产品；报纸类产品不需装订，印制的散页即为成品）；三是装订成型，即将印制好的散页印品装订成一定出版物形态的过程。

音像出版物出版的完整过程，由编辑创作、表演、录制三个工作环节组成。其物质产品制作过程，主要指录制环节。无论是录音带还是录像带的录制，都可分为工作母带的制作和复录生产两个步骤。工作母带的制作，是使用相应设备将表演节目录制在录音带或录像带上，再通过合成、剪接等手段制作成可供大量复制的工作母带；复录生产是使用复录设备对母带进行大量复制。

电子出版物的制作，其核心工作内容是全文数据库的制作。利用激光照排和轻印刷的中间产品转换为全文数据库的机读数据，是目前我国电子出版物制作所采用的主要方式。其具体过程由三个步骤组成：一是格式处理，即将电子文本记录按规范格式转化成一个个可作为检索结果处理单位的单元；二是标引处理，即标出全文文本中具有信息检索价值和分析价值的知识项，也即检索点；三是建立索引，即将标引出的检索词按照一定方式系统排列以便为使用者提供检索途径。将经过上述步骤形成的全部记录文件存储在计算机硬盘上，即构成了全文数据库；将数据储存的知识信息内容拷贝到软磁盘或光盘上，就形成了电子出版物。

4. 出版物发行

这是出版者将出版产品以商品交换的方式传送给读者的过程。该过程的工作内容由下列四个部分组成：

(1)信息流通与市场沟通。这是传播商品信息、沟通供求联系的阶段。该阶段又由两个主要工作环节组成：一是确立产销关系，即出版者选择发行者并与之建立经济联系的工作；二是产品宣传征订，即出版者根据所建立的产销关系情况，以适当方式向经销商或直接向读者宣传产品、征求订数的工作。

(2)出版物商品交易。这是通过销售进行出版物商品价值转移的阶段。该阶段由三个主要工作环节构成：一是批发，即出版物生产者或分销商向批发商或零售商成批转让出版物商品所有权以供其继续转售的商品交易环节；二是零售，即出版物零售商直接向读者销售出版物的商品交易环节；三是调剂，即出版物经销商之间互相调整余、缺出版物的商品交易环节。

(3)出版物物流组织。这是按照出版物商品交易的要求，组织相应的出版物实体运动的阶段。该阶段由两个主要工作环节组成：一是出版物仓储工作，这是一个使用仓库收藏出版物的作业过程；二是出版物运输工作，即组织运力将出版物从出版地向销售地进行实体位移的工作。

(4)货款结算。这是指出版物发行过程中，由于出版物商品所有权的转移而在出版社、书店、读者单位和个人之间发生的款项收付工作。货款结算的完成，意味着一次出版物商品价值实现过程的完结。因此，无论是对出版社，还是对书店来说，货款结算都有着非常重要的意义。

第二节　出版活动的对象——出版物

出版活动是活动主体作用于活动客体的过程。出版活动的主体是指直接从事出版活动的机构及其工作人员，包括在各类出版机构中工作的编辑人员、生产制作人员、发行人员、管理服务人员，以及游离于体制外的单个参与某些出版环节运作的个体书商和出版经纪人等；出版活动的客体是指进入出版过程接受出版主体作用的对象，也即出版工作者的劳动对象——各种类型的出版物。对出版活动主体的描述在本书的第四章进行，本节仅对出版活动的客体——出版物，进行概要叙述。

出版物既是出版工作者劳动的作用对象，也是出版工作者劳动的成果。出版物数量的多少、质量的高低，是衡量一个国家出版产业是否发达、出版活动是否活跃的重要标志。

一、出版物的概念及其构成要素

在给出版物下定义之前，我们必须了解出版物所具有的基本特征。不论何种类型的出版物，也不论其外观形态如何，出版物都由以下基本要素构成：一是以读者所需要的知识信息构成内容，这些信息知识是经过加工提炼而系统化了的信息知识，而不是杂乱无章的原始信息；二是以一定的表达方式陈述知识信息，包括文字、图像、符号、声频、视频、代码等，所谓多媒体出版物，其实就是在一种媒体上同时使用了上述多种表达方式的出版物；三是以一定的物质载体作为知识信息存在的依据，纸张、胶片(卷)、磁盘、光盘是现代出版物的主要物质载体；四是以一定的生产制作方式使知识信息附着于物质载体上，载体不同，生产制作方式也不同，常用的生产制作方式包括：印刷、拷贝、翻录、复印、计算机制作等；五是以一定的外观形态呈现出来，印刷出版物，唱片、录音带、录像带、激光视盘等声像出版物，缩微平片、缩微胶卷等缩微出版物，磁盘、光盘等电子出版物等，是出版物目前常见的呈现形态。这五个基本要素对出版物的基本特征进行了全面描述，可以作为我们识别出版物的主要依据。

根据上述特征，我们给出版物作如下定义：出版物是指以传播为目的的存储知识信息并具有一定物质形态的出版产品。

二、出版物的类型与结构

出版物的类型，可以按照不同的标准进行划分。其中具有实际意义的是以上述五个构成要素为标准划分出的出版物基本类型，下面即对此进行重要介绍。

2002 年 8 月 1 日起施行的《互联网出版管理暂行规定》、2002 年 2 月 17 日开始实行并于 2011 年 3 月 19 日修订施行的行政法规《出版管理条例》等出版法规中将现阶段的出版物分为报纸、期刊、图书、音像制品、电子出版物及互联网出版物六大类。

1. 报纸

报纸，是指以刊载新闻和评论为主的定期公开连续性出版的散页出版物。英文名 newspaper，意即新闻纸。报纸的功能是传播新闻、反映舆论，所以常被称为新闻舆论工具。报纸作为一种印刷出版物，与其他印刷出版物如图书、期刊等相比，具有如下特点：①须按较短周期连续性出版；②不须装订，也不成册，数版内容都按版面顺序编排；③内容主要是对新近发生的有关社会、政治、经济、文化教育、科学技术以及体育卫生等方面人们希望了解的事件进行报道、评论和解释等。

报纸按各种标准划分为多种类型。按出版周期分，有每天出版的日报、晨报、晚报、午报，每周出版一次的周报，每周 2~3 期的周二报和周三报，每 10 天出版一次的旬报等；按读者对象分，有少年儿童报、青年报、老年报、妇女报等；按办报方针分，有机关报、商业报等；按区域分，有全国性报纸、地方性报纸，等等。

报纸由报头、正文及辅文三大部分组成。报头一般位于报纸第一版的上端，主要登载报名、出版日期、出版单位、编辑部地址及联系方式(含邮政编码、网址等)、国内统一刊号、邮发代号等。正文是报纸的主体部分，主要刊登各类报道性文章及评论性文章。正文按文章内容性质划分成若干栏目，相对集中地编排在各个版面上。辅文指位于报纸的天头或地脚部分的辅助性文字，如刊载在天头部分的版序号、栏目主题提示类文字、本版出版责任者(含责任编辑者、责任校对者、版面策划设计者)姓名，刊载在地脚部分的报社通信地址、各个部门(或栏目组)的联系电话等。

2. 期刊

期刊又称杂志，是指有固定名称，用卷、期或年、月顺序编号，成册的连续性出版物。其特点是：内容时效性较强，虽不如书籍系统，但比报纸全面深入；出版具有连续性、周期性，每年至少出版一期；有一个稳定的刊名；由众多作者的作品汇编成册。

期刊也可以按不同标准划为多种类型。按出版周期分，有周刊、旬刊、半月刊、半年刊、年刊等；按读者对象分，有青少年刊、老年刊、女性刊等；按区域分，有全国性期刊、地方性期刊等；按内容分，有文学期刊、教辅期刊、党建期刊、时政期刊、生活时尚杂志、医学杂志等。

期刊一般包括封面、目次页、正文、封底。其中，封面必须刊载经过核批的期刊名称和年、月、期、卷。目次页或封底必须刊载版本记录，包括主办单位、出版单位、印刷单位、发行单位、出版日期、主编姓名、发行范围、定价或工本费、广告经营许可证编号等。国内统一刊号或准印证编号必须刊载在封底下方；领有国际标准刊号的期刊，同时应刊载此项刊号。

3. 图书

图书是指用文字、图像或其他符号，按一定主题和结构组成一个独立的整体，以印刷或非印刷的方式复制在供携带的载体上以向公众传播的作品。每本书有单独的名称，主题集中，内容比较系统完整，论述比较深入；编辑出版的周期比较长，一般两三年，有的长达十余年；可以重印和修订再版，能跨越时间和地域的界限，长期、广泛地流传。

图书的基本类型很多，也可按多种标准进行划分。其中最具实际意义的是在全国图书统一编号分类的基础上，结合书店的特点，并经过多次修改后制订出的出版系统计分类，将其分为：哲学、社会科学，文化、教育，文学、艺术，自然科学、技术，少儿读物，大中专教材，课本，图片，其他出版物及非图书商品十大类。

图书由封面、正文和辅文构成。正文是图书的主要内容，是一本图书中最重要的部分。正文的内容由观点与材料按一定的结构组合而成，它是作者通过一定表达方式展现的自己对客观事物的认识。图书具有的宣传思想、传播知识、积累文化等功能，都是通过正文来实现的。正文由章、节、层次、段落等构成。

封面的概念有狭义与广义之分，狭义的封面指封一(又称封皮)，广义的封面是护封、封一、封二(又称封里)、封三(又称封底里)、封四(又称封底)、书脊的总称。根据国家标准《图书和其他出版物的书脊规则》(GB 11668-89)规定，除外文版图书和线装书外，凡书脊厚度大于或等于 5mm 的图书和其他出版物，应当设计书脊。书脊内容包括主书名、出版者名和著译者名等。

辅文是正文的辅助文字，包括书名页、前言、目次页、序跋、注释、参考文献、索引、附录等部分。

书名页指图书正文之前载有完整书名信息的书页，包括主书名页和附书名两部分。主书名页指载有完整的书名、著作责任说明、版权说明、图书在版编目数字、版本记录等内容的书页。主书名页正面位于单数页码面，提供图书的书名、著作责任者、出版者；主书名页背面位于双数页码面，提供图书的版权说明、在版编目数据和版本记录。附书名页可以是一页或一页以上，主要登载多卷书的总书名、主编或主要著作责任者；丛书名、丛书主编；翻译书的原著书名、著作责任者、出版者的原文、出版年及原版次；多语种书的第二种语言的书名、著作责任者、出版者；多著作责任者的全部著作者名称。附书名页的信息一般列载于双数页码面，与主书名页正面相对应；必要时，可以使用附书名页正面，或增加附书名页。不设附书名页时，附书名页的书名信息需列载于主书名页正面上。

前言是由作者或他人或出版者撰写置于正文前的文章，主要用来说明写作意图、经过、资料来源等背景情况，或者评价正文内容及价值。

目次页是一种载有将正文内容的各级标题按次序或类别加以编排，并标明页码的目次信息的书页。目次信息便于读者了解全书的大致内容和结构，方便读者检索。插图或者表格较多的图书，还应有插图或者表格的目次页。

附录是附加在正文之后、与正文有关的各种材料，如文章、文件、标准、大事记、图表、对照表、生字表等。它们在页码编排上与正文保持连续性，目的是对正文内容进行必要的补充，有利于读者更好地阅读正文内容。

4. 音像制品

音像制品是指录有科学文化内容的录音带、录像带、唱片、激光唱盘和激光视盘等出版物。音像制品根据所记录信号的不同，一般分为录音制品和录像制品两大类型。前者包括录音带、唱片和激光唱盘，后者包括录像和激光视盘。

(1)录音带。录音带是通过磁性记录的方法，将声音通过话筒转变为电信号，再通过磁头转变为磁信号记录在磁带上形成的。录音带种类繁多，性能各不相同，常见的录音带类型是盒式录音带。盒式录音带按声道标准可以划分为单声道、双声道录音带；按磁带的磁粉层标准，可以划分为铁带Ⅰ型(普通带)、铬带Ⅱ型、铁铬带Ⅲ型和金属带Ⅳ型四种；按录放时间标准，可以分为C-30、C-60、C-90、C-120、C-160五种。

(2)唱片。它是采用机械刻录的方法，将声音通过话筒转变为电能，再通过刻纹针将电能转变为针尖运动的机械能，在唱片上刻下记录沟纹而形成的。唱片根据声道标准，可以划分为单声道、双声道、四声道唱片；根据转速标准，可以分为粗纹唱片(78转/分)和密纹唱片(45转/分、$33\frac{1}{3}$转/分、$16\frac{2}{3}$转/分)；根据直径标准，可以分为17cm、25cm、30cm三种。为了简明地描述各种唱片类型，国际电工委员会建议采用“四位数符号表示法”对各类唱片特征进行描述。前两位数表示唱片的标准直径，后两位表示唱片的速度，如1733、3033等。声道也需加以注明，单声道用“▽”符号，立体声用“∞”符号。国产唱片规定用汉语拼音字母作为代号，并在封套、片芯和目录上明文标记，如表1-1所示。

表 1-1 国产唱片分类及代号

代号	唱片名称	规格(cm)
M	单声道密纹	25
ML	立体声密纹	25
XM	小型单声道密纹	17
XL	小型立体声密纹	17
DM	大型单声道密纹	30
DL	大型立体声密纹	30
BM	单声道薄膜	17
BL	立体声薄膜	17
DBM	大型单声道薄膜	25
DBL	大型立体声薄膜	25

(3)激光唱盘。简称 CD，它的录制方法有模拟录音和数字录音两种。激光唱盘上都标有录音方法的代号：A 代表模拟，D 代表数字。目前，较为流行的是数字录音唱片，其直径为 12cm，单面放音时间长达 60 分钟。其基础结构由盘基、记录层和保护层三部分构成。

(4)录像带。它采用磁性记录的方法，将声音和图像记录在磁带上。录像带有开盘和盒式两大类型，前者主要用于广播、电视等专业播放领域，市上发行的均为盒式录像带。盒式录像带磁带的宽度一般有 3/4 寸、1/2 寸和 8mm 三种。盒式录像带有六种不同规格，分别与不同的录像机配套使用。这六种规格是：VHS 型、Beta 型、V2000 型、8mm 型、VHS-C 型和 CVC 型，前两种是我国市场上主要的录像带类型。此外，根据性能指标，录像带还可分为标准录像带(普通带)、高级录像带(HG 带)、超高级录像带(SHG)和高保真录像带(Hi-Fi 带)。

(5)激光视盘。用于电影业的娱乐录像盘的变种，采用的录制方法、基础结构与激光唱盘完全一样，只是还包含图像信息和计算机可用的数字化数据。

5. 电子出版物

电子出版物是指以数字代码方式将图文声像等信息编辑加工后存储在磁、光、电介质上，通过计算机或者具有类似功能的设备读取使用，以表达思想、普及知识和积累文化并可复制发行的大众传播媒体。媒体形态包括软磁盘(FD)、只读光盘(CD-ROM)、交互式光盘(CD-I)、照片光盘(Photo-

CD)、高密度只读光盘(DVD-ROM)、集成电路卡(IC-Card)和原新闻出版总署认定的其他媒体形态。电子出版物的类型主要有电子图书、电子连续出版物、电子版书目数据和计算机软件等。

6. 互联网出版物

《互联网出版管理暂行规定》中明确指出：互联网出版是指互联网信息服务提供者将自己创作或他人创作的作品经过选择和编辑加工，登载在互联网上或通过互联网发送到用户端，供公众浏览、阅读、使用或者下载的在线传播行为。网络出版物即指将经过选择和编辑加工的作品的内容以数字化形式存储在与互联网相连的数据库或其他的相应载体上，并借助计算机进行互联网上的在线传播或其他利用的出版物。

网络出版物按其传播的作品类型划分主要有两类：一是已正式出版的图书、报纸、期刊、音像制品、电子出版物等出版物内容或者在其他媒体上公开发表的作品；二是经过编辑加工的文学、艺术和自然科学、社会科学、工程技术等方面的作品。

互联网出版机构，是指经新闻出版行政部门和电信管理机构批准，从事互联网出版业务的互联网信息服务提供者。从事互联网出版业务，除符合《互联网信息服务管理办法》规定的条件以外，还应当具备以下条件：有确定的出版范围；有符合法律、法规规定的章程；有必要的编辑出版机构和专业人员；有适应出版业务需要的资金、设备和场所。从事互联网出版活动，必须经过批准。未经批准，任何单位或个人不得开展互联网出版活动。

出版物的类型，除了按出版物的构成要素进行划分之外，还可根据其他标准进行划分。其中几种较为特殊的出版物类型，在出版业的具体运作中会经常接触，故特作简要介绍。

(1)正式出版物。这是以出版物流通的性质为标准划分出的一种类型，是指经国家批准设置、具有法人资格的出版单位正式出版，并以商品交换方式广泛发行的出版物。与此相对应的概念是非正式出版物，它是指经一定审批手续而印刷出版，并以非贸易形式发送与交换的出版物，如供交换用的内部报刊、纪念性文集等。

(2)内部出版物。这是以出版物流通的范围为标准划分出的一种类型，是指正式出版物中其流通范围有所限定的出版物，包括在出版物上标明了“内部发行”、“限国内发行”等字样的出版物。发行内部出版物有一些特殊的方式与要求，在本书的有关部分我们将再详细叙述。

(3)非法出版物。这是以出版行为的性质为标准划分出来的一种类型，是指以不合法的行为制作的出版物。在中国指由国家批准的出版单位以外的团体和个人未经批准，擅自制作，并向社会征订、销售的出版物，或内容为国家明令禁止的出版物。

(4)淫秽出版物。这是以出版物内容性质为依据划分出来的一种类型，是指内容上宣扬淫秽行为，挑动人们的性欲，足以导致普通人腐化堕落，而又没有艺术价值或科学价值的出版物。

除此之外，还有一些较特殊的出版物，如政府出版物、标准出版物等，因在出版发行实践中涉及不多，就不再此赘述了。

三、印刷出版物的开本与印张

印刷出版物是出版物中最主要的类型，在我国出版业发展中一直占据着主体地位。因此，掌握一些印刷出版物的基本知识，应当成为初入出版领域的出版人所必需的入门之需。

1. 印刷出版物的开本

所谓开本，是指用一定规格的整张纸裁切出的一种印刷出版物的幅面大小。决定幅面大小的是整张纸的大小和裁切的次数(国际标准代号的开本按折叠次数计数)。纸张的裁切方法分几何级数开切、非几何级数的直线开切、纵横混合开切三种。其中按几何级数裁切的开本称为标准开本，按非几何级数的直线开切和纵横混合开切两种方式裁切的开本为非标准开本。我国从1965年起，书刊采用A、B、C三组开本，各组的纸张尺寸分别是880mm×1230mm、787mm×1092mm、695mm×960mm，其中大量采用的是B组标准。到了20世纪70年代中期，开始流行纸张尺寸为850mm×1168mm的裁切的开本，业界称为大32开本。1982年，国家科委、经委和国家标准局联合发文，强调采用国际标准。从1987年1月1日起，我国实行开本新标准，将开本分为A、B两个系列，A系列标准的纸张尺寸为880mm×1230mm及900mm×1280mm，B系列标准的纸张尺寸为1000mm×1400mm。我国现有开本尺寸，根据国家标准的规定允许误差为±1mm。国家规定的开本尺寸是采用的国际标准系列，现已定入国家行业标准GB/T 1999内在全国执行。书刊本册现行开本尺寸主要是A系列规格，有以下几种：A4(16k)297mm×210mm；A5(32k)210mm×148mm；A6(64k)144mm×105mm三种，其中A3(8k)尺寸尚未定入，但普遍用420mm×297mm。

2. 印刷出版物的印张

印张是印刷用纸的计量单位，常用于书籍出版操作中，在计算报刊的用纸量时同样适用。它是指印刷一本书所需要的全开纸的张数。因为一张纸可以两面印，所以两个印张才算一个全张。一令纸是五百张，一千印张就是一令纸。

印张的计算方法：面(页码)数÷开本数。举例：一个32开本的书，有320个页码，那它的印张数=320/32=10印张。统计这个公式中的面数时，凡是用纸与正文相同，可与正文部分合在一起印刷的前言、目录、索引、附录、后记等，其所占面数都要计入总面数之中。若印张数计算中出现小数，在印数比较少(如仅千册时)，一般要根据"使不足一个印张的零页呈双数(占四个页码)状态"的原则而向上进位，以便于印刷、装订。16开进到0.25、0.5、0.75，32开进到0.125、0.25、0.375、0.5、0.625等。但是，当印数大到纸张费用已经占书刊成本的50%左右时，就不宜采用这种方法，因为这时可指望节省的印订费用已经不足弥补纸张费用。

四、出版物的标准化标志

出版物的标准化标志，由编码系统与条码系统共同构成。

1. 出版物编码系统

出版物中编码系统，包括中国标准书号、中国标准连续出版物号以及中国标准音像制品编码。

(1)中国标准书号。中国标准书号由一个国际标准书号(ISBN)和一个图书分类、种次号两部分组成。中国标准书号的第一部分国际标准书号(ISBN)是这个编号系统的主体，可以单独使用。

中国标准书号中的国际标准书号，由出版者前缀(EAN. UCC前缀、组号、出版者号)、书序号和校验码三段，共13位数组成。除校验位固定为一位数字外，其余两段的长度可变，但这两段长度的位数之和必须是11位数，再加一个校验位，使ISBN编号长度的位数恒等于13。EAN. UCC前缀为国际物品编码协会分配的产品标识编码，出版物为"978"；组号是代表出版者的国家或地理区域、语种或其他分组特征的编号，由国际1SBN中心设置和分配，国际书号中心分配给我国的位数为"7"，可以出书1亿种；出版者号是代表组区内所属的一个出版者(出版社、出版公司、独家发行商等)的编号，由其所隶属国家或地区ISBN中心设置和分配，其长度可以取1~7位数字。我国的出版者号由中国ISBN中心分配，分为五档，其长度为2~6位数字。出版者前缀是一个出版者在国际上的唯一标准代号，书序号是代表一个特定出版者出版的一种具体出版物的编号，每一种图书都有一个书序号，书序号由出版者自己分配，分配时一般可按出版时间的先后顺序编制流水号。书序号的位数是恒定的，其位数是12减去出版者前缀位数之差。校验位是ISBN编号的最后一位数字，用以检查ISBN编号转录过程中的错误。校验位数值的计算按使用年代不同分别按两种不同方法进行：2000年1月1日前出版的书（书号为10位数），是中国标准书号的前9位数字依次以10~2加权之和并以11为模数计算得出，当10作为校验码时用X代替；2000年1月1日后出版的书以"10"整除的补数。

中国标准书号中的图书分类种次号，排在ISBN国际标准书号后面（或下面），并用斜线（或横线）隔开。ISBN系统与我国过去沿用的全国统一书号相比，缺少图书分类标识，鉴于我国出版发行业及图书情报业的相当一部分仍为手工分类、排架、编目、建卡，因此在书上印上分类标识是十分必要的。图书分类种次号由图书分类号和种次号两部分构成。图书分类号，是由出版社根据图书的学科范畴，参照中国图书馆图书分类法的基本大类编制。其中，工业技术类图书按二级类目给出，因此本段代码为1~2个汉语拼音字母。分类号不输入计算机，作为图书分类、排架、编目、建卡之用，它为书店进行图书分类统计和图书销售陈列创造了有利条件。种次号，是同一出版社所出版同一类图书的流水编号，由出版社自行给出，其最大数字不应超过ISBN编号第三段书序号的数字。此外，有些图书在中国标准书号种次号之后加特定的字，如少数民族语种出版物，加"民文"二字；少儿读物，加"儿"字；课本，加"课"字；等等。

中国标准书号适用于以下出版物：①正式出版发行的图书及小册子；②缩微出版物；③盲文出版物；④混合媒介出版物（声、像出版物）；⑤用来产生可读印本的机读磁带；⑥包括教学影片和幻灯片在内的其他类似媒介出版物；⑦微型计算机软件；⑧电子出版物；⑨地图及教学制图；⑩图示类出版物有。中国标准书号不包括的四类出版物有：临时性印刷品，如年画、挂历、台历等；无书名页的单张美术印刷品或折面美术印刷品（图片）；各级技术标准文献（单页的）；不另加封面的出版物，如活页文选等。上述出版物可继续使用全国统一书号，但要将统一书号中的出版社号改为中国标准书号中的出版者号。

（2）中国标准连续出版物号。中国标准连续出版物号（CSSN）由一个以"ISSN"为标志的国际标准连续出版物号和一个以中国国别代码"CN"为标志的国内统一连续出版物号两部分组成。

国内统一连续出版物号是指国内出版的所有报刊统一编定的号码。以中国国别代码"CN"为识别的标志，由报刊登记号和分类号两部分组成，中间用斜线“/”隔开。报刊登记号由六位数组成，前二位为地区号，后四位为报刊序号，其间用“-”连接，即报刊登记号=地区号+序号，报刊序号的范围一律从0001~9999，其中0001~0999统一作为报纸序号，1000~4999作为杂志序号，5000~9999暂不使用。如《人民日报》为CN11-0065，《今古传奇》为CN42-1050。

中国标准连续出版物号应印在每期连读出版物的显著固定位置。它的两部分可合在一起印刷，也可分开印刷。国际标准连续出版物号独立印刷时，应印在封面右上角、版权页(块)或目次页上，也可与条码一起印刷。国内统一连续出版物号独立印刷时，应印在版权页(块)、目次页上或封四下方。

(3)中国标准音像制品编码。中国标准音像制品编码参照《国际标准音像制品编码》(ISRC)制订，其结构为：ISRC-国家码-出版者码-录制年码-记录码-记录项码/类别代码。如ISRC-CN-F30-99-335-00/A. G4。其中国家码是标志音像制品出版者所在国家的名称代码，由《世界各国和地区名称代码》(GB/T 2659—94)规定，一般由两个字符组成；出版者码由中国的ISRC中心分配和管理，一个音像制品出版者只能有一个出版者代码，音像制品出版者因故停业或撤销，该出版者码不可以转让；录制年码是标志录像制品录制出版的年份代码，由录制年份的后两位数字构成，如2013年录制，则录制年码为13；记录码是标志一个音像制品记录的整体代码，它可以决定一个音像制品出版者在一年之内最多可以出版的独立音像作品的数量；记录项码是标志一个音像制品记录中每一项独立节目的代码，根据这个代码可以对某一音像制品中的每一单独的节目进行识别；类别代码是对音像制品的载体类型和承载内容的识别代码，由载体代码和分类代码组成：录音制品代码为A，录像制品代码为V，内容分类代码根据《中国图书馆图书分类法》确定。

2. 出版物条码系统

出版物中的条码系统，包括中国标准书号(ISBN部分)条码、中国标准连续出版物号(ISSN部分)、中国标准音像制品条码。

(1)中国标准书号(ISBN部分)条码。我国于1991年5月颁布，1994年1月1日起开始在图书上正式使用条码。条码统一由新闻出版总署条码中心制作。凡在中国注册出版的图书，必须在使用中国标准书号的同时，使用中国标准书号的条码。该条码是按《通用商品条例》(GB12904-91)的原则编写的。由于商品类别众多，各类别使用的条码不尽相同。出版物上使用的条码是“欧洲物品编码”(European Article Number，EAN)。

中国标准书号条码由EAN组号、生产商号、产品号和校验码四部分，共13位数码组成。其结构为978加ISBN(并保留979加ISBN供以后使用)。条码一般印在图书的封底和封二上。根据需要在ISBN条码上还可以加上附加码。附加码代表版本、定价、图书分类等ISBN和EAN都无法识别的信息。根据EAN的规定，附加码的位数是2~5位，其位置放在ISBN条码的右侧并与之平行。新闻出版总署于2000年3月曾发文要求，重印书价格不变时，可以采用原有的ISBN条码；如果重印书价格作了调整，则需要重新申请制作带有附加码的ISBN条码。

(2)中国标准连续出版物号(ISSN部分)条码。它有主码和附加码两部分。主码由前缀码、数据码、年份码和校验码四部分构成。ISSN号的权威管理机构——国际连续出版物数据系统(International Series Data System, ISDS)国际中心与国际物品编码协会签订协议，规定了中国标准连续出版物号系统专用的前缀码为977；数据码由7位数组成，即不含校验码的中国标准连续出版物号ISSN部分；年份码用公历年份的最后两位数字表示；校验码是按GB12904-91中规定的计算方法计算出来的。附加码由两位数字组成，表示连续出版物的系列。

(3)中国标准音像制品条码。该条码从2001年1月1日起使用。根据《音像制品条码实施细则》的规定，音像制品条码由13位数字组成，共分四段：第一段为出版物前缀(共3位)，第二段为出版者前缀(共6位)，第三段为出版物序号(共3位)，第四段为校码码(共1位)。音像出版单位的出版者前缀由新闻出版总署分配，并向出版单位颁发《出版者前缀证书》。出版物序号自实行条码之日起计算，不分年度，按出版单位的音像制品出版顺序依次累加。出版物序号使用完后，须重新申请出版者前缀。音像制品出版单位申请版号时，须提交《音像制品条码(版号)使用目录》一式两份；申请出版者前缀时须填报《申请出版者前缀数据单》。音像制品条码与中国标准音像制品编码(版号)是相互对应的，对于同一品种、不同载体的音像制品，使用不同版号和条码，以保证条码的唯一性。条码软片由新闻出版总署条码中心统一制作，各音像出版单位在接到新闻出版总署分配的版号额度后，持批文和《音像制品条码申请单》到新闻出版总署条码中心申办条码。条码须印制在彩封、封套背面的显著位置。

第三节　出版活动的产生与发展

出版活动的产生与发展，经历了一个漫长的历史过程。按出版物制作生产方式的不同，可将这一过程大体划分为四个时期，即手工抄写出版时期、手工印刷出版时期、机械印刷出版时期、电子出版时期。各个时期的出版业，由于受当时政治、经济、文化、科技等因素的不同影响，而呈现出不同的特征与发展规律。下面分别对各期出版活动的发展进行扼要介绍。

一、手工抄写出版时期出版活动的起源与发展

手工抄写出版时期，是我国出版活动的起源及初步发展时期。此期出版活动的发展，还处于低水平状态。

1. 出版业起源于西汉末年

出版活动起源于何时，目前仍众说纷纭。根据第一节我们对出版概念内涵的理解，判断出版活动起源的标志，必须同时具备三个条件：一是社会上出现了较多的为读者所需要的作品，二是有众多的生产者通过一定手段对作品进行加工复制使其成为出版物，三是出版物能进入市场进行交换。据此判断，我国的出版活动起源于西汉末年。

公元 4 年，长安太学近旁出现了包括买卖书籍在内的综合性贸易集市——槐市。稍后，又出现了书肆。在槐市与书肆上交易的图书，都不是作者的原作品，而是用手写或刀刻方式对原作内容进行加工复制的产品；此时出版物的传播已开始采用市场交换方式；众多的图书品种集中在书肆销售，说明社会上能用于加工复制的作品也很多。这就充分说明，此时出版活动已经出现。

2. 造纸术的发明为出版活动的早期发展创造了良好的社会条件

早在汉武帝时期，我国就出现了原始的植物纤维纸，只是由于质地粗劣，不能用于书写，所以槐市、书肆上的图书载体都是竹简与缣帛。公元105 年，蔡伦改进了造纸术，突破了数千年传下来的利用天然资源作为知识载体的老思路，拓宽了造纸资源，降低了造纸成本，使书籍生产速度加快，价格降低，利于流通，促进了书籍在民间的普及，为出版活动的顺利并展打下了良好的社会基础。

3. 此期出版活动的主要特点

手工抄写出版时期从西汉末年开始，延续到公元 6 世纪雕版印刷术的出现为止，经历了 600 余年的历史。此期出版活动的发展，具有明显的早期特征。第一，图书的生产制作以手工抄写为主。从东汉、魏晋南北朝时期佣书人的记载，到隋唐抄书活动的描述，大量史料都对此期图书产生制作以手工抄写为主的特征进行了佐证。第二，图书的流通以个体书摊、书贩为主。这

些个体书摊、书贩或云集成市，或单个流动推销，构成了此时出版业的独特景观。第三，出版品种以佛道教经典及单篇文学作品为主。自东汉之后，佛教和道教盛行，从皇帝到老百姓都普遍信奉宗教。对宗教的迷恋，使佛道教经典由被官府大量抄写制作进而影响到民间。此期又是文学非常发达的时期，文学作品大量涌现，文学书籍的抄写与流传成为一种社会时尚。

二、手工印刷出版时期出版活动的成就与特点

手工印刷出版时期，从雕版印刷出现的公元 6 世纪初到 19 世纪中叶机械化印刷厂在我国建立为止，共 1300 多年。此期出版活动发展中引人注目的成就是雕版印刷术的发明及活字印刷术的发明与改进。

1. 雕版印刷术的发明对出版活动的影响

早在明代，著名学者胡应麟就在其《少室山房笔丛》中指出："雕本肇于隋时，行于唐世，扩于五代，精于宋人"。近现代一系列考古新发现，为此提供了佐证。1994 年中国西安唐墓中发现的梵文陀罗尼经咒印本，公元 650—670 年刊印于长安，是现存最早的单页形式的印刷品；公元 658—663 年，玄奘组织了一次大规模的雕印活动，印造了百万枚《普贤菩萨像》，说明此时雕版印刷术的使用已很普遍。据史实可推断，我国雕版印刷术的起源不迟于隋大业年间(公元 605—618 年)。

雕版印刷术的发明，开创了照一个版本原样复制的图书生产技术，只要把握了雕版的质量，也就使用该雕版印制出来的出版物质量有了保证；同时，利用一个雕版可以大量复制，极大地提高了图书的生产速度，降低了生产成本；一些民间需求量大的品种，如唱词、日历、韵书、佛经等，通过雕印术大量印制，促进了社会文化的普及与发展；并且雕版印刷术的外传，也促进了世界出版业的发展。

2. 活字印刷术的发明对出版活动的影响

北宋庆历年间(公元 1041—1048 年)，毕昇又发明了活字印刷术。即用胶泥刻字，用火烧使其坚硬，再将松脂蜡加热熔化，将泥活字粘成一块印版印书，印完再用火烧熔化松脂蜡拆版，其泥活字分类存放，下次排版时再用。公元 1298 年，农学家王祯又创制了木活字。人们还探索使用金属活字如铜活字、锡活字等印书。活字印刷术得到了广泛应用。

活字印刷术的发明，开创了用活字拼排制版的思路，为近现代铅字排印技术的发展打下了基础；缩短了印版制作时间，提高了出版物的生产效率，正如沈括在《梦溪笔谈》中所描述的那样："常作二铁板，一板印刷，一板已

自布字。此印者才毕，则第二板已具。更互用之，瞬息可就。”

印刷术发明之后，很快就传入朝鲜和日本。同时又沿着丝绸之路经波斯而传入埃及，再传入欧洲。德国人谷腾堡研制了铅锑锡合金活字(即现在所说的铅活字)，使活字印刷术进一步得到改进，由此而使世界出版业逐步进入了机械印刷的新发展时期。

3. 此期出版活动的主要特点

手工印刷出版时期，是一个技术不断改进，产业逐步壮大的时期。其发展呈现如下特点：一是图书的生产以制版印刷为主，无论是直接雕刻制版，还是活字排版，都要先将文稿制作成可大量复制的印刷版，然后再用印版复制书页，与手工抄写时期相比，生产效率已大为提高；二是出现了专门的出版机构，包括官方出版机构、私人出版机构及商业出版机构此时都已出现；三是图书流通有了较大的发展，此时的流通已开始与生产分离，流通的范围已非常广泛，并出现了版权贸易。这三个特点说明，此期出版业正处于一个逐步壮大的时期。

三、机械印刷出版时期出版活动发展的几个阶段及其特征

从 1844 年花华印刷房的成立直到目前，我国出版活动处于机械印刷为主的时期。这 150 多年的发展，可大体划分为四个阶段。各个阶段都有着各自不同的特征。

1. 西方印刷术的传入与译书机构的设立

机械印刷技术在我国的使用，最初是由传教士与教会创办的一些译书机构推动的。最早将西方印刷术传入中国的是英国伦敦布道会的传教士马礼逊。他 1807 年来澳门传教，后在马六甲开设印刷所，并于 1815 年雕刻印行了《中文月刊》，1819 年印成了第一部铅活字中文书籍《新旧约圣经》。1834 年，美国教会在澳门购买中文木活字，运至波士顿铸成铅合金活字，再运回中国印书。自此之后，西方传教士与教会在中国所设的译书机构，大多采用了铅活字机械印刷技术生产图书。此期著名的出版机构有：美国基督教新教长老会派于 1844 年在澳门建立的花华印刷房、英国传教士麦都思于 1843 年创设的墨海书馆、天主教于 1864 年在上海创立的土山湾印书馆，等等。

在西方印刷术传入的初始阶段，我国出版业呈现出了以下明显特征：第一，出版机构以外国教会与传教士来华所创办的各种传教布教兼译书的机构为主体；第二，已开始普遍采用西方印刷术生产出版物；第三，出版物生产形式发生了改变，除图书之外，还出现了期刊、报纸；第四，出版内容以传

播宗教及西方的学术文化科技知识为主。

2. 近代民族出版活动的兴起

从 19 世纪中叶开始，随着“西学中渐”潮流的发展，以曾国藩、李鸿章为代表的洋务派和以康有为、梁启超为代表的维新派也积极地开设翻译出版机构，对民族出版业的兴起起了重要的促进作用。此外，清政府废科举兴学堂，以及孙中山领导的资产阶级民主革命运动的兴起，也促进了民族出版业的发展。此期著名的出版机构主要有：1897 年由夏瑞芳等四人合资创办的商务印书馆，1912 年由陆费逵创办的中华书局，1926 年由章锡琛创办的开明书店等。此类出版机构为整理、出版中国古籍，介绍西方资产阶级民主思想和科学技术作出了贡献；对我国初期的民主革命和文化启蒙运动，也起到过一定的促进作用；并且在为读者服务和经营管理等方面积累了一些经验。

民族出版业的初期发展，具有以下特点：一是，民族出版业取代教会的译书机构而逐步在中国出版业中取得了主导地位，据资料统计，民国初期，仅商务印书馆和中华书局两家的经营额，就占全国书业总营业额的半数以上；二是，此时的出版机构大多采用资本主义的经营管理方式运作，讲求经济效益；三是，出版内容以教科书、古籍工具书及西方科技学术图书为主。

3. 传播新文化的进步出版活动的发展

传播新文化的进步出版业由三部分组成：一是，早期党组织开展的出版活动，包括中国共产党成立之前一批具有初步共产主义思想的知识分子所创办的刊物和开设的书店，以及党成立后党中央创办的人民出版社、上海书店、长江书店等所开展的活动；二是，进步文化人士的出版活动，如邹韬奋 1932 年 7 月在上海创办生活书店，1936 年李公仆等创立读书生活出版社，1935 年秋钱俊瑞等人创办新知书店等；三是，新华书店的出版活动，1937 年 4 月 24 日新华书店成立，为配合抗日战争和解放战争的发展而积极开展书刊出版活动。

此期进步出版活动的发展，具有以下特点：一是，出版宗旨都是宣传革命真理、普及新文化；二是，艰苦创业，团结奋斗，竭诚为读者服务；三是，内部管理民主化，且非常重视经济核算；四是在搞好经营的同时，还能巧妙地、不屈不挠地和反动势力作斗争。

4. 中华人民共和国成立后的出版活动

中华人民共和国成立后的第三天，中宣部就在北京主持召开了全国新华书店出版工作会议，通过了关于统一全国新华书店的决议，解决了新华书店由分散经营走向集中统一的问题。1949 年 11 月，中央人民政府出版总署在北京成立，中宣部出版委员会改组为出版总署出版局，统一领导和管理全国的出版工作。从1951年开始，按照政务院颁布的《关于改进和发展全国出版事业的指示》要求，全国出版业实行专业化分工，分别建立了中央和地方的人民出版社、新华印刷厂和专营发行业务的新华书店，初步建立起新中国生机勃勃的出版事业。

经过半个多世纪的发展，新中国的出版活动取得了举世瞩目的成绩。截至2012年年底，全国共有新闻出版单位34.7万家，较2011年增长0.3%。出版社580家(包括副牌社33家)，其中中央级出版社220家(包括副牌社13家)，地方出版社360家(包括副牌社20家)；全国共有音像制品出版单位369家，电子出版物出版单位268家。

2012年全国共有出版物发行网点172 633处。其中新华书店及其发行网点9 403处；供销社发行网点748处，出版社自办发行网点446处，文化、教育、广电、邮政系统发行网点37 821处，上述系统外批发网点7 505处，集个体零售网点116 091处。

2012年，全国出版物印刷企业(含专项印刷)8 714家。

2012年，全国新闻出版业直接就业人数为477.4万人(不包含数字出版、版权贸易与服务、行业服务与其他新闻出版业务单位就业人员)，较2011年增长2.2%；其中男性255.2万人，女性222.2万人，分别占全行业直接就业人数的53.5%和46.5%，男女比例基本平衡。直接就业人数的产业类别构成如表1-2所示。

表1-2　**出版业从业人员情况表**　(单位：万人,%)

产业类别	人　数	较2011年增减	比　重
图书出版	6.71	−0.15	1.41
期刊出版	11.16	5.18	2.34
报纸出版	26.31	6.30	5.51
音像制品出版	0.46	−9.80	0.10
电子出版物出版	0.22	15.79	0.05
印刷复制	359.62	2.21	75.32

续表

产业类别	人　数	较 2011 年增减	比　重
出版物发行	72. 64	0. 28	15. 21
出版物进出口	0. 31	-6. 06	0. 06
合　计	477. 43	2. 15	100. 00

说明：未包括数字出版、版权贸易与代理、行业服务与其他新闻出版服务。

2012 年，全国共出版图书 414 005 种（初版 241 986 种，重版、重印 172 019种），总印数 79. 25 亿册（张），总印张 666. 99 亿印张（见表 1-3）。

表 1-3　　新中国成立以来我国图书出版发行情况表

年份	出书种数	其中新出书数	总印数（亿册、张）	总印张（亿印张）	发行册数（亿册）	销售码洋（亿元）
1949	8 000	—	1. 05			
1950	12 153	7 049	2. 75	5. 91	2. 00	0. 45
1951	18 300	13 725	7. 03	12. 63	5. 41	0. 86
1952	13 692	7 940	7. 86	16. 98	7. 75	1. 33
1953	17 819	9 925	7. 54	21. 34	7. 25	1. 49
1954	17 760	10 685	9. 39	25. 09	8. 07	1. 86
1955	21 071	13 187	10. 79	27. 98	9. 76	2. 15
1956	28 773	18 804	17. 84	43. 17	14. 78	3. 02
1957	27 571	18 660	12. 75	34. 43	12. 97	2. 84
1958	45 495	33 170	23. 89	51. 08	21. 69	3. 81
1959	41 905	29 047	20. 92	54. 47	20. 81	4. 26
1960	30 797	19 670	18. 01	48. 69	21. 36	4. 63
1961	13 529	8 310	10. 16	29. 24	11. 92	2. 80
1962	16 548	8 305	10. 85	30. 73	11. 88	2. 84
1963	17 266	9 210	12. 93	37. 18	15. 18	3. 77

续表

年份	出书种数	其中新出书数	总印数（亿册、张）	总印张（亿印张）	发行册数（亿册）	销售码洋（亿元）
1964	18 005	9 338	17.07	45.63	16.81	4.05
1965	20 143	12 352	21.71	56.16	18.58	4.26
1966	11 055	6 790	34.96	65.99	35.77	4.85
1967	2 925	2 231	32.32	70.48	29.28	3.65
1968	3 694	2 677	25.01	39.98	38.58	4.85
1969	3 964	3 093	19.12	39.44	27.88	4.29
1970	4 889	3 870	17.86	36.99	21.96	4.08
1971	7 771	6 473	24.21	61.90	21.49	4.04
1972	8 829	7 395	23.89	71.68	19.95	4.01
1973	10 372	8 107	28.01	82.66	27.08	5.77
1974	11 812	8 738	29.89	86.25	30.75	5.93
1975	13 716	10 633	35.76	99.78	35.28	6.70
1976	12 842	9 727	29.14	86.83	34.09	6.68
1977	12 886	10 179	33.08	116.63	33.74	7.64
1978	14 987	11 888	37.74	134.59	32.37	9.29
1979	17 212	14 007	40.72	170.74	37.86	12.61
1980	21 621	17 660	45.93	195.74	42.5	15.5
1981	25 601	19 854	55.78	217.68	49.0	17
1982	31 784	23 445	58.79	221.95	54.0	18.5
1983	35 700	25 826	58.04	232.41	56.4	20.8
1984	40 072	28 794	62.48	260.61	60.26	24.48
1985	45 603	33 743	66.73	282.75	62	33.35
1986	51 789	39 426	52.03	220.31	57.3	38.83
1987	60 213	42 854	62.52	261.25	59.4	43.2
1988	65 962	46 774	62.25	269.03	62.16	54.08
1989	74 973	55 475	58.64	243.62	60.75	68.71

续表

年份	出书种数	其中新出书数	总印数（亿册、张）	总印张（亿印张）	发行册数（亿册）	销售码洋（亿元）
1990	80 224	55 254	56. 36	232. 05	60	76. 7
1991	89 615	58 467	61. 39	266. 11	62	85. 8
1992	92 148	58 169	63. 38	280. 38	64. 42	100. 69
1993	96 761	66 313	59. 3	282. 3	65. 91	125. 39
1994	103 836	69 779	60. 08	297. 16	62. 24	134. 55
1995	101 381	59 159	63. 22	316. 78	66. 79	186. 36
1996	112 813	63 647	71. 58	360. 45	72. 61	266. 62
1997	120 106	66 585	73. 05	364	74. 71	313. 17
1998	130 613	74 719	72. 39	373. 62	77. 04	347. 61
1999	141 831	83 095	73. 16	391. 35	73. 29	355. 03
2000	143 376	84 235	62. 74	376. 21	70. 24	376. 86
2001	154 523	91 416	63. 10	406. 08	69. 25	408. 49
2002	170 962	100 693	68. 7	456. 45	70. 27	434. 93
2003	190 761	106 085	67. 5	466. 9	67. 96	461. 64
2004	208 294	121 597	64. 13	465. 59	67. 06	486. 02
2005	222 473	128 578	64. 66	493. 29	63. 36	493. 22
2006	233 971	130 264	64. 08	511. 96	64. 66	504. 33
2007	248 283	136 226	62. 93	486. 51	64. 66	504. 33
2008	275 668	149 988	69. 36	560. 73	67. 09	539. 65
2009	301 719	168 296	70. 37	565. 50	63. 18	580. 99
2010	328 387	189 295	71. 71	605. 33	64. 62	599. 88
2011	369 523	207 506	77. 05	634. 51	65. 78	653. 59
2012	414 005	241 986	79. 25	666. 89	68. 32	712. 58

资料来源：据历年《中国出版年鉴》资料统计。

2012 年，全国共出版期刊9 867种，平均期印数16 767万册，总印数33. 48 亿册，总印张 196. 01 亿印张，定价总金额 252. 68 亿元。

2012 年，全国共出版报纸1 918种，平均期印数22 762.00 万份，总印数 482.26 亿份，总印张2 211.00 亿印张，定价总金额 434.39 亿元。

2012 年，全国共出版录音制品9 591种，出版数量 2.28 亿盒(张)，发行数量 2.32 亿盒(张)，发行总金额 11.03 亿元。出版录像制品8 894种，数出版量 1.66 亿盒(张)，发行数量 1.17 亿盒(张)，发行总金额 7.54 亿元。

总之，我国出版产业规模已有飞速发展。

作为国家文化事业的一个重要组成部分，新中国的出版事业在其建立与发展过程中，呈现出以下明显特征：一是，以国有经济为主的出版力量，拥有书刊出版权的单位都是国家审批的事业单位，书刊定点印刷厂中国有企业占大多数，流通机构中拥有一级批发权的单位全是国有书店，图书零售中新华书店销货店的零售价要占市场零售总额的 80%以上；二是，以社会效益为主的经营原则，这一原则不仅体现在政府所制订的一系列政策法规之中，而且也体现在各类行业规范及每个书业单位的具体实践之中，不懈地与唯利是图的行为作斗争，已成为我国出版业大多数经营者的自觉行为；三是，以集中统一为主的管理模式，几十年来，出版体制虽然也经过了数次集中与分散的变革，但大多数时间里的出版业管理，仍然以统一集中管理为主，这固然有利于政府督促企业实现企业目标与社会目标的统一，但也很容易引起出版资源不合理配置，不利于出版业在市场经济条件下的发展；四是，以教材及教辅读物为主的产品结构，教材及教辅读物的销售量要占我国出版物市场销售总量的 60%以上，此种产品结构特征，形成了众多的出版发行单位对教材与教辅读物的依赖性，有碍于出版业的健康发展。

四、电子出版时期的到来及其发展趋势

从 20 世纪 80 年代初期开始，以北京大学与潍坊计算机公司合作研制激光照排机并投入使用为标志，我国出版业逐步进入了电子出版时期。其具体表现包括下列几个方面：

1. 计算机普遍应用于出版物生产制作领域

随着我国汉字编码输入技术的日益完善，从 20 世纪 80 年代初期开始，各出版单位就逐步利用计算机录入排版取代手捡铅字排版，印刷技术开始进入“告别铅与火，使用光和电”的时代。1991 年北大方正系统的推出，更促进了计算机录排技术的普遍应用。到 1992 年，全国就有 500 多家出版印刷单位采用了该系统进行录入排版。目前，计算机已普遍应用于出版生产制作领域。随着黑马系统等一批校对软件的开发，出版校对工作中也逐步应用计

算机进行初校。近几年，人机结合校对，成为一种较为普遍的模式。

2. 电子出版物成为重要的出版产品

从 1991 年湖北省新闻出版局与武汉大学出版社共同研制，正式推出第一种以软磁盘为载体的电子出版物《国共两党关系简史》以来，各类电子出版物的数量逐年增多。1994 年年底，全国出版 CD-ROM 仅 100 种。到了 2006 年，据《中国出版年鉴》统计，全国共出版了7 207种电子出版物。2012 年，全国共出版电子出版物11 822种、26 344. 86万张。与 2011 年相比，品种增长 5. 99%，数量增长 23. 56%①。在数量迅速增长的同时，我国电子出版物的质量也有了显著提高。在近几年的多届“莫必斯”多媒体光盘国际大奖赛中，我国有多种电子出版物获奖。

3. 网络出版活动有了初步发展

20 世纪 90 年代后期，随着国际互联网开通，以及计算机数字化处理技术的飞速发展，电子出版步入了一个新阶段，即网络出版时代。1998 年 10 月，人民出版社在“人民时空”网站推出了我国第一部网络图书《中国经济发展五十年》。随后，辽宁出版集团便大举向网络出版领域进军，不仅推出了“中国电子图书网”，还制作出了名为“掌上书屋”的中文电子图书阅读器。到 2002 年年初，据不完全统计，已有 160 多家出版单位涉及足网络出版，在互联网上开设了网络的出版社已达 300 多家，网上可供读者付费下载的正版电子书有一万多种。与此同时，网上售书活动也发展迅速，1994 年美国亚马逊网上书店创立，1995 年 9 月中国国际图书贸易总公司就创办了我国的第一家网上书店“国图网上书店”。到目前为止，出版社、书店及一些电子公司先后开设的网上书店已达 300 多家。

上述种种迹象表明，在我国，电子出版时期已经到来。

电子出版时期一个重要特征是以电子技术为核心来发展出版业。随着电子技术的不断发展，出版物的生产制作技术也不断创新。目前国际出版业有两个发展重点，将成为我国电子出版发展的两个重点方向，一是按需印刷的应用，二是电子书的生产。

按需印刷(Print on Demand，POD)，是建立在数字式信息远距离传输和高密度存储的基础上，用计算机将数字化图书直接印制成印刷文本的技术。其操作过程是将图书内容数字化后，利用电子文件在专门的激光打印机上高速印制书页，并用专用计算机完成折页、配页、装订等工序。目前，美国、

---

① 资料来源：全国新闻出版统计网，2012 新闻出版业基本情况[EB/OL].

日本、德国、英国、法国等国的一些批发商和少数连锁书店已开始装备此项技术，按需印刷的广泛应用已为时不远。我国的一些出版单位也正在与一些电子公司合作攻关，不久的将来，按需印刷也一定会在我国出版界普遍应用。

电子书(e-Book)，即专用硬件阅读器，是一种储存有图书数字化信息与相应检索软件的专用阅读设备。它不仅便于携带，利于操作查看，而且体积小，价格便宜。日本索尼公司与小学馆共同开发的《日本大百科事典》，印刷本重达 60 千克，据此制作的电子书仅重 0.5 千克，价格仅有纸质书的 1/3。所以，电子书的生产成了世纪之交国际出版业的重点发展方向。日本从 1990 年 7 月推出第一种电子书，到 20 世纪 90 年代后期，电子书的年生产量几乎成倍地增长。美国 2000 年生产电子书 3 万种，计划到 2010 年电子书生产要达到 300 万种，其产值要占全美出版总产值的 90%。德、英、法等国电子书的生产也呈方兴未艾之势。我国的辽宁出版集团及一些出版社也正在积极地与电子公司合作，研制生产电子书。预计不久的将来，电子书的制作生产也会成为我国出版业发展的一道亮丽风景线。

除此之外，随着社会信息储存数字化和信息传输网络化等技术的日新月异的发展，各种与网络相关的出版新形态也层出不穷，数字化出版也开始步入了迅猛发展的阶段。2012 年，经国家批准的 9 家国家数字出版基地(园区)，即：张江国家数字出版基地、广东国家数字出版基地、江苏国家数字出版基地、杭州国家数字出版基地、湖南中南国家数字传媒内容基地、西安国家数字出版基地、重庆北部新区国家数字出版基地、天津国家数字出版基地、湖北华中国家数字出版基地等，共实现营业收入 624.7 亿元，拥有资产总额 412.9 亿元；实现利润总额 85.1 亿元。较 2011 年增长 40.2%，资产总额增长 43.2%，利润总额增长 12.2%。其经营规模之大及增长速度之快，也毫无疑义地显示出了其发展前景辉煌和重点发展方向及地位。

【思考与练习】

1. 什么是出版？它由哪些基本要素构成？
2. 一项完整的出版活动，一般由哪些基本环节组成？
3. 从出版资本形态变化的角度概述出版工作的基本过程。
4. 什么是出版物？它由哪些基本要素构成？
5. 为什么说出版物是商品？
6. 与一般商品相比，出版物商品的特性表现在哪几个方面？

7. 为什么说我国的出版活动起源于西汉末年？

8. 我国古代出版活动对世界出版业发展所作出的贡献主要表现在哪些方面？

9. 新中国出版事业的发展大体经历了哪几个阶段？

10. 电子出版与传统纸质出版相比，有何特点？

第二章　出版学学科理论

☞ **内容要点：**

本章首先对出版学的定义、研究对象及研究内容进行了描述，然后，探讨了出版学的学科性质，介绍了出版学的学科体系及其构成。

☞ **学习目的：**

通过本章的学习，了解什么是出版学，掌握出版学的研究对象与内容，熟悉出版学的学科性质与分支学科。

☞ **关键术语：**

出版学、出版学研究对象、出版物商品供求矛盾、学科性质、相关学科、分支学科、传播学、文化学、新闻学、图书馆学、文献信息管理学、出版编辑学、出版经济学、出版物发行学、边缘学科、学科的独立性、比较研究法

在阐释了出版活动及出版物的一些基本概念和基本知识之后，我们接着对出版学的基本内涵进行探讨。出版学是一个由多种分支学科与多类专业知识共同组构而成的庞大知识系统。对这个知识系统自身特征的认识，如对出版学研究对象、内容及方法的探讨，对出版学学科性质、体系构成及与其他学科关系的研究，等等，构成了出版学学科理论研究的基本内涵。要把握出版学的基本内涵，必须从对出版学研究对象的认识开始。

第一节　出版学的研究对象与内容

出版学的研究对象、内容及定义三者既有联系，又有区别。研究对象是指人们从事科学研究时作为认识目标的事物与客体；研究内容是指研究对象的内部构造和外部联系；科学定义是对学科概念的内涵与外延所进行的确切而简要的说明。研究内容是研究对象的具体表现，科学定义也与研究对象密切相关。

关于出版学研究对象问题的讨论，可以说是众说纷纭。所以，在阐述我们对出版学研究对象问题的认识之前，有必要对出版界关于出版学研究对象的讨论情况先加以扼要的归纳与陈述。

一、对出版学研究对象的不同认识

多年来，不少国内外出版理论探索者都对出版学的研究对象表述了自己的见解。其观点大体可分为以下几类。

1. 规律说

持此类观点的学者，将出版学的研究对象确定为出版领域的有关规律。但究竟以何种规律作为出版学的研究对象，各位学者又各有不同的看法。孙树松、林人等学者认为："出版学是研究出版工作及其发展规律的科学。出版工作包括编辑出版、印刷、发行以及出版物质供应、出版管理等各项工作，出版学就是在对这些工作进行综合研究的基础上建立起来的。"①许力以同志则认为："出版学是研究了解与掌握出版规律的科学，是研究出版历史及其对社会发生作用的科学。"②梁宝柱也认为："出版学是研究整个人类出版活动的产生、发展及其理论与实践的科学。"③许力以和梁宝柱不仅主张要对全部出版工作过程的规律进行探讨，而且还要对出版事业的发展规律进行探讨，其研究对象的含义较孙树松、林人等学者的主张更宽泛。与此相比，高斯、洪帆则仅仅将出版全过程中的物质生产阶段的规律作为研究对象，他们认为："出版学研究编辑后续工序中的规律和本质。"④其所主张的研究对象的含义则更为狭小了。南京大学张志强教授在其新著《现代出版学》中所下定义为："出版学是研究出版的形成与发展以及探讨出版工作规律的社会科学。"⑤其主张大体与孙树松、林人等学者的看法相同。

2. 矛盾说

持此类观点的学者，根据毛泽东同志的论断"科学研究的区分，就是根据科学对象所具有的特殊的矛盾性，因此，对于某一现象的领域所特有的某

① 孙树松，林人．中国现代编辑学辞典[M]．哈尔滨：黑龙江人民出版社，1991：2.

② 中国出版科学研究所．出版科研论文选粹[M]．杭州：浙江教育出版社，1992：43.

③ 梁宝柱．出版经济学导论[M]．北京：中国书籍出版社，1991：43.

④ 高斯，洪帆．图书编辑学概论[M]．南京：江苏教育出版社，1989：9.

⑤ 张志强．现代出版学[M]．苏州：苏州大学出版社，2003：16.

一种矛盾的研究，就构成某一门科学的对象。”①他们试图从科学对象所具有的特殊矛盾性上来确定出版学的研究对象。然而，对于什么是出版领域的特殊矛盾，各位学者却有着不同的理解。彭建炎主张：“出版物的生产和流通的矛盾是出版领域特有的矛盾，是出版学的研究对象。”②林岳生则认为：“出版发行领域的特有矛盾，是出版发行活动的社会效益与经济效益的矛盾。”③

3. 文化现象说

持此种观点的学者，认为出版学的研究不应局限于出版发行领域，而应将社会科学文化现象作为研究对象。持此类观点者，以日本学者清水英夫为代表。他认为：“出版学是把出版作为社会文化现象科学地进行调查研究的学问。与作为传播学的新闻学有类似性，但研究对象不一定以作为大众媒介的出版为限。在与出版有关的研究领域，从来就有书志学、书籍学、图书馆学、读书学、印刷学，要把它们加以综合，并借助邻近的学科就出版的功能、过程、效果等问题从历史和现实的角度加以阐明。”④

4. 出版要素及其关系说

持此类观点的学者认为，出版发行活动是由各种具体要素构成的，要掌握出版发行活动的规律就要对各种出版要素及其相互关系进行研究。林穗芳先生是持这一观点的代表。他在《明确“出版”概念，加强出版科学研究》一文中指出：“出版学的研究对象包含三个主要成分：读者(阅听人)——出版工作的服务对象和出发点，他们既是阅读出版物的社会主体，又是作者、出版者和出版物施加影响的社会客体；出版物——出版者用以为读者服务的主要产品；出版业——实现出版物编辑、制作和传播过程的人员和组织。”因此，林先生给出版学下的定义是：“研究读者、出版物、出版业及其相互关系，以揭示出版的规律和社会作用的综合性社会科学。”⑤杨斌、钟义信先生也是持此类观点的学者。他们把出版物中具有物质性和意识性的思想因子和形式因子加以概括、抽象，得出一个“出版片素”的概念，并主张：“出版片

---

① 毛泽东．毛泽东选集(第1卷)[M]．北京：人民出版社，1991：309.

② 彭建炎．出版学概论[M]．长春：吉林大学出版学，1991：68.

③ 林岳生．全国首届出版科学学术讨论会论文选集[M]．重庆：重庆出版社，1986：106.

④ [日]清水英夫．平凡社大百科事典[M]．东京：平凡社，1985.

⑤ 林穗芳．明确“出版”概念，加强出版科学研究[J]．出版发行研究，1990(6)：23.

素可以被确立为出版科学的对象。”在这里，出版片素作为出版活动的一个要素，主要是指出版物的内容与形式及其相互关系。“出版片素作为出版过程中的核心要素，在出版系统起着支配作用，决定出版系统的性质和发展方向。”①叶再生在其所著的《编辑出版学概论》一书中也提出：“出版学的研究对象是书刊出版的技术、经济、版式工艺，以及书刊出版过程中各环节、各工序间相互关系的内在联系和规律。”②

5. 出版活动说

持此种观点的学者主张出版学的研究对象是具体的出版活动，包括出版活动的历史、出版活动的组织以及出版活动对社会的影响等。如边春光先生主编的《编辑实用百科全书》认为：“出版学是一个新开拓的学术领域，它的研究对象，除了实体(图书)的出版活动之外，还涉及数千年之久的图书出版发行历程，图书出版形态在各种不同条件下的演变，以及出版作为一种规模性的事业对全社会产生的影响。”③

在上述关于出版学研究对象的五类观点中，持规律说者将出版学的研究对象确定为出版领域的有关规律，我们认为这是将研究目的误认为了研究对象。探讨出版活动的各种规律，是出版学研究的目的，而不是出版学研究的对象；持文化现象说者将出版学的研究对象概括得过于宽泛，没有将出版学的本质特征揭示出来，将文化现象作为研究对象的学科实在太多，况且，出版也并非一种纯粹的文化现象；持出版要素及其关系说者以及持出版活动说者都是将出版学的具体研究内容看成是出版学的研究对象，对出版学研究对象的描述过于具体且不很准确。因此，我们赞成从科学对象具有的特殊本质，也即特殊的矛盾性上来确定出版学研究对象的主张。然而，我们却不赞成彭建炎和林岳生的意见。出版物的生产和流通，作为出版活动的两个主要环节，在大多数情况下是不矛盾的，并且，出版物的产销矛盾还要受供求矛盾的制约，充其量只是供求矛盾的一部分，所以，将出版物的生产和流通的矛盾当成出版学的研究对象，其理由是不充分的。出版发行活动中的经济效益与社会效益的矛盾，实际上任何领域都存在，而且，经济效益与社会效益的矛盾在出版发行领域并不具有普遍性，通过对经济效益与社会效益矛盾的

① 杨斌，钟义信．全国首届出版科学学术讨论会论文选集[M]．重庆：重庆出版社，1987：104-105.

② 叶再生．编辑出版学概论[M]．武汉：湖北人民出版社，1988：1.

③ 边春光主编．编辑实用百科全书[M]．北京：中国书籍出版社，1994.

研究是很难达到掌握出版发行活动基本规律的目的的。所以，出版发行中的经济效益与社会效益的矛盾也不应成为出版学的研究对象。

二、我们对出版学研究对象的认识

在众多具有代表性的观点中，我们赞成毛泽东同志提出的根据其一现象领域所特有的矛盾来确定其一门学科研究对象的论断。因为，“如果不研究矛盾的特殊性，就无从确定一事物不同于他事物的特殊的本质，就无从发现事物运动发展的特殊的原因，或特殊的根据，也就无从辨别事物，无从区分科学研究的领域。”①确定出版学的研究对象，也需找出出版领域的特有矛盾，并且，在众多的特有矛盾中，必须找出能够反映出版活动本质特征的主要矛盾。

根据上述思路，我们认为，出版学的研究对象应是出版物的商品供求矛盾。具体理由如下：

1. 出版物的商品供求矛盾是出版领域所特有的矛盾

这是由出版领域的产品——出版物的特性所决定的。一方面，出版物是一种含有文化知识的商品，它的使用价值在于所含的知识信息能够满足人们的精神需求。读者需要它，实际上是需要出版物中所蕴含着的那些知识与信息，所以，出版物的商品供求矛盾不同于其他经济领域的商品供求矛盾，它反映的是文化知识的供应与社会对文化知识的日益增长的需求之间的关系。另一方面，出版领域的出版物又具有一般商品的共性，如必须通过市场交换实现商品价值，在交换中必须遵守等价交换的原则等，因此，出版领域的出版物供求矛盾又不同于图书馆、文化馆工作领域的出版物供求矛盾，它是围绕出版物商品价值的实现而产生的矛盾，反映的是商品交换过程中的各种经济关系。正如马克思所说：“在商品的供求关系上再现了下列关系：第一，使用价值和交换价值的关系，商品和货币的关系，买者和卖者的关系；第二，生产者和消费者的关系……”②

2. 出版物的商品供求矛盾是出版领域的主要矛盾

在出版领域所存在的众多特殊矛盾中，最基本的是出版物的商品供求矛盾。这一矛盾的存在，影响与制约着出版领域其他矛盾的存在与发展。如出版物的生产与流通的矛盾、经济效益与社会效益的矛盾，以及生产过程中精

---

① 毛泽东．毛泽东选集(第1卷)[M]．北京：人民出版社，1991：309.

② 马克思．马克思恩格斯文集(第7卷)[M]．北京：人民出版社，2009：214.

神生产和物质生产的矛盾、出版资源和产品结构的矛盾，流通过程中批发与零售的矛盾、物流和商流的矛盾等，就都是由出版物商品供求矛盾的存在与发展所决定的。

3. 出版物的商品供求矛盾是出版领域的基本矛盾

出版物的供求双方，正如马克思所说："……供给等于某种商品的卖者或生产者的总和，需求等于这同一种商品的买者或消费者(包括个人消费和生产消费)的总和。而且，两个集合力量来互相发生作用的。"①在出版物市场上，出版业经营者售出商品，换取货币；读者支出货币，换取出版物。出版物商品供求矛盾所反映出的这种商品与货币之间的物物关系，实质上是不同商品所有者之间的经济关系。除此之外，出版物商品供求矛盾也是出版业内部经营者之间经济关系的集中反映。相对于消费者而言，出版业经营者共同构成"供"的一方，但在出版业内部，也同样存在着错综复杂的供求关系，作者与出版社之间、出版社与书店之间、批发商与零售商之间，以及国家、企业、职工之间所存在的种种经济关系，都能通过出版物商品供求矛盾反映出来。由于出版物商品供求矛盾是出版活动中各种经济关系的综合反映，所以，将这一矛盾作为出版学的研究对象，容易把握出版活动的规律，实现出版学研究的目的。

明确了出版学的研究对象，我们可以给出版学作如下定义：出版学是研究出版物商品供求矛盾的产生与发展规律的科学。由于出版物商品供求矛盾是出版领域所特有的矛盾，它能反映出版活动的本质特征；出版物商品供求矛盾是出版领域最主要的矛盾，它能反映出版活动的基本状况；出版物商品供求矛盾普遍存在于出版物再生产全过程之中，它能全面反映出版活动中的各种经济关系。所以，研究出版物商品供求矛盾的产生与发展的规律的过程，就是把握出版活动规律的过程。从这种意义上讲，出版学也就是研究出版活动规律的科学。

应当指出的是，出版活动作为一种社会活动，并不是孤立地存在的。它与社会的经济、政治、文化等现象有着密切的关系。出版领域的基本矛盾——出版物商品供求矛盾，也与出版领域的其他矛盾以及其他领域的各种矛盾互相联系、相互影响。所以，我们研究出版学也不能就事论事，而应从出版发行活动与整个人类社会生活的各个方面的总联系中去把握出版物商品供求矛盾的发展变化规律，从而更科学地指导出版业的健康发展。

---

① 马克思．马克思恩格斯全集(第7卷)[M]．北京：人民出版社，2009：215.

三、出版学的研究内容

出版学的研究内容是由出版学的研究对象决定的，是研究对象的分解与具体化。列宁说："要真正地认识事物，就必须把握住、研究清楚它的一切方面、一切联系和'中介'。"①出版物商品供求矛盾的一切方面、一切联系和"中介"，就构成了出版学的研究内容。

从总体上讲，出版学的研究内容由基础研究与应用研究两大部分组成。基础研究是以揭示出版发行学研究对象的运动规律为基本任务的研究，包括学科基本理论研究、书刊生产流通基本规律研究、出版发行活动的基本特征及其事业组织规律的研究等；应用研究即探讨出版发行实践中各环节、各因素之间合理配合、科学运行的理想机制，并寻求理想机制得以实现的具体方式方法的研究。应用研究的基本任务是运用从实践中归纳出来的理论去指导出版发行实践朝着科学化方向发展。

在不同的时期，由于出版学研究对象性质的变化及其影响因素的不同，其研究内容的侧重点也会不同。现阶段，出版学应侧重以下内容的研究：

(1)出版学学科基本理论研究。这是对出版学知识体系的构成规律进行探讨。如研究出版学的学科性质与特点，探讨出版学的研究目的、对象与内容，总结出版学理论产生与发展的背景与规律，考察出版学与其他学科的联系与区别，摸索出版学的研究方法，展望出版学的研究方向及发展趋势，等等。

(2)书刊生产流通基本规律研究。这是对出版物生产流通活动中各环节、各因素之间本质联系的研究。如产销平衡规律研究、投入产出规律研究、需求规律研究、出版活动两个效益的关系及其处理原则研究、出版资源优化配置规律研究，等等。

(3)出版发行事业的组织与建设规律研究。这是对全国或某个地区出版发行事业的组织管理问题进行宏观上的探讨。如出版发行事业发展规模的合理性研究、出版管理体制的优化模式研究、出版发行活动的方针政策研究、发行网建设规律研究、出版发行队伍建设研究，等等。

(4)出版物市场营销规律研究。这是对出版发行企业的经营销售的规律性进行探讨。如图书市场购销机制的特点研究、书刊购销形式改革研究、市场策划与开发策略研究、读者类型与结构研究，等等。

---

① 列宁．列宁全集(第40卷)[M]．北京：人民出版社，1986：291.

(5)出版发行事业史的研究。这是对出版发行事业发展的历史轨迹及其规律性进行探讨。如各个历史时期出版业发展的特点研究，各个时期政治、经济、文化对出版活动所产生的影响研究，等等。

(6)现代化的技术手段在出版发行活动中的应用研究。这是对出版发行活动中运用先进技术的特点与规律性进行探讨，如电子出版技术的应用研究、出版发行信息网络建设研究、仓储管理自动化研究，等等。

第二节 出版学的学科性质、体系及与有关学科的关系

探讨学科的性质，旨在理清出版学与其他学科的关系，尤其是相关学科的关系，从而更好地认识出版学在科学总联系中的地位。而学科性质又与学科体系有着密切联系。学科体系由相关学科与分支学科共同组成。因此，本节的探讨，从学科性质、相关学科、分支学科三个方面进行。同时，对出版界争论较多、意见也不太统一的出版学与编辑学及其他有关学科的关系也加以简略论述。

一、出版学的学科性质

出版学究竟是一门什么性质的学科呢？目前研究者们对此的认识尚不统一。其中有代表性的观点主要有三种：一是认为出版学是一门交叉学科，如叶再生在其《编辑出版学概论》中提出："编辑出版学是一门社会科学与自然科学相互渗透、相互结合的交叉科学。"①二是认为出版学是一门综合性社会科学，如林穗芳先生在《明确"出版"概念，加强出版学研究》一文中指出："考虑到出版作为一种社会文化现象涉及许多领域，出版学的研究对象包含多种成分，每种成分的结构又极其复杂，需要运用各种学科的理论和方法从不同的角度进行综合研究。笔者倾向于把狭义的出版学(以书刊为主体，不包括报纸)看做思想、科学、文化传播领域的自成体系的综合性社会科学。"②三是认为出版学是一门综合性科学，如彭建炎在《出版学概论》一书中指出："出版学是一门既属于社会科学范畴，又属于技术科学和应用科学范畴的学科，是社会科学、技术科学和应用科学相互渗透、相互交叉、整体

① 叶再生．编辑出版学概论[M]．武汉：湖北人民出版社，1988：1

② 林穗芳．明确"出版"概念，加强出版学研究[J]．出版发行研究，1990(1)：20.

结合而成的一门综合性学科。”①

我们认为，上述三种意见对出版学学科性质的理解都不是太准确。科学是反映自然、社会、思维等客观规律的分科的知识体系。其中研究自然界各种事物和现象的科学是自然科学，而研究社会现象的科学则是社会科学。也就是说，科学领域的学科划分，是依其研究对象的属性决定的，而不是依其他标准而决定的。作为出版发行工作劳动对象的出版物中，既含有社会科学知识，又含有自然科学知识，但不能因此而将出版学看成是自然科学与社会科学交叉结合而成的交叉科学，因为出版物中的知识内容不是出版学的研究对象，出版发行工作者要了解掌握出版物中的知识内容，也是为了更好地解决出版物的商品供求矛盾，而不是为了运用书中的知识去改造社会与自然(出版类专业书刊除外)。在研究出版学时需要运用许多其他学科的知识、研究方法和技术手段，如在研究出版选题决策时需要运用数学方法，探讨读者购买行为时需要运用许多心理学知识等，但这些都只是服务于学科研究的工具，不能决定学科性质，因此，不能因为出版学“需要运用各种学科的理论和方法从不同的角度进行综合研究”而将其视为综合性学科。此外，出版学的学科性质是从整个知识体系的整体属性方面而言的，不能因为出版学的各分支学科具有不同的属性而将出版学判断为一门综合性学科。

因此，我们主张，出版学是一门独立的应用性的社会科学学科。说它是一门独立的学科，是因为它具有独立性学科所应具有的基本条件：具有特定的研究领域与研究对象，具有其他学科不可替代的研究任务，具有雄厚的实践基础。说它是一门社会科学学科，是因为出版学的研究对象是出版物商品的供求矛盾，是一种社会现象。书刊出版活动，是应人类社会的需要而产生的，随着人类文明的发展，产生了文字，出现了书籍，有了对知识信息的需求，出版活动才得以产生；同时，随着社会的不断发展，人们对出版物的需求也不断发展，也就促使出版业经营者在满足这些不断增长的需求中使出版活动不断地获得发展；出版物商品的供求矛盾的产生与发展，都是政治、经济、文化、人口等社会因素影响与作用的结果。说出版学是一门应用性学科，是因为出版学具有应有性学科的基本特征：一是，在出版学的两类研究内容中，侧重点是应用研究；二是，出版学以一个具体的社会工作部门和系统(即出版发行系统)作为自己特定的研究领域；三是，从实践中抽象出的理论对实践的指导具有专业性特点，出版发行学理论对出版实践有着非常直

---

① 彭建炎．出版学概论[M]．长春：吉林大学出版社，1991：85-86.

接而明显的指导作用，但对其他社会实践活动则无直接指导作用，它不像一些社会科学的基础学科，如哲学、心理学理论那样，几乎能在所有的社会实践活动中起作用。

二、出版学的相关学科

人类科学体系由各个学科范畴的各类专门学科共同组成。每一门学科都有着自己独特的位置，都有着自己所特定的研究对象，都担负着专门的研究任务，但每一门学科既不是单一地存在也不是孤立地存在的，各门学科之间，普遍存在着千丝万缕的联系。就联系的程度而言，有些学科仅有一定联系，有些学科则联系紧密；就联系的方式而言，有些学科之间是间接联系，有些学科之间则是直接联系；就联系的状况而言，有些学科是在研究方法上的联系，有些学科则是在研究内容上的联系。所谓出版学的相关学科，即指与出版学在研究内容上有着直接的紧密联系的学科。

出版学与其相关学科的联系按性质可分为两种情况：一是出版学的基础学科，即为出版学的建立提供理论基础的学科，在众多的此类学科中，与出版学在研究内容上联系紧密的学科主要有传播学、文化学、经济学等；二是出版学的交叉学科，即与出版学在研究内容上有某些交叉或具有某些相通性的学科，与出版学具有此类性质联系的相关学科主要有新闻学、图书馆学、文献信息管理学等。

下面分别对这些学科及其与出版学的联系作一简要介绍。

1. 传播学

传播学是研究人类一切传播行为和传播过程的发生、发展规律的科学。由于出版物是一种重要传播媒体，所以组织出版物的生产与流通的出版活动，也就成了大众传播系统的一种传播媒介。“传播史应从中国北宋人毕昇发明胶泥印刷开始”，美国传播学家韦尔伯·施拉姆的这一观点，也清楚地说明了人类传播行为与出版发行活动有着密不可分的关系。传播学的研究内容按传播过程分为五大部分：传播者、传播内容(信息)、传播媒介(渠道)、传播对象、传播效果。通过这些内容的研究所形成的传播学基本原理，能为出版学的理论体系的建立提供重要参照。但传播学侧重人类传播行为的一般性研究，而不偏重某一特定传播媒介体的研究。出版学则重点研究出版物这一特定传播媒体及与此相关的传播行为。

2. 文化学

文化学是研究人类社会普遍存在的文化现象的产生与发展规律的科学。

作为人类在社会实践活动历史进程中所创造的一切精神与物质财富的文化，按其现象形态划分，包括：智能文化，如哲学、技术、知识等；物质文化，如房屋、器皿、机械等；规范文化，如社会组织、制度、政治和法律形式、伦理、道德、风俗习惯、语言、教育等；精神文化，如宗教、信仰、审美意识、文学、艺术等。这种种文化现象的产生与发展，都与出版业的发展紧密相关。通过出版物进行文化的交流、传播与积累，本身就是一种很重要的文化现象，所以，出版业的发展要遵循文化规律办事。文化学的理论研究成果，同样是构建出版学的理论基础之一。

3. 经济学

经济学是研究经济活动过程与经济活动规律的科学。出版活动具有经济活动的属性。出版物的生产是利用出版资源按照市场交换的要求制造出合适的产品——出版物的过程，出版物的流通在商品经济社会里也大多是以商品交换的形式进行的。所以，出版业的运作在遵循文化规律办事的同时，还受到经济规律的制约。这样，以探求一般经济活动规律为基本任务的经济学研究，也就必然对出版学理论的形成具有基础性意义。

4. 新闻学

新闻学是研究利用报刊、广播、电视等公共传播媒介进行新闻传播的规律性的科学。新闻传播作为一种传播行为，与出版发行有许多相通之处，如都具有传播知识、传递信息的职能，报刊等媒体的出版规律都要纳入各自的研究范围之中等。由此而使新闻学与出版学在研究内容上出现了许多交叉。

5. 图书馆学

图书馆学是研究图书馆活动规律的科学。图书馆的活动以收集、整理、储存、利用图书资料为基本内容，与出版发行活动一样，都以出版物作为劳动对象。如何整理、陈列图书，如何准确地揭示图书中所蕴含的知识信息内容，如何更好地发挥图书的作用等，都是图书馆学和出版学研究的重点内容。图书馆工作与出版工作在工作性质上的相同之处，使得以工作实践为源泉的两门学科的理论研究也有了许多的共同点。

6. 文献信息管理学

文献信息管理学是研究收集、整理、揭示、利用文献信息规律的科学。文献除出版物之外，还有书信、档案、文稿以及其他蕴含信息的物质载体。文献信息管理学研究文献管理的一般原理与方法，出版学则要研究出版物这一具体文献形式中的信息揭示与利用问题。因此，文献信息管理学也是与出版学在研究内容上有某些交叉的相关学科。

三、出版学的分支学科

出版学的研究内容十分丰富，像所有独立学科一样，出版学并非是单一孤立地存在，而是由许多分支学科共同构成的。每一门分支学科都承担着出版学某一部分研究内容的探讨任务。这些分支学科的研究成果共同构成对出版活动规律的整体认识。正是有众多分支学科的存在，才形成了反映出版物生产流通客观规律的出版学知识体系。

我们认为，出版学的学科体系，应由五类分支学科组成：一是探讨出版活动基本原理与一般规律的学科，如出版概论、出版美学、出版经济学、出版文化学、出版社会学、比较出版学、中外出版史等；二是研究出版活动构成要素的学科，如图书学、出版企业管理学、出版信息学、读者学等；三是研究出版物生产流通过程的学科，如编辑学、发行学、出版物制作学、市场营销学、书刊储运学、书评学等；四是研究出版活动环境的学科，如出版物市场学、出版法学、出版业宏观管理学等；五是研究出版活动的组织技术与方法的学科，如出版财务学、出版统计学、出版业计算机应用、出版物的分类与编目、出版网络技术等。

除此之外，随着出版发行实践的进一步发展以及出版学理论研究的不断深入，目前还较零碎的某些方面的知识，也会形成较系统的知识体系，形成许多新的分支学科，如出版资源学、出版人才学、版权贸易学、书刊推销学、出版网络学等。这样，出版学学科体系将更为庞大。

四、出版学与几个有关学科的关系

从 1983 年 4 月武汉大学在全国率先创办我国第一个高校出版类专业——图书发行管理学专业以来，据不完全统计，全国共有 60 多所高校开办了出版类专业，其专业名称有编辑学、科技编辑、期刊编辑学、出版印刷学、出版发行学、出版经济学、出版传播学、媒介经营与管理等，五花八门，应有尽有。我们认为，在出版技术日益发展，大出版理念已成共识的今天，出版学类专业的学科名称，都应该统一到“出版学”上来。下面，通过对出版学与几个重点相关学科关系的阐释，进一步说明将各种出版类专业名称统一称为“出版学专业”的必要性。

1. 出版学与编辑学的关系

出版理论界对出版学与编辑学关系的认识，可大体分为四种类型：一是认为编辑学是出版学的一门分支学科；二是认为编辑学是出版学的相关学科；二是认为编辑学的研究范围比出版学要广，编辑学涵盖了出版学；四是认为编辑学与出版学不存在包容与涵盖之类的关系，编辑学是文化学的一个分支。

我们认为，上述四类观点中，后三类观点是建立在两个认知误区之上的。这两个认知误区，一是在出版社处于单纯生产型时代所形成的“编辑中心论”，随着社会主义市场经济体制的确立，出版社单位已开始从单纯生产型向生产经营型转轨，市场在出版资源配置中的基础性作用的强化，使出版过程中直接与市场相连接的其他工作环节的重要性日益突出，因此，一切以编辑为中心的出版运作思路也必须调整；二是认为出版有广义与狭义之分，而出版学中的“出版”是指狭义的出版，这种说法虽然很流行，但却缺乏科学性，对此本书第一章在对出版概念进行解释时已作了分析，在此不赘述。

还应当说明的是，我们并非认为编辑工作不重要，恰恰相反，我们认为编辑工作是出版工作的核心内容，缺少编辑工作，出版活动就无法进行。我们还认为，编辑工作的核心地位，只有在出版活动中才能充分体现出来。在其他领域，如一些学者们所说影视戏剧领域，占主导地位的是导演与编剧，笔者孤陋寡闻，从未听说过影视戏剧界有“编辑”一类的人员，如果要强行将剪接、整理胶片一类的工作归结为编辑工作的话，那么这类工作在影视戏剧领域是绝对占不到主体地位的。这就是编辑学研究为什么在出版界异常火爆，而在其他领域却无人问津的根本原因。

因此，我们同意上述四类观点中的第一类。我们主张编辑学应该成为出版学的一门分支学科，编辑学与出版学的关系，是部分与整体的关系。

2. 出版学与出版经济学的关系

理论界对出版学与出版经济学关系的认知，也有两种观点。一种观点认为出版经济学是出版学的一门分支学科，是出版学学科体系的重要组成部分之一。如宋原放在一篇文章中将出版学理论体系划分为三个大层次，在第一层次中即包括了出版经济学。①。另一类观点认为出版经济学是由出版学与经济学相结合而形成的一门边缘学科。如梁宝柱在其所著的《出版经济学导论》中提出：“出版经济学是一门边缘学科，既属于出版科学体系，又属于经济科学体系，在这两个方面的科学体系中，都占有重要地位。”②李明也认

① 宋原放．关于出版学的研究对象和任务[J]．出版与发行，1985.

② 梁宝柱．出版经济学导论[M]．北京：中国书籍出版社，1991：12.

为：“出版经济学是一门边缘学科，它是出版学与经济学的结合。”①显然，持第二类观点者认为出版经济学不是出版学的分支学科。

我们认为，出版经济学主要是从经济的角度来研究出版活动，来探讨出版活动的过程与经济规律的。出版活动受一系列的规律约束，经济规律是其中的一部分；出版活动过程既是一个经济过程，又是一个文化知识的选择、整理、生产、传播的过程；出版经济学的研究对象与内容，都是出版学研究的有机组成部分。况且，出版经济学只是运用经济学的原理与方法来研究出版规律的一门学科，在出版经济学里，经济学知识是作为研究出版规律的一种工具而存在的。因此，出版经济学不应属于那种“在原有学科领域之间的交接点上产生的”边缘学科，而应属于以探讨出版物的商品供求矛盾为其研究对象的出版学的分支学科。

3. 出版学与出版物发行学

出版物发行学与编辑学和出版经济学一样，也是出版学的一门分支学科。对此，我们可以从以下几个方面来认识：

首先，出版物的发行活动是整个出版过程的重要组成部分。出版物发行担负着出版产品价值的实现、读者文化知识需求的满足等重任，是出版业发挥各项社会功能的直接实施环节。出版活动的根本目的，是要将经过选择、加工、整理的，有益的知识信息“公之于众”，使这些出版产品中所反映的作者们对于客观世界的正确认知能变成读者们的共同财富。这一根本目的的实现，必须靠出版物的发行活动来保证。

其次，出版物发行学研究出版物流通活动的组织规律，而出版物的流通活动又与出版物的商品供求矛盾有着紧密的联系。在出版物市场体系中，出版物流通与出版物的生产一起，共同构成出版物市场“供”的一方，其组织状况对供求矛盾的发展有着非常直接而重要的影响。这就说明，出版物发行学的研究对象与出版学的研究对象具有密切相关关系。

此外，出版物发行学的各项研究内容，包括发行体制研究，流通渠道研究，宣传促销研究，网点布局研究，仓储运输研究等，都是围绕出版物市场供求矛盾而展开的。因此，经过研究所形成的规律性认识，对出版物市场供求矛盾的把握，肯定能提供重要的帮助。

总之，出版物发行学完全具备出版学分支学科的条件，能无可争议地定

---

① 李明．论出版经济学[M]//中国出版科学研究所．全国首届出版科学学术讨论会论文选集，重庆：重庆出版社，1986：106.

位于出版学的分支学科。

第三节 出版学的研究方法

人们进行科学研究、探索事物运动规律时，总是要运用一定的方法的。从事出版学研究也不例外。出版学是一门起步较晚的新兴学科，其方法论的研究目前还处于非常薄弱的状况，这对学科研究的发展是十分不利的。因此，我们特将出版学研究的方法论作为学科基础理论的重点内容加以叙述。

一、出版学方法论的构成及其意义

出版学方法论的重要性在于其研究方法为学科研究起着选择研究途径、确定研究程序、提供研究手段的作用。

选择科学的研究方法，就是选择认识研究对象的正确途径。正如恩格斯所说："……从歪曲的、片面的、错误的前提出发，循着错误的、歪曲的、不可靠的途径行进，往往当真理碰到鼻尖上的时候还是没有得到真理。"①现代实验科学的始祖培根也说："跛足而不迷路能超过虽健步如飞但误入歧途的人。"选择了科学的研究方法，才能使出版学研究不迷路和少走弯路。

选择科学的研究方法，就是确定认识研究对象的最优程序。科学认识的过程错综复杂，人们可以从不同的角度划分出认识过程的多种多样的程序。J. D. 贝尔纳指出："我们知道科学所以恰恰是按这种方法而不是按另一种方法发展，绝对不意味着这种方法是唯一的科学发展方法，或者甚至说是科学发展最好的最快的方法。大自然的规律虽不取决于人的意志，但揭示和研究这种规律的程序却决定于人。"②从事出版学研究的人选择了正确的研究方法，就意味着选择了探索出版学研究对象发展规律的最优程序。而选定了最优程序，就为顺利完成研究任务提供了良好的条件。

选择科学的研究方法，就是掌握认识研究对象的主观手段。列宁在《哲学笔记》里摘录过黑格尔《逻辑学》中的一段话："在探索的认识中，方法也是工具，是主观方面的某种手段，主观方面通过这个手段和客体发生联系……"③出版学的认识客体是出版物商品供求矛盾，出版学理论探索者要

---

① 恩格斯．马克思恩格斯全集(第20卷)[M]．北京：人民出版社，1971：577.
② J. D. 贝尔纳．科学学译文集[M]．北京：科学出版社，1980：28.
③ 列宁．列宁全集(第38卷)[M]．北京：人民出版社，1958：736.

与这个客体发生联系，也必须选择科学的研究方法。

由此可见，研究方法的正确选择，对于出版学研究的发展有着至关重要的作用。正如俄国著名科学家巴甫洛夫所指出的那样："初期研究的障碍，乃在于缺乏研究法。无怪乎人们常说，科学是随着研究法所获得的成就而前进的。研究法每前进一步，我们就更提高一步，随之在我们面前也就开拓了一个充满着种种新鲜事物的、更辽阔的远景。因此，我们头等重要的任务乃是制定研究法。"

出版学方法论是一个完整的体系，从出版学的学科特点要求及出版学研究过程的需要出发，我们认为这个体系应由四类研究方法组成：一是哲学方法，这是出版学方法论的基础，它规定以何种指导思想去进行出版学研究方法的选择及学科本身的研究，在出版学研究方法论体系中占有突出的地位；二是出版学研究课题的选择方法，这是决定科研工作是否有意义的方法，它关系到科研工作进展的快慢和成果的大小，是衡量科研工作水平高低的重要标志；三是论证材料的获取方法，这是保证科研的基础工作，通过正确的方法全面、系统地收集到科研所需的材料，无疑为科研任务的完成提供了保证；四是课题的综合论证方法，这是保证科研成果质量的重要方法，它决定着课题研究能否如期获取有价值的科研成果以及科研成果质量的高低。这四类方法互相联系、互相影响，共同制约着科研活动的全过程。

下面我们将对出版学方法论体系中这四类科研方法分别进行简要介绍。

二、出版学研究的哲学方法

哲学是关于世界观和方法论的科学。马克思主义哲学则是无产阶级的关于世界观和方法论的科学。它在科学研究方面的重要价值，在于指导科学工作者以正确的世界观和科学的方法论去认识世界、认识事物、揭示事物发展的规律。由辩证唯物主义和历史唯物主义所构成的马克思主义哲学，是被实践证明了的科学的世界观和方法论。很显然，坚持运用马克思主义的哲学方法来观察分析问题，应该成为出版学研究哲学方法的唯一选择。

坚持马克思主义的哲学方法，首先要坚持在出版学科研中全面地探讨问题。唯物辩证法认为，世界上一切事物都不是孤立存在的，它总是同周围其他事物相互联系、相互制约的。出版活动也是如此。因此，探讨出版活动的规律必须从出版活动与周围其他现象的密切联系、相互制约的关系中去进行研究，对出版活动中的任何一种现象，都必须全面地去进行分析，努力防止片面性。正如列宁所说："要真正地认识事物，就必须把握住、研究清楚它的一切方面、一切联系和‘中介’……全面性这一要求可以使我们防止犯错误和防止僵化。”①

坚持马克思主义的哲学方法，还要求在出版学科研中贯彻理论联系实际的原则。唯物辩证法认为，理论的源泉是实践，实践是检验真理的唯一标准。只有坚持理论联系实际探讨问题，才能使出版学研究活动更好地促进出版事业的发展，才能使出版学自身的发展具有良好的实践基础。贯彻理论联系实际的原则，要求出版科研选题要从实际需要出发，论证材料要扎扎实实地深入实践之中去获取，形成的理论要有实用价值，要坚决反对那些脱离实践的学究式的研究。

坚持马克思主义的哲学方法，还要求出版学研究中应坚持用发展的观点看问题。辩证唯物主义认为，任何事物都是不断发展变化的，而不是静止的、一成不变的。马克思主义与形而上学的主要区别也在于此。坚持用发展的观点来探讨出版领域的各种规律，才能不断地发现新情况、研究新问题、提出新见解，才能使出版科研活动始终处于朝气蓬勃的状态。

三、出版学研究课题的选择方法

研究课题是科学领域未被认识和未获解决而又具有一定认识与解决价值的问题。在出版学领域，有许多的问题等待着我们去认识、去解决。但并不是一切问题都能成为出版科学研究的课题。一个科学问题的正确提出，需要满足下列条件：问题能够纳入该学科体系中加以研究和处理；问题不应该是笼统的，而应是具体的、有明确限定的；问题是有答案的；问题的解决具有一定的科学价值。

科学研究课题的选择与确定，是科学研究的真正起点，它要对整个科研活动起一种统率的作用。爱因斯坦曾说：“提出一个问题往往比解决一个问题更重要，因为解决一个问题也许仅是一个教学上或实验上的技能而已。而提出新的问题、新的可能性，从新的角度去看旧的问题，却需要有创造性的想象力，而且标志着科学的真正进步。”②出版科研选题的价值，也贵在选题的创造性上。要保证出版科研选题具有创造性，也就是说，能通过某个选题将自己的独特见解发表出来，就要认真选择选题的方法。下面结合我们自己的出版科研选题实践，归纳几种选题方法供大家选用。

---

① 列宁．列宁选集(第4卷)[M]．北京：人民出版社，1986：291.

② [德]爱因斯坦．物理学的进化[M]．周肇威，译．上海：上海科技出版社，1962：662.

1. 空白填补法

在出版学领域，有些问题研究者较多，而另外一些同样很重要的问题却问津者很少，由此形成了不少研究空白。选择此类属于出版学研究空白的问题展开系统研究，较容易取得有价值的成果，也正需要这类不断填补空白的课题研究，才能使出版学学科理论体系日臻完善。

出版学作为一门新兴的学科，与一些历史悠久的基础学科相比，研究的空白点很多，许多学科基本理论问题，或是无人问津，或是研究浅尝辄止，所以留下了许多空白点，期待着出版学研究者们去拓荒。出版学作为一门应用性学科，所面对的出版产业领域日新月异的变化，实践中的新事物、新现象层出不穷，需要出版学研究者们去总结与探索，这也决定了出版学研究中空白点存在的必然性。

作填补空白的研究，要求研究者们必须具有创新意识和创新思维能力。具有了创新意识，研究者们就能摆脱习惯性思维的束缚，进入创新的意境。具有了创新思维能力，研究者就能主动发现别人难以发现的问题、积极探求解决问题的思路、方法。

2. 旧题新作法

许多重要的学术问题，往往是许多人都曾经进行过研究。课题越重要研究者就越多，这是一种普遍现象。因此，科研选题中不可能完全回避已经有人研究过的选题，而关键是看能否从旧选题中研究出新成果来。如果准备选择前人已经研究过的问题作为课题，就要仔细分析前人研究的角度和深度，并考虑能否从以下三个方面对前人的研究成果进行突破：一是角度的转换，看能否从一个新的角度对旧课题进行研究；二是浅说的深化，看能否阐述得比已有的成果更深刻些；三是通说的纠偏，看能否得出与前人完全不同的结论。能够满足上述条件，则旧题新作的研究也是很有价值的。

3. 零说系统法

这是指对别人曾零零碎碎地进行过探讨的问题展开综合而系统的研究这样一种选题方法。如有不少人都对新华书店在我国图书流通中的主导作用进行探讨，或者两条，或者三条，但都零碎而不全面，如果某研究者将这些零碎研究的成果收集起来，加上自己的思索，能将新华书店的主导作用概括阐述得最全面、最系统，那么这一选题可以考虑列为课题。

4. 小题大做法

此种选题方法由两个要点组成：一是课题大小要适当，要使课题能确切地限定某一专门问题，且宜小不宜大；二是研究内容要深刻，要对所研究的问题真正钻深钻透，这样才能小中见大，通过小题目做出大文章来。这两个要点，后一点是难点。根据我们的实践，要在相对狭窄的限定范围里做出大文章来，就必须注意：一是要尽量从不同角度、不同侧面对课题展开深入思索；二是要善于从不同层次上安排材料论证问题，以避免简单的材料堆砌；三是要注意点、面材料的综合运用。可见，小题大做法与其说是一种选题，还不如说是一种写作技巧，只有掌握与此相关的写作技巧，才能将其作为一种科研选题的方法来运用。

四、出版科研论证材料的获取方法

在科研课题选定之后，就必须通过各种方法收集论证材料，获取与研究课题有关的信息。这类方法主要有以下三种。

1. 调查方法

调查方法是通过对调查对象进行接触、询问和现场观察，以了解调查对象的有关情况，从而获取事实材料的研究方法。调查类型按调查对象分，有文献调查与实地调查；按调查方式分，有书面调查、个别走访调查、座谈会调查；按调查范围分，有普遍调查、抽样调查、典型调查，等等。调查方法的运用要注意两个问题：一是要坚持调查的客观性，不能带着框框去调查，调查结果要能够反映调查对象的真实状况；二是要注意调查项目的科学性，包括合理设问、利于调查对象回答、利于统计分析等。

2. 观察方法

观察方法是人们通过感官或借助科学仪器对有关事物的情况进行感知、记载和描述，以获取与研究对象有关的资料与信息的研究方法。作为一门应用性学科，出版学的研究中运用观察方法的机会很多。如通过对门市部读者购书情况的观察，掌握读者购书行为的特点、了解各种购书心理；通过录像设备观察大型书展上读者流量、流向及交易情况，为探索大型书展组织管理工作的规律提供重要信息，等等。在运用观察法时，要注意观察的全面性、客观性，并要随时记录观察到的重要情况。

3. 统计方法

统计方法是人们对事物所表现出来的量的特征进行记录与分析以获取与研究对象有关的量化材料的研究方法。出版活动作为一项经济活动，其基本状况及所涉及的各种经济关系都可通过有关数据反映出来。因此，许多出版科研课题的研究，都需要利用数量关系对研究对象的规律加以描述，由此而使统计方法在出版学研究中具有了广泛的用武之地。诸如出版结构的分析、读者需求规律的探讨、经济效益的预测、市场占有率的把握等课题的研究，都要运用统计方法。运用统计方法要坚持真实性原则，统计数据不能随意涂改，数量关系的计算要准确。

五、出版科研课题的综合论证方法

出版科研课题的综合论证过程，是研究者根据收集到的反映认知对象情况的各种资料与信息进行抽象思维与认知分析的过程。它的基本任务是完成认识上的飞跃，形成对研究对象的科学认识。出版科研课题的综合论证通常采用以下几种方法：

1. 分析归纳法(也称定性分析法)

这是一种使感性认识上升为抽象的理性认识的常用逻辑方法。采用这种方法，首先要把整体分解成部分，把复杂事物分解成简单的要素，然后进行综合归纳，探求现象之间的因果关系，从而概括出一般结论(即规律性的东西)来。出版学研究中诸如对出版工作性质、出版功能、出版特征等问题的探讨，大多采用分析归纳法。

2. 系统分析法

这是将认知对象置于系统的形式中加以考察，以从认知对象与系统内外的联系中分析把握其发展变化规律的研究方法。系统分析的完整过程一般要经过五个步骤：第一步，确定问题，将要研究的问题及重点作有系统而合乎逻辑的叙述；第二步，收集资料，围绕问题拟定大纲，并据以收集与此相关的信息；第三步，构建模型，即对现实活动进行抽象反映的数学公式、图表或物理模型等；第四步，分析判断，利用模型所获得的预测，进行判断，得出结论；第五步，确定方案，在定量分析的基础上，进行定性分析，以确定最佳方案。

3. 比较研究法

这是通过用认知事物与其参照事物进行对比，以发展它们的异同点及其形成原因，从而形成对认知对象的科学认识的研究方法。辩证唯物主义告诉我们，事物发展的不平衡性是绝对的，而平衡性是相对的。通过进行比较研究，就能从不一致里发现一致的东西，从不同的现象中找出共同的规律。

运用比较研究方法必须注意以下几点：一是比较是有条件的，离开条件就无所谓异同，也就无法进行比较；二是比较要有明确的同一的标准，要保证认知事物与参照事物在现象的数值方面的可比性；三是比较要抓住重点，但要克服片面性。

4. 定量分析法

这是用数学的概念和方式对认知对象的各种质的特点进行量化分析与描述，以形成对认知对象的科学认识的研究方法。任何科学研究都是一样，仅有定性分析，也就是仅有质的描述还是不完善的，还必须运用量的描述，也就是说要进行定量分析。出版学研究也需如此。

运用定量分析法研究出版学领域的有关问题，一般要经历这样几个步骤：一是用数学语言表达要研究的问题，确定几个基本的量以及它们的关系，建立数学模型；二是将收集到的现象参数代入模型，进行计算，求出问题的解；三是对数学解做出解释和评价，以形成对问题的判断。

应当指出的是，出版学的几类研究方法，以及每类里的几种研究方法，彼此之间是互相联系、不可截然分开的。不通过调查、统计、观察，就无法进行比较研究与定量分析；定量分析的结果还需通过定性分析来修正；有时探讨一个问题，需要同时采用多种方法。所以，在出版学的研究实践中，应当灵活地运用上述各种研究方法，并积极地探索最适合自己采用的其他新的研究方法。

【思考与练习】

1. 什么是出版学？其研究对象是什么？
2. 为什么说出版学可以成为一门独立性学科？
3. 为什么说出版学是一门社会科学学科？
4. 谈谈你对出版学理论与出版实践这两者关系的认识。
5. 出版学的相关学科有哪几门？这些学科与出版学有何联系与区别？
6. 什么是出版学的分支学科？出版学的分支学科有哪几类？
7. 谈谈你对编辑学与出版学两者关系的看法。
8. 在出版学科研活动中应如何运用马克思主义的哲学方法来观察分析问题？
9. 谈谈在出版学科研活动中运用定量分析法的必要性。

第三章　出版工作的性质、方针与作用

☞ **内容要点：**

本章论述了出版物质商品性及与一般商品不同的特征；阐释了出版工作的文化属性与经济属性及其相互关系；阐述了出版工作应该贯彻的“两为”方针、“双百”方针、“两用”方针；揭示了出版工作对政治、经济、文化的影响与作用。

☞ **学习目的：**

通过本章的学习，了解出版物的属性与出版工作的性质，熟悉出版工作的基本方针，明确出版工作对社会的作用，从而提高对出版工作重要意义的认识。

☞ **关键术语：**

使用价值、知识生产、交换价值、市场寿命周期、价值增值现象、文化选择、文化创造、文化传播、文化积累、“两为”方针、“双百”方针、“两用”方针、对口征订、系统征订、社会整合

正确认识出版工作的性质与作用，既是我们深入探讨出版活动规律的前提与重要组成部分，又是我们搞好出版工作的基本要求。所以，无论是从理论上讲，还是从实践需要看，科学地揭示出版工作的性质与作用，都有着非常重要的意义。出版工作的性质与作用，由许多的因素决定，其中最重要的因素是作为出版工作劳动对象的出版物。正是出版物所具有的独特的属性，决定着出版活动在成千上万的社会活动中具有自己特定的魅力。因此，本章的探讨，先从出版物的属性谈起。

第一节　出版物的属性

出版物是含有一定知识内容的出版产品，既具有一般商品的共性，又具有区别于一般商品的特性。商品性与精神文化产品特性的统一，构成了出版

物属性的重要特色。下面对出版的两重属性进行阐述。

马克思主义的政治经济学理论告诉我们，商品具有三个基本特征：一是必须是劳动产品；二是必须是用来交换的产品；三是必须具有使用价值。凡具有上述基本特征的物品，都是商品。在社会主义市场经济条件下，处于生产与流通过程的出版物具有这些基本特征。

一、出版物商品的基本特征

1. 与其他任何商品一样，出版物是劳动产品

从作者写出原稿，到编辑、排版、印刷、装订，要付出大量辛勤的劳动，正如马克思在《资本论》中所指出的："艺术和科学的一切产品，书籍、绘画、雕塑等等，只要它们表现为物，就都包括在这些物质产品中。"①这还仅仅是出版物的生产过程。出版物从生产部门转送到读者手里，中间还要有一个流通环节，从购进出版物，组织储运到门市销售的整个发行过程，也存在着大量的生产性劳动。除此之外，出版物在其生产过程和流通过程中还要耗费大量的原料与占用大量的资源，如生产过程中要使用厂房和印刷设备，要耗纸张、油墨，流通过程中要占用仓库，要使用汽车等运输设备，等等。这些物化劳动耗费，与前面提到的活劳动耗费一起，共同构成了出版物的生产流通成本。这就充分说明，出版物是劳动耗费的结晶，具有劳动产品的属性。

2. 出版物是用来交换的劳动产品

出版物是劳动产品，但不是一般的劳动产品，而是用来交换的劳动产品。出版图书，不是只供生产者自己阅读和无偿分发，而主要是用来交换。在社会主义初级阶段，包括出版物分配在内的一切物质分配都是通过货币交换的形式进行的。我国现阶段还存在着各种所有制形式，除全民所有制与集体所有制形式之外，还有个体所有制。而全民所有制又是不成熟的、带有集体所有制成分或痕迹的全民所有制，企业局部利益、国家利益和个人利益三者之间还或多或少地会出现矛盾。在出版物的生产与流通过程中就表现为著作者、出版单位、印刷单位、发行销售单位四者之间的利益分配上的矛盾。再加上社会分工的存在，从事工业、农业、交通运输等各行业的人们需要知识，愿意以自己的劳动去交换。所以在出版物商品领域，只能有极少数出版物作为产品分配给有关单位和人员使用（消费），绝大部分必然要作为商品，

---

① 马克思．马克思恩格斯全集（第8卷）[M]．北京：人民出版社，2009：234.

通过交换的形式，才能流入集体或个人消费者手中。不可能也没有必要颠倒过来，把绝大部分出版物作为产品分配给所有消费者，把极少部分作为商品来进行交换。这和下发的文件及免费提供的各种宣传资料与内部赠阅资料是不同的。正如马克思所说："一切商品对它们的占有者是非使用价值，对它们的非占有者是使用价值。商品必须全面转手。"①出版物对于出版企业及其经营者来说，也是"必须转手"的商品。

3. 出版物是使用价值与价值的统一体

所谓使用价值，即具有能够满足人们某种需要的属性。出版物的使用价值在于能够满足人们的精神文化需要。前面已经提到，出版物是信息与知识的物质载体，它可以为人们提供信息与知识，从而为人们解决物质生产与生活中的多种难题创造条件。所以，人们把出版物比作精神食粮。人们需要它，才使它能够参加交换。此外，出版物还具有价值。所谓价值，是抛开了劳动的具体特点的无质的差别的抽象劳动的凝结。无论是自然科学出版物或社会科学方面的出版物，其生产过程都耗费了劳动。这种劳动，从政治经济学的角度来看，属于抽象劳动的范畴。在它们所花劳动之间，不存在质的区分，只存在量的差别。同时，它也和其他商品一样，具有一定的价值表现形式——出版物定价。作为出版物商品的交换价值，它至少反映了精神产品物化过程中的劳动耗费。由于出版物商品具有价值与使用价值，所以它能参加社会商品流通。马克思曾经举过一例子：一个守旧的织麻布者，把20码麻布换成两(英)镑，接着又用这两(英)镑换一本价格相等的家庭用的圣经。于是，这本圣经的价值同麻布一样，得到了社会的承认。在圣经的价值实现的同时，"而圣经就作为使用物品来到织布者的家里，满足他受教化的需要"②，作为使用价值发挥作用。

由于出版物具有商品的基本特征，所以我们有理由说出版物是商品。

二、出版物商品的特性

讨论出版物的商品性，也就是说明出版物商品与一般商品具有共性。但任何事物同其他事物之间，既有共性，又有个性。没有共性的孤立事物是不存在的，没有个性也就不成其为事物。这是辩证唯物主义的基本观点之一。出版物商品也是这样，它既具有一般商品的共性，又具有自己的特性。当

---

① 马克思．马克思恩格斯文集(第5卷)[M]．北京：人民出版社，2009：104.

② 马克思．马克思恩格斯文集(第5卷)[M]．北京：人民出版社，2009：126.

然，世界上的商品千千万，而所有这些商品的使用价值都各有所不同，都有其特殊性。但出版物是具有精神产品与物质产品双重身份的商品，它的特殊性不仅仅表现在使用价值上，而且表现在价值上，表现在对社会的作用以及由此而形成的市场特点上。

出版发行工作者要正确把握出版物的属性，就不仅要认识出版物与一般商品的共性，而且要认识出版物与一般物质生活商品相比所具有的特殊性。这些特殊性表现在出版物商品再生产全过程的各个不同阶段。

1. 出版物生产过程的特殊性

出版物生产过程的特殊性主要表现在：出版物的生产过程由知识(精神)生产过程与物质生产过程两个明显的阶段组成，而知识(精神)生产过程在出版物使用价值的形成中起着决定性作用。因为出版物的使用价值是书中知识内容，在出版物印装过程中所形成的物质实体，只是这些知识内容的载体形式。蕴含在载体形式中的知识内容的优劣，是由作者与编辑们所从事的知识生产过程所决定的。

知识生产是一种目的崇高的劳动。人们受对科学、对未知探索的本能以及造福人类的责任感与献身精神的驱使而从事知识生产。生产的目的不是为了交换。如果是为钱而写书，那是写不出真正的好作品来的。马克思也说过："作者绝不把自己的作品看作手段，作品就是目的本身；无论对作者本人还是对其他人来说，作品都绝不是手段，在必要时可以为了作品的生存而牺牲他自己的生存。"①美国一位科学家在他102岁寿辰的时候曾向1986年诺贝尔化学奖获得者李远哲说："我不相信科学家在实验室里废寝忘食、埋头苦干是为了得什么奖的。科学是十分崇高的事业，是为人类造福的事业。"②马克思还指出："密尔顿出于同春蚕吐丝一样的必要而创作《失乐园》，那是他的天性的能动表现。"③马克思在这里所指的"天性"，是指为人类献身的精神，正是这种精神的驱使，才使密尔顿创作出了《失乐园》这部不朽的名著。知识生产目的的崇高性是它有别于商品生产的显著特点。此外，知识生产过程是一个艰难的探索过程。新知识是无数知识单元排列组合的结果。在浩瀚的可能组成的知识结构中获取知识产品是一个艰难的探索过程。这个过程中，生产者的投入产出都是一个未知数。此一特点及知识生产

① 马克思．马克思恩格斯全集(第1卷)[M]．北京：人民出版社，1995：192.

② 上海科技报[N]．1987-06-06.

③ 马克思．马克思恩格斯全集(第48卷)[M]．北京：人民出版社，1985：53.

的其他特点，如知识产品的无形性、低可比性、知识生产的非重复性、继承性等，决定着知识生产不可能是商品生产。

但是，原始的知识(精神)产品必须经过规格化的批量生产的过程，才能在社会上进行广泛的传播、分配和使用，这种大批量复制的过程就是物质生产过程。这一物质生产过程在我国目前所处的社会形态下是一个商品生产过程。所以，整个出版物生产过程，是知识(精神)生产过程与物质产品生产过程的统一；是非商品生产与商品生产的结合。

2. 出版物使用价值作用的特殊性

出版物使用价值作用的特殊性，主要表现为作用领域、作用范围、作用方式与一般物质生活商品不同。

从作用领域看，一般商品的使用价值在物质生活中实现，而出版物商品的使用价值则首先在精神生活中实现。通过影响人们的思想、道德情操能为提高人们的文化科学技术水平，来间接地影响人们的物质生活。一般商品的使用价值，就是贩卖它的物质形式并把它消耗掉，以满足人们的物质生活需要。如食品可以吃，衣服可以穿，脸盆、钢笔可以用，而出版物商品的使用价值不是贩卖和消耗掉它的物质形式，而在于它所记录或描述的内容的作用，能够满足人们精神生活的需要。人们购买出版物的主要目的，不是为了得到它的物质形式，而是为了得到它所反映的知识内容。如前面所提到的那样，织布者用 20 码麻布换了一部圣经，主要是满足自己受教化的需要。宋代著名藏书家尤袤曾谈到书的作用："饥读之以当肉，寒读之以当裘，孤寂而读之以当友朋，幽忧而读之以当金石琴瑟也。"①这是对出版物使用价值作用领域精神性特点的非常幽默的说明。

从作用范围看，出版物使用价值的作用具有超时空性的特点。出版物对社会的影响不一定能像一般生活用品那样"立竿见影"，但它却不受时间与空间的限制。一般的生活用品，其使用寿命总是有一定限度，而不会是"千秋万代"；其影响的范围也只是购买该产品的用户，而绝不能"誉满全球"。出版物商品的使用价值是书中的知识，知识可以代代相传。所以出版物使用价值的作用范围要比一般生活用品深远得多。据 1988 年 6 月 26 日《中国青年报》载，河南省地质科研部门根据《本草纲目》提供的线索，在嵩山找到了具有很高开采价值的麦饭石矿藏，300 多年前的图书仍能对今天的社会生活产生影响，说明出版物使用价值的作用确实具有超时空性的特点。

① 书刊导报[N]. 1990(21).

从作用方式看，出版物使用价值的作用具有隐蔽性的特点。与一般生活产品能对社会生活产生直接的、明显的不同作用，出版物使用价值对社会生活的影响是潜移默化地进行的。梁启超先生曾把文艺作品的作用概括为“熏”与“浸”，“熏也者，如入云烟而为其所烘，如近朱墨而为其所染”，“浸也者，入而与之俱化者也”。这种“熏”与“浸”，就非常形象的概括出了文艺作品影响社会、影响读者的基本特点——潜移默化。实际上，不仅仅是文艺作品，所有出版物对社会、对读者的作用都具有隐蔽性的特点。

3. 出版物商品的市场特性

出版物商品的市场特性即出版物商品在流通过程中的特殊性。与一般生活日用商品相比，出版物商品在流通过程中具有以下特点：

(1) 出版物商品的交换价格没有反映图书商品的真正价值。一般商品的交换价格总是围绕商品价值上下波动，尽管也有价格与价值相背离的情况，但不很突出、不很普遍。这就是说，一般商品的交换价格是能大体反映商品真正价值的。而出版物商品是精神产品的物化形式，它的交换价格——图书定价，只反映了精神产品物化过程中的劳动耗费，没有或很少包含凝结在精神产品形成过程中的劳动耗费。印张大体相同的书，其定价也就大体相同，而不论这些书的内容质量。书的定价中所含的作者稿酬部分是很难反映作者所耗费的劳动的。事实上，正如前面所说，知识产品的生产是一个艰难的探索过程，其劳动价值量无法用社会必要劳动时间来衡量。马克思撰《资本论》延续 40 年，罗曼·罗兰写《约翰·克利斯朵夫》延续 20 年，我国汉代学者扬雄撰《方言》，仅收集资料即用了 27 年。这些不朽的著作，其价值根本不能用货币来衡量。出版物商品的这一市场特点，决定着图书市场的经营者不能像一般商品的经营者那样以主要受商品价格制约的货币利润作为经营取舍的价值尺度，而必须考虑出版物内容质量，要以书价所无法反映的出版物内在价值作为经营取舍的依据。

(2) 出版物市场需求容量有较大的伸缩性。从市场学的角度讲，各种不同商品的市场需求容量是不一样的。一般生活日用商品，它的需要量是相对固定的，不管增加多少网点，不管怎样宣传推销，除了在品种间互相替代外，总的市场容量不会有太大的变化。如粮食，每个人吃的都有定量，多开粮店，也不会增加粮食销售量。棉布、油、牙膏等日用必需品，即使多宣传推销，也只能引起各个品种销售数量的增减变化，而无法增加销售总量。出版物则不同，它是满足人们精神生活需要的商品。人们精神生活的需求又可分成许多的层次，它们由低到高地发展。低层次的需求基本满足以后，又有了高层次的需求。这就使得出版物市场容量具有较大伸缩性。有许多图书，读者看到就买，开架售书比闭架时的营业额高，就是由于出版物市场容量有较大伸缩性的特点决定的。

(3)出版物商品的市场寿命周期较短。一般生活日用商品在进入市场之后，大体要经过：试销—平销—畅销—滞销等几个阶段性，才能最后退出市场，市场寿命周期较长。如果能及时对产品不断进行改进，可以使平销—畅销—平销的过程持续很长时间。相比之下，出版物商品的市场寿命周期则比较短。许多的出版物，甚至连平销的过程都不明显，一畅销没多久很快就滞销；更有不少的图书根本没有畅销过程，往往是平销了很短时间即转入滞销。能够连续几个月或几个星期畅销的图书极为罕见。这就是因为随着社会的发展，知识更新速度不断加快，信息陈旧过时的时间也不断加快，使得以知识与信息构成使用价值的图书商品在其流通过程中也容易陈旧过时。出版物商品这种市场寿命周期较短的特点，要求其经营者必须十分重视各种图书信息的收集，密切注视图书市场行情的变化，以尽量减少出版物商品在流通过程中的无形损耗。

第二节　出版工作的性质

由出版物属性决定，出版工作也具有两重性，它既是一项文化工作，又是一项经济工作。

一、出版工作的文化属性

出版工作的文化属性，可以从以下两个方面来认识：

1. 出版工作的文化属性，是由出版物的文化特性决定的

出版工作的劳动对象是出版物，出版物内容由知识与信息构成，其社会价值由知识与信息的价值决定，具有能够满足人们精神文化需要的使用价值。因此说，出版物是一种文化产品。出版物作为精神文化的主要存在方式，以及作为物质文化的一种非常重要的反映形式，其文化特征非常突出。

精神文化是表现在观念和行为上的文化，是反映社会存在的意识形态。精神文化对社会存在的反映多种多样，但无论何种反映形式，其反映的结果最终都要通过出版物记录与固定下来。以文学艺术与哲学社会科学为例，两者作为社会意识的形态，都是反映社会存在的文化形式，即精神文化形式。之所以成为两种不同的文化形式，是因为两者反映社会存在的方式有区别：

哲学社会科学是对于社会生活的抽象反映，是通过抽象的概念来表达的；而文学艺术则是通过具体生活情景的描写或再现而形象地反映生活。尽管这两种文化形式反映社会生活的方式不同，但它们最终都要通过图书的出版，将这些对社会生活的反映固定下来，再通过图书发行使这些知识得以传播。如果说，在中世纪，因为反映社会生活的各种上文化形式大多是通过心记口传来加以传播，所以图书的出版发行与这些文化形式的关系还不很密切的话，那么到了今天，离开了图书的出版发行，则任何文化形式对社会实践的反映都将受到极大的限制。也就是说，今天的出版物，已经成为社会精神文化的主要存在方式。

物质文化是表现在物质产品上的文化。如 1978 年湖北省随州市擂鼓墩一号墓出土的编钟，使人们对楚国的文化有了进一步了解。说明通过编钟这一物质产品同样能反映与保存文化，凡被冠以“文物”称号的物质产品，无疑都有着极为特殊的文化存在价值。然而，由于物质产品对文化的反映缺少描述性，因而其对文化的反映是浅显的，它们只是对当时社会文化特征揭示提供了一些线索。所以，大多数“文物”的价值，需要经过研究人员深入研究，并将研究成果撰写成书稿或文章，公开出版或发表之后，才能被人们所认识。随州市擂鼓墩一号墓出土的编钟，就是通过大量研究编钟的出版物的问世，才使人们了解其全貌的。正是从这种意义上讲，出版物也是物质文化的重要反映形式。

总之，出版物具有文化产品的基本特征。正是出版物所具有的这种文化特质，使得以其为劳动对象的出版发行活动具有了文化工作的意义。

2. 出版工作的文化属性，具体体现在出版物再生产过程的不同阶段

出版物再生产过程由生产、流通、消费三个阶段组成。每一阶段的工作都具有文化意义。

出版物的生产过程既是一个文化选择与文化整理过程，也是一个文化产品形成过程。编辑工作和产品印制，是出版物生产过程的两个重要环节。在编辑工作阶段性，编辑选题时，要按照受众的总体需求和社会对精神产品价值取向的根本要求，对大量个体自由创作的作品进行审识鉴别，筛选优化；编辑加工时，要对选定的书稿进行增删整理，这实际上也是一个按照有利于社会传播的标准对具体的知识内容进行选择把关的过程。所以，编辑工作阶段的文化选择与文化整理的意义非常突出。产品印制过程，要对编辑加工好的书稿进行产品定型并大量复制，这赋予了这些精神产品以一定的利于传播的外在形态，为精神产品的广泛传播创造了条件。所以，也具有一定的文化意义。

出版物的流通过程是一个文化传播过程。出版物流通的文化传播意义主要表现在两个方面：一方面是通过市场交换使出版物广泛扩散，也使出版中所蕴含的知识信息得以传播，从而起到文化传播的作用，如科普读物的发行能够对青少年普及科学知识，法制、法律读本的发行能向读者传播法律知识等；另一方面是通过出版物流通中所开展的各项图书宣传活动，对读者进行直接的文化知识传播，出版社、书店经常开展的发订单、写书评、办宣传橱窗、组织读书报告会、新书预告等宣传活动，在传递出版物商品信息的同时，也大多对出版物的内容特征进行了揭示，正是这种揭示，使出版发行领域的商品宣传也充满了文化气息，广大读者能够从各类出版物宣传活动中直接领悟与感受到思想与知识的熏陶。

出版物的消费过程是一个文化消费过程。出版物的消费，实际上由取得出版物与享有出版物两个环节构成。取得出版物的过程，是一个文化选择与接受过程。读者总是选择那些符合自己的精神需要，与自己的阅读能力一致的出版物，而回避那些不符合自己精神需要，与自己的阅读能力不一致的出版物。在这种读者与出版物双向互动的过程中，只有那些知识内容和结构与读者的知识需求和结构相匹配的出版物，才能被读者接受而成为消费对象。享用出版物的过程，是读者对出版物所含知识内容进行体认、领悟与吸收的过程，与一般物质产品消费的享用过程不同的是，这一过程是一个满足精神需求的过程，是一个文化知识的认识过程。

总之，无论是从出版物的生产过程分析，还是从流通过程，抑或消费过程考察，出版工作都与文化有着千丝万缕的联系，都属于文化活动的范畴。

二、出版工作的经济属性

出版工作的经济属性，可以从以下两个方面来认识：

1. 出版工作的经济属性，是由出版物的商品性决定的

作为出版工作劳动对象的出版物具有一般商品所应具备的三个基本特征，这在前面已阐述过，在此不再重复。出版物的商品性对于出版工作性质的影响，主要表现在以下三个方面：

(1)出版物的商品特质，使劳动者与劳动对象的关系成为商品所有者与商品的关系。正如前面引用马克思的话中所说：“一切商品对它们的所有者是非使用价值”，出版发行工作者所关注的，也是出版物的非使用价值。出版物商品价值的实现，成了推动出版发行实践发展的原动力。

(2)出版物的商品特质，决定了出版发行系统在运行中所形成的各种关系都具有经济意义。出版发行业运行中的各种关系，都是围绕出版物所有权的转移而形成的，出版物作为一种商品，其所有权的转移必须以价值交换为前提，各出版发行单位或个人也由此而形成了众多错综复杂的经济关系。

(3)出版物的商品特质，使出版发行活动紧紧地与市场捆在一起。生产要根据市场信号来组织，流通要千方百计地满足市场需要，一切出版要素都要围绕出版物市场来运作。每一项具体的出版发行活动，不仅离不开出版物市场自身的运作，而且还通过出版物市场与其他市场，如金融、运输、邮电、通信等市场的必然联结，与整个社会大市场形成了千丝万缕的联系。

2. 与出版工作的文化属性一样，出版工作的经济属性也是通过出版活动不同阶段的具体工作表现出来的

在出版物的生产、流通、消费等不同的阶段性中，出版工作的经济意义通过不同的表现形式体现出来。

出版物生产过程的经济意义主要表现在以下三个方面：其一，生产的目的是为了交换。编辑们编书、印刷工人印书，不是为了自己阅读，而是为了凝结自己的劳动，到市场上去实现交换。其二，生产过程是一个资本价值形态变化过程。

出版物流通过程的经济意义主要表现在以下四个方面：其一，出版物流通采用“为卖而买”的货币流通形式，在“进货—销售—进货”的不断循环中，两极的“进货”同货币转化为商品相联系，中间的“销售”同商品转化为货币相联系，这种联系使出版物流通的“进货—销售—进货”这一总运动同马克思所揭示的“$G—W—G'$”流通运动一致起来，成为同一经济范畴里同一形式的经济运动；其二，出版物流通的内在目的，是为了实现交换价值，在出版物流通过程中，经营者的进货不具消费性质而是一种投资行为，货币支出不盲目，并具有货币回归的内在要求；其三，出版物流通过程与一般商品流通过程一样，存在着价值增值现象，也正如马克思所说的那样，是一个“为贵卖而买”的过程；其四，流通过程要受经济指标约束，要进行经济核算。

出版物消费的经济意义主要表现在以下三个方面：其一，出版物的取得必须以货币支付为条件，也就是说，对于消费者而言，出版物消费是货币价值的消耗；其二，出版物消费过程受经济规律制约，商品交换中那些普遍的经济规律，如商品自愿让渡规律、等价交换规律等，都对出版物消费的行为、方式、水平、结构等有着直接的影响；其三，出版物消费过程存在着消费效益问题，消费者要考虑怎样消费才划算，人们总要挑选那些符合自己效益目标的对象、方式来进行消费，等等。

总之，无论从出版物的生产过程分析，还是从流通过程，抑或消费过程考察，出版发行活动都在按经济活动的内在规定性运作，其经济活动的属性显而易见。

三、出版工作两重属性的关系

科学地认识出版工作两重属性的关系，对于新形势下我国出版产业发展方向的正确把握，有着非常重要的意义。正确理解出版工作两重属性的关系，关键是要把握好认识的角度。一是，要从整个出版产业的角度进行整体性考察。如果仅从其一个具体的出版单位、某一个部分考察，人们常常会被一些具体、表象上较为特殊的情况所迷惑，难免产生片面性认识；而从整体视野观察，从出版行业整体存在的意义角度考察，就不难看出出版工作的文化性与经济性孰轻孰重。二是，要从出版全过程角度进行全局性考察。在出版全过程的不同阶段，其文化意义与经济意义是不一样的。如编辑过程文化意义非常突出，而物质产品制作阶段则偏重经济意义。若仅从某一具体阶段、某一环节考察，也难免出现片面性。三是，要从我国的具体国情出发进行考察。各国的国情和社会制度不同，对出版工作文化性与经济性关系的理解其侧重点也会不一致。在市场经济发达的资本主义国家，私营经济成为社会经济的主要成分，出版活动的主体是私人书商与出版商，出版图书的主要目的是为了获取利润，以使资本不断地增值，出版活动完全被置于价值规律的支配之下，因此这些国家尽管政府也采取了一些鼓励出版商重视出版文化性的措施，尽管出版界中仍然不乏重视出版文化性且卓有建树的有识之士，但从整体看，这些国家重点强调的出版工作的经济性。我国的出版业，是社会主义文化事业的重要组成部分，出版工作的根本目的是满足广大人民群众精神文化上的需求，从这点出发对出版工作文化性与经济性的关系进行考察，才会得出符合我国国情的正确结论。

遵循上述三点要求，对我国出版工作的文化性与经济性两者关系进行考察，我们就可形成如下认识：在出版工作的两重属性中，文化是目的，文化性是其本质属性，是出版工作的主要性质；经济是手段，经济性是其非本质属性，是出版工作的附加属性。本质属性也即事物的根本属性，它决定着一个事物之所以是该事物，代表着该事物与其他事物的主要区别。出版工作的本质属性是文化性，也就是说，出版活动从根本上讲，是一种文化活动。对此，我们可以从以下几个方面来认识。

1. 出版活动的基本功能是传播文化

出版活动能使精神文化转化成有利于传播的文化产品，并能通过商业化运作使文化产品在民众中普及，在普及过程中使文化得以传播，这就是出版活动所具有的文化传播功能。

出版活动的文化传播功能主要表现在以下两个方面：

(1)出版活动具有使精神产品物质化的机能。精神产品严格说来是储存在个人大脑中的一种思维过程。作者将自己的思维成果写成书稿，实现了第一次物质化，而要使这种思维成果留存下来，并成为人类共同的精神财富，则需要出版工作者对书稿加以第二次物质化，即对书稿进行筛选审阅加工后，运用印刷或非印刷方式将其录制于一定的物质载体上，并加以批量复制以供传播。如今，出版作为一种重要的大众文化传播媒介，已具备书籍、报刊、录音带、录像带、唱片乃至激光光盘等多种载体形式，精神产品的物质化已呈现出多样化趋势，这就为构成精神产品内核的文化的广泛而大量的传播创造了极为方便的条件。

(2)出版活动中的商业化运作能使文化产品在民众中普及，使产品中所蕴含的文化知识得以传播。此一机能主要是由出版物的特性决定的，这在前面的章节中已多次提到过。这里只想引用余秋雨先生的一段论述，说明产业化运作对于文化传播的影响。余秋雨曾经在一篇文章中说："在新文化运动的进程中，北京曾发生了著名的白话文与文言文的激烈论争。然而，所谓'白话语言战胜文言文'的最终标志是什么？仅仅是白话在论战中居于上风吗？情形远非如此，胡适等在北京提出白话文学原则后，上海的商务印书馆等产业机构投入运作，以白话文印刷的教科书通过商业渠道进入到中国的穷乡僻壤。中国的各个中小学开始采用白话文的教科书，新的一代文化人以商务印书馆印制的课本接受启蒙。从这个意义上说，白话文乃至整个新文化运动才真正在中国社会确立了根基。这个事实无疑揭示出现代文化取得实质性胜利的基本途径，即文化上的理论思辨成果必须通过一定的商业手段转化为商品，强有力地渗透到社会整体的各个细胞中。"①余秋雨先生所举实例令人信服地证明：通过出版活动进行文化传播，对社会文化的发展是何等的重要！

应当承认，出版业在其产业化发展进程中，其经济功能已越来越突出。

---

① 余秋雨．当代都市文化略论(读者参考丛书第 18 辑)[M]．上海：学林出版社，1997：13.

但出版产业经济功能的发挥，是建立在传播文化的基础之上同时又是服务于传播文化这一根本目的的。因此，出版活动的经济功能，如增加产值、上缴税利、扩大就业等，也明显地从属于传播文化的功能。

2. 出版产业化发展的根本目的是满足社会文化需求

在出版业产业化发展进程中，出版单位作为市场主体，都要在激烈的市场竞争中自谋生存与发展，因此必须学会驾驭经济、发展经济。开发资源、策划选题、加工书稿、包装产品、提高质量、降低成本、扩大销售、增加利润等要求，对出版单位都十分重要，也是出版产业化发展的必然要求。出版产业迫切需要加大改革和发展的力度，迫切需要大大增强作为现代产业的整体实力和竞争能力。但是，壮大出版产业本身并不是目的。出版产业化发展的根本目的，是满足日益增长的文化需求。

随着全面落实建设小康社会这一战略发展目标的积极推行，广大人民群众对文化知识的需求也越来越普遍、越来越迫切，并且越来越复杂。无论是在需求内容、时间，还是在需求类型、方式方面，都呈现多样化的特征。多样化的社会文化需求的满足，需要作为文化知识供应者的出版业本身无论是从规模上，还是从运行机制上都要有一个较大的发展。通过产业化运作提高出版业的营运效率，壮大出版业的整体实力，才有能力向社会提供更多更好的文化知识产品，才能更好地满足广大人民群众日益增长的文化知识需求。正是从这种意义上讲，出版业在谋求产业自身发展中所表现出的各种经济行为，都无一例外地成为出版业实现满足社会文化需求目的的手段。

3. 出版单位存在的价值在于对社会发展所作出的文化贡献

出版单位不同于一般的经济单位，它承担着一般经济单位所不承担的文化建设的任务。出版单位要通过出版物传播先进文化，唤起民众的社会责任感，提高民众的智力水平，增强民众的凝聚力。这就是出版单位对社会发展所作出的文化贡献。出版单位存在的价值，正是这种对社会发展所作出的文化贡献。

美国普林斯顿大学出版社前社长小赫纳特·S. 贝利在其名著《图书出版的艺术和科学》一书中说：“出版社并不因为它经营管理才能出名，而是因为它出版的书出名。”①在我国近代出版史上，曾出现了不少声名显赫的出版机构，如商务印书馆、中华书局等。它们之所以有名，不是因为它们经营有

① 赫纳特·S. 贝利. 图书出版的艺术和科学[M]. 北京：中国书籍出版社，1995：218.

方、实力充足，因而在市场运作上能够有大手笔、大气派；而是由于它们对民族文化的发展作出了突出的贡献。它们不仅出版了大批脍炙人口的优秀图书，如商务印书馆所出版的《天演论》、《黑奴吁天录》，中华书局出版的《中华字典》、《辞海》等；而且用实际行动支持了当时的新文化运动的发展，它们用白话文印制大量教科书，发往广大的城市乡村，为白话文最终战胜文言文发挥了决定性作用。正是这种卓越的文化贡献，奠定了商务印书馆、中华书局在中国出版业发展史上的历史地位。

经过上述讨论，我们理解了什么是出版工作的文化属性，什么是出版工作的经济属性，并对出版工作的文化性与经济性之间的关系有了较为深刻的认识。由此，我们可以从性质上对出版工作作如下描述，即：出版工作是一项具有经济属性的文化工作。

第三节　出版工作中应贯彻的方针

方针是在一定历史时期内指导某一方面工作的思想原则。出版工作应贯彻的方针，也即出版工作中应贯彻的指导思想与基本原则。现阶段我国出版工作中应该贯彻的方针主要有“两为”方针：即为人民服务、为社会主义服务的方针；“双百”方针，即百花齐放、百家争鸣的方针；“两用”方针，即古为今用、洋为中用的方针。下面分别对其进行阐述。

一、“贯彻为人民服务、为社会主义服务”的方针

我国宪法规定：“国家发展为人民服务、为社会主义服务的文学艺术事业、新闻广播电视事业、出版发行事业……”中共十七届六中全会审议通过的《中共中央关于深化文化体制改革推动社会主义文化大发展大繁荣若干重大问题的决定》和中共十七大、十八大文件中，都强调文化建设要“坚持为人民服务、为社会主义服务的方向”。国务院颁布的《出版管理条例》也规定：“出版事业必须坚持为人民服务、为社会主义服务的方向”。“两为”方针是出版工作性质的集中体现，是出版工作的根本方针。

出版工作要为人民服务，就是要为广大人民群众服务，包括广大的工人、农民、士兵、知识分子、干部学生及一切拥护社会主义制度、热爱祖国的人们服务，其根本性要求是：出版工作要贴近实际、贴近生活、贴近群众。出版工作要为社会主义服务，就是要为21世纪头20年全面建设小康社会服务，其根本性要求是：出版工作要坚持正确的方向，积极促进先进生产

力和先进文化的发展。

在出版发行工作实践中贯彻“为人民服务，为社会主义服务”的方针，至少要做到以下几点：

1. 在出版理念和各项业务活动中坚持正确的方面

要坚持以科学的理论武装人，以正确的舆论引导人，以高尚的精神塑造人，以优秀的作品鼓舞人。凡有利于武装人、引导人、塑造人、鼓舞人的作品，要积极出版、大力宣传、努力扩销；凡思想内容不健康的作品，要坚决抵制出版。在出版项目的选择上起到把关作用。

要正确处理好出版的文化性与经济性的关系。在具体的出版实践中坚持文化是目的，经济是手段的原则，努力做到文化与经济的协调发展。当经济与文化发生冲突的时候，经济手段要服从文化目的，使文化价值观成为出版理念的核心。

要正确处理好主业经营与多元化经营的关系。坚持以出版发行业务为主来谋求书业企业经营的发展。在资源配置、企业规划、队伍发展等方面都要向主营业务倾斜。切忌不顾主业发展需要盲目涉足多元化经营，致使企业资源配置本末倒置。

2. 在工作作风和工作态度上要体现社会主义的时代风貌

在社会主义制度下，各行各业之间，只是分工的不同，人与人之间的关系体现在平等互助、相互服务上。出版工作者更为广大作者与读者服务、广大读者与作者又要在各自的岗位上为出版工作者服务。因此，出版工作要贴近实际、贴近生活、贴近群众。首先，要扎扎实实地深入实际调查研究，按照实际需要开发选题，使出版内容体现与时俱进要求，能够适应新时期热火朝天的社会主义精神文明与物质文明建设实践的要求；其次，要深入社会生活、体验生活，洞察生活的本质与主流，以此作为出版工作者的创作源泉，以便出版工作踏着生活的节拍，永远维持生机与活力；此外，要深入群众之中，了解读者的需求，并千方百计地满足读者的需求，满腔热情地为读者、为作者提供优质的服务，要想群众之所想，急群众之所急，通过多种服务形式方便读者。

3. 在出版产品和服务对象上要处理好普及与提高的关系

首先，要将弘扬主旋律与提倡多样化结合起来。出版产品既要体现时代要求，配合全党全国工作的大局需要；又能主题丰富、形式多样，能满足广大人民群众日益增长的精神生活多元化的需要。

其次，要处理好学术专著与通俗读物的关系。既要围绕国家的建设与发展大力开发科技图书、专业图书等学术类专门著作的选题，以满足专业性读者的需要，也要重视通俗读物的出版，要生产出丰富多彩的品种满足广大读者的各种类型的需求。

最后，还要处理好产品价值与销售数量的关系。除了那些产品内容质量好，销售数量也大的图书之外，对那些内容学术价值高，但销售数量都很少的图书，如读者面狭窄的专业性图书、科技著作、学术专著等，也应该予以重视。在及时组织此类图书的出版的同时，还要加大宣传促销力度，包括运用对口征订、系统征订等手段，积极地扩大这类图书的销售，以便这些产品的内容价值能发挥更大的作用。

二、贯彻“百花齐放、百家争鸣”的方针

毛泽东同志于1957年2月在《关于正确处理人民内部矛盾的问题》一文中，根据中国的具体情况，提出了“百花齐放、百家争鸣”的方针。1994年1月24日，江泽民同志在全国宣传思想工作会议上指出：“精神产品的生产是一项非常复杂的劳动，需要专家、学者和文艺工作者发挥个人的创造精神。我们应该尊重和爱护他们的辛勤劳动，坚持解放思想、实事求是，坚持‘双百’方针，努力形成一种鼓励探索与创造的良好环境与气氛。在学术研究上提倡不同观点和学派的自由讨论，在艺术创作上提倡不同形式和风格的自由发展。”①在党的国家领导人的积极倡导下，“双百”方针对我国科学技术的进步、文化艺术的繁荣起到了重要的推动作用。

“双百”方针的基本点，就是在学术上实行民主讨论，在文化上实行自由竞赛，通过批评与自我批评来发展正确的东西、纠正错误的东西，以求得社会科学文化的健康发展。而这种学术上的民主讨论、文化上的自由竞赛，大多是通过出版物进行的。各种体裁、各种风格、各种流派和学派的文学艺术作品和学术研究成果，都要通过出版物的生产与流通，才能进行广泛传播与交流，才能影响读者并进而推动社会的发展。这就是出版工作中必须贯彻“双百”方针的原因所在。在出版工作中贯彻“双百”方针，有利于调动广大文学、艺术和科学工作者的创作积极性，有利于出版资源的充分开发与利用，有利于满足广大读者日益增长的精神文化需求。对于新时期出版业的繁荣发展有着非常重要的意义。

---

① 中共中央文献研究室．十四大以来重要文献选编(上)[M]．北京：人民出版社，1996：656-657.

在出版工作中贯彻“双百”方针，必须注意以下几个问题：

1. 在作品内容的价值判断上，必须正确、细致地划分政治问题与思想和学术研究问题的界限

出版工作者作为出版物内容质量的把关者，无疑应善于识别那些具有严重政治错误的作品，并将其拒之于出版门外。但在判断作品内容价值时，我们不能将思想问题和学术问题混为一谈。思想问题是认识问题，认识上的是与非，只能通过自由讨论，通过实践来解决，而不能使用强制性的、排他式的方法来解决。学术问题属于科学研究领域的认识问题。对客观研究对象的认识不一致在科学研究领域大量存在。正是各种不一致的认识，开阔了人们的视野，促进了正确认识的发展，人类对世界的认识才越来越丰富、越来越全面；如果缺少各种不同认识之间的交流、碰撞、争鸣，就难免因认识上的片面性而阻碍了人们对客观世界的正确把握。因此，在出版实践中，要允许不同学派、不同学术观点之间通过书刊进行交流争辩；那些学术观点上有创新的作品，要积极扶持，尽力促其出版；一些学术观点上不同于某些公认或较权威学说的作品，应和那些公认的权威的作品一视同仁地对待，符合出版要求时要积极组织出版。

2. 在作品表达方式和风格的选择上，不能以出版者个人的好恶为标准

因题材、作者素质、学术背景等因素的不同，决定进入出版过程的作品在表达方式、风格上也绝不会千篇一律。而出版工作者，尤其是编辑人员，在艺术风格上有着自己的爱好，在表达方式上也可能有自己独特的欣赏习惯与趣味。因此，在出版作品的选择上就有一个标准把握问题。出版工作职业要求，编辑人员决不能从个人观点和爱好出发，只认同与自己欣赏趣味一致的某种形式、某种风格的作品，而排斥其他形式、风格的作品；而要从社会需要出发，对各种不同形式、不同风格的作品一视同仁地进行取舍，只要言之成理，持之有效，有利于学术、艺术的发展，内在质量达到出版要求的作品，均应积极组织出版。在出版实践中尤其要鼓励作品题材、表现形式及艺术风格上的推陈出新，对在作品形式与风格上进行大胆探索的作品，即使存在一些缺陷，编辑人员也有责任帮助作者不断完善，努力达到出版水平。

3. 在书稿加工过程中，要尊重作者，维护作者的著作权益

尊重作者，就是要尊重作者的著作权。我国《著作权法》第 2 章第 11 条规定，作者有“保护作品完整权，即保护作品不受歪曲、篡改的权利”。在书稿加工过程中，编辑人员要尊重作品的完整权。

首先，要尊重作品原稿中作者的学术观点，只要作品不违反国家法律法规，不违背党和国家的方针政策，没有政治错误，编辑人员就应加以尊重。当作者的某个观点与编辑人员认识存在差异或编辑人员认为作者的观点不准确时，可以与作者商榷，但编辑人员不能擅自按自己的意见更改作者的观点。

其次，要尊重作者的表达习惯与行文风格。编辑人员在正式动手修改、加工稿件之前，要反复阅读原稿，熟悉作者的行文风格与表达习惯。对稿件的修改，要尽量按作者的风格去进行，避免将自己的风格强加给作者，使作品风格不统一，抹杀了作品表达形式上的个性。

此外，编辑人员对原稿的加工整理，无论是对作品内容的修补完善，还是对作品形式的更错补缺，都应将结果送作者审核，并征得作者同意。

4. 在产品流通中要严肃慎重地处理报废出版物，尤其要注意不轻易停售或报废出版物

进入市场流通过程的产品、凝结着大量作者和出版者的劳动，不仅是出版劳动价值的承载者，而更主要的还是作者思想观点公示、交流的媒体。在以往的出版物流通中，处理停售报废图书较为随意，书店擅自停售报废图书的现象时有发生，应该说这也是“双百”方针贯彻不力的缘故。

因内容问题而需停售报废的图书，必须按照出版行政管理机关下发的停售通知进行认真处理；未接到此类通知时，对读者需要的图书不要擅自停止销售。为此，出版发行人员必须明确：在报刊上出现了对某书的批评文章，并不等于该书被完全否定，在通常情况下仍可正常销售，在报刊上出现了对某人的批评文章，并不等于其人所著的书或内容与其人有关的书都有问题，一般情况下也不要停售此类图书；对某人所著的某书需按出版行政管理机关要求做停售处理时，该人的其他著作仍应正常销售。

三、贯彻“古为今用、洋为中用”的方针

毛泽东同志 1964 年 2 月在给中央音乐学院一封来信的批示中明确提出了“古为今用、洋为中用”的方针。几十年来，在这一方针的指导下，我国的文化工作不断地繁荣发展。实践证明文化工作中贯彻“两用”方针，有着非常重要的意义。我国新时期的社会主义新文化，是在继承古代文化遗产和世界各国进步文化的基础上发展起来的。伟大导师列宁说过：“无产阶级文化并不是从天上掉下来的，也不是那些自命为无产阶级文化专家的人杜撰出来的……无产阶级文化应当是人类在资本主义社会、地主社会和官僚社会压

迫下创造出来的全部知识合乎规律的发展。”①在我国出版物市场逐步向世界开放，出版国际化发展已成必然的今天，吸收和利用世界各民族的先进文化，继承我国古代优秀传统文化，实行古为今用，洋为中用，显得尤为重要。如果说，贯彻“双百”方针是充分挖掘内在潜力，着眼于出版业的内涵式发展的迫切需要的话，那么，实行“两用”方针，则是积极借助外在力量，着眼于出版业的外延式发展的必然要求。

在出版实践中贯彻“两用”方针，需要做好以下几项工作：

1. 认真做好古籍的整理出版工作

我国古代文明的发展，通过大量的文献记载而得以传承。据有关资料统计，我国从西汉到清末，共计出版图书181 755部，计2 367 146卷(册)；从辛亥革命到1949年9月，共出书约10万种。② 这是一笔宝贵的文化财富。贯彻“古为今用”的方针，就要整理出版好这些古籍，使其在弘扬中华民族传统优秀文化的进程中发挥重要作用。1958年，国务院成立了古籍整理出版规划小组，确定了一批重点项目；1981年，中共中央发布《关于整理我国古籍的指示》以后，又制订了1982—1990年的古籍整理出版规划。经过多年的努力，我国的古籍整理与出版工作取得了一定的成果，迄今为止，共整理出版了6 500多种古籍善本书。相对于现存馆藏的6万多种古籍善本书而言，古籍整理出版工作任重而道远。因此，需要在出版实践中加大古籍整理出版工作的力度，将古籍整理出版工作作为出版界的战略任务抓紧抓好。

2. 重视现存馆藏古籍的多媒体开发

现存馆藏古籍，是多媒体出版物制作的重要资源。在我国目前生产的总共约5 000种封装型电子出版物中，约有70%即是由印刷型文献转化而成的，将现存馆藏古籍开发成多种媒体的出版物，能充分发挥馆藏古籍的作用，所以也应成为出版界贯彻“古为今用”方针的必要举措。

对现存馆藏古籍进行多媒体开发的具体形式，包括：将具有开发价值的馆藏古籍制作成单体光盘，将系列馆藏古籍专题制作成e-Book，建立馆藏善本书全文数据库并使其与互联网相连接，等等。

3. 积极引进承载外国优秀文化成果的国外出版物

通过版权贸易或直接进口出版产品等方式积极引进国外的出版物，为我国的广大读者吸收国外先进文化构筑一条通畅的渠道，应成为出版业贯彻

---

① 列宁．列宁专题文集　论社会主义[M]．北京：人民出版社，2009：394.

② 罗紫初．图书发行学概论(第2版)[M]．武汉：武汉大学出版社，1992：86.

“洋为中用”方针的一项重要举措。要使引进的“洋”文化能为中国人所用，我国出版界引进国外出版物要遵循以下思路进行选择。

(1)要重点引进文化经济发展水平先进国家与地区的书刊。这样能保证书刊传播的文化代表着世界文化发展的积极趋势，一旦与我国的优秀传统文化融合到一起，就能对我国民族文化发展与社会的进步起到有力的推动作用。

(2)要重点引进出版业发达的国家与地区的书刊。这些书刊往往代表着世界出版业的发展潮流，引进这些书刊，对促进我国出版理念与技术的更新与发展，实现我国出版业与国际书业接轨，能起到重要推动作用。

(3)要注意引进代表各民族先进文化因素的书刊。世界各民族的文化各有特质，先进的民族文化中会有落后的要素，而落后的民族文化中也不乏反映时代要求的先进因子。这就要求我们对国外书刊要精心选择，取其精华，去其糟粕。一方面要在确保本民族文化主体不断优化发展的条件下，吸纳那些先进的“异质”文化；另一方面，又要坚持抵御腐朽落后的“异质”文化的侵入。

第四节　出版工作的社会作用

党的十八大报告中提出了全面建成小康社会和深化改革开放目标，要求确保到2020年实现全面建成小康社会的宏伟目标。具体涵盖五个方面：一是经济持续健康发展。实现国内生产总值和城乡居民人均收入比2010年翻一番。二是人民民主不断扩大。依法治国基本方略全面落实，法治政府基本建成，司法公信力不断提高，人权得到切实尊重和保障。三是文化软实力显著增强。社会主义核心价值体系深入人心，文化产业成为国民经济支柱性产业。四是人民生活水平全面提高。基本公共服务均等化总体实现，全民受教育程度和创新人才培养水平明显提高，就业更加充分，收入分配差距缩小，社会保障全民覆盖。五是资源节约型、环境友好型社会建设取得重大进展。党的这一全面建设小康社会的总目标，也是中国特色社会主义政治、经济、文化全面发展的目标。出版工作直接反映和影响着我国政治、经济、文化的发展，在全面建设小康社会过程中起着非常重要的作用。

一、出版工作对政治的影响

出版工作既是大众传媒，又是党的宣传阵地，具有意识形态的特殊性。出版工作作为一种具有精神生产特征的活动，就不能不与政治产生紧密联系。它既要受社会政治的影响与制约，又要积极地对政治产生影响。这种影响主要表现在出版工作为政治所提供的服务上。

1. 进行舆论导向

出版工作向社会提供大量健康有益的书刊，宣传马克思列宁主义、毛泽东思想、邓小平理论和“三个代表”重要思想，宣传党的路线、方针、政策，宣传国家改革开放的大好形势，宣传各行各业优秀模范人物事迹等，直接配合党和国家的政治需要，营造有利的舆论氛围。这样，就能对社会舆论起一种正确的引导作用。江泽民 1994 年年初在全国宣传思想工作会议上多次提到进行正确舆论导向的问题。他说：“正确引导舆论，是党的宣传思想战线非常重要的工作。”“舆论导向正确，是党和人民之福；舆论导向错误，是党和人民之祸。”这为出版工作发挥舆论导向的作用指明了方向。

2. 开展思想教育

出版物中有关内容的传播，能对读者的观点、立场和行为产生一定的影响，由此使出版工具有了思想教育的作用。从传播学的角度考察，出版物作为一种传播媒介，可以从五个方面直接影响受传者的立场、观点和行为：一是可为受传者提供支持其固有立场、观点和行为的有关情况，从而增加受传者的固有观念；二是在争议不大而且没有其他势力干预的问题上，传播媒介只要重复传播内容，就能直接改变受传者的行为；三是传播媒介只要善于把一种新的观点或行为同受传者原有价值观念和需要联系起来，就可以使一些受传者很快地接受这一新观点或行为，而不必改变他自己原有的立场；四是可以为受传者提供情况，证明他基于某些需要和固有观念而采取行动的正确性，从而进一步支持受传者已采取的行动；五是可以通过提供有关情况，把受传者的固有立场同新发生的事件联系起来，从而对受传者的思想注意力起到一种引导作用。① 以上仅是就一般的、普遍的情况而言。在某些特殊情况下，出现工作思想政治教育的则更为突出。如配合政治学习及各项政治活动出版发行学习材料，配合政府中心工作及党的路线方针政策的贯彻出版发行各类文件、法律汇编等，本身就是这类思想政治教育活动的重要组成部分。

3. 促进社会整合

人生活在社会中，不能各行其是，不能随心所欲，都要按照一定的方式，按照某些共同的准则相互联系，这就需要整合。社会整合是指对社会利

① 中国社会科学学院新闻研究所世界新闻研究室．传播学简介[M]．北京：人民日报出版社，1983：23.

益进行协调、促进社会个人或社会群体结合成人类社会生活共同体的过程。通过出版工作，使出版物中的知识内容对社会成员的情感与行为产生影响，促使社会个体的情感与行为按照社会整体利益要求来规范，由此使出版工作具有促进社会整合、推动社会主义精神文明建设的功效。

出版工作对社会成员情感和行为的引导规范，是从以下三个方面进行的：一是通过出版物的知识内容影响社会成员的思想，使社会成员自觉地按照社会规范来调整自己的情感与行为；二是通过出版物知识内容的广泛传播形成一定的舆论氛围，使社会个体自觉地按规范改变自己的行为；三是通过法律法规类出版物的生产与流通对各类社会规范直接进行广泛宣传，使社会个体了解、熟悉各类社会规范，并且用社会规范约束自己的行为。

二、出版工作对经济的影响

出版工作作为社会经济活动的一个重要组成部分，不仅自身的发展能为社会创造巨大的经济价值，而且能在整个社会经济的发展中发挥重要的促进作用。

1. 通过出版工作提高劳动者素质，促进社会生产力的发展

毛泽东在《必须注意经济工作》一文中指出："用文化教育工作提高群众的政治和文化的水平，这对于发展国民经济同样有极大的重要性。"①随着科学技术的发展，对劳动者科学文化水平的要求也越来越高。提高劳动者的素质，已成为社会经济发展的重要条件。劳动者素质包含多种因素，其中政治素质与文化素质是重要的组成部分。通过出版工作，一方面帮助读者提高思想政治水平，提高政治素质；另一方面，向人们传播科学文化知识，提高科学文化水平。出版工作具有这种社会教育职能，是促进社会生产力发展的重要因素。

2. 通过出版工作传播科技知识，使潜在的生产力转变为现实的生产力

出版物中蕴藏有大量的科技知识，它是人类的共同财富，是潜在的生产力。通过出版工作，使这些科技知识得以传播。人们在生产实践中运用这些科技知识转变为现实生产力，就能提高生产效率，创造更多的物质财富，从而实现出版工作追求的社会经济效益。通过一本书的出版，使某项重大的科技发明得到了普遍的推广与应用；通过一个新观点、新思想的启发，解决了某个生产或科研中的关键问题；通过一个数据的提供，避免了若干的经济损

① 毛泽东选集(第1卷)[M]. 北京：人民出版社，1991：126.

失等。这些经济生活中屡见不鲜的事例，就是出版工作作用于社会经济的证明。

3. 通过出版工作进行信息传递，加快社会经济的发展速度

我国的科研单位、生产企业和高等院校，每年都取得大量的科学技术新成果。这些科研新成果的信息，通过出版工作及时地在出版物中反映出来，并借助商品流通得到传递，使这些科研新成果在实践中得到推广应用，从而加快社会经济的发展速度。各种市场需求信息也能通过出版物进行交流传递，此类信息的传递能协调供求矛盾，促进市场繁荣与经济的发展。

三、出版工作对文化的影响

出版工作对文化发展的影响，是非常广泛而多样的。概括地说，出版工作的作用主要表现在以下三个方面：

1. 真实地反映社会文化的发展状况

社会文化，从广义上讲，是人类社会实践的历史过程所创造的物质财富和精神财富。文化是社会存在的反映。社会实践的发展过程，就是通过各种文化形式记录和反映出来，从而留下自己的历史轨迹的。1978 年湖北省随州市擂鼓墩一号墓里出土的编钟，使人们对楚国的文化有了进一步的了解。而 1974 年初长沙马王堆三号墓出土的 20 多种共 12 万字的帛书，则真实地记录了西汉早期的历史、哲学、天文、地理、军事、医学等方面的情况。这两种反映社会实践的形式都离不开图书。前一种情况通过实物反映社会实践，但实物本身只不过是消极地被动地记录社会活动，只有经过学者的研究，撰写成文字材料，再经出版发行而为读者所利用，才能使人们的认识进一步深化。

2. 提高社会成员文化知识水平

出版发行活动对社会成员文化知识水平的提高能产生直接的作用。学校教育离不开教科书及教学参考资料，知识青年自学离不开各种自学读物，幼儿启蒙教育离不开识字课本，农民科学种田离不开实用型科普著作……正如《中共中央关于出版工作的决定》中所指出的那样，从积累传播人类历史的优秀文化成果，到发展社会主义新文化，从扫除文盲到发展尖端科学技术，从教育学龄儿童到培养各种专业人才，都离不开图书出版发行工作。正因为出版发行对提高社会成员的文化水平起着重要的作用，所以早在 1950 年，邓小平同志在重庆给新华书店西南区支店会议题词时就指出：“加强政治文化粮食的出版发行工作，消灭落后和愚昧状态，乃是我们长期而严重的政治任务。”

3. 促进国家各项文化建设事业的发展

在国民经济与社会发展计划里，国家的文化事业分为教育、科学、文学艺术、新闻出版、广播电视、卫生体育、图书馆、博物馆等基本类型。出版发行除本身是文化事业建设的一个重要方面之外，对其他各项文化事业的建设与发展也具有重要的促进作用。教育分为两个主要部分：学校教育与社会教育。学校教育需要教材和各种教育参考资料，教师的知识更新也离不开出版物；社会教育更离不开出版发行，书店向所有社会成员敞开大门，便于读者自学成材。科学的发展应具备两个基本条件：一是继承前人的研究成果，二是研究人员的互相协作。出版发行能满足科学研究的这两个基本条件。图书中蕴藏的知识与信息通过载体的流通得以传播，使广大科研工作者能利用人类的共同财富，避免重复劳动，多、快、好、省地取得科研成果。文学艺术的发展具有历史的延续性。无产阶级的文学艺术是批判地继承人类历史优秀文化遗产和总结社会实践的经验而创造发展起来的，人类历史上优秀文化遗产的继承都离不开出版发行工作。就是对社会实践经验的总结，也不可能由广大文艺工作者事事去亲自体验，除了文艺工作深入生活这一途径之外，通过图书提供的关于社会实践的间接知识，同样能使人的认识产生飞跃。可见出版发行也是文学艺术发展的一个重要条件。广播电视与出版发行一样，具有传播知识与信息的功能，这两条不同传播渠道所传播的知识与信息往往可以相互转化。所以，出版发行与广播电视可以互为条件，相互影响，在积极的竞争中共同繁荣。卫生体育事业的发展，也离不开出版发行。通过出版发行传递的知识与信息，能使卫生体育事业建立在群众化、科学化的基础之上，为我国的卫生体育事业赶超世界先进水平创造条件。图书馆、博物馆事业的发展，更是离不开图书的出版发行。没有图书，图书馆、博物馆就失去了存在的意义。出版发行事业的发展水平，决定着图书馆、博物馆的发展规模和服务质量。

【思考与练习】

1. 为什么说出版工作是一项文化工作？

2. 出版工作的经济属性具体表现在哪些方面？

3. 对出版工作的文化性与经济性两者关系应该如何认识？

4. 在出版工作实践中应该如何贯彻“为人民服务、为社会主义服务”的方针？

5. 出版工作中为什么要贯彻“百花齐放、百家争鸣”的方针？怎样在具体的出版实践中贯彻好这一方针？

6. 什么是“两用”方针？出版实践中贯彻“两用”方针应重点做好哪些工作？

7. 简述出版工作对社会政治的影响与作用。

8. 出版工作对社会经济发展能够产生什么样的影响？

9. 出版工作对社会文化的影响主要表现在哪几个方面？

10. 谈谈自己对出版工作重要性的认识。

第四章　我国出版事业的组织与建设

☞ **内容要点：**

本章重点介绍了我国出版系统的构成以及各类出版机构的基本情况，并对出版业建设中的重要内容，如出版企业建设、出版物分销网的建设以及出版队伍建设等，进行了重点阐述。

☞ **学习目的：**

掌握我国各类出版机构的基本情况，了解出版企业建设、出版物分销网建设及出版队伍建设的意义，掌握其建设的具体内容及加强建设的途径。

☞ **关键术语：**

出版系统、中国图书进出口总公司、中国国际图书贸易总公司、中国出版对外贸易总公司、新华书店、外文书店、古籍书店、现代企业制度、企业文化、出版物分销网、出版物分销网点、专业性网点、综合性网点、专营网点、兼营网点、连锁书店、出版队伍结构、出版职业资格考试制度、持证上岗制度、出版工作者的知识结构、出版工作者的职业道德

出版活动的开展，需要众多机构与人员的参与，并且这些参与出版活动的机构与人员要按照一定的分工形成一个彼此协调、有序运行的系统。这种以出版活动主体为核心而形成的出版事业组织系统，是出版活动顺利开展的基本保证。本章即对我国这一系统的组织与建设问题进行探讨。除介绍我国出版事业组织的基本状况之外，还在众多事业建设的内容中选择了出版企业建设、出版物分销网建设及出版队伍建设三项内容进行重点阐述。

第一节　我国出版系统的构成

出版系统是指与出版活动相关的机构构成的组织体系，包括由行政管理机构、编辑出版机构、印刷制作机构、发行机构，以及教学科研等其他机构共同构成的出版组织体系。下面分别对这几类机构进行介绍。

一、行政管理机构

出版业的行政管理机构，是负责对全国或地区的出版业发展进行宏观调控，包括指导、规范、协调、监督出版活动和出版单位的机构。我国出版业行政管理是在党的领导下进行的，中央和省级党组织的宣传机构负责传达、贯彻党中央关于出版工作的各项方针、政策，从利于思想教育与舆论导向的角度对出版业进行指导。具体的行政管理工作，则由各级出版行政部门实施。

主管全国新闻出版业的国务院出版行政部门是中华人民共和国新闻出版广电总局。其内设机构有：办公厅、政策法制司、规划发展司(改革办公室)、公共服务司、综合业务司、宣传司、新闻报刊司、电影局、出版管理司(古籍整理出版规划办公室)、电视剧司、印刷发行司、传媒机构管理司、数字出版司、网络视听节目管理司、反非法和违禁出版物司(全国“扫黄打非”工作办公室)、版权管理司、进口管理司、科技司、财务司、国际合作司(港澳台办公室)、人事司、保卫司、机关党委、离退休干部局、纪检组监察局。总局的主要职能是：起草有关出版活动的法律和行政法规，制订和实施出版行政部门的管理规章，制订和实施出版事业的发展规划，审批出版单位的设立，对出版物质量进行监督管理，对出版物市场进行监督管理，等等。

管理各地新闻出版业的机构是各省、自治区、直辖市新闻出版广电局。到1988年年底，各省、自治区、直辖市及计划单列城市都成立了统一管理本地区新闻出版业的新闻出版广电局。省级新闻出版局广电局的主要职能是：贯彻执行党和国家的新闻出版方针政策与法规，负责对本地区的出版活动进行正确导向及宏观协调，负责对本地区出版物市场的监督管理等。

全国各省辖市(地区)、县，约有半数成立了新闻出版广电局(科)。如湖北省，在省辖市一级单独设立了新闻出版广电局或与文化局合署办公；县一级新闻出版广电局一般也是与文化局合署办公，主要管理报刊和图书市场，负责“扫黄、打非”，并对印刷、发行实施管理等。

除此之外，出版行业协会也具有对出版业进行宏观协调的功能。行业协会是协会成员与政府间联系的纽带，又是成员相互间协调的中介，还是行业与行业之间、行业与社会之间相互沟通的桥梁。行业协会的具体任务包括：督促协会成员贯彻执行政府制订的出版法令、政策；指导与协调成员的业务活动；规范协会成员的经营行为；代表协会成员与政府及其他行业进行联系协调；组织成员参与国际交流活动；组织开展职工教育培训活动；组织成员交流经营经验，探讨经营规律，传播经营信息。目前，我国的出版行业组织，包括中央和地方的出版、印刷、发行协会在内，共有近百家，这些行业组织对我国出版业的繁荣与发展起到了一定的促进作用。

二、编辑出版机构

编辑出版机构是出版物的出版单位，在出版系统中处于极为重要的地位。我国的编辑出版机构包括出版社、期刊社、报社三大基本类型。我国出版单位的设立实行审批制。到2013年年底，我国有经国家新闻出版总局审批的500多家出版社，300多家音像出版单位，200多家电子出版单位，9 000多家期刊出版单位，2 000余家报纸出版单位。

这里仅对出版社的类型、性质及内部结构进行简要介绍。

1. 出版社的类型

出版社的类型可按多种标准进行划分，按出书范围分，有综合性、社会科学、科学技术、少年儿童、教育、美术、文学文艺等类出版社；按出版物形式分，有图书出版社、电子音像出版社、特种出版物出版社等。按行政隶属关系划分，我国的出版社可分为四种基本类型。一是由中央各部委或相当部委一级的机关、团体与中国人民解放军各总部主办的出版社，如人民出版社、中国青年出版社、中国地图出版社、解放军出版社等。二是由各地新闻出版局主管，由省、自治区、直辖市内厅、局级单位主办的出版社。三是由各高等院校主办的出版社，依高校行政隶属关系的不同，此类出版社分别由国家教育部与各省、自治区、直辖市的教育行政管理部门主管。四是除上述三大类型之外的其他出版社，主要是一些大报刊主办的出版社和一些大公司主办的出版社。前者如人民日报出版社、新华通讯社所属的新华出版社、求是杂志社所属的红旗出版社，后者如中国石油化工集团公司所属的中国石化出版社等。

2. 出版社的性质

出版社是从事精神产品加工生产的机构，这一特点决定它属于非营利性质的事业单位；但是出版社要使精神产品物化成可以广泛传播的出版物，就要讲投入产出，讲经济效益，所以出版社要实行企业管理。按照国家预算管理的规定，一般经营管理方式有两种：事业管理和企业管理。事业管理的经费来源是根据核定的预算，由财政部门或上级主管单位拨给经费，资金的集中、分配与使用都是无偿的，完全靠国家预算的监督来发挥作用。企业管理则要求经费独立核算，除国家批准的政策性亏损之外，它应该在满足社会需要的同时也为国家创造经济效益。国家目前对出版社的经营管理方式没有统一的规定。但从 1980 年开始推行出版体制改革以来，出版社几乎全是采用企业管理方式。目前的实际运作状况分为三类：有的出版社政策性亏损较多，由国家财政补贴也多；有的出版社则能完全做到自负盈亏，不需国家任何补贴；有的还可向国家或省财政上缴一定数量的利润。在全国几百家出版社中，处于第二、三种情况的出版社占绝大多数。因此，出版社性质的发展趋势是：有些出版社将成为公益性出版事业单位，如人民出版社、民族出版社等，多数出版社将逐步转为经营性出版企业单位。

3. 出版社的内部结构

出版社职能机构按规模大小，采用社、部处、科室三级建制或者是社、处室与社、科室两级建制。一般都是在社长领导下设立编辑、出版、发行、行政管理几大部门。期刊社、报社在内部结构上与出版社的主要区别有两点：一是期刊社与报社一般都设有广告部门；二是报社都设有负责新闻采访的记者部门。

三、出版产品印刷制作机构

印刷制作机构，是负责将编辑出版机构形成的精神产品物化成出版产品的生产制作企业。我国的印刷制作机构分为印刷厂和复录厂两类。

印刷厂只从事印刷与装订业务。根据 2014 年印刷企业年度核验的统计，截至 2013 年年底，全国共有印刷企业 10. 5 万家，其中规模以上重点印刷企业(年产值在5 000万元以上)有3 075家。这些具有书报刊印制能力的印刷厂，须经新闻出版行政部门审查批准，才能正式经营书报刊印刷业务。

复录厂是音像出版物和电子出版物的复制加工单位。它根据出版社提供的母盘或母带进行批量复制，并加工包装成供销售用的磁带、录像带，以及各类封装型电子出版物。截至 2012 年年底，全国共有 360 多家音像出版物复制加工厂和一批电子出版物复制加工厂。①

四、出版物发行机构

我国出版物发行机构分为对外发行机构和对内发行机构两大部分。

① 出版产业发展司 . 2012 年全国新闻出版业基本情况[R]. 2012.

1. 对外发行机构

我国出版物对外发行机构主要有中国图书进出口总公司和中国国际图书贸易总公司以及中国出版对外贸易总公司。

20 世纪 60 年代以前，我国的书刊进出口均由国际书店经营。到 20 世纪 60 年代初期，国际书店的进口处单独组成为中国图书进口公司，1981 年扩建为中国图书进出口总公司。该公司由国家科委领导，主要负责图书进口，同时担任部分报刊等的出口任务，侧重于高校学报及在我国召开的世界性学术会议会议录的出口。

中国国际图书贸易总公司是随着我国书刊对外贸易事业的发展，于 1978 年以国际书店为基础扩建而成的。它属文化部领导，主要负责除高校学报及世界性学术会议会议录以外的所有图书、期刊、报纸的对外发行，同时开展手工织品、字画、羽毛制品等艺术品的对外贸易出口业务。

中国出版对外贸易总公司于 1981 年创建，主要经营我国出版系统所需的技术引进项目及印刷设备、器材的进出口等业务。

除了这三家全国性的对外发行机构之外，各省先后成立的 30 多家出版外贸机构，也都担负出版物及出版物资的进出口业务。

2. 对内发行机构

按我国出版物对内发行机构性质划分，有国有发行机构、非国有发行机构、出版社自办发行机构等类型。

国有发行机构又可分为新华书店、外文书店、古籍书店三类。

新华书店是我国发行机构的主体。各类新华书店按职能分为管理店、发货店、销货店三类。管理店只担负对下级书店的人、财、物管理，不直接承担销售业务；发货店是担负出版物进发、调剂、储运业务，并且独立进行经济核算的书店；销货店是直接担负销售业务，并且独立进行经济核算的书店，它是新华书店的基层单位。

各地的外文书店，行政上属各省、自治区、直辖市新闻出版局领导，业务对口中国图书进出口总公司和中国国际图书贸易总公司，专门发行国内外出版的外文书。目前，有半数以上的外文书店已与新华书店合并。

古籍书店中独立经营的有北京的中国书店、上海的上海书店，以及天津的天津古籍书店。这些书店以收售古、旧书为主要经营业务。其中中国书店、上海书店还影印出版一些有价值的古籍，具有古籍出版社的职能。其他地方的古籍书店都属新华书店管理。

非国有发行机构包括集体书店、个体书店、供销社售书点、股份制图书发行公司等。这些发行机构以零售为主要经营业务，其中少数具备条件的也开展总发行和批发业务。

根据国家新闻出版广电总局和对外贸易经济合作部2003年3月17日公布的《外商投资图书、报纸、期刊分销企业管理办法》，我国允许设立外商投资图书、报纸、期刊分销企业。分销业务包括批发和零售。外商投资企业包括中外合资、中外合作和外资独资企业。外商投资零售企业，自2003年5月1日起施行。外商投资批发企业，自2004年12月1日起施行。香港特别行政区、澳门特别行政区、台湾地区的投资者适用本办法。

2007年5月1日起施行的《关于〈外商投资图书、报纸、期刊分销企业管理办法〉的补充规定》指出："对于同一香港或者澳门服务提供者在内地累计开设店铺超过30家的，如经营商品包括图书、报纸、期刊，且上述商品属于不同品牌，来自不同供应商的，允许香港、澳门服务提供者控股，出资比例不得超过65%。"

2009年10月1日起施行的《关于〈外商投资图书、报纸、期刊分销企业管理办法〉的补充规定(二)》新增"对香港、澳门服务提供者在内地设立从事出版物分销的企业的最低注册资本要求，比照内地企业实行"这一内容。

2011年1月1日起施行的《关于〈外商投资图书、报纸、期刊分销企业管理办法〉的补充规定(三)》规定："允许香港服务提供者在内地设立的分销企业分销香港出版的图书。允许澳门服务提供者在内地设立的分销企业分销澳门出版的图书。其销售的香港、澳门版图书须由国家批准的出版物进口经营单位代理进口"；"允许香港、澳门永久性居民中的中国公民依照内地有关法律、法规和行政规章，在内地各省、自治区、直辖市设立个体工商户，从事漫画图书、动漫电子游戏租赁服务，无须经过外资审批，不包括特许经营，其从业人员不超过8人；但应当于取得营业执照后15日内持营业执照复印件及经营地址、主要负责人情况等材料到当地县级人民政府新闻出版行政部门备案"。

出版社自办发行机构，是指各出版社设立的批发部、邮购部、门市部等。按承担发行任务的程度，各出版社自办发行可分为三种类型：一是征订批销。征订工作由出版社直接向销货店布置，储备由出版社负责，发货工作由出版社处理，由出版社承担包扎、邮运、仓储和劳务费用。二是出版社自设门市部对本版书实行部分自销。这是出版部门在满足销售单位订数以后对多印的部分出版物自行销售的形式。三是出版社全部自办发行。既可以用邮购和向读者征订的办法推销图书，也可以委托发行系统的销货部门代销。

出版社自办发行，实行产销结合，可以密切同读者的联系，有利于改进编辑和出版工作；能增加图书商品的流通渠道，更好地满足读者的需求。随着我国出版体制改革的深入发展，出版社已由单纯生产型向生产经营型转变，自办发行机构也随之得到发展。

五、其他与出版业发展有关的机构

除上述四类机构外，与出版业发展有着直接关系的机构还有以下三类：

1. 出版教育机构

这是为出版业培养人才的机构。它除了向出版发行单位提供受过系统专业教育的后备人才之外，还要担负对出版发行系统的在职人员进行素质教育与短期培训的任务。出版教育机构包括一些专门的编辑、印刷、发行学校及某些普通高校设置的编辑、出版、发行专业，以及一些出版群众团体与大型企业为培养出版人员而设置的教育部门、职工学校等。按办学层次分，出版教育机构有三大类：一是出版中专与技校，如天津出版中专学校、湖北新闻出版学校、湖南省新华书店出版发行学校等；二是大专类出版学校，如上海理工大学出版印刷学院；三是普通高校设置的出版类本科专业，如武汉大学的发行专业、南开大学的编辑专业、北京印刷学院的出版专业等，目前这些大学本科专业全部统一称为编辑出版学专业，但教育部仍允许各高校办出自己的特色。

2. 出版科研机构

这是组织与从事出版科学技术研究工作，并以其研究成果推动出版实践发展与技术进步的单位。此类单位包括出版、印刷、发行方面的专业研究所、室，如直属新闻出版广电总局领导的中国出版科学研究所，直属黑龙江新闻出版局领导的黑龙江出版科学研究所等；一些出版社设立的研究所，如华中师范大学出版社设立的编辑学研究中心、南京师范大学出版社设立的出版研究所等；全国与地方的出版类学术团体，如中国编辑学会、湖北书刊发行协会学术委员会；一些高校设立的出版研究，如武汉大学信息管理学院设立的出版研究所等。目前，我国已有各类出版科研单位四五十家，并已取得一批受国内外出版界重视的研究成果。中国出版科学研究所还建立了出版科研人才与科研成果信息库。在出版科研单位的组织与带动下，我国的出版科研活动已经有明显的进展。

3. 出版物资供应机构

这是指经营国产和进口的各种出版印刷物资供销的企业。它们经营的物资，包括各种纸张、油墨、印刷机械、印刷器材、装帧材料等。

我国的出版印刷物资供销单位已形成体系。新闻出版总署直接管理的有中国印刷物资总公司，各地新闻出版局直接管理的有各省、自治区、直辖市的印刷物资公司。目前全国共有此类出版物资供应机构36家。

第二节　出版企业建设

企业是为满足社会需要自主从事生产、流通等经济活动并获取赢利，实行独立经济核算，具有法人资格的经济单位。从事出版活动的机构，包括出版物的生产机构，如出版社、期刊社、印刷厂等；出版物的流通机构如出版物总发行、批发、零售、版权贸易机构等；出版物质供应机构如印刷物质公司、纸张供应机构等，都属于此类经济单位。也就是说，这些出版机构从本质上讲都是企业。按企业的要求加强出版机构的建设，对新时期我国出版业的发展有着非常特殊的意义。

一、加强出版企业建设的意义

出版企业是出版物市场的主体，是出版物市场最为活跃也最为关键的力量。通过加强出版企业的建设，促进出版物市场主体的健康发展，既是出版物市场有序运行的基本条件，又是出版产业繁荣兴旺的重要保证。加强出版企业建设的现实意义，可以从以下三个方面来认识：

1. 从企业在出版事业发展中的地位看

出版企业是构成出版事业的细胞。犹如人的肌体由无数个细胞组成一般，出版事业也由无数出版企业组成。细胞充满活力，人的肌体才能健康发育；出版企业充满活力，出版事业才能繁荣兴旺。加强出版企业建设，就是要使出版企业本身强壮、充满活力。

党的十八大报告在规划我国全面建设小康社会宏伟蓝图的同时，突出强调了文化建设的极端重要性，再一次在党的纲领性文件中确立了文化建设的战略地位，明确了文化建设和文化体制改革的目标和政策措施，为发展社会主义文化指明了方向，也对我国出版事业的发展提出了新的更高的要求。新时期出版事业的发展，一方面既要牢牢把握先进文化的前进方向，又要适应社会主义市场经济机制的要求，走产业化发展道路，由此要求出版业的运行机制要有较大的变更；另一方面，随着全面建设小康社会进程的发展，群众的文化消费也将逐步进入旺盛期，根据中国人民大学文化产业研究院发布的

“中国文化消费指数”(2013)，我国文化消费潜在规模为47 026.1亿元，占居民消费总支出的30.0%，而当前实际文化消费规模为10 388.0亿元，仅占居民消费总支出的6.6%，存在36 638.1亿元的文化消费缺口。潜在文化需求未得到有效满足，我国文化消费存在着巨大的市场空间。由此要求出版业的发展规模也要进行相应的拓展。这些新要求的实现，都与加强出版企业建设有着非常密切的关系。道理很简单，出版事业的产业化发展离不开出版机构的企业化改造；出版业规模的拓展，也必须以加强出版企业建设，实现企业的内涵式发展与外延式扩充为基础。因此，要实现新时期出版事业发展的预期目标，必须加强出版企业的建设。

2. 从出版机构的发展现状看

我国的出版机构，长期在计划经济模式下运行，从思想观念到组织结构及运行机制等，都带着很深的计划经济的痕迹。在思想观念方面，不少出版机构对自身性质的认识模糊，企业意识非常淡薄，致使一些企业建设中的基础建设问题也长期未能引起重视。如企业品牌的打造、企业文化的建设、企业经营战略的制订、企业管理制度的完善等企业发展中的基本问题，在相当多的出版机构中都没有得到很好解决。在组织结构方面，我国的出版机构都是按行政区划设置、规模结构统一，产业集中度低，大的不强，少的不弱，出版资源配置扭曲，出版物市场主体缺位，尤其是缺少支撑市场的中坚力量。在运行机制方面，政企不分的情况依然十分严重，出版企业的经营自主权还未能真正落实；对教材与教辅类出版产品具有很强的依赖性，经营中存在的政策性保护使不少出版企业丧失了主动参与市场竞争的内在动力与压力；不少出版单位不习惯也不善于按市场机制的要求来进行出版项目的运作，计划经济模式依然是出版业经营的主体模式，整个出版行业运行效率低下的矛盾也越来越突出。

这些矛盾与问题的存在，大多是出版企业建设严重滞后造成的。我国的国民经济已全面进入市场经济轨道，由此引起的深刻的社会变革必然会影响到所有的企业与行业，出版企业也绝不会例外。因此，只有按照市场经济的要求扎扎实实地加强出版企业的建设，才能使目前出版企业发展中所面临的许多现实问题得到有效的解决。

3. 从出版业对外开放的要求看

我国已正式加入WTO，我国政府做出的开放出版物市场的承诺也将逐步兑现，我国出版物的对外开放已成为不可逆转的趋势。现在，世界上许多国家都已盯上我国的巨大出版物市场，急于抢滩登陆。一些世界知名的跨国出版集团事实上已经进入我国的出版物市场。

出版物市场的对外开放，使我国的出版企业面临着新的市场竞争局面。国外出版企业，尤其是一些大型的跨国出版集团，凭借其雄厚的资金实力和多年的市场化运作经验，以及新的经营管理理念与技术，在出版物市场竞争中会给我国的出版企业带来巨大的生存压力。

适应出版业对外开放的要求，我国出版业必须加强出版企业的建设。通过加强企业建设，调整出版产业结构，提高产业集中度，形成能与国外出版竞争对手相抗衡的主体力量；通过加强企业建设，推进出版业市场机制的运用，实现出版资源的优化配置，提高出版产业的运行效率；通过加强企业建设，提高企业的经营管理水平，调动企业职工的积极性，打造企业的核心竞争力。这样，我国的出版企业在与国外同行的竞争中才能充分发挥自己的区位优势，在竞争中取得主动权。

二、出版企业建设的主要内容

出版企业建设的内容很多，目前急需进行的是以下三项建设：

1. 企业组织建设

我国的出版机构按行政区划设置、规模结构统一，致使出版资源配置扭曲，强力支撑出版市场的力量缺乏。所以，在企业组织建设上，目前的重点是通过资产重组，对出版发行企业进行结构性调整。具体的建设内容很多，其中最为重要的是下列两个方面。

(1)加强出版企业集团的建设。组建集团的目的是优化出版资源配置，追求出版活动的规模效益。通俗地讲，就是要通过联合发展，获取 1+1>2 的效果。国家新闻出版广电总局 2011 年发布的《新闻出版业“十二五”时期发展规划》提出做优做大做强新闻出版产业，提高新闻出版业整体实力和竞争力，打造一批大型出版传媒“航空母舰”、重组一批大型印刷复制企业、组建一批大型发行物流集团，鼓励新闻出版产业与其他产业的融合与对接。目前，我国出版集团的建设进展顺利，集团在出版产业发展中的作用越来越突出。

(2)发展连锁经营组织。书业连锁经营因能有效地解决市场需求的分散性与经营者规模效益追求的经营集中性的根本矛盾而成为市场经济条件下零售业发展的重点方向。国外出版业经营中，通过连锁经营实现的销售往往要达出版物零售总额的 70%以上。我国的出版物零售业也以“小而全、大而全”为特色，迫切需要进行结构性调整。所以积极发展连锁经营组织，调整书业零售结构，也应成为出版企业组织建设的重要内容。

2. 企业制度建设

出版企业制度建设的根本方向是按现代企业制度进行运作。所谓现代企业制度，是指适应社会化大生产的需要，反映市场经济要求，产权明晰、经营自主的现代企业体制。它的基本特征是产权明晰化、行为主体化、组织公司化、管理科学化。

出版企业建设现代企业制的具体内容包括以下几个方面：

(1)企业法人制度建设。即实行政企分开，使出版企业成为独立的法人，依法自主经营，真正成为能够承担民事责任的法人实体和自主发展的市场主体。目前正在进行的各省(市、区)新闻出版局以局、社分离，转换职能为内容的改革，为出版企业法人制度的建设铺平了道路。

(2)企业产权制度建设。即通过清产核资，明晰产权，使出版企业，主要是国有出版企业，都拥有自己独立的产权；并根据企业发展需要自主融资，构建多元化的产权结构。

(3)企业组织制度的改革。要按照现代企业制度的组织公司化要求，对现代的企业组织进行改革重组。设置董事会、监事会、经理层；实行董事会领导下的总经理负责制；权力、监督、决策、执行机构各司其职、各负其责。

(4)企业管理制度的完善。制订企业章程，作为管理企业的依据；完善岗位责任制、利益分配制度、职工奖惩制度、干部任免提拔制度等规章，使企业日常管理也能有条不紊地进行。

以上述四项内容为主的企业制度建设，都要通过出版企业的股份制改造来实现。因此，搞好出版企业的股份制改造，也就成为出版企业谋求未来顺利发展的重要对策。

3. 企业文化建设

企业文化是指企业组织在长期的实践中形成并为企业全体成员自觉遵守和奉行的具有个性的经营宗旨、价值观念和道德行为准则的综合。加强出版企业的文化建设，能够在企业内营造一种积极健康、活泼和谐的氛围，从而激发企业员工的内聚力与创造力；并且能够提高企业及其产品的知名度，扩大企业的社会影响。我国的出版企业长期以来不太重视企业文化建设，无企业标识，无行为规范，经营理念不明确，不重视企业形象宣传等文化企业缺文化的情况还非常普遍。因此，加强企业文化建设，也是出版企业要尽快努力去做的工作。

加强企业文化建设，可以从构成企业文化内涵的四个层面分别进行：

(1)加强企业物质文化建设。企业物质文化是由企业员工创造的出版产品和企业的各种物质设施等构成的器物文化，是一种以物质形态为主要表现特征的表层企业文化。出版企业要重视产品品牌的打造，包括产品内容质量的严格把关，产品形态的精心设计等；加强企业形象的塑造，如设计统一的企业标识，推出具有特色的社(店)徽、社旗、社歌、社服等；重视企业内部环境的建设，包括工作环境、生活环境及各种文化设施的建设等。

(2)加强企业行为文化建设。书业企业行为文化是指企业员工在生产经营、学习娱乐中产生的活动文化。企业行为文化属于物质文化之下的幔层文化。在企业文化的四层结构中处于第二层。行为文化是企业制度文化和精神文化的折射和体现，也是企业文化最直接的表象形式。加强企业行为文化建设，要从三个方面着手：一是充分发挥企业领导人员的行为表率作用，领导者敬业奉献、创新进取工作的行为，对员工有着很强的感染力；二是要充分发挥企业先进、模范人物的行为示范作用，要善于发现典型，积极培养典型、大力宣传典型人物的模范行为；三是抓好全体员工整体行为的塑造，通过团队精神、职业道德和责任感的培养，使企业全体成员形成良好的行为习惯。

(3)加强企业制度文化建设。制度文化又称为规范文化，是企业为实现自身目标对员工的行为给予一定限制，通过一系列的规章制度的制订与执行，来调动职工的积极性，并形成强有力的行为规范的文化。属于企业文化的第三层次，它既是人与物、人与企业运营制度的结合，又是企业意识形态与观念形态的反映。企业制度文化建设，主要包括三个方面的内容：一是企业领导体制建设，出版企业要努力建立统一、协调、通畅、高效的领导体制；二是企业组织机构建设，主要是按现代企业制度的要求，对企业组织机构进行改造与完善；三是企业管理体制建设，要尽快完善各种管理制度，尤其是民主管理制，形成完整、配套的管理体制。

(4)加强企业精神文化建设。企业精神文化是指企业在生产经营过程中逐步形成，并经过企业家有意识的概括、总结、提炼而得以确立的思想成果和精神力量。它是企业精神、经营哲学、生存目标、价值观念等内容的集中体现，是维系书业企业生存发展的精神支柱。它是企业物质文化、行为文化的升华，是企业文化的核心层。加强企业精神文化建设，首先要发动群众，自下而上地总结企业发展的历史经验及特色，讨论企业的经营指导思想、生存目标及发展方向，就企业精神文化的一些基本内容达成共识；其次，要由企业领导层收集职工意见，加以提炼、概括，用简练、明确的语言将企业精神文化的内涵加以描述，如海尔集团的企业精神用“为社会创造财富、为企业创造效益、为职工创造机会”加以描述；最后，要采取一切措施，将企业精神在全体职工中得以落实、体现，包括宣传造势、制度落实、行为规范等。

第三节　出版物分销网建设

出版物分销，也即出版物发行，是一个包括出版物批发和零售在内的概念。出版物分销网，也即出版物发行网，是出版物与市场连接的纽带，是组织出版物流通的基本条件。出版物分销网发达与否，是衡量一个国家或地区出版业发达与否的重要标志。因此，出版物分销网的建设，也就成了我国出版事业建设的重要组成部分。

一、出版物分销网的构成及其意义

所谓出版物分销网，是指各种类型的出版物分销网点在业务上互相联系而形成的一种网状组织结构。分销网是由分销网点组构而成的。出版物分销网点是指较长时间、相对固定地担负某些出版物分销任务的最小单位的出版物分销机构。

按照各自承担任务的不同，出版物分销网点又可分为批发网点、零售网点、储运网点等类型；每一类网点又可按不同的标准细分为若干种。各种类型的出版物分销网点通过业务连接起来，形成一种纵横交错的网状结构，所以称为出版物分销网。

我国出版物分销网的构成如图 4-1 所示。

加强出版物分销网的建设，既具经济意义，又有社会意义。从经济角度讲，强大的出版物分销网，是促进出版业产业化发展的基本条件。出版业的产业化发展，要以发达的市场交换为前提，只有市场不断扩大，出版业生产的产品能货畅其流，符合产业化发展内在要求的生产规模的不断扩大才有可能。正如马克思所说：“生产就其单方面形式来说也决定于其他要素。例如，当市场扩大，即交换范围扩大时，生产的规模也就增大，生产也就分得更细。”①网点的增多，就意味着市场的扩大。这不仅对出版业整体的产业化发展非常重要，而且对每一家具体的出版单位、每一项具体的出版活动而言，更直接关系到经济效

① 马克思．马克思恩格斯文集(第 8 卷)[M]．北京：人民出版社，2009：23.

益的实现。有了较发达的出版物分销网，能够使出版物的市场覆盖面更宽，每一品种的发行数量更多，这样就能有效地降低出版物的生产成本，提高出版物生产过程的经济效益。此外，发达的出版物分销网，并不以发行网点的增多为唯一标志，它还意味着与大生产相适应的大流通格局的形成，意味着出版物分销网运行效率的提高。从这种意义上讲，加强出版物分销网的建设，对于图书流通组织效率的提高也是非常有意义的。

- 我国出版物分销网的构成
  - 批发网点
    - 新华书店发货店
    - 出版社的发行机构
    - 有条件的民营书店
    - 其他国有书店(含新华书店的销货店)
    - 省(市)以上邮政局
  - 零售网点
    - 按经营范围分
      - 专营网点
      - 兼营网点
    - 按经济性质分
      - 国有网点
      - 集体网点
      - 个体网点
      - 外资网点
      - 中外合资网点
      - 混合网点
    - 按经营规模分
      - 专业性网点
      - 综合性网点
    - 按经营方式分
      - 以应客销售为主的门市部
      - 以预订为主的团供部
      - 以邮寄为主的邮购书店
      - 以流供为主的书摊书贩
      - 以推销为主的推销书店
    - 按管理形式分
      - 独立书店
      - 连锁书店
      - 图书俱乐部
      - 会员制书店
  - 储运网点
    - 发货点
    - 中转点
    - 分发转运点

图 4-1　我国出版物分销网构成图

从社会的角度讲，出版物分销网的建设对社会文化发展的促进作用十分明显。增设一个图书分销网点，有如增设了一座图书馆。图书分销网点不仅能满足消费者的购书要求，而且能接纳众多的读者到网点上来看书学习。通过图书分销网点所开展的服务活动，使广大人民群众能够非常方便地吸收科技文化知识。因此，加强我国出版物分销网的建设，不仅引起了出版系统内部的广泛重视，而且也受到了社会各界及广大人民群众的共同关注。

党的十一届三中全会以来，我国出版物分销网的建设取得了很大的成绩。网点数量有了较大幅度增长，网点结构得到了改善，出版物分销网的运行效率有了明显提高。2009 年，全国共有出版物发行网点 16 万处，其中国有书店和国有发行网点9 953处，供销社发行网点1 636处，出版社自办发行网点 508 处，文化、教育、广电、邮政系统发行网点38 215处，新华书店系统外批发网点5 800处，集体、个体零售网点104 269处。2011 年全国共有出版物发行网点 16. 9 万处，2012 年为 17. 3 万处。但按人口平均所拥有的图书分销网点数计算，我国的图书分销网建设水平与世界上一些出版业发达国家比较，还存在较大差距。按 2010 年人口数据统计，我国平均 1. 6 万多人才拥有一个图书分销网点，而英国平均1 586人即拥有一处网点，法国2 236人拥有一处网点，俄罗斯2 100人拥有一处网点。① 积极加强出版物分销网的建设，以适应我国加入 WTO 之后出版业高速发展的要求，已成为当前我国出版业发展中一项非常迫切的任务。

二、加强分销网建设的基本原则

就国家出版物分销网的整体建设而言，在其发展过程中，要坚持以下几个基本原则。

1. 出版物分销建设的规模与速度要与社会经济、科技、文化的发展相协调

出版事业的发展，是与社会经济及科技文化的发展紧密相连的。这是因为：其一，随着国家科技文化事业的发展，广大人民群众科学文化水平普遍提高，利用图书资料的愿望更迫切，书店读者更广泛，这就从客观上促进了出版发行业的发展；其二，国家的经济发展了，国民收入增多了，就能拿出更多的钱购书，图书市场的购买能力就能相应增强，这就为出版发行事业的发展创造了良好条件；其三，只有国家经济发达了，才能拿出更多的资金用

① 罗紫初 . 比较发行学[M]. 北京：高等教育出版社，2000：31.

于发展科学文化事业，作为国家科学文化事业一部分的出版发行事业的发展才具有经济基础。

所以，在制定分销网点发展规划时，首先要根据国家的经济和科学文化事业的发展情况有计划、有步骤地扩大网点建设。要将需要和可能结合起来。只有在真正需要建点而又具备建点基本条件的地方，才能建点。千万要防止以往网点建设中曾经出现过的“一窝蜂”上的倾向。如“大跃进”期间，不按经济规律办事，网点盲目增加，结果不得不在 1961—1962 年进行了调整，撤销了县城以下的专营书店(只保留了个别大集镇的书店)。“文化大革命”期间，有些地方强调“买书不出村”，许多不具备基本条件的各种代销点卖红宝书、卖年画，连放书的柜子都没有，两三天一层灰，大多亏损经营，无法维持。这就是不顾国家经济文化状况而盲目进行网点发展的教训。然而，现在的状况却是另外一种不适应。即：国家的经济和科学文化事业发展了，而出版物分销网的建设却没有得到相应发展，目前不仅网点数量偏少，而且地区分布也不尽合理。因此要加速出版物分销网的建设，以尽快适应经济及科技文化发展的要求。

2. 要以新华书店的现有网点为骨干来加强出版物分销网的建设

经过几十年的艰苦建设，新华书店的分销网点建设已具备一定的规模，目前的分销网点数量只占全国分销网点总数的 1/6，但它们却占有 80%以上的分销份额；新华书店类型齐、全，既有批发网点，又有零售网点，网点分布结构较为合理，尤其是在广大农村地区，按行政区划建制的新华书店网点之间的联系较为密切、规范，独特的图书储运网络，更有无可比拟的效益优势，相互的结算、代订代发等都有专门的制度来规范操作。因此，以新华书店现有的网点为基础来发展、完善全国性的出版物分销网，能使现有的国有发行资源得到充分利用，有效地减少建网的难度。那些将我国图书发行中的各种弊端全部推给新华书店，主张撇开新华书店另起炉灶的想法，是既有失公允也不符合中国国情的，因而也是行不通的。

新华书店作为国有专职图书流通机构，在我国出版物市场的经营活动，有着非常重要的作用，如在贯彻出版发行方针政策上起模范作用，在市场经营行为上起导向作用，在市场物价稳定上起保证作用，在商流组织上起主力军作用，在优质服务上起示范作用，在现代化技术设备的应用上起带头作用，等等。依靠新华书店加强分销网的建设，能更好地保证新华书店各项作用的充分发挥。

3. 要因地制宜地加强出版物分销网的建设

加强出版物分销网的建设不能搞一刀切。各地有各地的具体情况，其网点发展的具体要求与条件也会不同，为此要求在进行网点发展的规划时要实事求是，要将主观要求与客观情况结合起来，将需要与可能结合起来，因地制宜地发展。

坚持因地制宜地发展网点的原则，包括以下三项具体要求：一是要根据本地图书批发与零售的最佳比例来规划网点发展数量。如果批发量过大，就可考虑增设网点以扩大自销零售业务；反之，就要控制零售网点的发展。二是要根据本地的市场条件确定网点发展的类型与规模。是发展专营网点还是兼营网点，大中型网点还是小型网点，要以当地的市场条件而定，因为网点的生存要以一定的销售量作保证。三是要根据本地读者的构成及需求特点来确定网点的经营特色。没有特色的新增网点在激烈的市场竞争条件下是很难生存的。

三、出版物分销网点的具体布局与要求

加强出版物分销网的建设，主要是通过出版物分销网点的合理布局来实现的。遵循上述原则对出版物分销网点进行合理布局，其具体的要求可概括成下列三个方面。

1. 各类不同经济成分的网点配置相结合，以公有制网点的配置为重点

前面已经提到，出版物分销网点按经济成分分，有国有网点、集体网点、个体网点、联营网点、中外合资网点等类型。这里所说的公有制网点，则包括了国有网点、集体网点，以及由国有经济与集体经济控股的网点等。各类所有制的网点在经营活动中都有着各自的优势而具有互补性，所以各类网点都需要发展。公有制网点的重点发展则能更好地稳定、纯洁出版物市场。

重点发展公有制网点，不仅仅是对公有制网点数量的要求，而更重要的是要对公有制网点进行结构性调整，以提高其营运效率。为此，应对公有制网点进行资产重组，要推进股份制改造，实行现代企业制度，以便公有制网点更好地发挥其骨干作用。

2. 综合性网点与专业性网点的配置相结合，以专业性网点的配置为重点

综合性网点与专业性网点是以网点的经营品种为标准划分出来的两类图书分销网点。

综合性网点是指经销各种类型出版物的网点。它的特征是：其一，销售各个知识门类的图书；其二，经销各种形式、各种载体的出版物；其三，服务对象大众化。

专业性网点是指经销某一种或某几种专门类型出版物的网点，它的类型有：一是销售仅涉及某一类或某几类图书的书店，如艺术书店、文史哲书店等；二是只经销某一种形式的出版物的书店，如技术标准书店；三是只经销某一种载体出版物的书店，如音像书店；四是仅专门为一定类型的读者服务的书店，如少儿书店等。

综合性书店经营范围广，服务读者面比较宽，读者对图书品种可有更大的选择余地，能为阅读兴趣广泛的读者提供方便。所以，在一个地区，应当配备一定数量的综合性网点。但由于综合性网点备货门类太多，在营业面积有限的情况下，相对来说每类书的品种就备得不齐。所以应发展专业性网点来弥补这一弱点。

与综合性网点相比，专业性网点具有以下优点：一是有关专业的出版物品种齐全，便于吸引和联系专业读者；二是服务对象明确，针对性强，易于掌握供需规律，提高发行工作质量；三是销售品种比较单一，有利于营业员熟悉和掌握经销品种的有关知识，提高工作效率；四是不需要太大的营业面积，可因陋就简地改建，即使新建也不需要太多资金和基建指标；五是可以密切与有关专业出版社的联系，使出版社和书店共同关心图书的内容质量和销售命运。

新中国成立以来，我国对专业性网点的建设一直未予以应有的重视，造成专业性网点数量严重少于综合性网点数量。这种发行系统内部综合性网点与专业性网点不相协调的情况急需改变。所以，在城市必须大力发展专业性网点。有的地方目前增设专业性网点有困难，可以将原有的综合性网点改造成专业性网点，对网点结构进行调整，有意识地建设以专业网点为主的书店街。

3. 城乡网点配置相结合，以农村网点的发展为重点

从出版物市场营销角度考察，城市市场购买力强、读者集中、图书消费量大、辐射能力强、交易费用省，所以城市分销网点经营效益一般较好，这就是各种发行力量争相在城市发展的理由。而且，到目前为止，我们也不能说，城市网点不需要发展了。恰恰相反，城市网点档次不高、结构不合理、经营无特色等缺憾表明，城市网点建设仍需加强。

然而，显得更为迫切的是重点发展农村网点。我国农村人口众多，12

亿多人口中，农村人口占9亿多。这是一个非常广阔的图书市场，市场潜力很大。随着近几年党的各项农业政策的贯彻执行，广大农民的经济收入有了大幅度的提高。他们迫切需要科学文化知识，需要丰富的精神文化食粮。只是由于分销网点还不太发达，他们的要求还无法充分满足。作为农村图书发行主力军的供销社售书点，在1984年实行改制之后，由于供销社由准国有的商业机构变成了股份合作制企业，其售书点也迅速萎缩。

从1994—1998年这5年内，农村供销社售书点总共减少了17 543个；受其影响，整个售书点总共减少了24 964个。近几年来，这种农村供销社售书点逐年减少的趋势还在延续(见表4-1)。如不采取切实有效的措施使这种分销网点锐减的趋势得到扼制，那么几年之后，农村出版物分销网点就将不复存在。可见，加速农村出版物分销网点的发展已到刻不容缓的地步。

表4-1　**2004—2012年供销社发行网点数**

年份	2004	2005	2006	2007	2008	2009	2010	2011	2012
供销社发行网点数	4 265	3 200	2 431	2 103	1 868	1 636	1 520	997	748

资料来源：根据出版产业发展司的《全国新闻出版业基本情况(2004—2012)》整理。

加强农村出版物分销网点建设可以考虑的措施包括：对农村出版物分销实行优惠经济政策，如在税收、贷款上对农村分销给予照顾，以刺激各类分销力量到农村去设点；要鼓励国有书店积极下伸农村集镇门市部，对新华书店县级店下伸网点当地政府要给予实实在在的支持；要积极发展混合所有制的农村网点，等等。

第四节　出版队伍建设

人才是出版业发展的基本条件。出版资源要靠人去开发，出版物的生产与流通活动要靠人去组织，出版发行的方针政策要靠人去贯彻，读者消费需求的满足要通过人去实现，各种现代化的出版发行技术与设备要靠人去操作掌握。总之，没有具备一定素质的出版人才，任何出版运作都无法进行。所以，出版队伍的建设不仅关系到出版生产力的提高，而且对出版工作所肩负的社会责任的实现，对整个出版业的繁荣与发展，都有着非常重要的意义。

一、加强出版队伍建设的意义

加强出版队伍建设的意义，我们可以从以下几个方面来认识：

1. 从出版工作者的劳动特点看

出版活动是一个包括出版物质供应、出版物生产、出版物流通以及出版物消费在内的完整过程。它既是一个文化知识的传播过程，又是一个商品经济运动过程。尽管在出版过程的不同阶段中，出版工作者的劳动在性质上是不完全相同的，但从出版全过程的整体考察，出版工作者的劳动无疑具有以下三个基本特点。

(1)脑力劳动与体力劳动相结合。从出版物的生产过程看，精神产品生产过程主要是书稿编辑，这是对作者完成的知识产品进行再创造的劳动。无论是从整体上对原稿进行价值判断，还是对具体内容进行删削补充，都需要编辑进行创造性思维。此时编辑所付出的劳动，主要是脑力劳动。物质产品生产过程的劳动，包括排版、印刷、装订过程中印装工人的劳动，则以耗费体力为主，属于体力劳动性质，但此过程中一些管理性与技术性劳动又具有脑力劳动性质。

从出版物的流通过程看，出版物的知识属性决定，流通组织者了解商品、把握读者、分析市场、策划营销等工作都需要付出大量的脑力劳动。但图书发行中的许多环节，比如仓储、发运等环节，目前技术设备还较为落后，劳动过程仍然要靠大量耗费体力来完成。

从出版活动总体看，虽然具有脑力劳动与体力劳动相结合的特点，但决定出版活动价值、反映出版活动本质特征的劳动还是脑力劳动。因此，这一特征的完整表述应该是：出版工作者的劳动，是以脑力劳动为主体、脑力劳动与体力劳动相结合的劳动。

(2)生产性劳动与非生产性劳动相统一。从商品运动过程角度考察，生产性劳动是指商品使用价值形成过程中所付出的劳动，非生产性劳动是指商品价值实现过程中所付出的劳动。出版物的生产过程(包括编辑及印装过程)所付出的劳动，使出版物成为能够满足读者精神文化需求的商品，属于创造出版物价值的生产性劳动。出版物的流通过程(包括宣传推销、洽谈交易、仓储发运、货款结算等)所付出的劳动，其整体功能是实现出版物的商品价值，虽然也有少数环节的劳动，如使商品实体位移的劳动，属于生产性劳动，但主要属于非生产性劳动。

生产性劳动与非生产性劳动相统一，是从出版行业整体而言的，由此也使出版业与单一劳动性质的商业、邮电等行业呈现不同的特点。但出版业之所以能成为一个产业，则主要是因为通过生产性劳动向社会提供了出版产品。因此，从出版业的角度讲，生产性劳动是出版工作者劳动的主体。

(3)服务性与被服务性相伴随。出版工作者劳动的服务性与被服务性相伴随的特征，从两个方面都可以表现出来。对出版系统外而言，出版活动的各个环节的劳动，都在为社会提供服务的同时，也接受各种社会单位与个人的服务。出版物生产过程的劳动，不仅要通过产品间接地为读者服务，更要直接地为作者服务；流通过程的劳动直接为读者服务，同时也间接为作者服务。然而，出版物的生产需要信息与资金，出版物的流通需要良好的营销环境与运输条件，出版全过程需要不间断地从银行、邮电、运输、工商管理等行业获得由它们所提供的服务。

对出版系统内部而言，各个出版环节劳动相互提供服务与被服务的特征则更为突出。书店要为读者服务、为出版社服务，同时也享受出版社与印装厂所提供的服务。

在服务性与被服务性相伴随这一特征中，被服务性劳动其实不是对出版工作自身劳动而言的，服务性劳动才是对出版工作自身劳动性质的实质性描述。

以上述三个方面为基本特征的劳动性质，决定了出版业对其从业人员的素质要求也有着较高的标准。以脑力劳动为主的劳动特点，要求出版工作者必须具有敏锐的政治头脑和科学的世界观，要具有较高的文化知识水平与较强的思维能力；产业性劳动的性质，要求出版工作者必须具有清醒的经营头脑，树立市场观念，了解出版物营销规律，善经营、会管理；服务性劳动的特点，要求出版工作者必须具有正确的价值观念，具有局部服从整体和全局的意识，具有良好的职业道德与服务精神。要使出版工作者具备这些基本素质，就必须加强出版业的人才培养。要通过人才培养，使出版业的所有从业人员都能成为符合现代出版业发展需要的优秀出版人才。

2. 从出版工作者队伍现状看

出版工作者队伍，由出版社、报社、期刊社工作人员，出版物质供应人员，物质产品制作人员及书刊发行人员组成。这支拥有100多万人的队伍，与中华人民共和国成立初期相比，已经有很大的发展。

1952年，我国有出版社426家(其中私营356家)，书刊印刷厂304家(其中国营12家)，国营新华书店1 384家，整个出版业从业人员不足4万人。直到1981年，我国出版社工作人员只有19 315人。与此相比，目前的队伍规模已不算小。然而，与世界上出版事业发达的国家相比，与我国出版事业的发展要求相比，与国家经济、科技、文化发展的需要相比，我国的出版队伍却仍处于一种不适应的状态。这种不适应主要表现在以下几个方面：

(1)出版业从业人员数量偏少。我国拥有 13 亿多人口，出版社从业人员却只有 4 万余人；美国人口只有我国的 1/5，而出版社从业人员仅据常年出书的1 750家出版公司统计即达 6.5 万人；英国人口只相当于我国的 1/20，出版机构的工作人员却有 4 万多人。

我国的图书发行人员仅 25 万人，占全国人口比例仅为 0.22%；而一些出版业发达的国家，从事图书发行的人员一般占全国人口的 1%左右。例如，不到6 000万人口的法国，图书发行业从业人员却有 5 万人。我国湖北省人口与法国相等，而从事图书发行的人员却不到法国的 1/5。

我国的1 248家书刊定点印刷厂中，出版系统的定点厂的职工仅有 7.5 万人；而仅有6 000余万人口的英国，印刷行业总就业人数达 20 多万，其中从事图书印制的人员有 4 万多人。

由此可见，无论是出版还是发行，或者是印刷，人员数量都不是太多。随着出版事业的发展，出版工作人员队伍在规模上也要有一个较大的发展。

(2)出版工作者队伍结构不尽合理。出版工作者队伍结构是指各类出版人员的配置比例。出版人员作为一种很重要的出版资源，其配置应能反映现代出版运行机制的要求。只有这样，才能保证出版队伍结构的合理性。目前，我国出版人才配置上一些不尽合理的地方，突出表现在以下三个方面：一是从出版人才的地区配置看，我国按行政区域均匀地构建出版机构，各地出版机构设置与规模一致，工作人员也大体相等。这种人力配置忽略了各地出版资源状况及市场条件的差异，造成了人力资源的浪费。如各地的省级新华书店，其人力配备大多在 200～400 人，而江苏、山东等省的发货量却要数倍于西北地区的省级店。二是从各类出版人员的配置看，适应市场经济的要求，在出版社内，从事图书发行业务的经营人员应大大超过编辑人员。在国外，这已是不容置疑的事实(见表 4-2)。我国出版社的编辑人员数量要多于发行人员。据 2012 年年底统计，在我国出版社的 477.4 万名从业人员中，编辑人员有 300 多万人，其数量已超过出版社总人数的 50%。三是从出版发行机构内部的人员安排来看，人力安排不科学、工作忙闲不均的现象还十分普遍(见表 4-3)。据《2012 年新闻出版产业分析报告》2012 年全国出版物发行业从业人员 72.64 万人，与 2011 年相比减少了 0.14%。

表 4-2　　国外部分出版社编辑与发行人员所占比例表　（单位：万人,%）

项目 出版社	总人数	编辑人数	编辑占全社人数比	发行人员数	发行人员占全社人数比	编辑与发行人员比例
(法)弗拉麻利翁出版社	800	80	10	500	62.5	1∶6.25
(法)塞伊出版社	160	25	15.6	100	62.5	1∶4
(印)科技出版社	60	6	10	24	40	1∶4
(印)教育出版社	150	14	9.3	106	70.7	1∶7.57
(美)丹佛西点出版社	80	12	15	34	42.5	1∶2.85
(日)讲谈社	1 700	160	9.4	800	47	1∶5
(英)郎曼出版社	3 500	340	10	1700	48.6	1∶5

表 4-3　　2012 年直接就业人数的产业类别构成　（单位：万人,%）

产业类别	人　数	较 2011 年增减	比　重
图书出版	6.71	-0.15	1.41
期刊出版	11.16	5.18	2.34
报纸出版	26.31	6.30	5.51
音像制品出版	0.46	-9.80	0.10
电子出版物出版	0.22	15.79	0.05
印刷复制	359.62	2.21	75.32
出版物发行	72.64	0.28	15.21
出版物进出口	0.31	-6.06	0.06
合　计	477.43	2.15	100.00

说明：未包括数字出版、版权贸易与代理、行业服务与其他新闻出版服务。

(3)出版工作者队伍的整体素质还较低。这主要表现为文化水平不高、知识结构单一、经营能力较弱、职业道德水准较低等。

通过调查北京图书订货会参展人员学历情况可以看到，图书公司、图书馆和出版行业媒体的员工学历水平较高，主要集中在硕士以上学历，而专科学历从业人员较少，其中来自出版行业媒体的海外留学人员人数众多，占到31%的比例。出版集团及出版社的从业人员主要集中在本科学历，均占到总人数的50%以上，专科学历和高学历人员的比例较少，而书店从业人员中专科学历人员则较高。

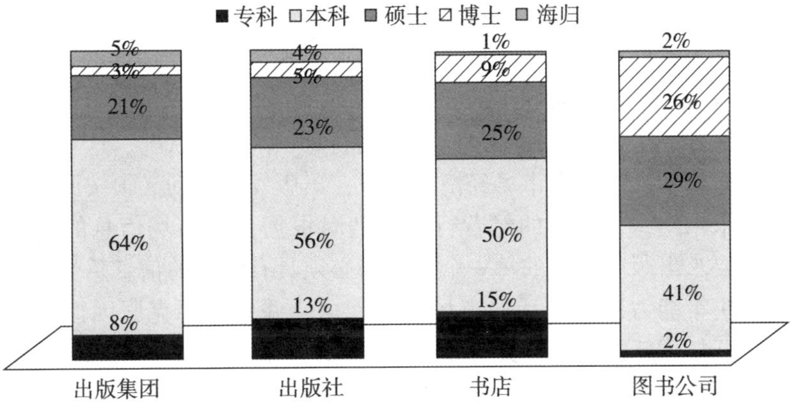

图 4-2　2011 年北京图书订货会参展人员学历分布

资料来源：阅读行为调查中心．2010 年中国出版业回顾与展望暨 2011 年北京图书订货会出版行业调查[R]．2010.

就知识结构而言，由于我国出版业长期在计划经济状态下运作，专业分工过细，造成了各类出版人员知识结构单一的状况。发行人员不懂编辑业务，缺少出版物生产知识；编辑人员不懂发行业务，缺少市场营销与书刊印制知识；出版管理人员不懂书稿加工，缺乏书刊流通知识等。

就经营能力而言，出版业从业人员，不论是各出版发行单位的负责人，还是一般的编辑人员或发行业务人员，都不善于将出版物作为商品来经营，不善于捕捉市场信息以及创造市场机会实现产品扩销，不善于与客户交际洽谈及讨价还价等。

就职业道德而言，一些出版工作者思想境界不高，缺少敬业精神与社会责任感，甚至见利忘义，与不法分子相互勾结，为出版物市场上的非法出版和制“黄”贩“黄”活动推波助澜。已经查处的非法出版大案要案，大多有出版系统内部人员的参与，就是明证。

上述情况充分说明，不论是出版业从业人员数量，还是出版工作者队伍的整体素质与结构，都显然与新时期我国出版事业发展要求不相适应。要改变这种状况，就必须加强出版工作者队伍的建设。

3. 从市场经济对出版队伍提出的新要求看

社会主义市场经济体制的建立与发展，必将给我国出版业的发展带来一系列深刻的变化，由此也对出版业从业人员的素质提出了新的更高的要求。

首先，在市场机制的作用下，出版物市场的经营竞争将会全面展开，这就要求出版工作者必须具有在激烈的竞争中求生存、求发展的心态与能力。我国的出版业长期按计划体制运行，一切按事先制订的计划行事，企业自主权有限，竞争不激烈，对职工的要求也不高，由此而造成了出版业从业人员思想观念保守、工作主动性不强、竞争创新意识淡薄的状况。这是与市场经济的要求格格不入的。在市场经济条件下，出版发行活动必须按照市场供求规律的要求来组织，企业的经营行为要随时根据各种市场信息的变化来调整。这就要求出版队伍中的每一个成员都必须具有敏锐的信息感受能力、较强的经营决策能力以及灵活的市场应变能力；并且，要克服因循守旧的观念，强化开拓创新的意识，具有较强的进取心。由此可见，出版物市场竞争的发展，对出版业从业人员的素质提出了更高的要求。

其次，企业自主权的真正落实，给出版单位带来了机遇与风险，也同时向出版工作者提出了增强经营能力、提高工作效率的要求。在计划经济体制下，企业吃国家的大锅饭，职工吃企业的大锅饭，所以工作效率不高，对职工经营能力的要求也不高。市场经济把企业推向了市场，让企业自主经营、自负盈亏。出版系统在计划经济时代赖以生存的各种经营特权被取消，所享受的各种政策保护也不复存在，要在市场风浪中生存与发展，只有靠自己的经营实力。出版队伍作为经营实力的重要组成部分，其素质的提高对新形势下出版企业的发展有着极为重要的意义。如果从业人员个个具有较强的经营能力，整个企业的战斗力就强；每个工作人员的劳动效率都很高，企业整体的劳动效益就好。

再次，随着出版行政机关职能的转变，各种出版法规及市场竞争规则会更加健全，要求出版工作者必须具有一定的思想政策水平和较强的法制观念。出版行政管理机关曾长期直接主管出版社及国有书店，转变职能后，直接管理将变为间接管理，行政调控将变为通过法律法规调控。这一变化，不仅要求所有出版发行企业都要依法经营，而且要求每个出版工作者都要知法懂法，自觉地依法办事，并善于用法律武器来维护自己及企业正当权益。所以，在市场经济条件下，出版工作者必须增强法制观念，掌握有关法律知识，且要具有依法办事的水平与能力。

最后，随着出版物市场的对外开放，我国与国外出版界同行的交流与竞争日益增多，要求出版工作者必须了解国际出版物市场状况，具有对外经营知识与能力。与国内市场相比，参与国际市场竞争，情况更为复杂，对出版队伍的要求也更高。如要快速地获取国际图书市场信息，掌握市场行情，就必须掌握各种现代化的信息收集技术与手段，包括计算机存储与检索技术、网络传播技术、缩微复制技术等；要按国际市场的通行规则办事，就必须了解世界各国出版物市场目前的运行状况，熟悉各国各类市场的运行规则与要求；要顺利地与国外出版界同行交流，就必须具有较熟练的外语会话能力等。要适应国际出版物市场竞争的需要，我国的出版工作者队伍中还必须拥有一批国际经营型人才，并且，整个出版队伍的国际经营能力也需普遍提高。

市场经济对出版工作者提出的上述种种要求的实现，都有赖于出版队伍建设的加强。

二、出版工作者应具备的基本素质

出版工作者应该具备的基本素质，我们分别从政治素质、业务素质、知识结构、职业道德四个方面进行描述。

1. 出版工作者的政治素质

政治素质是人的政治立场与态度、思想观念以及品格情操等方面的状况。对出版工作者政治素质的要求，一般应包括以下内容：

(1)政治立场与政治态度方面。出版工作者应该热爱社会主义的新中国，热爱源远流长的中华民族文化；拥护中国共产党的领导，贯彻执行党的路线、方针、政策；遵守国家的法律法规，敢于同违法乱纪的行为作斗争，维护社会的安定团结；积极参加社会主义经济建设，为祖国的繁荣昌盛与社会生产力的发展作贡献。

(2)思想观念方面。首先，出版工作者应树立正确的人生观。要信仰马列主义、毛泽东思想；具有辩证唯物主义的哲学观，能应用马列主义的立场观点观察分析问题；树立全心全意为人民服务的思想，工作讲奉献、讲服务；能正确处理个人与集体、企业与国家的关系，不斤斤计较个人利益与小团体利益。

其次，出版工作者应该有较强的事业心。要热爱出版事业，安心本职工作；要有较强的服务意识，乐于诚诚恳恳地为作者和读者服务；要有为出版业的发展不断作出新贡献的目标与追求，并能为之努力奋斗。

此外，出版工作才还应具有高度的社会责任感。出版物的知识产品属性要求从业人员必须以对社会、对读者高度负责的精神来组织出版物的生产与流通。要确保出版物的内容质量；要以社会效益为前提来实现经济效益；要积极宣传、正确引导读者消费。

最后，出版工作者应具有适应社会主义市场经济要求的价值观。办事讲原则、工作讲效率；投资要重视投入产出，以能获取最佳效益为乐；对事对人的评价重实绩、重效率标准；要理解让一部分人先富起来的政策，但不能忘记共同富裕的目标。

(3)品格情操方面。出版活动连接着千家万户、各行各业。在繁忙的经营活动中，出版工作者要与社会各界人士交往，会经常碰到各种各样的困难与矛盾。这种职业特点，要求出版工作者应具有较高尚的品格情操。

品格情操包含的内容很多，其中最重要的要求包括以下四个方面：

①宽广的胸怀。出版工作者在与外界的频繁接触中不应气量狭小，不应因矛盾而引发冲突；要严于律己，宽以待人，对作者、读者、同事等的缺点要能够容忍；能正确对待批评，即使是不正确的批评也能有则败之、无则加勉；胸怀坦白，不背后议论人，善于与周围的同事以及兄弟单位的同行友好相处。

②随和的性格。知识产品的生产与流通工作者应该性格温和，要热情地对待作者与读者；为人处世不孤傲、不油滑、不刁钻；工作稳重，脾气温和；能经常与同事交流，不固执己见。

③踏实的作风。工作兢兢业业、踏踏实实；办事认真、细致；能实事求是地评价自己的工作成绩与缺点，对成绩不夸大，对问题不回避；在工作中遇到困难能自己想办法克服，对上级交给的任务能尽心尽力去完成。

④坚忍的意志。工作不怕困难、不怕挫折；善于控制自己的情感和行为，抑制不必要的冲动；能向着既定的目标矢志不渝地努力前进。

2. 出版工作者的业务素质

业务素质是出版工作者驾驭出版物的生产与流通活动的能力状况。出版劳动的复杂性要求从业者不仅要有现代经营意识，而且还要具有一定的专业理论知识以及较强的业务工作能力。对出版工作者业务素质的基本要求，也主要表现在三个方面。

(1)具有现代经营意识。意识，是人以客观现实作为反映对象的一种自觉的心理活动。意识能使人从客观实际中敏锐地分析洞察出潜在的反映对象，从而使自己的行动具有目的性、方向性和预见性。在出版物市场千变万化的情况下，出版工作者要驾驭好出版物的生产与流通活动，必须具有以下几种现代经营意识：

①市场意识。能灵敏地感受各种市场要素如价格、供求、信息、工资等的变化；讲投入产出，讲资源的最优配置；以效益作为行为目标，以市场行情作为经营决策的依据；按市场客观规律的要求办事，真正将图书作为商品来“经营”，善于与客户讨价还价。

②竞争意识。有积极参与竞争的欲望，有在竞争中战胜对手的自信心，有在竞争中求发展的勇气；能认识市场经济的特点就是优胜劣汰，企业要进入市场就意味着竞争，能有迎接竞争、挑战的思想准备。

③服务意识。要树立顾客至上、服务第一的思想，把为读者服务、为作者服务作为出版活动的宗旨，积极开展主动服务，在经营中尽可能满足服务对象的各种要求。

④开拓意识。勇于开拓、进取、奋斗，不安于现状，不停止不前；敢于走别人没走过的路，善于不断挖掘经营潜力；在市场经营中能抓住有利时机、当机立断。

⑤信息意识。对市场信息的作用有充分认识；能敏捷地感受市场信息，善于从最微小的现象中发现有用的信息；能充分利用信息，发挥信息在开发选题、开拓市场以及经营管理中的作用。

⑥公关意识。出版工作者在与外界接触中，言谈举止都能注意维护社、店形象；能将推销图书与和客户建立友谊结合起来，着眼于长期合作，不搞“一锤子买卖”；要善于利用不同的方式与场合宣传自己，提高社、店的知名度；要能够在与公众的接触中不断为自己创造经营的机会。

⑦法制意识。要知法懂法、依法办事；在服务中认真执行政策法令，尊重作者、读者；学会用法律知识来保护自己，来维护出版社或书店的正当权益；在与外界发生经济纠纷或其他矛盾时，能按照法律程序与要求来解决。

(2)具有一定的专业理论知识。一定的专业理论知识，是构成出版工作者业务素质的重要部分。具体要求我们在后面谈知识结构时再分析，这里仅根据出版人员专业技术职称的任职条件，对不同层次的出版人员的专业理论知识水平提出概括性的要求。

出版系统的专业技术职称共分 9 个系列评聘，其中最主要的是编辑系列与发行业务系列。现将这两个系统的各级职称评聘中对专业理论知识的要求概述如下。

①编辑系列。该系列职称分为助理编辑、编辑、副编审、编审四级，其专业理论知识分别要求为：助理编辑应掌握本专业的基础理论和编辑业务，了解本学科的发展动向，有一定的文字水平和外语水平，对承担的稿件能提出恰当的处理意见；编辑应较系统地掌握本专业的基础理论知识，熟练掌握编辑业务，了解出版领域的情况和发展趋势；副编审应具有广博的科学文化知识，熟悉出版业务，对本专业以及编辑学有较深的研究和造诣；编审应具有广博的科学文化知识和较高的政策理论水平，对出版领域某学科与编辑业务有系统的研究和较深的造诣，掌握本学科的发展动态和趋势，有较高水平的著译问世。

②发行业务系列。该系列职称分为经济员、助理经济师、经济师、高级经济师四级，其专业理论知识分别要求为：经济员应具有图书发行专业的基础知识，能够对专项发行活动进行初步分析整理，并能提出具体的实施意见；助理经济师应具有较系统的图书发行专业理论知识，能够独立地对专项发行活动进行分析综合，提出建设性的意见；经济师应具有系统的发行专业理论知识，能够正确执行党和国家的有关方针、政策，有较丰富的经济工作实践经验，能独立地解决较复杂的业务问题；高级经济师应具有坚实的专业理论知识，掌握国内外现代的经济管理科学方法和发展趋势，有较高的政策理论水平和丰富的图书发行工作实践经验。

(3)具有较强的业务工作能力。出版工作者具有较强业务工作能力的具体标准如下：

①能独立开展业务活动。编辑能独立处理稿件、独立开发有价值的选题；发行人员能独立组织书刊营销活动，能独自处理经营过程中出现的各种技术性问题。

②具有一定的工作能力。包括书稿组织能力、编辑加工能力、经济核算能力、书刊推销能力、经营应变能力，等等。

③工作效率较高。能摸索掌握业务工作规律，工作中能扬长避短，办事雷厉风行，不拖拉、不磨蹭。

④操作技能熟练。熟悉各业务环节的操作技能，并且能坚持勤学苦练，以达到熟练掌握的程度。

3. 出版工作者的知识结构

知识结构是出版工作者所应该拥有的各类知识的构成状况。出版业产品的知识特性，既要求出版工作者具有较宽的知识面，成为熟悉各门类知识的“杂家”；又要求出版工作者成为精通出版发行业务知识的专家，以及掌握与现职岗位相关联的专门学科知识的学者。

出版工作者的合理知识结构，应由以下几个方面的知识构成：

(1)文化基础知识。整天与知识产品打交道的出版工作者，应该具有较高的文化素质。1983年中共中央、国务院发布的《关于加强出版工作的决定》中，就专门指出从事图书发行的人员必须具有高中或高中以上文化水平。该“决定”同时强调：“做编辑工作的，必须具备大学以上的文化、专业水平，至少必须具备相当于大学的文化、专业水平。”

除此之外，还应该具有一定的外语与汉语知识，掌握中国历史、外国历史、文学史等基础性学科的基本知识。按照出版人员职称评聘要求，中级职称以上的出版人员，必须掌握一门外语，起码达到借助工具书能进行笔译的标准。

(2)出版业务知识。出版业务知识主要包括出版物知识、出版物编辑与流通知识、经营管理知识。

①出版物知识。出版工作者要了解出版物的基本构成要素，如开本、纸张、装帧形式；要熟悉图书的分类方法、陈列方式及保存方法；懂得出版物的印制或复录过程及与此相关的基础知识，如照排技术、计算机编辑排版系统等；掌握不同版别图书的不同风格与特色，等等。

②出版物编辑与流通知识。编辑工作知识包括策划选题，制订编辑计划，选择作者，组织书稿，鉴别、审读稿件，加工稿件，以及装订设计等业务知识；发行业务知识重点掌握购销形式的确定、发行渠道的选择，懂得发行全过程的操作方法，了解出版物市场的读者需求及其行为规律，等等。

③经营管理知识。出版工作者懂得出版物生产的成本、流通的费用，以及定价、利润与费用之间的关系；要了解出版资源配置知识与产品营销知识；要掌握市场行情，熟悉企业的营销环境，等等。

(3)与现职岗位相关联的专门学科知识。作为劳动对象的出版物，其内容都涉及各类专门学科知识，由此而使得出版工作者要出色地完成本职工作就还必须具有与现职岗位相关联的学科知识。担负某类图书编辑任务的出版工作者必须具有该类学科的知识自不待言，如农业类图书编辑不懂农学、医药卫生类图书编辑不懂医学、少儿类图书编辑不了解少儿心理学等不可思议的，就是在各个发行岗位工作的出版工作者，也必须具有与该岗位相关联的学科知识，如门市部音乐书柜的营业员要懂五线谱，要掌握美声、民族、通俗等唱法的基本特点及代表性曲目；文学书柜的营业员要懂文学史，要了解当代著名作家与作品，等等。

上述三类知识，构成了出版工作者的合理知识结构。

4. 出版工作者的职业道德

道德是人们共同生活的准则及其行为的规范，它规定着人们的社会义务、人与人之间的关系以及人与社会之间的关系。恩格斯指出："每一个阶级，甚至每一个行业，都各有各的道德。"①职业道德是指从事某种职业的人们所应具备的生活准则和行为规范。它除了具有道德的一般特性之外，还包含与职业活动相联系的某些特殊要求。出版工作者的职业道德水平状况，也是构成其整体素质的重要内容。

我国出版工作者应遵守的道德规范具有一定的层次性。出版工作者首先要遵守公民道德基本规范的要求，其次还要遵守各行各业共同的职业道德基本规范的要求，再次是遵守出版职业道德规范的要求。

最基本的是公民道德基本规范，即《公民道德建设实施纲要》中提出的"爱国守法、明礼诚信、团结友善、勤俭自强、敬业奉献"的基本道德规范。这20字道德规范覆盖了公民日常生活的主要领域，反映了社会、历史条件的变化，是对我国公民最基本的道德规范的新概括，也是对出版工作者提出的最基本的道德素质要求。它以为人民服务为核心，以集体主义为原则，以诚实守信为重点。一名出版工作者首先是社会的一员，也就首先应该遵守这些基本的道德规范。

职业道德基本规范，是指《中共中央关于加强社会主义精神文明建设若干重要问题的决议》和《公民道德建设实施纲要》倡导的各行业都应共同遵守的职业道德规范，即"爱岗敬业、诚实守信、办事公道、服务群众、奉献社会"的职业道德。这五项职业道德基本规范是介于社会主义职业道德的核心规范与具体行业道德规范之间的职业行为准则。它概括了各行业职业道德的共同特点，是对各行业提出的共同要求。出版工作者只有遵守这些基本的职业道德规范，其职业行为才能符合人民群众的意愿。

出版业具体的职业道德规范，具有比较明显的行业特色，而且带有较强的可操作性和历史继承性。这一层次的职业道德规范内容较具体，适用于出版行业内部。

1995年1月23日，中国出版工作者协会第三届第二次常务理事会议通

① 恩格斯．马克思恩格斯文集(第4卷)[M]．北京：人民出版社，2009：294.

过了《中国出版工作者职业道德准则》，并于同年 3 月 28 日公布施行。1997 年 1 月 28 日，新闻出版署、中国出版工作者协会联合召开全国出版系统电视电话会议，公布了重新修订的《中国出版工作者职业道德准则》。2004 年 2 月 24 日，中国出版工作者协会对《中国出版工作者职业道德准则》再次作了修订并颁布施行。

新的《中国出版工作者职业道德准则》指出：为进一步加强出版行业的职业道德建设，引导广大出版工作者在遵守公民基本道德规范的基础上，追求更高的思想道德目标，坚持以马克思列宁主义、毛泽东思想、邓小平理论和“三个代表”重要思想为指导，更好地贯彻党的路线、方针、政策和国家的法律、法规，推动出版事业的繁荣进步和出版产业的健康发展，特制订中国出版工作者职业道德准则。出版工作者职业道德准则包括以下内容：

(1)为人民服务，为社会主义服务。以促进先进生产力和先进文化的发展为己任，坚持正确的政治方向，坚持以民为本，为人民服务、为社会主义服务、为全党全国工作大局服务。解放思想、实事求是、与时俱进、开拓创新，为全面建设小康社会和培育有理想、有道德、有文化、有纪律的社会主义新人作出贡献。

(2)增强使命感和责任感，力求坚持两个效益的最佳结合。始终把社会效益放在首位、力求实现社会效益和经济效益的最佳结合，反对唯利是图、见利忘义。大力弘扬中华民族优秀传统文化，自觉维护民族团结，牢固树立为中华民族伟大复兴奋斗的历史使命感和社会责任感。

(3)树立精品意识，提高出版质量。唱响主旋律、提供多样化，贴近实际、贴近生活、贴近群众。多出好作品，不出平庸作品，杜绝坏作品。认真把好出版物的质量关，提高内容、编校、印装质量。

(4)遵纪守法，廉洁自律。遵守党的宣传纪律和国家的法律法规，遵守出版管理的各项规章制度。自觉抵制和纠正行业不正之风，不买卖书号、刊号和版号。坚持以质取稿，不利用工作之便谋取个人名利。不参与非法出版、印刷、发行及其他违法经营活动。

(5)爱岗敬业，忠于职守。热爱本职工作，甘于岗位奉献。重视学习，善于学习，终身学习。努力掌握新知识、新技术和新技能。反对粗制滥造、玩忽职守的行为。

(6)团结协作，诚实守信。发扬集体主义精神，尊重人，理解人、关心人，互相帮助，互相爱护。讲信用，重信誉，平等竞争，用诚实劳动获得合法利益。尊重作者，保护著作权人的合法权益。

(7)艰苦奋斗，勤俭创业。谦虚谨慎，不骄不躁，密切联系群众。勤俭节约，讲求实效，反对形式主义和铺张浪费。

(8)遵守外事纪律，维护国家利益。发扬爱国主义精神，在对外交往中维护国家尊严和中国出版工作者的良好形象。

三、加强出版队伍建设的措施

要使出版队伍适应我国出版事业发展的需要，适应社会主义市场经济的要求，就必须采取措施，提高出版工作者的素质，加强出版队伍的整体建设。其中尤其重要的是把好三关：进人关、用人关、育人关。

1. 改革现行的人事制度，使企业能按照自己的需要与要求自主进人

作为法人企业的出版社与国营书店，应该拥有人事管理自主权。但在现行的人事制度下，企业进人多由上级分配，所需要的人往往受指标控制而很难调进，不需要的人又常常被塞进来；进人时企业无权挑选测试、择优录用，而是由上级安排、凭分配单报到；企业无权辞退不适合出版工作的人员，无法实现正常的人员流动。这种适应计划经济要求的僵化的人事管理体制，给企业按社会主义市场经济的要求转换经营机制带来了困难，所以必须进行改革。改革的基本思路是将进人选人的自主权彻底还给企业。

首先，各出版企业可根据所担负的任务及经营管理的需要自主决定进人的数量、时间及标准。进多少人，什么时间进人，根据出版任务的多少及经营管理的实际需要而定。国外出版商对职工数量的控制原则我们应该借鉴。他们认为，一家出版、发行企业职工数量的控制，不应以这家企业经营最发达、业务最繁忙时所需要的职工数量为标准，而应该根据该企业经营情况正常时需要的职工数量来确定。进人的标准除了必须符合出版行业的统一规定外(这类统一标准一般由出版行政管理机关或行业协会制定)，进人企业还可根据需要提出更高的具体标准。

其次，企业要按进人标准考核测试、择优进人。考核测试的方法由企业自定，但必须贯彻公开、公平、择优的原则。公开，包括进人数量、标准、考核测试的方法等都要在招聘范围内向所有的招聘对象公布，接受群众监督，增加进人的透明度，同时也利于群众举荐人才；公平，即要贯彻公平竞争的原则，不搞任人唯亲，防止有人“近水楼台先得月”，使每个应聘对象的入选机会均等，从而保证考核测试结果的客观性；择优，即根据考核测试的结果择优录取素质最优秀的对象。录取过程要排除各种干扰，真正将德才兼备的优秀人才吸收到出版队伍中来。

最后，还应实行人才流动制度。既允许企业辞退不适合任职的职工，也允许职工自主选择最适合发挥自己特长的工作岗位，或者申请调离企业。这样可以改变用人不当、压抑人才、浪费人才的现象，能为充分发挥现有职工的作用提供条件和机会。实践证明，那些允许职工流动的企业，尽管开始时也曾造成人才流失，但开放宽松的环境却又能吸引更多的人才；而那些利用种种清规戒律阻止职工调动的企业，往往留住了人却留不住心，结果职工积极性受挫，企业死气沉沉。

把好了进人这一关，就为出版队伍整体素质的提高打下了良好的基础。

2. 合理使用人才，营造人才成长的良好环境

素质较好的人员被选拔进出版队伍之后，还要解决合理使用的问题。人才使用不当，也是一种莫大的浪费。汉高祖刘邦在总结自己之所以能战胜项羽的原因时说："论带兵打仗，我不如韩信；论管理钱粮，我不如萧何；论运筹策划于帷幄之中，决胜负于千里之外，我不如张良。"但是，"三者皆人杰，吾能用之，此吾所以取天下者也。"这说明了合理用人的重要性。德国最优秀的女经理霍尔曼在访华时也说："作为一个经理，应当知人善任，了解每一个下级的工作能力和特长。在安排工作时，应将合适的人放在适合于他能力和特长的岗位上。公司经理要有领导他人的才干的经验，这一点比产品本身更重要"。

要合理使用人才，必须坚持以下三条原则：

(1)量才而用。出版工作者的素质与才能有层次与大小之分，而出版工作岗位也有层次与类型之别，各类岗位对人员素质的要求是不同的。要量才用人，就是要使相应的人才处于相应能力的岗位上，使人的才能与专长在安排的岗位上能充分发挥出来。

小才大用不能胜任，会给工作带来损失；大材小用，不仅造成人力资源的浪费，还容易引起工作中的矛盾。古人很懂得这个道理，汉代著名学者刘向说："百羊而群，使五尺童子荷杖而随之，欲东而东，欲西而西。君且使尧牵羊、舜荷杖而随之，则乱之始也。"尧舜是我国历史上的圣贤，治理国家很有办法，但若让他们放羊却不如五尺童子。《后汉书》中有段话："函牛之鼎以烹鸡，多汁则淡而不可食，少汁则熬而不可熟"，很好地说明了"大器小用"的弊病，用器如此，用人也是如此。

所以，领导者在用人的时候，必须坚持量才而用的原则。安排下属工作，不仅要考虑工作全局，教育下属服从需要和分配，而且还要考虑下属的个人志趣、特长、气质、能力，给予合理安排。有些出版单位对新进人员根本不考虑本人素质特点就胡乱安排，待到人家不安心工作时再去做思想工作，这实在是一种得不偿失的做法。

(2)择长而用。人才都是在一定的环境中形成的，因此任何人都不会是样样全能，而只能是在某些方面或某些领域表现出超群的才能，并且也必定会有自己的不如常人之处。犹如俗话所说的“尺有所短、寸有所长”，相比之下，人也是各有长短的。

合理用人就应该根据每个人的长处来安排合适的岗位，这样才能扬长避短，人尽其才。杜拉克在《有效的管理》中提出一个很有价值的观点，他认为：发挥人的长处才是组织的唯一目的，所以有效的管理者在用人时从来不问“他不能做什么?”而只问“他能做什么”。吸收杜拉克的管理思想，也就是择长用人。

(3)放手使用。要调动职工的积极性，还要坚持一条用人原则：放手使用。

首先，要信任。领导者对自己的职工要充分信任。安排好合适的工作之后，就要放手让他们工作，不要束缚他们的手脚，不能事无巨细随便插手，也用不着“扶上马，送一程”。

其次，要授权。领导者要给一定职务岗位上的职工授予相应的权力，让职工明确自己的职责，忠于自己的职守，自主处理属于自己职权范围内的事务，遇事不推诿，矛盾不上交。

再次，还要允许职工犯错误。领导者对职工工作中的缺点与错误要进行分析，属于领导的责任要勇于承担；要帮助职工总结教训、查找原因，鼓励他们继续前进；不能对犯错误的职工一棍子打死，要允许他们改正错误。

最后，还要鼓励下属超过自己。领导者要敢于提拔那些才干超过自己的人，这样就能在自己所领导的单位形成人才荟萃、生气勃勃的局面。

按照上列三个方面的要求合理使用人才，就为在企业内营造良好的人才成长环境打下了基础。除此之外，还要建立严格的考核奖惩制度。定期对各个岗位上的人员进行严格的考核，检查是否胜任这一职务或岗位的工作，工作业绩如何。然后根据考核的结果进行奖励或惩罚。奖罚包括物质利益与职务升降两方面。大胆提拔具有胜任上一级职务的工作能力，并且在现职岗位上业绩优秀的人员，对不能胜任现岗位工作的人员则予以降级使用。这样，在企业内部造成一种人人争先向上的风气。

考核奖惩的标准各企业可依据自己的具体情况确定。下面介绍日本图书贩卖株式会社(简称日贩)对职工考核奖惩的具体办法。

日贩的人事考核分为提薪考核和奖金考核两种。提薪考核一年一次，奖金考核一年两次，其考核项目如表4-4所示。

表4-4 **日贩人事考核项目表**

科员(%)	股长职务以上人员(%)	科员(%)	股长职务以上人员(%)
工作态度10	业务完成程度10	贡献程度30	业绩贡献程度40
责任感10	规划能力15	工作态度10	规划能力10
协作感10	判断能力15	积极性10	判断能力10
积极性15	业务能力15	责任感10	社交能力10
准确性15	社交能力15	协作性10	指导能力10
处理速度15	表达能力10	知识提高程度10	统率能力10
工作质量20	人员管理能力10	处理问题能力20	知识提高程度10

日贩职工符合下列条件者可受奖：业务上有显著功绩者，辛勤工作成绩优秀者，业务上提出有益的改良方案或发明者，有模范行为者，在增进公司利益或防止公司损失方面有显著贡献者。奖励的种类分为提升职务、授予奖状、奖品或奖金，给予休假等。

日贩惩罚职工的情况包括：失信行为；扰乱秩序，不服从命令指挥；泄密行为；向客户借款或接受物品、赠礼、招待等行为；不按时完成承担业务，工作状况恶劣；非正当带出金钱、物品或隐瞒事实者；挪用金钱物品者；擅自离开工作岗位者等。惩罚的种类分为：给予警告处分、降薪、停职、解雇等。

日贩的做法，值得我国出版界借鉴。

3. 加强对出版人员的教育与培训

对出版人员的教育与培训，可通过如下三类形式进行。

(1)通过学校教育，系统培养发行事业的后备力量。后备力量，是出版队伍的新鲜血液，过去靠师傅带徒弟式的方法进行培养，已无法适应出版事业飞速发展的要求，所以应该大力发展学校教育，通过学校教育系统培养现代化的发行专业人才。

培养出版人员的学校，大体有三类：

①出版发行技校教育。招收初中毕业生，系统学习两年文化课和专业

课，使他们既有较全面的出版业务知识，又掌握某项专业知识和技能。毕业以后能到基层出版企业担任合格的一般工作人员。

②中等专业发行学校教育。招收高中毕业生，系统学习2~3年，在全面学习出版学知识的基础上，深入学习出版发行各个领域的基本理论、组织技术和操作技能。毕业后能成为业务骨干及基层管理人员，如柜组长、门市部主任等。

③大学教育。分为4年制本科和2年制专科两种。本科从高中毕业生中招生，专修科可从事出版工作3年以上的职工中招生。学员们系统学习出版理论、高等文化知识和出版业务知识以及经营管理知识。毕业后能担任各类出版机构的中、高级管理职务和出版理论研究工作。

这三个层次的教育共同构成我国出版学专业的学校教育体系，分工协调，不断地为我国的出版队伍输送新鲜血液。今后，通过学校教育培养人才将会慢慢成为补充出版队伍新生力量的主要形式。

(2)组织离职培训，有计划地培养业务骨干。组织业务骨干离职培训，能使他们集中时间、精力系统地学习出版理论，更新出版知识，总结工作经验，对于提高业务骨干的素质非常有益。

离职培训可通过以下方式组织：①选送到大专院校进行培训，进修时间半年至一年，系统学习4~6门专业课程，掌握一定的理论知识；②组织到国外考察进修，吸取国外书业发展的经验，开阔自己的眼界；③举办短期进修班，时间一个月左右，学习出版学专业的基本课程；④参加函授教育，系统地学理论，学专业知识，全面提高业务素质，目前，武汉大学编辑出版学专业已在全国普遍举办了大专函授班与本科函授班，使出版骨干们不脱岗便可接受正规的学历教育；⑤举办研究班、专题讨论会、学术座谈会等，时间一个月以内，集中研讨一两个专题或讨论解决一两个方面的带倾向性的问题，边研讨边提高。

离职培训无论采用何种形式，都要占用一定的工作时间，所以只能分期分批地进行。这需要统一规划、有计划地进行安排。

(3)抓好在职训练，全面提高出版队伍素质。在职训练是指不占用工作时间的各种职业训练。它不受客观条件的限制、不影响正常工作，是一种提高出版队伍整体素质的不可缺少的教育培训形式。

在职训练又可通过多种方式进行：

①个人自学。组织每个职工结合自己的工作任务和实际知识水平利用业余时间进行自学。文化水平低的同志主要补文化基础课，力争尽快达到岗位

所需的文化水平；已具备相应文化水平的同志可以系统学习出版专业知识，掌握出版学的理论；文化水平较高而又在出版岗位上工作多年的同志则可从事一些专题的研究，在研究中不断深化自己的知识结构。

②岗位练兵。组织职工在工作岗位上开展学知识、练技能的活动。这类练兵活动也可以采取多种多样的形式组织，如：编写业务问答题，让大家互相研究，在寻求正确答案中熟悉出版业务；组织业务技能表演赛，通过竞争、观摩，提高业务技能；组织模拟接待读者活动，提高职工的临场应变能力。

③其他在职训练方式。如利用每周的业务学习时间举办专题讲座，上业务学习课，组织对口的现场参观、组织收看业务技能表演的录像等。

要使在职培训收到预期的效果，首先是领导要重视，要系统地组织职工在职培训活动，要有专门计划、有专人负责；其次是要对培训成果进行严格考核，及时承认并督促巩固职工的学习成果；最后，还应制订有关政策，调动职工的学习热情。

【思考与练习】

1. 概述我国出版业的宏观管理机构。
2. 概述我国出版社的基本类型与性质。
3. 我国有哪些主要的书刊对外发行机构？它们各自的主营业务是什么？
4. 概述新华书店的历史、现状及其发展趋势。
5. 概述目前我国民营书业企业的发展趋势。
6. 概述我国出版高等教育发展的历史、现状及发展趋势。
7. 为什么要加强出版企业建设？应该如何加强出版企业的建设？
8. 为什么要加强出版物分销网的建设？目前我国出版物分销网建设的重点内容是什么？
9. 为什么要加强出版队伍建设？
10. 出版工作者应该具备哪些基本素质？
11. 你认为出版工作者的职业道德应由哪些基本内容构成？

第五章　出版策划及其运作

☞ **内容要点：**

本章描述了出版策划的意义、原则，并对出版策划的类型及各类策划的具体内容进行了较为详尽的阐述，还介绍了出版策划的具体运作程序及其要求。

☞ **学习目的：**

通过本章的学习，认识出版策划的重要性，了解出版策划的主要类型及其具体内容，并掌握出版策划操作程序及具体要求。

☞ **关键术语：**

出版策划、创新求异原则、企业理念识别策划、出版企业形象策划、企业行为识别策划、企业视觉识别策划、出版企业公关策划、公关战略策划、公关策略策划、公关活动策划、出版项目策划、选题策划、联想性思维、发散性思维、收敛性思维、逆向性思维、策划书

随着改革开放的不断深入及高深技术在出版领域的广泛应用，我国出版业运行的环境越来越复杂，所面临的不确定因素越来越多，由此而使出版策划成为出版运作中首要的也极为关键的环节。

第一节　出版策划的意义与原则

在阐述出版策划对出版业发展的现实意义之前，我们必须首先明确什么是出版策划。

一、出版策划的含义

“策划”一词，最早出现于我国汉代文献。西汉刘安的《淮南鸿烈·要略》中，有“擘画人事之始终者也”的记载，南朝宋范晔的《后汉书·隗嚣传》中也有“是以功名终审，策画后得”的记录。这里的“擘画”和“策画”，即为

今天的策划之意。美国哈佛企业管理丛书编纂委员会认为："策划是一种程序，在本质上是一种运用脑力的理性行为。基本上所有的策划都是关于未来的事物的。也就是说，策划是针对未来要发生的事情做当前的决策。换言之，策划是找出事物的因果关系，衡度未来可采取的措施，作为当前决策的依据，即策划是预先决定做什么，何时做，如何做，谁来做。策划如同一座桥，它连接着我们目前之地与未来我们要经过之地。"

在我国出版领域，策划活动也早已存在。据清康熙年间的《无锡县志》记载，明代以铜活字印书出售而扬名于书业界的安国，在出版物经营中采用"居积诸货，人弃我取"的策略，"行之二十年，富几敌国"。这是通过成功的出版经营策划而得以致富的典型案例。近代书商孙殿起在《琉璃厂小志》中也介绍了清代北京书店街各派书行中最负盛名的"五柳居"和"鉴古堂"所策划施行的经营谋略：陶氏的五柳居，"与人贸易书，不沾沾计利"，以刻书的精审及信誉取胜；韦氏的鉴古堂则"好持高价"，但重宣传，"竟日奔走朝绅之门……谂其如何等书，或经济，或辞事，或掌故，能各投所好"。近代出版业中，也不乏成功策划的实例。张元济主持商务印书馆时，校印百衲本《二十四史》，影印《四部丛刊》；东渡访书，又编辑《读古逸丛书》，这都是成功进行选题策划的具体成果。20 世纪 30 年代，胡愈之在上海协同邹韬奋创办生活书店，策划了多种进步期刊和丛书，大力推进启蒙运动，在社会各阶层读者中为生活书店树立了传播进步文化旗帜的良好企业形象，被人们称为生活书店的总设计师。胡愈之先生在生活书店进行的策划实践，为出版企业形象的策划树立了典范。

上面所提到的出版经营策划、出版谋略策划、出版选题策划、出版企业形象策划，都可称为出版策划。除此之外，与出版业发展相关的许多内容的设计与谋划，如企业公关活动设计，出版资源配置的安排，目标市场的谋划，宣传促销活动的构思，企业形象识别系统的设计，等等，都可归属于出版策划的内容范畴。

由此，我们可以对出版策划进行如下描述：所谓出版策划，是指策划者通过广泛收集与出版企业发展相关的信息来谋划、确定发展目标，并围绕这一目标的实现，对能产生最佳效果的行动方案进行设计，以此为科学决策提供依据的创造性思维活动。

这一出版策划的概念，包含了以下几层意思：

1. 策划主体

策划者是出版策划的主体，也即出版策划活动的实际操作者。策划者可以是一个人，也可以是由许多策划人员组成的一个团队。出版策划者可以是出版企业经营者，也可以是作者、出版经纪人，或其他的操作者，如书刊发行代理商、职业策划人、广告代理商等。策划主体的非唯一性为出版企业利用社会智力资源为出版业发展服务提供了良好的机会。

2. 策划的前提

策划必须建立在对策划对象充分了解的基础之上，而要了解策划对象的情况，就必须对有关策划对象的信息进行尽可能详尽的收集。所需信息的收集与把握，是进行正式策划的重要前提。通过充分的调查研究，掌握了与策划对象发展相关的信息，就能有的放矢地对策划对象的未来发展进行有针对性地设计与谋划。缺少了作为策划基础的相关信息的收集与整理，出版策划就因缺乏依据而无从下手。

3. 策划内容

正式的出版策划活动，由两项基本内容组成：一是对策划对象的发展目标进行谋划；二是要对实现目标的具体方案进行设计。方案要围绕目标来设计，是针对目标的实现而制订出的具体行动思路。将这两项紧密相连的策划内容，按照一定格式，以文字为主，图表为辅的形式制作成书面报告，便形成了策划的具体成果。

4. 策划的目的

由于出版策划是在周密的调查研究的基础上进行的，具有很强的针对性，所以，经过策划过程所谋划与设计的发展目标与行动方案，能够使出版运作产生最佳效果。策划成果经过一定的决策程序之后，便可成为出版运作的具体行动计划，经科学决策后形成的行动计划运作，无疑能为出版业发展取得最佳效果提出保证。从这种意义上讲，出版策划的直接目的是为出版科学决策提供依据，但其最终目的是保证出版业运作能取得最佳效果。

5. 策划的性质

策划是一种创造性思维活动。就策划的两项基本内容而言，为策划对象谋划发展目标，需要根据策划对象的具体情况为其选择一条正确的富有特色的发展道路，这种发展道路不仅策划对象过去未曾实践过，也不能与其他类似企业的发展道路相同，这就需要通过创造性思维进行新的设计；对实现发展目标的具体方案进行设计，同样离不开创造性思维，因为实施方案要根据本单位的具体情况来设计，并且最好是本单位和其他类似单位都未曾使用过的方案，才具有出奇制胜的实践效果；此外，策划是为决策服务的，为了确保决策的科学性，策划时往往还要设计几套不同的行动方案供决策过程筛选，这也需要从不同的角度进行创意。

二、出版策划的意义

虽然出版策划现象早已在我国出现，但真正将出版策划作为出版过程必不可少的部分来予以重视，则是近几年的事。计划经济时代的我国出版业，主要按照上级指令与预先制订的计划运行，各种类型的出版企业按照专业分工运作，不存在市场竞争，经营风险也不大，因此不太重视出版策划。随着市场经济体制的深入推行，出版业运行机制发生了很大变化，市场竞争加剧，经营风险增大，如不预先进行谋划，出版企业的生存与发展就难免遭遇更多的挫折。新的出版产业发展背景和出版企业生存环境，使得出版策划已成为出版过程一个不可或缺的关键环节。

出版策划的具体作用，可以从以下几个方面进行概括：

1. 策划能为出版企业的发展谋划正确的方向

出版策划包括很多内容，其中企业形象策划中企业经营理念的设计、企业行为识别策划等内容，即是对企业的生存目标、价值观念、经营哲学、行为目标等进行定位，这些内容对于出版企业的发展都具有方向性意义。企业公共关系策划中，对公关战略的谋划，以及对公关策略的设计与运用，能帮助企业树立良好的企业形象，有效地扩大企业的社会影响，为出版企业按照既定的方向发展创造良好的社会环境。通过具体的出版项目策划，能使出版企业明确目标市场，精心制作名牌产品，逐步形成自己的品牌特色和竞争优势，一个个出版项目的成功运作，无疑构成了出版业整体发展的正确方向，正是从这种意义上讲，具体的出版项目策划，也具有为出版企业的发展谋划正确发展方向的作用。

近几年来，我国出版界的一些知名出版单位的迅速崛起，无一不是通过科学的出版策划寻找到了具有特色的正确发展方向的结果。如：云南省新华书店集团有限公司引进新加坡资本建造大型综合型出版物零售卖场；中信出版社积极引进国外畅销书版权推出一系列畅销书；清华大学出版社以电子出版为特色逐步形成自己的突出品牌优势，等等，都是通过策划确立了正确发展方向从而迅速步入发展快车道的典型事例。

2. 策划能为出版企业的正确决策提供科学的依据

策划不是决策，但策划所提供的思路与方案，为科学而正确的决策创造了良好的条件。决策的本质是“决定与判断”，但决策与判断必须建立在一定方案设计的基础上，是对策划过程所设计的运作方案进行选择与确定。因此，以动脑筋对方案进行“设计、谋划”为特征的策划，也就成了整个决策过程不可缺少的一部分，成为决策过程的基础与前提。

以深圳市新华书店的发展为例，20 世纪 80 年代中期，深圳市店受经济效益低下的难题所困扰，企业发展徘徊不前。为走出困境，深圳市店领导班子策划了提高经济效益的两套方案：一是根据深圳市店地处经济特区、具有特殊身份的情况，对经营图书进行提价销售，用提价销售多得的利润用于扩大再生产；二是积极争取深圳市政府的优惠条件提供经营设施建设用地，再用这些政府优惠批供的土地与外商联名开发，迅速扩大营业规模。深圳市店领导班子分析了这两种方案实行的可能性：对于前者而言，出版行政管理机关已特批深圳市与广东省新华书店试行在规定的销售折扣内实行浮动售书的政策，深圳市市民收入也相对较高，提价售书似乎合理合法；对于后者而言，市政府主要领导非常重视深圳市精神文明建设，曾亲临市新华书店视察，深圳市店也获得了深圳市精神文明建设先进单位光荣称号，因此，新华书店因工作性质及在精神文明建设中的重要作用而获得政府所给予的优惠批地的可能性也很大。与此同时，大家对实行两种行动方案的利弊也进行了分析：采用第一种方案提高经济效益可能更为直接与迅速，但有可能使新华书店在深圳市民中的良好形象受到破坏，对书店的长远发展不利；采用第二种方案，新华书店经济效益的提高可能需要一个较长的周期，但有利于维护企业的良好形象，有利于新华书店的可持续发展。通过分析，深圳市新华书店领导班子成员统一了认识，在通过职工代表大会进行决策时，所策划的第二种方案获得了通过。后面的发展实践证明，深圳市店采用第二种方案是完全正确的。深圳市店利用市政府优惠批供的土地与外商联合投资建造了一座高达 20 层的大楼，为后来营业面积达13 000平方米的“深圳书城”这一品牌的打造奠定了良好基础。深圳市新华书店这一决策的成功，无疑是市店领导班子事先所进行的周密策划为其提供了科学依据的结果。从这种意义上讲，没有成功的策划，就不会有正确的决策。

3. 策划为出版活动的成功运作提供有力的保证

出版活动的成功运行是一项系统工程，涉及众多的环节，各相关要素的合理设计及其相互协调，是保证系统运行的基本条件。在传统的出版活动操作中，只强调选题策划，忽视了出版活动中同样重要的其他出版要素的设计，使许多良好的选题并没有顺利地成为优秀的出版产品，这种教训，应当吸取。在我国的出版业正朝着产业化方向大步发展的今天，我们要通过周密的出版项目策划，对出版活动所要实现的整体目标进行精心谋划，并要对包括选题在内的各个相关要素进行全面的配套设计，使各种要素如产品、价格、渠道、促销等能处于最佳组合状态。通过这样的策划所形成的项目运作方案，经一定的决策程序之后就可确定为具体的实施方案。在此基础上进行的出版项目运作，其成功的概率就可大为提高。这是因为：第一，策划过程是一个周密的信息调研过程，要对与出版活动相关的信息进行系统的收集与分析，经过这一过程，策划者对出版活动的市场环境有了较为准确的把握，据此制订的经营目标也更加符合客观实际；第二，有了掌握的信息作基础，制订实现目标的方案也具有更强的针对性，用所策划的方案指导实际操作，能使操作过程有条不紊地进行；第三，经营实践中的许多不确定因素经过策划过程的谋划设计，大多进行了预测，策划方案中一般也包含了对这些经营中出现的非正常情况如何处理的预防措施。因此，策划过程能有效地消除经营中的不确定因素，大大降低出版活动的实际风险。

近几年我国出版领域许多出版项目运作成功的案例，如春风文艺出版社《布老虎丛书》的成功推出，上海辞书出版社《辞海》系统品牌书的延续开发，北京出版社在 SARS 之后开发出《登上健康快车》(一)、(二)等系统健康类图书，等等，都有力地说明，科学的出版策划，确实能为出版项目的成功运作提供有力的保证。

4. 策划为出版业者的思维空间与能力的有效拓展创造了条件

人的思维能力的状况，与本人的知识结构及生活的环境与活动的范围有着密切的关系，出版者本身的思维空间与能力也因而受到了一定的限制。过去，不少出版单位因受本单位人员知识与专业结构的制约，一些极具开发潜力的出版方向与项目不敢涉足；现在，尽管对出版社出书范围的限制已基本不存在，但很多出版社按过去计划分工时代所配置的人力资源因知识更新慢而无法开拓新的出版领域，由此而使出版社在出书范围上难以实现大的突破。

出版策划机制的推行，为出版企业之外甚至出版行业之外的各界人士参与出版业的谋划设计提供了机会。社会各行各业头脑敏捷的策划人都能为出版业的发展出谋划策，无疑极大地拓展了出版业已有的思维空间与能力，对于出版单位而言，出书范围常常受自身思维能力与专业知识结构限制的状况就会大为缓减。

三、出版策划的原则

出版策划的原则，是出版策划中必须遵循的指导思想和行为准则。它是从大量策划实践中总结出来的符合出版策划活动客观规律的一些带根本性的要求。要确保出版活动的成功，策划者就必须遵守出版策划的下列基本原则：

1. 创新求异原则

这是要求出版策划要大胆创新，求奇求特。创新求异是出版策划首要的也是最重要的原则，是出版策划本质规律的集中体现。创新求异原则的基本要求是新、奇、特。

(1)新。指出版策划要新颖，要善于构想出与以往不同的出版活动。包括：新的思路，即敢于突破传统思维的束缚，提出新的构思；新的题材，即从近期出现的新事物中采集与提炼出具有新意的主题，并根据表达主题的需要安排新颖的活动内容；新的形式，即表现策划内容的出版活动形式要新鲜活泼，能给公众以全新的感受。

(2)奇。即出版策划要奇异，要善于策划出出其不意的出版活动，使策划的出版活动能给公众以“情理之中，意料之外”的感受。包括：对活动目标的谋划要打破常规，别出心裁；对方案的设计要角度巧妙，出奇制胜；对活动的安排要出人意料，吸引公众，等等。

(3)特。即出版策划要具有独特的个性，要善于策划出与众不同的出版活动。要独辟蹊径，为出版企业设计出与众不同的发展道路；要个性鲜明，塑造便于公众识别的出版企业良好形象；要匠心独运，谋划出富有特色的出版运作方案。

2. 整体协调原则

这是指出版策划中的各个部分必须从整体出发，协调运作，匹配设计。出版策划由许多不同类型的策划共同构成，每一项具体的策划又有许多的要素构成，要使各种类型的策划以及各种要素的设计相互协调，在具体的策划中就必须贯彻整体协调的原则。

出版策划中的整体协调原则，由以下三方面内容组成：

(1)目标的整体协调。出版策划由许多内容组成，每一项内容的具体设计，都是完整出版策划的有机构成部分。种种以不同内容为对象的策划，都是围绕出版企业发展的共同目的而进行的。因此，都要以企业发展的目标为依据，进行目标的整体协调。无论是企业形象设计的目标，或是企业公关战略谋划的目标，还是出版项目策划时确立的目标，都要以企业发展的总目标为依据来确立，要服务并服从于实现企业总目标的需要，且要相互协调。

(2)手段的协调。企业发展目标的实现，必须依靠有效的运作手段；各类出版策划中所谋划的具体工作目标，也必须通过有效的运作手段去实现。因此，手段协调也是出版策划中整体协调原则的重要内容。手段的协调包括两方面的要求：一是各类策划中的运作手段的设计与所谋划的目标协调，由于运作手段通常包含在行动方案之中，所以要求行动方案的设计必须针对确立的活动目标进行，切忌无的放矢；二是各类策划中的行动方案要以企业发展总目标为依据匹配设计，相互协调。

(3)要素的协调。出版策划中的每一项具体策划，都由很多的相关要素组成，人、财、物等资源的调配，信息的采集，形势的把握，观念的更新，媒体的利用，等等。众多的要素，都要在策划时精心安排，同步设计。忽视了某要素的设计，就可能导致整个策划的失败。因此，策划时使这些相关要素安排相互适应，也是出版策划整体协调原则的重要内容。

3. 实事求是的原则

这是指出版策划必须以事实为基础，据实操作，切实可行。以事实为依据，策划就有了坚实的基础；据实策划，不违背客观规律，所设计的方案才具有可行性。所以，实事求是原则也是出版策划中的一个重要原则。

出版策划中贯彻实事求是原则，有如下几点基本要求。

(1)要根据事实进行策划。策划是建立在认真调查研究基础之上的。调查就是一个掌握事实的过程。因此，策划之前的调查一定要深入，要透过现象看本质，把握反映事物本质特征的完整事实，然后再根据这些事实来进行谋划，这样才能使策划建立在客观真实的基础之上。反之，出版策划就会失去事实依据而导致失败。

(2)具有可操作性。也即能将策划成果转化为现实的出版活动的可能性。出版策划的可操作性主要从两个方面衡量：一是谋划的目标是否符合客观要求，包括目标确定的依据是否充分，各项指标的确定是否科学合理等；二是设计的行动方案是否切实可行，包括实施方案所要求的物质技术手段是否具备，人力、物力等资源是否匹配等。

(3)要留有一定余地。出版策划涉及的因素非常广泛，其中有很多不可控因素，常常出现不确定性变动，人们难以完全把握。因此，策划时在人力、物力、财力和时间的安排等关键要素的设计上，既要根据这些因素变化的趋势来进行谋划，又要留有一定的余地，以便具体运作时及时对其进行修正和调整。

4. 遵法循规原则

这是指出版策划要严格按照人们长期社会实践中逐渐形成的法律、道德、民俗等一整套社会规范要求行事，包括遵守法律规范、遵循道德规范，以及尊重民俗规范等。在具体的出版策划实践中贯彻遵法循规原则，要做好如下几点：

(1)遵守法律规范。法律是经国家制订和认可的，由国家强制力保证实施的行动规范的总和。它是调整社会成员之间、社会组织之间以及个人或组织与社会之间相互关系的一种普遍性规范。出版活动是一种社会活动，其影响涉及社会的各个方面。因此，为出版活动进行谋划设计的出版策划，就必须遵守国家的法律法规。为此，首先要求策划者要认真学习法律法规，增强法制观念，提高遵纪守法的自觉性，尤其是一些与出版活动直接相关的法律，如《出版物市场管理规定》、《出版管理条例》、《互联网出版管理暂行规定》、《期刊出版管理规定》等，策划者必须熟记其内容，认真把握其精神实质；其次，要依法策划，严格限制在法律允许的范围之内开展策划活动，确保策划具体过程与手段的合法性；此外，策划的具体内容要符合法律、法规的要求。

(2)遵循道德规范。道德是人们在长期社会实践中逐渐形成的，调整人们相互关系的行为规范，它既是一种善恶的评价标准，又是一种行为准则。遵循道德规范进行出版策划，能使出版活动具有良好的社会影响，并且能有效增强出版者的职业责任感，对于出版活动的成功运作大有好处。在具体策划中遵循道德规范，包含了三个层次的要求：首先，要遵循公民道德基本规范，即做到《公民道德建设实施纲要》中提出的“爱国守法、明礼诚信、团结友善、勤俭自强、敬业奉献”；其次，要遵循职业道德基本规范，要做到“爱岗敬业、诚实守信、办事公道、服务群众、奉献社会”；此外，还要遵循出版工作的行业道德规范，做到爱岗敬业、明礼诚信、秉公处事、重义奉献。

(3)尊重民俗规范。民俗是一个国家或民族的人民群众在长期的社会实践中所自然形成的生活文化。它以习惯势力、传袭力量和思想信仰来约束人们的意识和行为，使其不敢逾越和改变。社会成员具有民族性，其特有的价值观念、宗教信仰、风俗习惯等，不仅应当受到尊重，而且还受法律保护。出版策划尊重民俗规范，不仅有利于与民众沟通，使出版活动具有广泛的群众基础，而且还是守法的表现，能确保策划成果方案的顺利实施。尊重民俗规范，要求出版策划中必须注意以下几点：第一，策划人要增强民俗意识，学习民俗知识，如有关民族价值观念、宗教信仰、审美情趣、伦理规范、礼仪礼节、各种禁忌、起居饮食、文学艺术等风俗习俗知识，为依俗策划打好基础；第二，策划过程，包括调研过程、设计方案过程等都要限制在民俗规范许可的范围内进行，要入乡随俗，尊重特定民族的风俗习惯；第三，策划内容设计要尊重民俗规范，要善于利用民众所喜闻乐见的形式来促进出版活动的成功运作。在以往的出版策划实践中，由于不尊重少数民族风俗习惯而导致出版物被政府查禁的事故不断发生。这也足以说明，尊重民俗规范对于成功进行出版策划是多么的重要。

第二节　出版策划的类型与内容

前面已经提到，出版策划是对出版企业的发展进行谋划与设计。与出版企业发展有关的因素很多，由此决定出版策划也由多种类型的策划共同组成。每一种策划又有着各自不同的具体内容。下面分别对三种不同的出版物策划类型及其内容构成进行具体描述。

一、出版企业形象策划

出版企业形象策划是指策划者为谋求企业发展，而在充分进行企业实态调查的基础上，对总体的企业形象战略和具体的树立企业形象的活动进行谋划与设计，以实现树立企业良好形象目标的创造性思维活动。

在出版产业化发展进程中，出版企业形象策划有着非同寻常的意义。第一，通过出版企业形象策划树立良好企业形象，提高企业的社会知名度，扩大企业在公众中的影响，可以为企业新产品的开发铺平通向消费者的道路，由于读者对企业的信赖，使他们对企业的产品也能产生一种“信得过”的感觉，由此而使企业及其产品的市场竞争力大为增强；第二，通过出版企业形象策划，使企业在同行中拥有良好的声誉，有利于与其他企业进行沟通合作与协调运作，可以促进企业稳定与发展合作关系，优化资源配置，追求协同效应，有利于出版企业的多元化经营及集团化发展；第三，通过企业形象策划，促进企业文化建设，可以增强企业内部的凝聚力，形成团结向上的良好企业氛围，有利于稳定职工队伍，有利于吸引优秀人才，从而使企业在激烈的市场竞争中具有突出的人力资源优势。

出版企业形象策划，也即企业识别系统(Corporate Identity System)设计，由三项基本内容组成。下面分别对这三项内容进行阐述。

1. 企业理念识别策划

企业理念识别(Mind Identity，MI)策划，是指对企业应具有的独特的文化、价值观与经营宗旨的设计。它是行为识别策划与视觉识别策划的基础，对这两种策划具有重要的指导作用。

企业理念识别策划，由两项主要内容组成。

(1)设定企业生存的目标。企业生存目标包括企业未来的发展方向，事业的发展领域，企业存在的意义等企业价值观方面的基本问题。它回答的是企业为什么要存在，对社会有何贡献，对员工有何回报，未来发展是什么样子等。企业生存目标的确定又由两项主要内容组成：一是确定企业存在的目的，也即企业存在的理由，回答企业为什么存在的问题。正确的企业目的的设计，能产生良好的理念识别，且能引导企业成功发展，如西南某发行集团将存在目的定位于“为出版社与读者服务”，从而提出了“为人找书，为书找人”的企业理念，在读者与供货商中都赢得了良好声誉。二是设定企业使命，即企业依据何种社会使命进行活动，企业使命反映了企业对社会的贡献，回答的是企业经营什么，在什么领域作贡献等问题，企业使命设立明确，企业的事业领域也相应确定，企业理念的树立也就具备了前提条件。

(2)设计理念识别的具体要素。企业理念是一个抽象的概念，在设计企业理念时，要将其具体化为理念识别的两类要素，对其分别进行设计：一是理念识别的基本要素，包括企业经营策略、管理体制、分配原则、人事制度、人才观念、发展目标、企业人际关系准则、员工道德规范，企业对外行为准则等的设计；二是理念识别的相关要素，包括企业信息、企业经营口号、企业标语、警语、座右铭、企业高层言语等的设计。出版企业类型不同，其生存目标也不相同，以企业生存目标为依据而设计的企业理念识别的基本要素和相关要素也不一样。但在这些要素的设计中，必须贯彻以下两个方面的共同要求：一是要体现以人为中心的思想，要充分信任员工，尊重员工，尽力为企业员工的发展创造良好的条件；二是要坚持社会效益与经济效益并重的原则。海尔集团设计的“为社会创造财富，为企业创造效益，为员工创造机会”的企业理念形象，就很好地体现了上述两个方面的要求。

2. 企业行为识别策划

企业行为识别(Behaviour Identity，BI)策划，是指以特定企业理念为基础的独特的企业行为方式及其特征的谋划。企业行为是企业理念精神和经营价值观的具体体现，其中的管理行为、销售行为、服务行为和公关行为等，是塑造企业良好形象，建造企业通向公众心灵桥梁的重要环节。没有良好而规范化的企业行为，企业理念就成了“空中楼阁”。

企业行为识别系统由两个部分内容构成：一是企业内部行为识别系统，

包括企业内部环境状况、企业员工教育状况及员工行为规范状况等；二是企业外部行为识别系统，包括产品的类型、形象、内在质量，服务活动状况，广告活动及其他公关活动状况等。企业行为识别策划，就是对构成企业内外行为识别系统的各种要素与内容进行具体的设计。

(1)企业内部行为识别系统的设计。营造良好的内部行为系统，重点是作好企业行为规范的设计，确立内部人际关系的原则，以及作好职工教育培训的规划。

首先，要结合企业的理念识别要求，对企业运营过程中的企业家行为、企业模范人物的行为，以及企业全体员工的行为进行设计，并通过员工守则之类的规章制度的建立，对其进行规范，并要通过一定的方式引导企业全体员工自觉地遵守规范要求，形成良好的企业行为。

其次，要对企业内部人际关系处理的原则、方式方法等进行规范，使企业内部各个部门之间，上下级之间，员工之间形成和睦相处，互助友善，奋发向上的良好氛围。

再次，要对企业员工的教育培训的内容、方式、方法进行设计。培训的目的在于使企业员工能自觉地接受企业行为规范及人际关系处理规范，并且能够将这些规范要求在日常的行为中加以体现。

(2)企业外部行为识别系统的设计。企业的外部形象，主要由企业的公关活动及经营服务活动体现出来。因此，外部识别系统的策划，也主要是企业公关活动的谋划及服务行为规范的设计。

企业公关活动的谋划，是根据目前的企业发展现状，提出新的形象目标和要求，并据此确定公共关系主题，然后通过分析企业内的人、财、物等具体条件，提出若干可行性公关活动行动方案，并对这些方案进行比较、择优，最后确定最有效的行动方案。由于本章另有专门章节对企业公关活动策划的具体内容进行论述，所以在此不展开叙述。

服务行为的策划，是对企业服务机构、服务设施、服务活动和服务手段、方式等与企业对外服务有关的要素进行整体协调设计，并通过设计方案的具体实施，规范企业的服务行为，为顾客提供优质高效的服务，以此为企业创造良好的服务形象。

3. 企业视觉识别策划

企业视觉识别(Corporate Identity，VI)策划，是对准确反映企业理念特性的主要由视觉符号与视觉语言构成的企业视觉识别系统进行谋划与设计。企业视觉识别系统能对消费者产生强烈的视觉冲击，通过对企业视觉识别系统的精心设计与谋划，能有效提高消费者对企业的认知度，有利于塑造鲜明的企业形象。

企业视觉识别策划的具体内容分为两个部分：一是视觉识别基本要素的规范设计，包括企业名称，企业标志，商标、品牌，企业标准字(中、外文)，企业标准色，企业象征图案，企业专用印刷书体，企业宣传的标语、口号等，设计者都要为其规定具体的形状，并规定统一的使用方法；二是视觉识别应用要素的规范设计，包括事务用品如信封、信笺、名片、公文文袋、员工徽章、茶具、烟缸等日常事务处理中的用品的专门设计与统一使用，办公设备如办公桌椅、计算机、电话、空调、电梯等的型号与外观设计，室内装潢与建筑外观、橱窗、标牌等整体外观形象的"包装"设计，产品形象如产品造型、商标、包装纸、盒、袋等的设计，广告品构成要素如广告用语、构图等的设计，员工制服、交通工具等专有识别标志设计，以及除上述几类外其他各种对外标识物的设计，等等。

二、出版企业公关策划

出版企业公关策划，是指策划者为建立企业发展的良好外部环境而在公关原理的正确指导下，对出版企业将要开展的公关活动进行谋划，并设计出公关活动方案的创造性思维活动。

产业化进程中的出版企业，其发展离不开公关策划。首先，出版企业的成长与壮大多是在一定生存环境中实现的，企业的活动都要与各个社会系统及其构成单位产生千丝万缕的联系。通过公关策划，促使出版企业与各个社会系统进行有效沟通，与生存环境协调和谐，能为企业的发展创造良好的外部条件。其次，公关策划能指导企业公关活动的成功开展。通过策划，能对公关活动方案进行预先谋划，经充分调查之后形成的公关方案具有周密的计划性与较强的科学性，方案的实施无疑能为企业公关活动的成功运作提供保证。再次，公关策划还能改善企业形象，提高企业的知名度，增强企业在激烈的出版物市场竞争中获胜的把握。

出版企业公关策划的具体内容，按策划层次划分，可分为公关战略策划、公关策略策划、公关活动策划三类。

1. 公关战略策划

公关战略策划，是策划者为实现出版企业发展的总目标而对未来企业开展公关活动所作的具有整体性的长远规划。它具有抽象性、指导性、全局性、长期性、超前性等特点，其具体成果是能指导企业各类公关活动的总体方案。

公关战略策划的具体内容，包括以下几个方面：

(1)公关战略目标的设计。这是明确开展各类公关活动所追求和期望达到的一种状态或目标的构想。通俗地讲，就是要明确“做什么，做到什么地步，取得什么样的效果”。

(2)公关战略重点的确定。这是明确那些对实现战略目标有决定意义的工作、措施和环节。一般情况下，阻碍全局发展的公关“瓶颈”，以及企业竞争中的优势领域，适宜于确立为企业公关战略重点。

(3)公关战略步骤的制订。这是对战略目标实现过程中必须要经过的若干阶段及各阶段所特有的战略任务进行构想。规划战略步骤，首先要划分战略阶段，划分阶段必须以公关活动的客观进程为依据；明确战略阶段之后，再对相应的战略步骤进行设计。

(4)战略措施的制订。这是为保证公关战略目标实现而制订的一系列公关活动的方针、对策、方式、方法。制订措施要因时制宜，即根据特定的时机安排适宜的公关活动；因地制宜，即根据企业所在地的特点组织恰当的公关活动；因人制宜，即针对不同受众的特点组织相应的公关活动；因势制宜，即要根据企业的生存环境组织所需要的公关活动。

2. 公关策略策划

公关策略策划是策划者为实现企业的公关战略目标而针对客观实际所采取的一些关键性的公关对策与措施。策略与战略的关系，是局部和全局的辩证关系：策略服从并服务于战略。战略任务通过策略来完成；战略在一定时期内具有相对稳定性，而策略则需经常调整，具有较强的灵活性；战略是构想企业公关的整体目标，策略则是设计实现战略目标的途径与思路；两者的区分是相对的，在一定范围内的战略任务，在另一范围内可以是策略思维，反之亦然。但在同一范围内，两者之间的区别又是确定的。

公关策略策划的意义在于：一方面，通过策略策划，寻找到一种实现战略目标的策略，然后根据这个策略采取行动，这样能确保公关战略目标的实现；另一方面，策略策划能为企业公关活动的具体组织提供好的思路，能指导各项具体的公关活动围绕企业公关战略目标有针对性地实行，从而提高各项公关活动的有效性。

出版企业公关策略策划的具体内容，主要包括沟通方式的设计与传播工具的选择两个方面，由这两项策划内容的不同，便构成了不同的公关策略模式。一般情况下，可供策划者选择的公关策略模式有以下五种：

(1)宣传性公关策略。这是通过印刷媒介、电子媒介等宣传性手段，传递企业信息，影响公众舆论，迅速扩大企业影响，形成有利于企业发展的舆论环境的公关策略模式。此种模式的实现方式包括：发新闻稿，作公关广告，印制公关刊物，制作各种视听媒介，开展演讲或表演等。

(2)交际性公关策略。这是运用各种交际方式和沟通艺术，广交朋友，协调关系，缓和矛盾，化解冲突，通过人与人之间的直接接触，进行感情上的联络，为企业发展营造良好的人际关系的公关策略模式。此种模式的实现方式是进行团体交际和个人交往。团体交际包括各式各样的招待会、座谈会、工作午餐会、茶话会、慰问、舞会等；个人交往有交谈、参观、拜访、祝贺、个人署名、信件往来等。

(3)服务性公关策略。这是通过提供优质服务，吸引公众，感化人心，获得好评，争取合作，促使企业与公众建立融洽、和谐的关系，提高企业的社会知名度和美誉度的公关策略模式。此种模式的具体实现方式是为公众提供各种形式的消费服务，如：消费指导，消费培训，售后服务、免费保修、消费咨询、不合格产品退换等。

(4)社会性公关策略。这是出版企业通过举办各种社会性、公益性、赞助性活动，在公众中树立企业良好形象的公关策略模式。此种模式的具体实现方式有三类：一是以企业本身的重要活动为中心而开展各种活动，如利用企业庆典邀请社会各界光临、渲染喜庆气氛；二是以赞助社会福利事业、公益活动为中心开展的活动，如给福利事业机构捐款，资助公共设施的建设，赞助希望小学和失学儿童等；三是以资助大众传播媒介举办的各种活动为中心而开展的活动，如赞助智力竞赛，参与组织公益性的演讲、辩论赛等。

(5)征询性公关活动。这是一种通过公关调查、民意测验、舆论分析等信息反馈手段，了解舆情民意，把握时势动态，掌握企业营销环境变化，促进企业正确决策的公关策略模式。此种模式的实现形式包括：开办各种咨询服务，建立来访来信制度和合理化建议制度，制作问卷调查，设立热线电话，组织有奖测评活动，聘请兼职信息员，举办信息交流会等。

3. 公关活动策划

出版企业的公关活动策划，是策划者为落实公关策略策划的方案，而对某项具体公关活动的行动目标与方案进行谋划。公关活动策划是整个公关策划的基础，是实现公关战略策划目标的具体手段，也是落实公关策略策划方案的直接方式，对企业公关策划能否取得实际成效有着重要的影响。

企业的公关活动千姿百态，其策划内容也丰富多彩。这里仅选取出版企业常用的几类公关活动的策划进行简要介绍。

(1)专题公关活动策划。这里所指的专题活动，是指企业为塑造自身形象而围绕某一特定主题开展的专门公关活动。

1)专题公关活动类型。专题公关活动种类繁多，一般情况下，企业可将以下几类活动作为专题公关活动的常规内容。

①开放参观。举办开放式参观活动，让公众亲临其境，了解企业规模、环境、生产过程、经营状况及内部管理制度，直接感受企业文化的熏陶，从而建立起对企业及其产品的亲近感和信任感。

②展览活动。这是通过实物展示，专人讲解，现场演示等来宣传企业的产品和形象。此类专题活动具有直观、形象、生动的特点，提供了对特定公众进行直接沟通的机会，是一种高效率的公关沟通方式。

③社会赞助。这是由企业支付一定的经费或实物给活动主办单位或其他接受赞助的单位，以借此提高企业知名度和社会影响。社会赞助能展示企业的经济实力，体现企业的奉献社会的价值理念。

④专题竞赛。这是企业以冠名方式参与组织各种专题竞赛活动，如知识竞赛，体育、智力竞赛，以及征文、演讲、歌唱、摄影等文化竞赛活动。专题竞赛能以其竞争性、娱乐性和参与性吸引广大公众关注，是一种投入低、回报高的公关活动方式。

⑤企业庆典。这是企业利用重大节目、企业纪念日或重大事件等时机开展隆重庆祝活动，如设施落成典礼、签字仪式、联谊会、新书首发式等，以扩大企业的社会影响。

2)专题公关活动要把握的要点。以上述5项活动为主要内容的专题公关活动策划，在具体操作时要把握好以下几点：

①选准时机。要使每项专题活动都能确有实效，首先要进行周密计划。主要是根据场地、交通、气象、设备等条件，选择好活动的内容、时间、地点和规模。一般情况下，选择中外各种重要节目、重大事件发生时，或企业的特殊纪念日组织专题活动，能借势振名，收到良好的宣传效果。

②组好班子。要根据专题活动内容需要组织一个精明能干的工作班子，以保证活动的顺利开展。班子成员要由那些热情、大方，知识面广，熟悉活动内容，具有较强公关能力，有开拓精神的人员组成，班子内部要分工合作，互相协同，形成一个战斗力强的集体。

③定好主题。策划者要为专题活动设计一个既令人耳目一新又利于传播的主题，并且要用一个简短而响亮的口号将主题突出来，以作为该项专题活

动的宗旨。宗旨既要能准确地揭示活动内容，又要具有创意。

④造好声势。活动正式举行前，即要制订一个宣传造势的计划，并联系好新闻媒体，将与专题活动相关的消息提前报道，活动现场要通过横幅、标语、音乐等大造声势，以吸引更多的公众对专题活动的关注。

(2)新闻宣传策划。新闻宣传是为了企业发展而邀请新闻媒体对企业新近发生的具有公共传播价值的事实进行报道。新闻宣传能持续不断地影响公众，传播内容容易赢得公众信赖，而且是免费进行，所以是公关实务中运用最广和最有效的活动之一。

新闻宣传作为出版企业的重要公关活动类型，其策划的具体内容主要是新闻稿件的设计及新闻发布会或记者招待会的谋划。这两类内容的策划在具体操作时都应把握好以下几点：

1)安排好新闻报道的内容。对于出版企业而言，宜于新闻报道的主要内容有：企业近期举办的重大活动，如前面提到的各种专题活动，各种重要会议等；企业业务活动的重大进展，如重要出版产品的推出，新的经营项目的增加，产值、利润等方面的重大突破等；企业对社会所作的重要贡献，如赞助公益活动，资助教育事业等；企业的重要组织、人事变动，如兼并、重组，管理人员的升迁、调动，企业的重大改革等；企业领导人就企业情况与公众所关心的问题发表的声明或演讲；企业内部的重大新闻，如员工的先进事迹或获得的特殊社会荣誉，重要领导或外宾的造访等；企业文化及与之相关的要素，等等。策划人员可根据出版企业的实际需要从中选取若干项作为新闻报道的重点内容。

2)联系好新闻宣传的媒体。新闻宣传的主导权在新闻媒介手中，要充分发挥好新闻宣传的公关作用，就要联系好新闻传播媒介，积极争取新闻媒介的合作。首先，要选择好合适的新闻媒体，公共传播媒体各有不同的特色，策划人员应详细研究各种媒体的性质及不同特点，并结合实现企业公关目标的实际需要，选取最为恰当的媒体承担宣传报道任务。其次，要与各种媒体建立长期密切的联系，企业应设专门机构或专人负责联系媒体，有了需要及时与媒体沟通，并尽力协助新闻记者完成采访报道任务。

3)要善于“制造新闻”，创造更多的新闻报道机会。所谓“制造新闻”，是指在公关实践中，针对公众兴趣人为地制造一些新闻事件，以便引起舆论积极响应。这能创造更多的新闻报道机会，赢得更多的公众注视和好感。“制造新闻”并不意味着随意编新闻，它本身必须真实、自然，并符合道德规范与公众利益。“制造新闻”的具体方法包括：将产品上市、企业文体活动等普通事件与传统节目、名人纪念等特殊事件相联系，使其转化为新闻事件，如选择“七·一”策划举办党建类图书的首发式等；通过邀请社会名流前来参观，作报告，签名售书等方式，将企业与名人联系在一起，使企业成为新闻传播的“聚光点”，通过对活动方式的新奇设计，引起新闻媒介与公众的兴趣与注意；通过“反常行为”将具有消极意义的事件转化为具有积极意义的事件，如让曾与读者吵过架的营业员登门向读者道歉，组织不合格产品的退换等；利用新闻的组合效应，创造新闻宣传的强大声势，如组织时间上的连续报道，空间上的系列报道，等等。

(3)公关广告策划。公关广告是以付费方式通过新闻媒体传播企业有关信息，以取得公众对企业的信任和支持的公关活动。其基本类型包括形象广告、活动广告、公益广告、礼仪广告、自卫广告等。公关广告对于塑造企业形象，增进公众理解，提高企业声誉，都有着非常重要的作用。

公关广告策划的具体方式分为企业自我广告策划与广告商代理策划两类。前者为企业自己策划，后者即委托广告公司代理策划。各类策划的操作程序与要求各不相同。但无论哪种形式的公关广告，其策划内容都必须包括以下几点：

1)确定广告目标。策划人员要从企业的具体情况出发，分析不同公众的需要，有针对性地设计好广告的主要目标。常见的公关广告目标策略包括：展示性策略，即通过公关广告、展示企业的雄厚经济实力、市场地位及对国家所作出的巨大贡献；教育性策略，即通过公关广告，围绕产品性质及主题内容的介绍对消费者进行有关的知识教育；信誉策略，即通过公关广告，宣扬企业对公众认真负责的精神及良好的信誉；爱心策略，即通过公关广告，向社会表达企业对公众的关爱之情。

2)设计好广告方案。策划者要在进行深入调查的基础上，根据已确定的广告目标，对广告方案进行设计，使广告创意新颖、目的明确。其中广告语言的设计，更是要反复推敲，使其一是简洁明快，便于记忆；二是意义深刻，能打动公众；三是新鲜独特，能与众不同。

3)把握好时机和选择好媒体。这与新闻宣传策划的要求内容基本相同，所不同的是在媒体的选择上，要对各种媒体传播的实际效果与所付费用进行对比权衡，要根据企业的经济实力来选择媒体。

4)测定广告效果。因为公关广告活动要支付费用，所以策划时必须考虑宣传效果的测定问题。广告效果的测定可以从产品销售情况与公众对企业关注情况等两个方面进行，策划人员要对具体的测定方法及操作要求一一进行设计。

三、出版项目策划

出版项目策划是出版策划中使用最多，也最为重要的策划类型。出版界经常提到的出版策划，也主要指的是出版项目的策划。所谓出版项目策划，是指策划者在某项活动正式运作之前，根据企业的发展目标及实态，对该项出版活动的具体目标、步骤、产品、资源、效益等构成要素进行构思与设计，并形成系统、完整的项目运作方案的过程。

出版企业的经营活动，是由一个个项目组合而成的。正是每一个经营项目的成功运作，才使企业的发展具有了源源不断的动力。而项目的成功运作离不开策划。首先，从出版活动的性质看，出版项目既涉及经济，又涉及文化，并且两者相互制约，由此决定出版项目运作比一般社会活动或经济活动更为复杂，要确保其成功，就需进行事先谋划；其次，从出版物市场形势看，我国加入 WTO 之后，出版物市场实行开放政策，主体多元化与竞争激烈化使得市场经营中的不确定因素大为增多，经营风险越来越大，通过科学的策划，能有效地降低项目运作的风险；再次，我国大多数出版单位正在按经营性文化产业的要求发展，通过项目策划进行准确的企业定位并逐步形成自己的经营特色，也有着非常重要的意义。

出版项目策划由四项主要内容组成。下面分别进行叙述。

1. 产品策划

出版项目的运作是围绕产品进行的，产品策划是出版项目策划的核心内容。出版产品的形成由两个重要阶段组成：一是经编辑工作过程形成精神产品，二是经物质生产过程形成物质产品。因此，出版产品的策划也具体分为选题策划与产品形态策划两类。

(1)选题策划。这是对出版物的主题、主要内容及其相关要素进行构想与谋划。其具体内容包括如下几项：①书名，在选题时可以暂名代理；②内容提要，概要说明出版产品的主要内容；③成稿手段与方式，说明著作方式、稿件形式(文字稿或图稿)；④预估字数及所占版面；⑤作者的选择；⑥选题的目的、意义及依据；⑦选题的可行性分析；⑧同类选题的出版物比较分析；⑨读者对象分析；⑩两个效益分析；⑪选题实施时间；⑫选题运作时可能出现的问题及其控制，等等。作为选题策划的直接成果，上述内容设计好之后，都要填写在《选题审批表》上，作为上级审批决策的根据。

(2)产品形态策划。这是对出版物的外观物质形态进行谋划与设计。其具体内容包括：①出版物整体形态构想，是单册或分卷册；②开本大小及单面形态(如长、宽)的选择；③外观部分的设计，以图书为例，其外观形态就包括封面、封底、封套等的设计；④内文版式设计，包括版心尺寸、字体字号、行距、标题用字等的设计；⑤物料及印制工艺的选择。

2. 市场策划

产品生产出来之后，必须通过市场进行交换。不策划好市场，产品的价值就无法实现。市场策划主要包括目标市场选择与市场价格策略的制订两项内容。

(1)目标市场的选择。目标市场是企业在一定时期内通过某项产品对其进行有针对性的重点开发的市场。市场机会很多，而出版企业受规模与实力限制，只能重点开发与占领其中有利于自己开发的市场，由此而使目标市场的选择显得十分重要。产品要针对目标市场的需求进行开发，包括出版物的内容、表达方式、语言风格，以及装帧形式与物料使用等，都要符合目标市场特定读者的要求；产品面市时，要针对目标市场读者特点采用适宜的流通渠道、方式组织发行，要开展相应的促销活动，等等。

(2)市场价格策略的制订。组织出版物流通时，其价格与销售量之间存在着一种相互制约的关系。为此，要在进行周密调查的基础上进行仔细测算，确定一种合理的价格策略。产品价格的确定，要以目标市场读者最能接受的价格阈值为依据。这种阈值，是经过大量调查后统计得出的，策划时再根据经营策略在此基础上稍加调整。如实行薄利多销策略，就可略低于阈值定价；如采用精品贵销策略，就可将产品用料规格提高，定价则可略高于阈值。

3. 资源策划

资源是开展出版活动不可缺少的条件。资源策划，即按照出版项目运作的要求对相关资源的配置进行设计与安排。其具体内容主要有如下几项：

(1)人力资源的安排。包括确定该项目运作由谁来总负责，哪些人员参与其中，人员如何进行分工；组织哪些人员担负撰稿任务，由谁任主编、副主编，由谁负责统稿，等等。

(2)资金的筹措与投入。包括采用什么样的方式筹措项目运作所需资金，资金投入的数量、时间与方式，等等。

(3)生产商的选择。包括由谁来承担出版物的制作任务，以什么样的方式来选择生产商，以及根据什么样的条件来选择生产商，等等。

4. 销售策划

项目运作能否成功，与产品销售的组织是否得力关系极大。销售策划即对与产品销售有关的要素进行设计与安排，其具体内容包括销售渠道的选择，促销方式与策略的设计，以及宣传促销媒体、时机的选择，等等。

(1)销售渠道的选择。这是选择何种通道将出版产品传送到消费者手中。我国出版物销售既可采用出版者直销形式，又可以通过中间商来进行销售；依产销关系性质不同，中间商又有经销商与代理商之分；出版者还可自任中间商，直接将书批发给零售店，再由零售店销售给读者，由此便形成了各种各样的销售渠道模式。策划时首先要根据出版产品的性质确定好渠道模式，然后还要根据读者分布情况等来对同一渠道模式中的具体中间商进行挑选。

(2)促销方式与策略的设计。概括地说，市场促销方式可分为人员推销、营业推广、广告促销、公关促销四种类型。每类促销方式又由许多的促销活动构成。策划时要对采用何种促销方式，运用何种促销策略等进行谋划，要在比较分析的基础上提出最优化的促销方案。如北京的“书香斋”书店策划出了一种金字塔式的打折销售方案，即首次购书者享受 88 折优惠，购买 50 元者发红卡一张，10 张红卡可换一张铜卡，3 张铜卡换一张银卡，3 张银卡换一张金卡，持卡者分别享受 78 折、80 折、82 折乃至 85 折购买图书的优惠。采用该方案后，该书店收到了较为明显的促销效果。

(3)宣传媒体、时机的选择。利用公共传播媒体进行出版物的宣传促销，有着其他促销手段不具备的独特的促销优势。然而，其实际促销效果如何，则在很大程度上取决于宣传媒体与时机能否准确把握。因此，策划时要根据各种宣传媒体的特点及被宣传产品的性质选择恰当的媒体进行宣传。如北京体育大学选择《体育报》作《怎样打篮球》一书的广告，就是在对各种报刊的影响范围进行了广泛调查的基础上所策划的正确方案。除此之外，宣传时机的把握也很重要。策划时要根据产品上市时间安排各种媒体在产品正式投放市场之前就展开必要的宣传，营造良好的销售氛围；并且要分别对不同媒体的宣传时间进行交错安排，以便形成一波一波的宣传攻势。

第三节　出版策划的运作程序

各种类型的出版策划，都要从调查研究开始，在充分掌握各种反映出版企业发展实态信息的基础上，再对企业未来的发展目标进行谋划，并要对实现这一目标的方案进行设计，然后，要撰写策划报告。各种类型的策划，其运作程序大体相同，即都要经过以下几个阶段。

一、调查研究

策划前，根据策划内容需要对与其相关的情况进行调查研究，是保证策划成功的一个非常重要的步骤。首先，它是市场信息反馈过程的一部分，能为策划过程提供有效的信息；其次，它是探索新的市场机会的基本工具，策划中所需的很多资料，都要经过调查研究才能获得。通过调查研究，使策划人员对所策划的项目从了解到熟悉再到了如指掌，然后进行策划运作，这样容易产生杰出的策划方案。如一项企业公关活动策划，必须了解企业的信誉度、知名度，以及企业文化建设情况，客户情况，产品生产与销售情况，等等。这些信息都要通过调查研究才能获得。

1. 调查研究的内容

不同类型的策划，其调查研究的内容也有所不同。但基本上可分为对企业内部情况的调研与对企业外部情况的调研两部分内容。

(1)企业内部情况的调研。重点调查了解企业的发展现状，包括人员、管理、机构、发展计划、财务收支状况、企业文化建设状况、工作场所及工作条件、设备及原材料储备等情况；了解企业的产品情况，包括产品内容所属专业范围，产品质量、特点，库存产品情况、生产能力等。这些信息的把握不仅为出版项目的策划所必需，而且对企业的公关策划与企业形象策划也有着重要的帮助。

(2)企业外部情况的调研。重点调查了解企业在社会上的知名度，企业在对外合作单位中的影响，企业在同行中的地位；企业产品的市场流向、市场占有率、市场分布区域；调查产品的主要消费群体，包括消费特点、消费心理、消费习惯、购买动机、消费能力，以及消费者对企业已有产品的反映评价，如对产品内容、质量、价格的反映等；调查社会环境因素状况，包括社会的政治、经济、文化发展的基本态势，重大社会活动信息，等等。出版企业的经营活动，与社会政治、经济、文化都有着千丝万缕的联系，掌握这些与企业发展息息相关的外部信息，无疑为企业策划时弄清生存环境，谋划发展目标与方向奠定了良好的基础。

2. 调查研究的方法

调查研究的方法，主要有以下几种：

(1)访谈调研法。这是策划人员通过与调查对象进行直接交谈而收集口头材料的一种调查方法，包括个别访问和座谈会两种形式。访谈调研通常在面对面的条件下进行，由策划人员就所调查的问题向调查对象提问，让对方作出回答，然后把回答的内容和交谈时所观察到的表情、动作、气氛、印象等记录下来。采用此法，要注意围绕调查目的交谈，而且要讲究交谈的方式方法，不要给对方任何倾向性的影响，才能使所收集的材料具有针对性与真实性。访谈调研法所收集的资料形象、生动、典型，具有一定的深度，有利于对调查对象进行定性分析。

(2)问卷调研法。这是通过问卷让调查对象填写而借以收集书面材料的调查方法。策划人员要先设计和印制调查问卷，然后发给调查对象填写，最后回收问卷，并对其进行整理统计而得到所需资料。运用此法要注意问卷设计的科学性，尽量提高问卷的回收率，并要对调查问卷的数据进行认真统计与科学分析。问卷调研法的优点在于标准化和低成本，适宜于对问题进行定量分析。

(3)抽样调研法。这是利用概率原理，在需要调查的范围内抽取一定比例的样本进行调查，再根据样本调查的结果，推测总体情况的调查方法。使用此法调研，要注意样本抽取的科学性：所抽样本要具代表性，样本数量要适当，并要确定一个合理的误差率。抽样调查法具有调查周期短，调查资料准确可靠，调查费用相对节省等优点，适宜于对调研问题进行定量分析。

(4)文献调研法。这是通过对文献资料的调查而收集资料的一种调查方法。文献资料主要指历年的统计资料、档案资料、意见簿、剪报资料以及其他传播媒介所披露的信息汇编、法规政策汇编等。通过对这些资料的调查研究，可以从中发现对出版策划具有重要参考价值的材料。如由国家新闻出版广电总局出版专业资格考试办公室编写的《有关出版的法律法规选编》(大象出版社 2014 年版)，收录了与出版相关的近 50 部出版法规，策划者要寻找出版活动组织的法规政策依据，大多可以从此书中得到。采用此法调研，要注意掌握丰富而可靠的资料，认真进行鉴别、筛选、整理与综合，并与实地调查所得到的材料进行比较分析。文献调研法的优点是调查速度快，调查资料可靠，调查费用低，且既适宜于定性分析，又适宜于定量分析。

以上仅仅是调查研究的主要方法。在具体的调研操作中，除了灵活运用好上述各种方法外，还要根据实际需要，运用其他的方法如现场实地观察、模拟法，比较研究法等来开展调研；并且，要注意将各种方法综合运用，取长补短，才能收到事半功倍的结果。

二、谋划目标

这是根据出版企业的主客观条件，为出版策划对象谋划未来发展目标的阶段。这是出版策划过程的第二个阶段，是整个出版活动中一个至关重要的环节。此阶段的任务，是根据调查研究阶段所掌握的情况，为出版企业发展寻找突破点，并以此为基础，设计所策划的出版活动要实现的具体目标。

1. 出版策划目标的内容

出版活动种类繁多，这就决定了出版策划目标也依策划类型的不同而有着不同的内容。以前面的三种类型的策划为例，其策划目标内容可分别叙述如下：

(1)企业形象策划的目标内容。大体有三类：一是企业整体形象目标：扩大知名度，提高企业的美誉度，突出企业的定位度，树立企业的美好形象；二是企业产品形象目标：扩大产品品牌的社会影响，提高产品质量，突出产品特色，塑造美好的产品形象；三是企业内部环境建设目标：加强企业文化建设，培养员工的归属感与责任感，增强企业的凝聚力和向心力，营造企业内部良好的人际关系与工作氛围。

(2)企业公关策划的目标内容。大体有四类：一是加强沟通目标：建立和完善正常的沟通渠道和网络，保持和加强企业与公众之间经常性的信息和思想感情的交流；二是协调关系目标：监测社会环境和社会舆论的变化趋势，并根据这种趋势，敦促和建议企业决策者调整政策与行为，使企业与社会环境相互适应，为企业营造良好的生存环境；三是争取合作目标：利用各种传播和沟通方式，对公众施加影响，争取公众的理解和信任，发展友好合作关系，促进合作成功；四是摆脱危机目标：当公关危机爆发时，积极加强与公众的双向沟通，公开事实真相，主动承担责任，赔偿公众损失，消除公众的误解和疑虑，争取他们的同情和谅解，恢复公众对企业的信任，挽回企业的声誉。

(3)出版项目策划的目标内容。大体有四类：一是产品品牌目标：产品主题新颖独特，整体质量上乘，既能在当下市场上畅销又具有文化积累价值，能对社会及读者产生较为广泛而深远的影响；二是经营效益目标：产品销售渠道畅通，市场流通量大，区域市场分布广泛，能为企业带来可观的经济效益；三是市场促销目标：开展各种类型的促销活动，促进产品更多更快地销售，提高产品市场占有率；四是资源开发利用目标：科学配置出版资源，促进出版资源的原创性开发与综合利用，尽量节省资源开发利用成本。

2. 确立出版策划目标的步骤

策划每一项具体的出版活动，其活动目标的谋划与确立，一般要经过以下几个步骤：

(1)确认问题、条件。这是对调查研究阶段所发现的与策划项目相关的问题和提供的解决问题的条件作进一步的审核、明确与认定。明确问题的性质、特点和范围，查清存在这些问题的原因；理清制约这些问题解决的条件因素，掌握解决问题的必要条件；并弄清楚哪些是必要条件，哪些是有待创造的条件。

(2)探讨目标。首先要根据前面环节所发现的问题及其存在的根源，确定即将开展的出版活动的目标方向；其次，要根据企业的需要和决心，初步确定问题解决的程度；再次，要对企业现有的知识、经验、能力和物质技术手段等出版活动开展的基本条件进行全面的估量；最后，再寻求企业主观需求和客观可能的结合点，调整问题解决的程度，对所要达到的目标水平，作出初步的设定。经过这样一个思维过程，便形成了可供论证的目标方案。策划者要根据需要和可能，尽可能多提一些目标方案，以便下一步的比较和优选。

(3)目标论证。对拟定的多种目标方案需要进行评价论证，才能决定取舍。目标论证主要从以下几个方面进行：一是论证目标方向的正确性，看其是否与企业发展的整体目标相一致，是否与企业生存环境状况及其发展趋势相符合；二是要论证目标的有效性，看其是否能有效消除或缩小企业目前存在的相关方面的差距，给企业带来实际效益；三是要论证目标的可行性，看企业是否具备实现理想目标的主客观条件，经过企业的努力能够实现目标的可能性有多大；四是论证目标的完善化程度，看其是否明确、周全，有无考虑不周之处，有无改善的余地。目标论证过程，也是目标方案的完善过程，通过评价论证，可以找到目标方案的不足之处，并进行修改、调整，使其不断完善。

(4)选定目标。在评价论证的基础上，策划者要对各种初步设定的目标方案进行分析、比较、择优，最后作出决断，正式确定一个目标。作为策划项目的正式实施目标，必然是正确性、有效性、可行性三项指标值都较大，也最为完善的目标。

三、设计方案

这是围绕上阶段所确立的策划项目的实施目标，进行创造性构思，设计实现目标的行动方案的过程。这是出版策划的第三个步骤，也是出版策划过程的核心环节。

1. 设计行动方案的步骤

行动方案的设计，大体要经过以下步骤：

(1)构思方案轮廓。这是根据策划项目的实施目标，结合企业现有条件，来考虑策划项目具体实施的基本框架，为行动方案设计确定一个基调。以企业公关策划为例，如谋划确立的公关目标是扩大企业的知名度，那么就要围绕这一目标策划一系列宣传型公关活动；如谋划确立的公关目标是提高企业的美誉度，那么就要围绕这一目标策划一系列服务型公关活动。公关活动类型的明确，实际上就是为公关活动方案的设计确定了一个基本框架。

(2)进行策划创意。这是根据已确定的行动方案的基本轮廓，进行创造性思维，产生新颖奇特的方案构思。它是方案设计的关键环节。创意的过程不仅需要策划者运用常规的思维方法，还要善于运用一些科学的方法与技巧来开展创造性思维。创意的过程，可以借用王国维在《人间词话》中所归纳的做学问的三种境界来描述："'昨夜西风凋碧树，独上高楼，望尽天涯路'，此第一境也。'衣带渐宽终不悔，为伊消得人憔悴'，此第二境也。'众里寻他千百度，蓦然回首，那人正在灯火阑珊处'，此第三境也。"只有经过苦思冥想，在"众里寻他千百度"之后，新的创意才会在不经意之中出现在"灯火阑珊处"。创造性思维的具体方法后面专辟一节进行介绍。

(3)形成初步方案。将创造性思维过程的成果记录下来，加以整理、完善，就形成了实现策划目标的初步行动方案。实现目标的方案设计可由多人承担，每位策划者可根据自己的特长与优势，在构思方案上体现独到之处。如果这些独到之处无法统一反映在一个方案中，就可通过不同的方案体现出来。同时，形成多套实施方案也有利于比较分析与优化选择。

(4)论证策划方案。这是对初步方案的有效性和可行性进行分析和鉴别。论证要围绕以下内容进行：一是所设计的方案是否针对谋划确立的目标制订，以此分析各种方案对目标实现的有效性；二是方案是否具有好的创意，一个好的创意，由四个重要的特征构成，即原创性(出其不意)、相关性(合情合理)、艺术性(感染力强)、诱导性(诉求有力)，论证时可从这四个方面分析所提方案是否符合要求；三是各个方案的特色及有待完善之处，分析方案的最具特色之处及存在的缺陷，以此判断付诸实施的可能性。

(5)优选确定方案。为使所策划的方案切实可行，效果显著，就必须对几种方案进行择优选用，从中确定一种方案作为正式的实施方案。优选时需考虑的因素有：一是方案的价值性，越是有利于目标实现的实施方案就越有价值；二是方案的可行性，方案实施所需的条件企业都已具备或经过努力能够具备，那么该方案就具有可操作性，也即可行性；三是方案的效益性，实施中投入少、效果佳、效益好的方案，即是效益性好的方案。通过对各方案从上述三方面进行分析比较，综合评价，就可从中选择出一个最佳的方案，作为正式的实施行动方案。

2. 创造性思维的几种主要形式

行动方案的设计，关键在于创造性思维。创造性思维是在常规性思索的基础上，在多种信息的碰击之下，重组事物之间的关系，重新激发出世界尚无的新思路的思维模式。它具有两个明显的特征：一是它的非常规性；二是它的主动进取性。要使策划方案具有出奇制胜的效果，那么在设计方案阶段甚至延伸到目标谋划阶段，策划者都需进行创造性思维。创造性思维形式主要有以下几种：

(1)联想性思维。联想是由一事物联想到另一事物的心理过程。通过联想对相关记忆表象进行概括、提炼，并进而想象出新的事物和形象来的创造性思维方式，称为联想性思维。联想性思维依联想类型的不同，又可分为：接近联想，即直接由事物“甲”和反映到策划者头脑中的“乙”两个记忆表象引起想象；类似联想，即由甲事物和反映到策划者头脑中的相近或相似的一群事物的记忆表象引发想象；对比联想，即由“甲”事物和与其相对的“乙”事物的记忆表象引发想象，它的特点是两种记忆表象之间对立、排斥，相异而又有密切关联；因果联想，即由“甲”事物和与其具有因果关系的“乙”事物两种记忆表象引起联想。

(2)发散性思维。这是在解决问题过程中，由一个思索点向尽可能多的目标进行“发射”性思索的思维方式(见图 5-1)。其思维模式如空间爆炸状，即思索由一个点向任何空间放射式进行，每一条轨迹，都可以形成思维的过程，最终达到的目标则成为解决问题的办法。发散性思维在出版策划中的运用是极其广泛的。以出版项目策划为例，出版物设计中的拼接、整合、重组、分解、延伸、繁化等现象，就是这种思维的结果。

(3)收敛性思维。这是在策划中将众多有关的信息和材料作为思索点向一处目标进行有效的收束、聚焦或思索的思维模式。发散性思维在思维空间中是由一点任意向外发散，而收敛性思维是由无数个思索点向一个目标进行有序的收敛。两者的差异如图 5-1 所示。

(4)逆向性思维。这是一种突破以往固定的认知框架，进行反向思索，

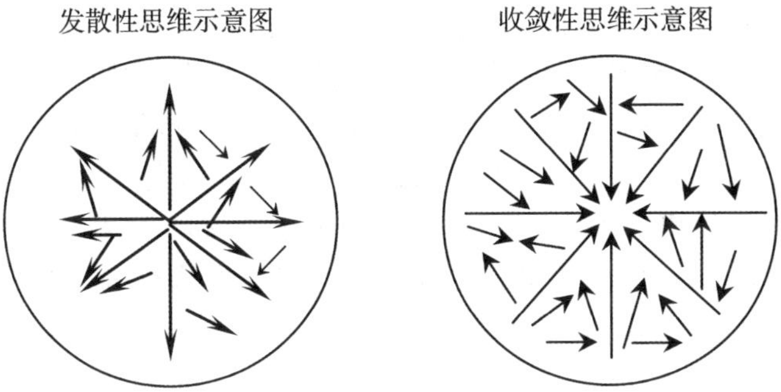

图 5-1　发散性思维与收敛性思维比较图①

以寻求对事物认知新突破的思维方式。与前述联想性、发散性、收敛性等求同性思维不同，逆向性思维是一种求异性思维。一般情况下，人们在思维中总是把以往的成功经验、知识信息及思维习惯积淀、叠加起来，形成一定的价值观念和判断标准，也即思维定势。经验和知识越丰富，成功的频度越高，这种势能和带有强烈主观先验的认知意识就越强，越"顽固"。思维中以固有的框架去"套"新的认识对象，就难以把握新事物的发展规律与趋势。而以反向、求异为特征的逆向性思维，则能有效地弥补传统思维模式的缺陷。《误诊学》一书的策划，即是运用逆向性思维的典型案例。在治病救人的过程中，诊断是治疗的基础，要想提高治愈率，首先要提高确诊率，反过来讲，就是要降低误诊率，所以《误诊学》一书出版后受到了医学界的好评。

四、撰写策划书

策划书是出版策划活动的最终成果。撰写策划书不仅要对策划内容进行系统整理，而且要阐述策划目的，并要对策划方案的实施结果进行预测。可见，策划书的撰拟，也是完整策划过程中一个不可缺少的阶段。策划书撰写好之后，整个策划过程事实上已经完结。之后的运作决策以及策划方案实施过程中的跟踪调研，发现问题，并对行动方案及时进行调整等，都属于企业经营管理的常规内容，不应包括在策划过程之内。

① 赵惠田，谢燮正．发明创造性教程[M]．长春：东北工学院出版社，1987：78-81.

1. 策划书的基本内容与结构

出版策划类型多样，内容广泛，策划书也多种多样。所策划的主题不同，策划书的具体内容也会有所区别。但任何类型的策划书，都必须具备以下八项基本内容：一是 Why(为什么)，即为什么进行出版策划；二是 Who(谁)，即由谁来进行策划；三是 What(什么)，即策划什么；四是 How(如何)，即怎样开展出版活动；五是 Where(何处)，即在哪里实施出版策划方案；六是 When(何时)，即实施出版策划方案的最佳时机；七是 How much(多少)，即拟投入的经费及其他资源的多少；八是 Effect(效果)，即预测策划书的实施结果。

各种类型的策划书，有着大体相似的结构。一般情况下，出版策划书都由以下三个部分组成：

(1)封面。在策划上封面上应注明如下内容：一是策划书名称，名称是对策划主题及其实施时间与单位的揭示；二是策划者姓名，即参加策划的所有人员的姓名、所在部门、职务等；三是策划书完成时间，如果策划书是经过修正之后才确定，则除了要写明“某年某月某日完成”之外，还要加上“某年某月某日修正”；四是编号，这是按企业策划项目的数目多少顺序编号。

(2)正文。包括序文、目录、策划内容描述及行动实施效果预测四个部分。序文和目录能帮助读者了解策划的全貌；策划内容描述是对策划过程各个阶段形成的成果进行整理与叙述；行动实施效果预测是在策划书撰写阶段对整个策划方案进行审视之后对其实施结果所作的预测。

(3)附件。这是正文之外与策划活动相关的各种附属材料，包括完成策划书所使用的各种参考文献，实施策划方案时一些注意事项，以及确定策划活动目标时的一些背景材料，等等。

2. 策划书正文主体部分的撰写

在构成策划书正文的四个部分中，策划内容的描述是主体，也是正文撰写的核心。该部分内容的撰写，可以按以下三个层次来组织：

(1)策划项目的相关背景描述。这是对在策划第一阶段所调查到的，与策划项目相关的企业生存环境实态进行描述。由于策划调研是分别按企业内部情况调查和外部情况调查进行的，因此，相关背景的描述也可按企业内部环境和外部环境分别组织。环境的描述主要是为出版活动目标的确立提供理论依据。所以，此部分内容的叙述主要作为下一层内容的铺垫来安排。

(2)所谋划的出版活动目标描述。此部分要说明：在上面所描述的环境下，所策划的出版活动拟实现什么样的目标。以企业形象策划为例，目标的描述就是根据企业内、外形象建设的实际情况，确定企业形象识别系统的建设应以什么为目标，是以树立良好的企业整体形象为目标，还是以塑造企业产品的美好形象为目标；并且，还要对在何种范围内，树立何种程度的美好形象提出要求。

(3)所设计的实现行动方案描述。这部分主要说明：要实现上述已谋划好的活动目标，应该采取哪些富有创意的行动。行动方案在策划过程的创造性思维中已初步形成，策划书撰写时主要是对思考成果进行整理并加以具体细化，即要对所开展的工作，逐项说明其具体操作要求与条件，如工作目的、开展时间、地点，活动程序，人员安排，经费预算，所需物质资源的配备，等等。

3. 策划书撰写的基本要求

策划书的写作属于应用文体的写作，除了要遵守应用文写作的一般要求之外，还要注意以下几点：

(1)内容要具体、实用。策划书实际是一种策划出的出版活动行动方案的具体说明书，它要指导企业进行具体操作，因此，内容必须具体、实用，以便于操作，切忌转弯抹角或空发议论。

(2)表达要简明、生动。撰写策划书要思路清晰，文字简洁，表述生动。为此，除了文字叙述之外，还可以用图表、实物照片等表达形式来增强表达效果。

(3)要遵守法规要求。策划是一种创造性思维，是对以前没有出现过的东西进行构想，其内容有许多要涉及现行的法律法规问题。撰写策划书时，要对策划出的新创意进行理性思考，看其是否违法违规。文字表述上也要认真推敲，严格把关，如设计的广告词是否符合《广告法》的要求，组织大型企业形象宣传活动或产品促销的时间、地点是否符合城市管理的有关规定，等等，都要反复斟酌。

【思考与练习】

1. 什么是出版策划？它由哪些基本要素构成？
2. 概述出版策划的意义与原则。
3. 什么是出版企业形象策划？它由哪些基本内容组成？
4. 什么是出版企业公关策划？其具体内容包括哪几个方面？
5. 什么是出版项目策划？它由哪些主要内容组成？
6. 概述出版策划的具体运作程序。
7. 自拟主题，撰写一份出版项目策划的策划书。

第六章　出版资源及其配置

☞ **内容要点：**

本章叙述了出版资源的含义及其构成的特点，阐明了出版资源优化配置的标准及其意义，探讨了出版资源优化配置的基本原则与要求。

☞ **学习目的：**

通过本章的学习，了解什么是出版资源，它由哪些基本类型构成；认清出版资源与一般经济资源相比所具有的特点；掌握出版资源优化配置的含义、标准及其具体作用；熟悉出版资源配置的基本手段、原则、要求。

☞ **关键术语：**

资源、出版资源、资源的稀缺性、资源的经济性、资源的多用性、出版物选题资源、历史文化资源、出版物生产要素资源、出版资源配置、出版资源优化配置、出版资源的市场配置、出版资源的政府配置、市场机制、统一目标原则、协调配置原则、择优配置原则、书业资源意识

出版资源是开展出版活动的基本条件。出版业作为一种文化产业，与其他产业一样，其发展离不开赖以生存的基础——出版资源。出版资源的开发利用状况决定出版业发展的速度、规模与结构。出版资源及其配置问题，是出版业发展中一个非常重要的问题。

第一节　出版资源的概念及其构成

一、出版资源的含义

要理解出版资源，首先要了解什么是资源。

1. 资源的概念与特点

资源，即资财之源，通俗地讲，就是财富的来源。它是经济学意义上的专用名词。这也就是说，凡是资源都具有经济意义，也都可以称为经济资

源。资源的经济价值只有在其得到开发与利用时才能体现出来。资源开发与利用的最普遍的形式就是被作为人类劳动的对象，经过生产加工而成为人们所需要的某种产品。因此，资源也可以说是人类从事某种社会产品生产的基本条件，包括形成产品的原材料及促使产品形成的其他生产要素。

资源就其存在的形态而言，有两种基本类型。一种是自然资源，即自然界进入生产劳动过程的各种物质，如水、土、矿石、煤、油、天然气等，也称为物质资源；另一种是社会资源，即人类通过自身劳动所创造的各种促进生产发展的要素，如科学、技术、管理、信息等，也称为智能资源或精神资源。

无论是自然界存在的各种物质，还是社会上存在的各种智能，要衡量其是否能构成一种资源，则要考察其是否具备以下三个基本条件。

(1)具有能够开发的经济价值。某种物质或智能在经过开发之后，能够为人类所利用而产生经济价值，那么该种物质或智能就具有资源意义。土地是一种资源，因为它可以被人开发，用来种粮食、建房、修游乐场；矿石是一种资源，因为它可以被人开发，用来炼成各种金属，再制成机器、用具等。

(2)具有稀缺性。某种物质或智能的存在与人类对其进行开发与利用的需求相比是有限的，那么该种物质与智能就具有成为资源的第二个条件。如地下水对于我国南方地区来说，不能成其为资源，而对于我国北方地区来说，则成为一种重要的资源，北方的企业要打井取水，需向国家缴纳“地下资源利用税”，就是因为我国北方缺少地下水的缘故。

(3)其用途是可以选择的。资源用途的可选择性包含两层意思：一是多种用途之间的选择，如纸张，可以印书，也可以印报刊，还可做包装盒、生产香烟、做糖果纸等；二是同种用途多个开发利用者之间的选择，如同是印书的纸，可为人民出版社用来印社科著作，也可为教育出版社用来印教材。可选择性的存在使得资源的优化配置成为社会生产发展中一个极为重要的问题。

2. 出版资源的含义

正如我们在前面的章节中所多次提到过的那样，出版活动是一项经济活动，它能为社会提供产品——各种类型的出版物。因此，出版活动的开展要以相应的资源开发为条件。与一般物资产品的生产一样，出版物生产不仅要以相关的资源作为构成产品使用价值的原料，而且要具有其他的生产要素条件，才能正常进行。与一般物质产品的生产所不同的是，生产一般物质产品的原料主要是物质资源，其产品的使用价值是构成产品的物质材质；而生产出版产品的原料则主要是精神资源，其产品的使用价值是构成出版物内容的知识信息类精神材质。

所谓出版资源，是指与出版产品形成直接相关的各种要素的集合。这一概念包含了几层意思：其一，出版资源是相对于出版物的生产过程而言的，是与产品形成有关的各种要素的集合，与出版过程其他环节相关的要素不能称为出版资源；其二，出版资源是与出版产品形成直接相关的要素集合，与产品形成只是间接相关的要素不能称为出版资源，如纸张是重要的出版资源，但作为造纸原料的木材以及生长木材的森林，则都不是出版资源；其三，出版资源是各种生产要素的集合，与出版物生产直接相关的要素是各种各样的，由此决定出版资源也是一个种类繁多、内容丰富的集合体。

各种各样的出版资源，依其与出版产品形成相关的性质，可分为两大基本类型：一是核心资源，即直接构成出版物使用价值的知识内容的来源，出版界通常称其为选题资源；二是其他生产要素资源，这是形成除产品内容之外出版物其他直接生产要素的资源。这两类资源又分别由若干类资源构成，下面两个部分，我们分别对这两类出版资源进行具体的介绍。

二、出版物选题资源

出版物选题资源是出版物知识内容的来源。出版物的知识内容是社会文化的反映，它既来源于社会文化，又要反映社会文化。所以，出版选题资源又可称为社会文化资源。凡能反映社会文化存在的精神与物质，都可成为出版物选题内容的来源。可见，出版选题资源是非常丰富的。出版选题资源，由许多类型的资源组成，其中最主要是以下五类：

1. 作者资源

这是由作者及其所代表的作品所构成的出版物选题内容的来源，是出版选题资源中最具活力、最具创造性，因而最具开发潜质的部分。正是作者的劳动形成了作品，才使出版业的产品生产具有原料。高水平的作者队伍是产生高质量作品的重要保证，而高质量的作品又是生产优秀出版产品的必备条件，这样，高水平的作者队伍必然成为出版业经营者竞相争夺的重要资源。近代出版史上商务印书馆的辉煌，就与它拥有一大批文化科技精英组成的作者队伍不无关系。

作者资源的重要性，还不仅仅在于作者智力本身能源源不断地直接为出版物生产提供原料，而且还在于能构成出版物选题内容的其他文化资源，也大多要通过作品的形式，通过作者的劳动，转换成能进入出版过程的形态，才能成为产品生产的直接原料。如以物质形态存在的各种旅游文化资源，必须经过作者对各旅游景点的情况进行调查研究、资料整理形成书稿，才能成为生产旅游出版物的原料。

2. 旅游文化资源

几乎一切旅游资源都可通过出版物来反映，都能形成出版物选题的内容。从这种意义上讲，所有旅游资源都是出版资源。由于我国的旅游资源十分丰富，以介绍旅游景点的有关知识内容为核心而形成的各种出版物选题，也就成为我国出版物生产的一道独特的风景。

旅游文化资源依其旅游景点的性质可分为两大类型：一是自然旅游资源，这是以自然风光构成的旅游观光景点的资源；二是人文旅游资源，这是经过人类劳动所创造的独特物状构成景点的资源。我国地域宽广、历史悠久，这两类旅游资源都十分丰富。

我国的自然旅游资源包括：山地旅游资源，如被称为五岳的泰山、华山、嵩山、恒山、衡山，以及有"游归不看岳"美誉的黄山；泉水旅游资源，如四大河流以及杭州西湖、武汉东湖、藩阳湖、洞庭湖等；海岸旅游资源，如北戴河、鼓浪屿、海南岛、旅顺口、蓬莱岛等；生物旅游资源，如神农架、武夷山原始森林、西双版纳等；气候旅游资源，如黄山云海、泰山日出、北国冰雪等；水石溶洞旅游资源，如云南石林、桂林溶洞、杨朔山水、黄果树与壶口瀑布等。

我国的人文旅游资源包括：万里长城，在其全线 12 700 公里上有许多著名的游览点，如山海关、老龙头、八达岭等；神仙洞府、佛道名山，如佛教四大名山五台山、峨眉山、普陀山、九华山，道教三大名山武当山、青城山、龙虎山等；古代建筑，如宫廷、帝王陵墓、寺庙古塔、石窟、亭楼等；文物古迹，如马王堆、兵马俑、中山陵等；近几年修造的人文景观，如深圳的万国风情园、云南昆明的世博园、北京的中华世纪坛，等等。

3. 历史文化资源

这是指由以古籍为主的各类文化遗产以及由此而演绎出来的各类作品所构成的出版物选题来源。我国文明古国的地位，以及悠久的民族文化发展历史，使历史文化资源成为非常重要的出版资源。

自西汉至清末，我国共计出版了各类古籍187 000多种，2 367 000多卷，留传至今的也还有 8 万余种。1986 年上海图书馆曾进行过一项统计，在 782 家图书馆中，珍藏的古籍善本书共有 6 万多种。从辛亥革命起到 1949 年止，我国又出版了各类书籍 10 万多种，其中不少是对古籍进行整理、研究后形成的出版物。

我国图书收藏的数量也很可观。根据文化部财务司 2014 年 5 月 15 日发布的《中华人民共和国文化部 2013 年文化发展统计公报》，截至 2013 年年底，全国共有公共图书馆3 112个，比 2012 年增加 36 个，其中县图书馆1 632个，比 2012 年增加 4 个，少儿图书馆 105 个，比 2012 年增加 6 个；全国公共图书馆图书总量为74 896万册，电子图书总量为37 767. 27万册，全国人均图书馆藏量为 0. 55 册。

丰富的馆藏文献，详尽地记录了我国社会文明发展的历史轨迹，是出版物生产中重要的选题来源。从 1949 年至 1992 年 5 月，我国共整理出版古籍6 500多种，绝大部分古籍尚待整理，这只是历史文化资源开发的一个方面，仅这一方面来说，其开发潜力还很大；另一方面，可以由这些馆藏文献演绎出更多的各类作品，如对古籍进行注解，对古籍进行改编，根据古籍提供的素材进行新作品创作，对古籍进行续写、补写，将馆藏的某部文献转换为载体形式出版等，这样，历史文化资源就更具有不可估量的开发潜力。

4. 现实的社会文化资源

这是指由以反映现实社会文化生活为主题的作品所构成的出版物选题来源。与历史文化资源相比较，反映活生生的现实文化生活的各种作品，一般都具有原创性，这就决定了现实的社会文化资源更是出版物生产中需要重点开发的选题资源。

现实的社会文化生活中，许多方面都可以形成出版选题资源，如科研成果；社会文化生活，风土人情；国家近期所取得的重大建设成就或正在建设中的重大项目，前者如京九铁路，后者如三峡工程建设等；社会热点，如国有企业改制、房改、教育改革、澳门回归、中国加入 WTO，等等。在知识信息社会日益临近，以及人们的生活节奏不断加快的时代里，反映这些现实社会文化的选题，无疑会成为出版界选题开发的重点方向。

5. 国际出版资源

这是由以反映世界各国社会文化为主题的作品所构成的出版物选题来源。世界各国图书每年仅出版的新书即达近 100 万种。这些图书真实地反映了世界各国社会文化发展的基本面貌。在我国出版物的生产中，不仅可以直接从国外购买有关图书的版权，而且可以从国外出版物所提供的知识信息中提炼出有价值的选题。所以，世界各国出版的大量图书，可以成为我国出版业的重要选题资源。

应当指出的是，国际出版资源除了主要作为我国出版业的选题资源之外，还是我国出版物生产要素资源的组成部分之一。如出版物生产过程中所需要的纸张、油墨、印刷机器等，我国目前仍有一部分需要从国外进口。不过就生产要素市场的整体供求而言，目前国际市场的供应还只是一种补充，所占比重很低，所以对我国出版物生产的影响也不太明显罢了。随着出版物市场国际化趋势的加强，国际出版物生产要素市场的供应商一定会积极参与中国市场的竞争，到那时，国际出版资源就不会仅仅是一种选题资源，而同时具有更为明显的出版物生产要素资源的意义了。

三、出版物生产要素资源

出版物产品的生产，需要多种要素共同作用。除了要有一定的人类社会文化的积累与演进作为出版物的选题及其内容构成的来源之外，还要由一定的物质资源与精神资源形成出版物生产活动的其他要素。这些构成出版物生产要素来源的物质资源与精神资源统称为出版物生产要素源。

出版物生产要素资源主要由以下四类资源构成：

1. 出版物生产物质资源

这是指构成出版产品物质形态的生产要素的物质来源。正如前面的章节中所提到的那样，出版物的完整生产过程分为明显的两个阶段，编辑过程形成精神产品，印制过程形成出版物的外在物质形态。后一过程需要耗费大量的物质。不具备必要的物质条件，出版物生产就无法进行。所以，出版物生产物质资源是一种非常重要的出版资源。

出版物生产的物质资源由两部分组成：一是出版物载体材料及其辅助材料，如纸张、软片、光盘、磁性材料、油墨、封面装饰材料、包装材料、装订材料等；二是构成出版物生产手段的各种物质条件，如厂房、印刷机、电脑、汽车、光盘生产线、电子分色机、装订机械、封面压膜机等。这两部分物质不仅对出版物生产的速度与效率，而且对产品质量都有着非常重要的影响。因此，这两部分物质的来源，成为重要的出版资源。

2. 出版物生产智能资源

出版物生产过程，不仅要消耗物化劳动，而且要消耗大量的活劳动。机器靠人去操作、材料靠人去使用，没有人的劳动，出版物生产活动更是无法进行。所以，出版物生产智能资源，也是一种不可缺少的出版资源。

所谓出版物生产智能资源，是指出版物生产活动中以人为载体，以智能为特征的资源，也称为人力资源。它由两部分资源构成：一是劳动力资源，这是参与出版物生产过程的人构成的资源，包括编辑、设计人员、排版校对人员、印制装订人员、经营核算人员、组织管理人员等；二是管理与技术资源，这是一种由具有一定管理思想与技能的人所构成的智能资源，一个人所创造的管理思想与技能，可以为多个人也为整个企业、行业所运用，因此管理与技能也是一种资源，它能为出版业带来财富。

3. 出版物生产资本资源

这是一种以资本形式参与出版物生产过程营运的生产要素资源。出版物生产过程，是一个资本形态不断变化的过程。没有资本的投入，就没有出版物生产过程的延续。资本是出版物生产活动的极为关键的构成要素。出版物生产资本资源在整个出版物生产要素资源中的地位也就不言自明了。

出版业的资本资源可分为有形资本和无形资本两类。有形资本是指书业经营者自己所拥有的或自己能够支配的，并且能够表现为货币形态的各种资本。包括：固定资本，即房屋、汽车等固定资产的货币表现；流动资本，即在生产经营活动中能够不断循环周转的货币资本；专用资本，即在生产经营活动中形成的具有某些专门用途的基金，如生产发展基金、职工福利基金、职工奖励基金等。无形资本是指生产经营者在长期的出版活动实践中逐步积累而形成的具有潜在价值的企业文化资产。它作为一种无形的力量而具有使企业有形资产增值的价值。无形资产可以通过企业文化的各种外在的与内在的形式表现出来。如企业品牌、识别标志、经营理念、声誉、知名产品、知名成员等，都具有无形资产的价值。

4. 出版物生产信息资源

这是指由与出版物生产相关的信息所形成的资源。缺乏书业信息的引导，出版物生产就会陷入一种盲目的状态。沟通生产与消费的联系，促进生产与环境的适应，引导生产与市场衔接，都离不开各类书业信息。所以，书业信息资源，也是出版物生产要素资源的重要组成部分。

出版物生产信息资源由以下几类信息共同构成：一是应市商品信息，包括已上市的出版产品的内外特征、生产时间、地点、价格、销售条件等；二是资源状况信息，包括书稿供求、著述人才分布、投资动向、物质生产能力、生产周期、生产成本等；三是产品市场行情信息，包括各类出版物在市场上的行销状况、结构、原因等；四是读者需求信息，包括需求总量、需求结构、购买力状况及其投向变化、购买动机及其形成原因；五是经营状况信息，包括销量、费用(成本)、利润及其构成、盈亏状况；六是营销环境信息，包括社会发展状况、出版政策法规、重大的社会活动安排，等等。通过这种信息资源的开发与利用，就能有针对性地组织出版物的生产，使其产品能更好地适应市场的需求。所以，信息资源的开发对于出版物生产效率的提高有着非常重要的意义。

综上所述，出版资源是一个由多种多层次资源组成的有机资源系统。其中由多种社会文化构成的选题资源，是形成出版物使用价值，也即知识内容的关键，对出版物质量高低有着决定性的作用，因此我们称为核心出版资源。但除了选题之外，一项出版物生产活动的成功运作，还离不开其他生产要素的配合作用，因此，各类生产要素资源也是组织出版物生产所不可缺少的。这就要求生产组织者在筹划每项出版活动时，必须对各类出版资源的开发利用进行配套规划、统筹安排。

第二节　出版资源的特点及其优化配置的意义

资源的优化配置，是社会主义市场经济条件下各行各业发展的普遍性要求。而出版业与其他物质产品行业之间的差异，则决定了出版资源的优化配置必须根据出版资源自身的特点来操作。因此，本节在探讨出版资源优化配置的意义之前，先对出版资源的特点进行描述。

一、出版资源的特点

出版资源除了具有一般经济资源所共同具有的经济性、稀缺性及多用性等基本特征之外，还具有以下特点：

1. 出版资源的物质形态与精神(智能)形态并存

出版物中的知识内容，是社会文化存在的记录与反映。而社会文化即人的精神(智能)与体力作用过的东西。社会文化有的以精神形态存在，如思想、知识、科学技术、文学艺术等；有的则以物质形态存在，如建筑、服饰、古迹等。由此而使以社会文化为重要原料来源的出版物生产资源，也具有了精神(智能)形态与物质形态并存的特征。前面所提到的五大类选题资源中，就包括了以精神(智能)形态存在的出版资源，如作者资源，即是以作者的思想与知识构成的一种智能型出版资源；以及以物质形态存在的出版资源，如各类旅游文化资源，即是以旅游景点的客观存在为前提的，具有物质形态的出版资源。

此外，从出版物生产全过程考察，出版物生产既是精神产品生产，又是物质产品的生产。精神产品生产过程要以精神(智能)形态存在的资源，如反映社会文化存在的各种知识、信息等为原料；物质产品生产过程则要以物质形态存在的资源，如纸张、软片、油墨等为原料。这也是出版资源物质形态与精神形态并存这一特点形成的重要原因。

2. 出版资源的开发和利用是一个缓慢运作的过程

这是对构成出版资源核心部分的选题资源而言的。构成选题资源的各类社会文化，在其被开发与利用的过程中本身并不会损耗。正如萧伯纳所说，一个苹果如果分一半给别人，自己就只有半个苹果了；而一种思想让另一个人掌握了，就变成了两种思想。一种出版资源的文化价值被开发成某一种出版物选题之后，该种出版资源依然存在。

由上述特点决定，出版资源的开发，并不是"一次性消费"，而是一个逐步实施、缓慢运作的过程。就某一种出版资源而言，人们在不同时期可以从不同的角度发现其利用的价值。研究的新发现、取材的新角度、观察的新视点、考证的新层次、组合的新方式，都可能利用曾经被开发过的某一出版资源形成新的出版物选题。如《红楼梦》这一历史文献资源，除了直接利用各种版本形成出版物之外，还派生出了补、续、考、订、注等许多与此资源相关的出版物。

3. 出版资源具有可再生性

由于出版资源经开发利用之后并未被损耗掉，所以随着人类社会科学文化活动的不断进步，促使出版资源自身也不断地衍变，不断地以新的、再生的形态进入书业活动的各个阶段。

出版资源所具有的可再生性特征，具体表现在如下几个方面：一是不同形式的出版物衍变，如小说改编成剧本、单篇汇成文集等，这是一种社会文化资源被开发利用而形成某种形式的出版物之后，再由这种出版物派生出其他类型的出版物；二是不同载体的出版物衍变，这是一种社会文化资源被开发利用而形成某种载体的出版物后，又由此种载体转化成其他载体的出版物，如种种古典文学名著都出版了光盘；三是不同内容结构的出版物衍变，如书目、文摘等，这是改变原出版物的内容结构而形成的新型出版物。

4. 出版资源既具有限性，又具无限性

就某一时间、某一区域、某一专门类型的出版资源来说，它是有限的，所以每一种具体的出版资源都具有稀缺性。稀缺的经济学含义是："一种东西要成为交换对象，具有交换价值，就必须是每个人不通过交换的中介就不能得到的，必须不是以这种天然元素的形式即作为共同财富的形式而出现的。稀有性就这一点来说是交换价值的要素。”①也就是说，凡以商品形式出现在市场上的资源都是稀缺资源。出版资源是具有这种性质的。

然而从整体来说，也即就整个出版业的资源而言，它又是无限的。因为出版产品是社会文化发展的产物，而社会文化的发展，不论是精神文化的发展，抑或物质文化的发展，都是一个无限延续的过程，反映这些文化的作品创作也就具有源源不断的素材。这就是根植于社会文化的出版资源本身是不断生长的。再加上旧有资源因具有可再生性而在新的社会发展中会不断地开发出新的资源价值，更使整个出版业的资源，尤其是选题资源，具有了无限性的特点。

二、出版资源优化配置的意义

出版资源的优化配置，是资源配置乃至整个出版物生产活动所应追求的理想目标，是出版资源配置的一种最为理想的运行状态。所以，本节讨论出版资源优化配置的意义，必须先从资源配置谈起。

1. 出版资源配置的含义及其必要性

所谓出版资源配置，是指通过一定方式使出版资源在各种不同用途之间进行分配。前面已经提到过资源的一个重要特点是具有多用性，正是这一重要特征，才使资源配置具有了必要性。具体到出版领域，其资源配置的必要性可以从以下三个方面来认识：

(1)出版选题资源的配置能为出版产品的生产提供原材料。出版物生产的原材料中，最重要的是作为精神产品存在形式的作品(书稿)。稿源充足，出版机器才能正常运转。将各种社会文化资源开发成出版物的选题，组织作者将这些社会文化记录、反映出来，形成作品，这一过程就是出版选题资源配置的过程。没有这一过程，出版物生产就成了“无米之炊”。

(2)出版生产要素资源的配置能为出版物物质形态的制造提供基本条件。出版物物质形态的制作过程要具备一定的基本条件，书稿打印与版式设计需要计算机，制版需要版材，印刷需要纸张、油墨、印刷机器，装订需要线、胶、机械，等等。这些基本生产条件的创造，需要出版要素资源的配置予以保证。这种种必备的生产要素中，无论哪一个要素不具备，整个生产活动就会处于停顿状态。

(3)出版资源的配置质量对出版物质量有着非常重要的影响。出版资源

① 马克思．马克思恩格斯全集(第30卷)[M]．北京：人民出版社，1995：127.

的各种用途中，是否将其最有价值的用途开发成了出版产品，以及各类出版资源的开发利用是否协调，是衡量出版资源配置质量好坏的重要标志。一本高质量的出版物，首先是要拥有一个好的选题，接着还要有一个好的作者，才能使作品内容质量能够得到保证，这都与选题资源配置的质量有关；其次，还要使装帧设计能较好地烘托出作品的内容主题，使各种用料能与作品格调、层次相适应，这都与出版要素资源配置的质量有关。一本书的质量是如此，一批书的质量也是如此，整个出版物生产流程组织的质量更是如此。在日常的出版物生产流程组织中普遍存在着的许多不正常的现象，如停工待料、重复返工、大材小用、精品粗制等，都是出版资源配置的质量不高所造成的。

出版资源的配置，贯穿于出版物生产全过程的始终。它不仅要为出版物生产的各个阶段创造最基本的条件，以保证出版物生产进程的顺利进行；而且要对出版物生产的各个环节的运行质量产生重要的影响，因而对出版物的质量有着重要的影响。可见，出版资源的配置，在出版活动中具有不可或缺的地位。

2. 出版资源优化配置的含义与标准

出版资源的优化配置是指出版资源在各项不同的出版活动之间，以及出版活动的各项不同用途之间进行科学而合理的分配。衡量出版资源配置是否科学、合理，有如下几个标准：

(1)所开发的出版资源的价值是否得到了充分利用。出版资源所具有的多用性特征，决定了资源利用的效率取决于其用途被开发的程度。如果资源的价值得到了较充分的开发，那么出版资源的利用效率就高，开发者所获的利益也就较多。出版资源用途的充分开发，包含了这样两层意思：一是多项用途的综合性开发，如接力出版社开发的《聪明脑仔》系列产品，不仅将这一知识主题做成了图书，还将其制成了光盘、拍成了电视连续剧，并且在期刊上连载，该社还准备将其拍成电影，以及将“脑仔”形象制成玩具等，这一知识主题的多元化利用，无疑大大地提高了该资源的综合利用效率；二是对出版资源主要价值的深层次开发，也就是围绕某一资源的主要价值进行深刻揭示、深入发掘，这是一些有价值的资源能否开发成精品的关键，实践中有很多有价值的选题资源，由于开发者的浅尝辄止，不肯下工夫进行深度开发，往往使好资源不能变成好产品，如 1999 年在批判“法轮功”的斗争中，对李洪志的歪理邪说进行批判的图书出了不少，但对“法轮功”现象进行深刻剖析的出版物却未能出现，这就是对这一极有价值的选题资源没有进行深层次开发的结果。

(2)关于某一产品生产过程的各类出版资源的配置是否相互协调。作为出版生产过程劳动凝结物的出版产品，无论是印刷出版物，还是音像出版物，或电子出版物，都是由多种类型的出版资源共同构成的统一体。其内容与形式的统一、封面与正文的统一、材料与制作工艺的统一等，都离不开各类资源配置的相互协调。俗话说，“好马配好鞍”。具有良好内容的出版物，也要求其他出版要素，如装帧水平、纸张品位、印制标准、封面色彩、外形格调等，与之相配套。这一过去不易被人觉察的问题，现在已成为出版人的共识。

(3)用于配置出版资源的成本是否合理。出版资源的经济价值要在其配置的过程中通过成本体现出来。对出版资源进行科学、合理的配置，不仅要求出版资源能够发挥最大的效用，而且还要求出版资源的配置成本要尽量合理。资源配置成本合理的基本要求是在配置过程中不存在资源浪费现象。出版资源配置过程中的浪费现象主要有两类：一是由于选题资源开发不充分所造成的浪费，如能够做出精品的资源做成了粗品，能做成系列出版物的资源只做出了单本，都会增大资源配置的成本；二是由于生产要素资源的盲目配置所造成的浪费，如小学一年级的练习册全部做成了图书，课本也全部采用覆膜、封面电子分色，使不必要的成本支出至少占到了书价的30%。杜绝了这两类资源浪费现象，就能将资源配置的成本有效地控制在合理的范围之内。

3. 出版资源优化配置的具体作用

从上述出版资源优化配置的概念及其基本含义可以看出，在现代出版业的产业化发展中，优化配置出版资源有着十分重要的意义。从我国出版业发展的整体考察，出版资源的优化配置具有以下几个方面的具体作用。

(1)优化配置出版资源，能促进出版物质量的提高。从整体考察，出版物的质量状况包括两个主要的方面：一是每一种出版物自身是否具有价值，二是各类出版物的构成比例，也即出版物结构是否合理。出版物自身的价值，主要取决于出版物的内容质量，看其是否体现时代的精神，是否具有较高的信息含量与丰富的文化内涵。联合国教科文组织规定，一本书具有16%以上的新鲜的信息含量，才能算作有价值。① 可见，要使出版物真正具有价值，必须要对各种社会文化现象进行深刻的探究。从出版资源配置的角

① 书刊音像发行[J]. 1999(3)：12.

度讲，就是要对各类出版选题资源进行深入的发掘。各类出版物的构成比例，更与出版资源的开发状况有着非常直接的关系。以历史文献资源为基础的选题开发，形成的是探讨历史规律为主的作品；以现实的社会文化资源为基础的选题开发，产生的是反映现实社会生活的出版物。各类出版物之间要保持合理的比例，要以出版资源的合理配置为基础。从整体而言，各类出版物之间保持一个以反映现实社会生活的原创作品为主而形成的合理出版物结构，是出版物质量较高的重要标志。然而，目前我国出版物结构却很不合理。有人将目前我国出版物结构用“三多三少”来概括，即：“古多今少，史多论少，编多著少”，这在一定程度上反映了出版资源的配置不合理会对出版物的整体质量产生不利的影响。总之，无论是就一种出版物的质量而言，还是就出版物的整体质量而言，优化出版资源配置，都有着促进其质量提高的重要作用。

(2)优化出版资源配置，能有效地降低出版物生产成本。如果说，出版物质量的提高主要依靠出版选题资源的优化配置的话，那么，出版物生产成本的降低，则主要仰赖于出版生产要素资源的优化配置。出版物生产成本是出版物生产过程中各种劳动耗费的货币表现。出版物生产过程中的劳动耗费分为两类：一是活劳动耗费，即生产者的劳动能力耗费；二是物化劳动耗费，即生产过程中的物质材料耗费。这两类耗费都必须以生产要素资源的配置为基础。其耗费的程度，也是由生产要素资源配置的合理程度决定的。合理配置劳动力资源，包括科学地选拔、任用员工，严格执行定岗定员制度，通过奖惩对员工行为进行正确引导等，能够有效地提高劳动效率，降低活劳动耗费；合理配置物材资源，包括纸张的合理套裁、各类物料的合理运用、节约水和电等生产要素的使用等，能够有效地杜绝物料的浪费，降低物化劳动耗费。可见，优化出版资源配置在降低生产成本方面的作用是十分明显的。

(3)优化出版资源配置，能促进我国出版业运行机制的改革以及出版业产业化进程的发展。如前所述，优化配置出版资源，包括资源价值的充分发掘、资源协调配置及低成本配置等基本内容。只有以市场为基础来配置出版资源，才能实现资源优化配置的上述基本要求。因此说，出版资源优化配置，还包含了必须以市场配置为主要方式的含义。资源配置的市场化，必然带动整个出版业运行机制的市场化。出版资源市场配置的成本，直接影响其产品的市场价格；资源开发的数量、速度与结构，影响生产的进程与结构，从而对产品的市场供求产生影响；资源开发的竞争，构成了出版物市场主体之间开展市场争夺的重要内容。在资源配置市场化的驱动下，构成出版活动的各种要素都会自觉或不自觉地步入市场化的轨道。而各种出版要素逐步地按市场要求进行运作的过程，就是出版业产业化发展的过程。正是从这种意义讲，优化出版资源配置，能够促进出版业产业化进程的发展。

(4)优化出版资源配置，能提高我国出版产品的国际市场竞争力，促进我国出版业的国际化发展。这一作用，主要表现在两个方面：第一，优化出口产品的选题资源配置，使出口产品的内容具有鲜明的民族特色。国际出版物市场是各国民族文化的融会点，从文化交流的角度看，越是民族性的东西就越具国际性。其内容能突出民族特色的出版物，往往也是在国际市场上最具有竞争力的出版物。我国一些以中医、烹饪、武术等为内容的出版物之所以能成为出口的重要产品，就是其内容所具有的民族特色所决定的。目前我国的国际地位显著提高，现代化建设中的许多成就已引起全世界人民的广泛瞩目，出版选题资源已大大拓宽。我们除了能从历史文献中开发出具有民族特色的选题外，还能从现实的社会发展中撷取大量反映当代民族文化的选题。通过选题资源的优化配置，使出版物的选题及其内容构成切合国际出版物市场的读者需求，就使我国出版产品国际竞争力的提高具有良好的基础。第二，优化出口产品的要素资源配置，使出口产品的制作质量能达到较为先进的国际水平。要使产品具有竞争力，除了要有能吸引读者的内容之外，还要具有较先进的制作水平。采用先进的生产工艺，配备先进的印装设备，运用高质量的纸张、物料等，这些保证出版产品具有良好外形质量的基本条件，都是通过出版要素资源的优化配置创造出来的。可见，优化出版资源配置，对于提高我国出版产品的国际市场竞争力具有非常直接的作用。

第三节　出版资源优化配置的手段、原则及要求

探讨出版资源优化配置的手段、原则及要求，旨在回答一个问题，即：应该如何实现出版资源的优化配置。

一、出版资源配置的基本手段及其选择

出版资源的配置，有两种基本手段：一是市场配置，二是政府配置。这两种资源配置手段，有着各自不同的运作机制与实现条件。下面分别进行具体介绍。

1. 出版资源的市场配置

所谓出版资源的市场配置，是指通过市场机制的作用使出版资源在各类出版物生产活动之间自由流动，来实现资源的合理分配。市场配置的核心是市场机制的作用。

市场机制是指与出版物市场活动相关的各种要素之间相互联系、相互制约的作用与影响方式。它的核心部分由价格机制、供求机制、竞争机制三大机制构成。在这三大机制的相互制约、相互影响的过程中，价格的高低触及市场主体的经济利益，引起市场主体之间的竞争；竞争支配市场主体把资源从利润低的项目转移到利润高的项目，资源的流动带动其他生产要素的流动；随着生产要素的流动，各类出版物的供求会发生变化。某类产品供不应求，价格就会高于价值，在市场上就销得多、卖得快，就会吸引许多生产商去生产此种产品；产品供过于求，交换价值就会低于价值，一些生产者就要退出此类市场。就这样，价格、供求、竞争三大机制共同作用，形成资源的自由流动，由此而实现资源合理分配的目标。

出版资源的市场配置，需要具备一定的社会条件。其中最基本的条件包括以下四个方面：

(1)产权的独立性与分散性。首先要求出版物市场的各类市场主体都必须拥有独立的产权，这样才能拥有完全的经营自由；其次要求产权分散而不是过分集中，这样才能使资本更具活动性，更易于接受市场价格指令的诱导。

(2)资源的流动性。要使出版资源能在各种出版物生产活动中自由流动，包括在地区之间、企业之间、载体之间及品种之间的自由流动。

(3)信息的及时性。市场供求状况能及时地通过信息反映出来，经营者能根据市场信息来组织经营活动。信息的及时性又要以完善的信息收集渠道、发达的传输网络及先进的储存与传播手段等作为基本条件。在及时的信息引导下，出版资源的自由流动才不至于“盲动”。

(4)竞争的充分性。要求一种出版资源有多个需求者，一种资源需求有多个供应者，市场资源的垄断以及产品需求的垄断都已破除。这样，围绕每种资源都能展开竞争。

2. 出版资源的政府配置

所谓出版资源的政府配置，是指政府利用行政手段对出版资源进行计划、协调与分配。出版资源政府配置手段的运用，是通过各种行政调控方式来实施的。其中最基本的实施方式包括下列几个方面。

(1)通过出版产业政策及长远发展规划的制定来对出版资源的开发利用进行规划与导向。这通常是通过制定一些经济增长指标和重点图书选题规划等方式来体现的。如国家新闻出版广电总局 2011 年 4 月 20 日正式发布的《新闻出版业“十二五”时期发展规划》用一个主题、一条主线、六个“坚持”、七大重点任务、八项措施，对今后 5 年新闻出版业科学发展进行了总体布局，符合新闻出版工作实际，适应新闻出版业发展趋势，是今后五年新闻出版业改革发展的新蓝图。由此而使出版资源能按照政府的导向进行合理配置。

(2)通过各年度指令性计划与指导性计划的下达来对出版资源配置进行指导与安排。一些计划类产品，如课本、教材等的生产，主要靠指令性计划调节，与此相适应，用纸量、印刷力等资源的配置，都要按生产计划来组织。

(3)通过各种出版法规的制定来对出版资源配置进行监督与规范。如我国已制定的《出版管理条例》、《印刷业管理条例》、《音像制品管理条例》等法规制度，在对各类出版行为提出了规范性要求的同时，对出版资源的配置也进行了规范。

(4)通过对出版物市场的日常监督来对出版资源配置进行控制与引导。打击非法出版活动，保护合法经营者的利益，是出版物市场日常监管的基本任务。正是这种对非法出版活动的不停打击，才使各种不合理的资源配置能够得到遏制，才能逐步使依法配置出版资源成为市场经营的信条。

政府配置出版资源，也需要具备一定的社会条件。其中最主要的是，要求社会或者国家具有统一支配出版资源的绝对权力。要拥有这样的权力，就必须使产权集中在政府手里，不仅生产资料的产权由政府统一占有，而且劳动力的所有权也要由政府统一管理。只有这样，才能保证政府运用计划配置资源的权威性与统一性。

3. 我国出版资源配置手段的现实选择

在资源配置中，市场配置与政府配置这两种手段各有所长，也各有所短，出版资源配置应扬长避短，将两种手段结合起来使用。现阶段，我国正在积极推行社会主义市场经济体制，其主要特征之一，是资源配置以市场配置为基础。出版资源配置也不例外。市场配置在出版资源配置中将会越来越重要，这是不容置疑的。

然而，在出版资源配置中，政府配置手段仍然不可或缺。其主要理由：一是出版物市场还处于不完全竞争状态，不具有产权的独立性及信息网不发达等，也就是说，市场机制运行的条件还不完全具备；二是市场配置成本较高，由价格变动到供求平衡不是瞬间完成的，必然要付出资源浪费的成本代价；三是市场机制本身不具备实现诸多社会目标的功能，在目前法制尚不健全的情况下，出版业发展的社会目标要求单纯依赖市场机制难以实现。

因此，我国现阶段出版资源配置手段的选择，应采用市场配置与政府配置相结合的模式，逐步扩大市场配置的比重，缩减计划配置的比重，并最终实现以市场配置为基础性手段的目标。

二、出版资源优化配置的基本原则

在有限的出版资源条件约束下，要顺利地实现其优化配置的目标，充分发挥好各类资源的作用，就应遵循以下基本原则配置出版资源：

1. 统一目标原则

这主要是指出版资源配置的目标应与出版活动的整体目标相统一。在具体的出版资源配置实践中贯彻统一目标原则，要努力实现三个方面的要求：一是要使资源配置与产品生产目标相统一，要根据产品生产的类型、结构、数量、时间、成本等具体要求配置资源，要使出版资源配置能够适应出版产品生产发展的需要；二是要使企业目标与社会目标相统一，一方面要考虑企业目标，即讲求经营效益，注意勤俭节约，以尽可能少的资源投入，保证企业经营活动优质、高效地运行，另一方面，又要考虑社会目标，要使经营活动能够对社会的前进与发展产生积极的影响；三是要使短期目标与长远目标相统一，资源配置要克服短期行为，防止急功近利，要立足于长远发展来精心组织出版资源的开发与利用，使资源配置能为出版企业创名牌、出精品打下良好的基础。

2. 协调配置原则

这是指各种出版资源的配置要互相配套、相互协调，构成最佳组合。在具体的出版实践中，无论是某一种产品的形成，还是某项活动的组织，都不是一种资源的单独作用，而是多种出版资源的共同开发与利用。这样，将各种资源配置组合，使其能相互协调，也就成了出版资源优化配置的重要原则。

在出版资源配置实践中贯彻协调配置的原则，要努力实现以下几个方面的要求：一是要使出版选题文化资源的开发与出版要素资源的配置相协调，犹如好马要配好鞍，分别构成出版物知识内容与物质形态的这两类资源的配置协调，能使出版物内容与其形式的结合产生整体美感，如精美画册要用高质量的铜版纸印制，多卷册的系列书采用套装纸盒包装等；二是各类出版要素资源的配置相协调，如高级纸张要使用较先进的印刷设备来印制、封面用料要与正文用纸相匹配、装订方式及用料要与产品印张多少相适应等；三是同类出版要素资源的配置相互协调，包括人力资源配置中各类人员合理安排组成合理的人才结构，资本资源配置中各类资本的合理布局组成科学的资本结构等。

3. 择优配置原则

这是指在出版资源的配置中要做到优资优用，“好钢用在刀刃上”，以确保重点出版项目中的优秀资源配置。因此，我们也可以称这一资源配置原则为重点配置原则。

在出版资源配置的具体实践中贯彻择优配置原则，要重点注意两个方面的问题：一是突出重点，出版资源配置不能搞平衡，不能搞平均，而应根据需要对重点项目、重点地区、重点方向进行倾斜配置，要坚持选题开发有重点、力量配备有重点、宣传投资有重点的做法，这样，在长期的资源重点配置过程中经营才能逐步形成自身的特色；二是适应需求，即按“最合适”各类读者的要求来配置资源，这种最适合，既包括了出版物内容最适合某类读者阅读，也包括了出版物的外观形态与格调最适合该类读者的审美需要，更包括了出版物的交换价格最适合该类读者消费。

三、我国出版资源优化配置的基本要求

长期以来，我国出版业按计划经济要求运作，出版资源的配置也带有很深的计划经济痕迹。要按市场经济的要求来实现出版资源的优化配置，我国出版界还要走很长的路，要做很多的事。现阶段，需要重点做好以下工作：

1. 强化书业资源意识

在计划经济时代，我国出版界根本不存在出版资源的概念。在出版社由单纯生产型转变为生产经营型之后，也很少有人能认识到资源的重要性。现在，也仍然有许多的出版人把出版作为一种权力，也依然有许多的出版社在沿袭坐在办公室里等稿的出版运作模式。在出版业正步入产业化发展道路的今天，在读者与作者的市场意识与资源意识都已明显增强的情况下，如果出版界再不强化资源意识，不重视出版资源的开发与利用，就会使我国出版业的未来发展陷于十分尴尬的境地。

现阶段，我国出版界强化资源意识尤其要重要培养以下几种意识：一是资源市场意识，要认识出版资源市场存在的客观性，重视各类出版资源的市

场价值，善于运用各种市场手段开发与利用出版资源；二是资源战略意识，要认识资源开发对于出版业发展的战略意义，善于将出版资源开发作为发展战略的重要组成部分来实施，并能逐步形成自己的独特的资源开发战略；三是资源保护意识，要学会保护自己的有形资产与无形资产，要善于有计划地开发出版资源，防止出版资源的浪费与流失。

2. 重视与加强出版资源的调查

加强出版资源的调查，意在摸清各类出版资源的蕴藏量及其分布状况，以为其开发利用战略的制定提供依据，这对于出版业的可持续发展来说是非常有意义的。

就一家具体的出版机构来说，加强出版资源的调查，主要是做好以下两方面的工作：

(1)对一定范围内的出版资源进行普查。这是出版社根据自己的需要组织在相应区域范围内对各类出版资源进行普遍调查。普查范围依出版社性质而定，各省的出版社，以本省的出版资源调查为重点；全国性的出版社，则以全国的相关出版资源为普查对象。普查内容以该区域范围内的选题文化资源为重点，同时也对主要的出版要素资源展开调查。以一家省级出版社为例，进行该项普查至少要掌握以下几个方面的情况：一是作者队伍情况，包括作者专业、地区、单位分布，作者的著述情况与特点，作者的科研活动状况与写作计划等；二是文献资源收藏情况，包括藏书量分布及其特点，其中具有出版开发价值的文献数量与专业，每年新文献入藏的数量与特色等；三是旅游文化资源状况，包括全省的旅游景点及其价值，旅游资源开发的现状及其发展前景，旅游作品的出版状况等；四是本省的政治、经济、科技、文教事业发展状况，包括人口及收入发展状况、重大科研与建设成就、本省的支柱产业发展状况、重点建设项目等；五是重要的出版要素状况，包括书刊印制能力、出版力量分布、市场建设状况、公共信息网发展状况、交通运输条件，等等。

(2)分析并寻找资源优势。这是出版社对资源普查所获取的第一手资料进行系统分析，从中选取能体现本社出书特色的资源作为本社重点开发的优势资源的工作。在专业分工逐步弱化的情况下，出版社出书特色的形成，在很大程度上得依靠资源优势的开发。因此，能否寻找到资源优势，关系到出版社出书特色能否形成。在众多的出版资源中，应该如何分析与判断哪些资源适宜作为自己的优势资源呢？其标准主要考虑：一是该资源是本地区范围所特有的，或是其他地区也有同类资源，但本地区的此类资源是最具特色的；二是将该资源开发成出版物之后，该出版物是否具有全国性的市场需求；三是该资源开发所应具备的基本条件，自己是否完全具备或大部分具备；四是在该资源的众多开发者中，自己能否成为开发成本最低者。

3. 充分发挥市场机制在资源配置中的作用

国外许多出版业发达国家的实践证明，通过市场机制配置资源，是优化出版资源配置的一种行之有效的方法。正逐步走上市场经济之路的我国出版业，要实现出版资源优化配置的目标，也必须逐步地扩大通过市场机制配置资源的比重。

要充分发挥市场机制在出版资源配置中的作用，目前要解决两个突出的问题：一是要加大体制改革的力度，使出版企业真正成为独立的市场主体，只要企业能够自主经营、自负盈亏、独立承担市场风险，就具有追求资源优化配置的内在驱动力，市场机制在出版资源配置中的作用就会自动加强，因为，“可以明确地说，市场机制运行的动力在于参加市场活动的企业对自身利益的追求”①；二是要加速出版资源市场的建设与培育，可考虑专门建设实行开放式经营的出版资源市场，允许包括书稿在内的所有资源都能在市场内进行交易，并且，要为出版资源市场的运作建章立制，以保证资源市场的交易能公正、公开、有序地进行。

4. 加强出版信息网的建设

加强出版信息网的建设，不仅仅是有利于出版信息资源本身的开发与利用，而且对全部出版资源，尤其是对出版选题文化资源的开发与利用提供帮助。能够使整个出版业实现资源共享，能够有效地提高出版资源的利用效率。

加强出版信息网的建设，目前需要重点做好两件事：一是加速书业资源信息库的建设。1998 年年初，新闻出版署在湖南长沙主持召开了全国新闻出版信息化工作会议，会议就加速本行业信息化建设与计算机应用达成了共识。为适应信息化社会的需要，新闻出版署决定用 5~6 年时间，筹集 3 个多亿的资金，启动我国的“金版工程建设”。其中包括建四个大型数据库，即“新闻出版管理数据库”、“中国百科术语数据库”、“图书在版编目数据库”和“国家新闻出版版权数据库”。以此为契机，各个出版发行单位都要积极建设自己的信息库，使各类出版资源都能转化成信息入库储存。二是加速信息传输网络化步伐，目前，全国性的出版信息网络建设已经起步，其中两

① 厉以宁．中国经济改革与股份制[M]．北京：北京大学出版社，1992：69-70.

大网络工程的上马最为引人注目：一是新闻出版署直接领导筹建的“全国新闻出版管理信息网络系统”，它将全国书刊出版单位的信息系统连成一体，以储存与检索书目信息为主要功能，通过该系统可随时检索到在版图书状况、出版管理政策法规要求、版权注册保护情况等信息；二是“全国新华书店出版物发行信息网络”，这是由新华书店总店负责筹建，以总店的局域网为中心，以部分发货店（省级店和发行所）为分中心的两级信息网络系统。随着这两大信息系统的建成并正式运行，其他的出版业信息网络还会不断出现，全国的出版发行单位都会自觉或不自觉地加入出版业的行业计算机网络行列，这就会使出版业信息传输网络化的过程大为加快。

【思考与练习】

1. 什么是资源？它具有哪些基本特征？

2. 什么是出版资源？它由哪些基本类型构成？

3. 与一般经济资源相比，出版资源具有哪些特点？

4. 什么叫出版资源的优化配置？它的基本标准是什么？

5. 为什么出版业应该实行出版资源优化配置？

6. 出版资源的市场配置需具备什么样的条件？

7. 出版资源的政府配置通常采用哪些方式？

8. 为什么说我国出版资源配置目前必须采用市场配置与政府配置相结合的手段？

9. 出版资源配置应坚持哪些基本原则？

10. 就你所在的地区的情况，谈谈出版资源配置应突出哪些地区优势。

第七章　出版物生产活动的组织

☞ **内容要点：**

本章重点阐述出版物生产活动的构成要素、性质、特征，介绍出版物生产的产品类型；描述出版物生产活动的一般过程及操作要求；探讨出版物生产成本的构成及其控制方法。

☞ **学习目的：**

通过本章的学习，了解构成出版物生产活动的基本要素、产品的基本要素及产品类型，认识出版物生产活动的性质与特征；熟悉出版物生产的基本流程及各个生产阶段的基本操作。

☞ **关键术语：**

缩微出版物、多媒体电子出版物、出版项目策划、选题策划、目标市场、出版资源策划、销售策划、选题、组稿、审稿、加工整理、装帧设计、三审制、发稿、排版、制版印刷、母带制作、格式化处理、标引处理、直接成本、间接成本、废品损失费、基本稿酬、版税稿酬

出版物的生产与流通，是出版活动的主要组成部分。而其中出版物的生产又居于决定地位。从出版物再生产过程的整体考察，投入出版过程的资金运动，是从生产过程开始的，生产使货币资本转化成了产品资本，为再生产过程后续环节的顺利运行创造了条件。正是从这种意义上讲，出版物生产成为整个出版物再生产过程的先导环节。所以，我们研究探讨出版活动的运行规律，也应先从出版物生产谈起。

第一节　出版物生产的构成与特点

什么是出版物生产，它由哪些要素构成，出版物生产的目的是什么，它有何特点，这些都是我们研究出版物生产首先要回答的问题。除此之外，本节还要对出版物生产的产品及其结构进行简要分析。

一、出版物生产的概念及构成要素

所谓出版物生产，是指出版业生产经营者利用一定的出版资源，按照市场需求生产出与之相适应的出版物产品的过程。一项完整的出版物生产活动，由以下要素构成：

1. 出版业生产经营者

这是出版物生产活动的主体，是活动的组织者，包括出版社、报刊社、印刷厂、音像制品及电子出版物制作单位等出版物生产机构及其工作人员。截至2012年年底，我国共有出版社580家，1 918种报纸和9 867种期刊，369家音像制品出版单位，268家电子出版物出版单位，10.44万家印刷企业。① 这些机构及其工作人员构成了我国出版物生产经营活动的主体。出版物的生产活动作为一种有意识的社会实践活动，其目的、方向及状态，都是由活动主体来进行控制的，由此而使作为出版生产力重要组成部分的出版业生产经营者对出版物生产活动的成败具有决定性意义。

2. 出版资源

这是指能够形成出版物内容及产品形态的各种精神与物质资源。包括出版物生产设备、原材料等物质资源，具有一定管理思想与技能的人力资源，以各种价值形态存在的资本资源，沟通各生产要素之间联系的信息资源，以及构成出版物内容的社会文化资源等。出版资源既是形成出版生产力的基础，又是出版产品得以形成的基本条件。俗话说："巧妇难为无米之炊"，没有好的出版资源，是不可能生产出优良的出版产品的。可见，出版资源也是出版物生产活动的重要构成要素。

3. 市场需求

这是指读者需要购买出版物而又具有现实货币支付能力的愿望与要求。这些愿望与要求不是观念上的，而是以货币支付能力为基础形成的；不是孤立、静止的，而是受到多种因素影响与制约而经常变化的；不是显现的，而是潜在的。这些愿望与要求在一般情况下都可通过出版物流通环节的经营者向生产商的进货反映出来。

市场需求为出版物生产活动提供动力与目标。正是由于出版物市场需求的存在，才使出版物生产活动得以进行，市场需求的时间、品种、数量和结构，决定着出版物生产的速度、规模与效益。在社会主义市场经济条件下，

① 出版产业发展司. 2012年全国新闻出版业基本情况[R]. 2012.

没有市场需求的出版物生产活动是不可思议的。所以，市场需求也是构成出版物生产活动的必然要素。

4. 生产过程

这是指将出版资源加工制作成出版产品的具体过程。这一过程由两个大的阶段组成。第一阶段是精神产品生产阶段，即对书稿进行编辑加工，制作成符合大量复制要求的发排稿的阶段；第二阶段是物质产品生产阶段，即采用一定方法将发排稿大量复制成具有一定物质形态的出版产品的阶段。其具体环节我们下一节再详细介绍。

正是有了生产过程，才使出版物生产活动的各种构成要素得以结合，并最终形成出版物产品。生产过程的质量及所采用的设备、手段等，与出版物生产的速度和质量有着直接的关系。

二、出版物生产的性质

与一般物质产品的生产相比，出版物的生产在性质上具有以下特征：

1. 出版物生产就目的而言是社会效益与经济效益实现相并重的生产

出版物生产的目的，从根本上说，是由出版领域生产资料所有制的性质决定的。马克思指出："说到生产，总是指在一定社会发展阶段上的生产——社会个人的生产。"①也就是说，任何生产总是在一定的生产资料所有制条件下进行的，在不同的生产资料所有制条件下，人们对生产资料所有关系的不同决定了对产品的关系也不同，谁是出版生产资料所有者，谁就是出版产品的所有者。这就决定了出版物生产必须服从于不同的出版生产资料所有者的特殊利益，从而决定着不同社会形态下的出版物生产，其根本目的是不同的。

人类社会有两类不同的生产资料所有制。一种是由少数社会成员占有生产资料的私有制，广大出版物生产过程的劳动者只能在出版生产资料私有者的支配下劳动，在这种社会制度下的出版物生产目的必须服从于出版生产资料私有者阶级利益。另一种是由社会成员共同占有生产资料的公有制，在此种社会制度下，出版物生产的目的只能是为了满足全体公民的精神生活需要而生产。受出版物生产的根本目的支配，前者重出版物生产过程的价值增值，以便能够赚取更多的剩余价值；后者重使用价值的质量，同时也不忽视出版物的价值形成。

---

① 马克思．马克思恩格斯选集(第2卷)[M]．北京：人民出版社，1995：3.

我国出版物生产领域的生产资料所有制以公有制为主体构成。出版物生产的根本目的是为了满足广大人民群众日益增长的精神文化需要。因此，我国出版物生产过程不能只顾经济效益，而应实行经济效益与社会效益并重的原则。

2. 出版物生产就过程而言是精神产品生产与物质产品生产相结合的生产

出版物的内容由一定的知识与信息构成，这些知识信息不是杂乱无章地塞在出版物里的，而是按照一定的主题进行认真选择、整理并系统排序而成的。所以出版物具有精神产品的属性；出版物以一定的物质载体作为存在的形式，具有一定的物质产品的形态。由出版物的特性决定，其生产过程既是一个精神产品生产过程，又是一个物质产品生产过程。

编辑工作过程是精神产品的形成过程。编辑按照一定的出版宗旨策划选题、组稿、审读、改稿、加工编排及发稿，虽然这些工作是在原作者提供作品的基础上进行的，编辑劳动并没有改变劳动对象的外部形态，但经过编辑劳动，却使劳动对象发生了质的变化，它意味着凝结在作品中的作者个人的思想与知识经过编辑选择得到了社会的认同，并经编辑加工成了能大量复制成出版物物质产品的模型。经过编辑工作过程，就使个人知识产品成了社会化的精神产品。

将编辑过程形成的精神产品进行规格化的批量生产的过程，就是出版物的物质生产过程。因出版物载体材料的不同，其物质产品生产的内容及其工序也有着很大差别，但其基本任务都是将精神产品加工制作成能够广为传播的出版物外在形态。

出版物生产的两个过程紧密相连、不可分割，一个阶段出了障碍，就会影响另一个阶段的运作，从而使整个出版物生产过程中断，缺少任何一个阶段，出版产品就生产不出来。

3. 出版物生产就产品形态而言是商品生产与非商品生产相统一的生产

出版物生产的产品，在其生产全过程的不同阶段具有不同的形态。编辑工作阶段的产品是符合出版要求的样稿，其价值主要表现为书稿内容质量，具有典型的知识产品特征。大量复制阶段的产品是成型的出版物，其价值表现为此阶段物化劳动与活劳动的凝结。

知识产品的生产过程是一个艰难的探索过程，此过程中生产者的投入产出都是一个未知数，此特点以及知识生产过程的其他特点（如知识产品的无形性、价值的低可比性、生产目的的崇高性、生产过程的非重复性与继承性等)，决定着知识生产不可能是商品生产。这就决定了编辑工作阶段也不是商品生产过程。

出版物的物质产品生产过程则是一个地地道道的商品生产过程，与不含知识内容的其他物质产品生产过程没有任何差别。如以纸张为载体的出版物制作过程，就与商标、信封、信纸等印刷品的生产过程没有差别。

由此可见，完整的出版物生产过程，是非商品生产与商品生产相统一的过程。

三、出版物生产的特征

与一般物质产品的生产相比，出版物生产活动具有以下基本特征。

1. 生产目的的崇高性

出版物生产从本质上讲，是一种知识生产。知识生产是一种目的崇高的社会活动。人们受对科学、对未知探索的本能以及造福人类的责任感与献身精神的驱使而从事知识生产，生产的目的不是为了交换。如果是为钱而写书，是写不出真正的好作品来的。马克思也说过："作者绝不把自己的作品看作手段，作品就是目的本身；无论对作者本人还是对其他人来说，作品都绝不是手段，在必要时作者可以为了作品的生存而牺牲他自己的生存。"①马克思还指出："密尔顿出于同春蚕吐丝一样的必要而创作《失乐园》，那是他的天性的能动表现。"②马克思这里所指的"天性"，是指为人类献身的精神，正是这种精神的驱使，才使密尔顿创作出了《失乐园》这部不朽的名著。

出版物生产目的的崇高性，主要体现在编辑工作阶段。编辑在进行选题、审稿及加工书稿时，都要从文化价值上来进行判断、把关，以保证最终形成的知识产品能实现传播有利于社会发展的进步文化之崇高目的。

2. 生产成果的非重复性

出版物作为一种文化物质产品来生产，必然跟物质产品的生产一样，有重复性的劳动，要照着一定的规格、样式去复制。但是，这只是出版物生产全过程中一个阶段的情形，就整体的出版物生产来说，决定其产品价值的是出版物组织内容体系，这一体系的形成过程需要创新与探索，要使每一种产品都具有自己独特的、区别于其他出版物的知识内容体系，这就需要作者与编辑们深入社会实践，扎实进行调查研究，多生产出富有新意的原创作

---

① 马克思. 马克思恩格斯全集(第1卷)[M]. 北京：人民出版社，1995：192.

② 马克思. 马克思恩格斯全集(第48卷1册)[M]. 北京：人民出版社，1985：53.

品来。

应当指出的是，生产成果的非重复性特征并不意味着作者与编辑们在创作作品时不需要继承与协作。恰恰相反，创新探索必须建立在历史继承的基础上，并且离不开与他人的交流与协作。正如马克思所指出的那样，知识生产“部分地以今人的协作为条件，部分地又以对前人劳动的利用为条件”。①当然，这种继承与交流也绝不是抄袭与重复。

3. 生产要素的社会综合性

这是说，出版物生产是多种社会要素共同参与的过程，是多类社会条件综合利用的结果。出版物生产首先是知识(精神)的生产，它要充分调动社会精神生产系统的力量；出版物生产其次又是物质的生产，它要贯穿排版、印刷、装订的全过程。在出版物生产过程中，生产者、生产资料、生产对象构成三大要素。但是，一个社会创造文献财富的能力远不仅仅是这三者的简单相加，还有更多更复杂的社会成分的参与。借用德国学者阿尔方斯·西尔伯曼在《文学社会学》中提出的社会——文学群体创造的一体化概念，文献生产是四个方面，即：历史成分、技术成分、组织成分、精神成分的有机结合②，我们也可以把出版物生产的要素分解为主体、对象、工具、信息、技术五种成分，这五种成分又分属于五种更大的社会分系统：社会心理系统、社会生态系统、物质生产系统、传播媒介系统、科学技术系统。只有各种相关社会系统的协调运动及相互适应，才能带来出版物生产的整体优化。

出版物生产要素的社会综合性不仅表现在各种成分、各个分支的协调发展和成龙配套上，而且，由于生产主体毕竟是能动的要素，它便更体现在投入出版物生产的各类人员的交互感应上，这也是出版物生产区别于纯物质生产的一个重要之点。物质生产也有多类人员的相互配合问题，但是，这种配合主要是程式化的生产环节上的功能协调。出版物生产中知识创造中主体间的配合，如创作集体内作者与编辑的配合，作者、编辑与美术设计者的配合等，则完全要达到在共同创作之中发乎内心的交融、相互感兴与默契，这样的合作才能产生内容与形式俱佳，且具有神韵的作品来。

4. 生产价值的高效益性。

出版产品作为社会知识与信息的一种重要的存在形式，它具有知识信息

① 马克思. 马克思恩格斯文集(第7卷)[M]. 北京：人民出版社，2009：119.

② 阿尔方斯·西尔伯曼. 文学社会学(中译本)[M]. 合肥：安徽文艺出版社，1988：73-77.

的普遍特征，即共享性。正因为这样，出版物不像物质产品那样只在某个相对固定的时空范畴产生影响，而是可以在十分宽广的时空范畴内发生作用。出版物生产是创造永恒财富的行业，它不仅可以造福人类于一时，还可以造福人类于永久。出版物凭借它的内容广泛适用的特性，在流传过程中表现出高渗透性，它能够辐射到社会的各个领域和任何地方。因此，出版物生产又是一种市场极为广阔的社会生产。

出版物不像物质产品那样被一次性地消耗掉，而是可以多人反复利用；并且它作用于统率人类行为的精神，直接用来满足人的发展的需要。因此，出版物生产可以大幅度地增强精神生产的功能，达到很高的社会效益与经济效益，社会可以用有限的投资获取无限的价值。这种价值的回收率，是一般物质生产所难以比拟的。

这些都表明，出版物生产是一种效益极高的生产。

四、出版物生产的产品类型

出版生产的产品，即出版物，可按不同的标准划分为多种类型。其中最具有实质性意义的分类是按生产制作方式划分为四大类型。

1. 印刷出版物

这是指使用印刷技术将表达知识内容的图文或其他符号印刷在纸张或其他材料上而形成的产品。并非所有使用印刷技术生产的产品都是印刷出版物，如钞票、信纸、邮票、车票、商标等许多印刷品都不是印刷出版物，只有那些含有经过编辑加工的系统知识内容的印刷品，才能称为印刷出版物。

印刷出版物包括书籍、报纸、期刊、图片四大类型。

(1)书籍。这是传统的出版产品，也是现有出版生产的主要产品形式。根据“中国图书分类法”规定，书籍按其内容可划分为22个基本大类，其类别及代号是：A. 马克思主义、列宁主义、毛泽东思想；B. 哲学；C. 社会科学总论；D. 政治、法律；E. 军事；F. 经济；G. 文化、科学、体育；H. 语言、文字；I. 文学；J. 文艺；K. 历史、地理；N. 自然科学总论；O. 数理科学和化学；P. 天文学、地球科学；Q. 生物科学；R. 医药、卫生；S. 农业、林业；T. 工业技术总论；U. 交通运输；V. 航空、宇宙飞行；X. 环境科学；Z. 综合性图书。其中“T. 工业技术总论”类又分为16个类目。这样，书籍按内容划分有38种类型。

(2)报纸。这是以刊载新闻为主的定期出版的印刷出版物。报纸按出版时间分有日报、周报、旬报；按读者对象分有综合报、专业报；按办报方针分有机关报、商业报；按区域分有全国性报纸、地方性报纸；按读者年龄分有少儿报、青年报、老年报等。

(3)期刊。这是指印刷出版物中具有固定刊名，开本格式基本稳定，按顺序编号，连续定期或不定期出版的出版物。按照“中国图书分类法”规定，期刊按其所载内容分为社会科学类期刊、自然科学类期刊和综合类期刊三个基本大类。随着电子生产技术的发展，目前不少期刊都生产了电子版，这样，将期刊仅看成是印刷出版物已不很准确。

(4)图片。这是指印刷出版物中以图画为主描述出版物内容的产品形式。按出版统计分类，图片分为三种类型：一是自然科学、技术类图片，这是以图画形式反映自然科学、技术内容的图片；二是年画，这是用图画表达喜庆气氛以供过年时张贴用的张贴画、沙发画、条幅等；三是其他类图片，这是指除一、二两类之外的图片，如新闻图片、教育挂图、宣传画等。

2. 缩微出版物

这是指用照相或电子手段将印刷品或其他资料进行缩微复制而生产出来的出版物。缩微出版物按其物质形态划分有卡片型与长条型两类，分别以缩微平片与缩微胶卷为代表。

(1)缩微平片。这是在一张感光胶片上缩摄制作出版物内容的卡片型缩微出版物。根据缩摄率的不同，缩微平片可分为：标准型，缩摄率为 24：1，可拍摄 98 页；超缩微型，缩摄率为 100：1～150：1，可拍摄 3200 页；特超缩微型，缩摄率为 380：1，可拍摄22 500页。

(2)缩微胶卷。这是在一卷感光胶卷上缩摄连续性资料的长条型缩微出版物。此类出版物的长度为每卷 100 尺(等于 30.48 米)，宽度分 35 毫米、16 毫米和 70 毫米三种规格，装帧形式大多为卷轴装。20 世纪 70 年代初，又出现了一种可进行自动化检索的 105 毫米盒装缩微胶卷。

缩微出版物具有体积小、储存密度大、易于保存、价格便宜等优点，但必须借助一定的阅读设备才能正常阅读。

3. 音像出版物

这是以光电技术设备为手段，以磁性材料、感光材料或其他非纸材料为载体，直接记录声音和图像信息的出版物。音像出版物按记录信息的不同分为录音出版物与录像出版物两类。

(1)录音出版物。这是用来记录、储存、再现音频信息的出版物。录音出版物又有唱片、录音带、CD 唱片三种类型。唱片按声道分有单声道、双声道、四声道，按转速分有 78 转/分、45 转/分、33 转/分、16 转/分，按尺寸分有 17 厘米、25 厘米、30 厘米等多种规格；录音带按声道分有单声道、双声道，按磁粉层材料分有铁带、铬带、铁铬带、金属带，按记录时间分有 30 分钟、60 分钟、90 分钟、120 分钟等多种规格；CD 唱片也即激光数字唱片，直径为 12 厘米，单片放录时间达 70 分钟。

(2) 录像出版物。这是同时记录、储存、再现音频与视频信息的出版物。录像出版物又有音像带与激光视盘两类。音像带主要有 6 种类型，都必须要有相应的录像机配合使用，不具有通用性，我国市场上最多的是 VHS 型带；激光视盘(LD 唱片)直径为 30 厘米，按播放功能分为 CAV 和 DLV 两种。

音像出版物具有视听并用、读者不限、现场记录、生产周期短等优点。

4. 数字化出版物

将所有的信息都以统一的二进制代码的数字化形式存储于光盘、磁盘等介质中，借助计算机或其他终端设备进行接收、处理和利用的出版物。从广义上讲，电子出版物和网络出版物都属于数字化出版物。

(1) 以磁带为载体的电子出版物。这是使用大、中型计算机将信息记录在磁带上的电子出版物。它存储量较大，但所需配套设备要求高，制作成本昂贵。

(2) 以软磁盘为载体的电子出版物。这是使用微型计算机将信息记录在软磁盘上的电子出版物。此类电子出版物制作方便，生产成本低廉，但储存量相对较小。

(3) 以光盘为载体的电子出版物。这是将著作文本信息通过特殊制作方式记录在光盘上形成母盘，并以母盘为基础压制成复本的电子出版物。它的特点是储存量大，一片光盘可存储 3.2 亿个汉字，检索效率高。

(4) 多媒体电子出版物。这也是一种以光盘为载体的电子出版物，但它将文字、图形(静态与动态的)及声音等多种记录结合在一起，形象地描述出版物内容，具有生动、传神的传播效果，是一种深受读者喜爱的出版产品。但生产成本昂贵，且需要内存较大的计算机才能播放。

(5) 互联网出版物。这是指将经过选择和编辑加工的作品内容以数字化的形式存储在与互联网相连的数据库或其他的相应载体上，并借助计算机进行互联网上的在线传播或其他利用的出版物。主要类型包括：供在线阅读、下载或即时印刷用的数字化网上出版物，专门用于下载网络文献的下载软件，以及既可联网、又可脱网使用的电子书(e-Book)等。

从狭义上讲，人们一般将通过互联网以数字化形式进行出版内容传播的出版物称为数字化出版物。狭义的数字出版物目前主要包括手机出版物、网络游戏、数字期刊、电子书、数字报纸(网络版)、网络广告、网络动漫、在线音乐、博客等类型。

随着数字出版产业的飞速发展，新的数字出版物类型还将不断涌现，如微信出版等，在未来的出版产品中，数字出版物将会占据着越来越大的份额。

2012年，我国数字出版实现营业收入1 935.5亿元，较2011年增长40.5%；增加值542.3亿元，增长39.3%；利润总额152.0亿元，增长42.4%(见表7-1，表7-2)。

表7-1　**2012年数字出版的总体规模**　(单位：亿元,%)

总量指标	金　额	较2011年增减
营业收入	1 935.49	40.47
增加值	542.26	39.26
总产出	1 935.49	40.47
利润总额	151.95	42.44

表7-2　**2012年数字出版的产值构成**　(单位：亿元)

类　别	营业收入	增加值	总产出	利润总额
手机出版	486.50	136.30	486.5	38.19
网络游戏	569.60	159.58	569.6	44.72
数字期刊	10.83	3.03	10.83	0.85
电子书	31.00	8.69	31	2.43
数字报纸(网络版)	15.90	4.45	15.9	1.25
网络广告	753.10	210.99	753.1	59.12
网络动漫	10.36	2.90	10.36	0.81
在线音乐	18.20	5.10	18.2	1.43
博　客	40.00	11.21	40	3.14
合　计	1 935.49	542.26	1 935.49	151.95

第二节　出版物生产的一般过程分析

出版物生产过程与其产品的制作方式和手段密切相关，不同物质形态的出版产品，由于其生产制作方式不同，生产过程也有区别。因篇幅所限，此节只能以出版物产品主流的印刷出版物为主，以各类出版物生产过程中一些带共性的内容为重点，对出版物生产过程进行一般性叙述。

出版物生产过程还取决于出版业的运作机制，而这种运作机制又是由国家经济运行机制决定的。社会主义市场经济体制的建立与发展，使出版物市场竞争日趋激烈。由此而使出版策划也成了出版物生产过程的一个不可缺少的组成部分。所以，出版物生产的一般过程，包括了出版策划、编辑工作及出版产品物质形态制作三个主要阶段。由于出版策划前面已有专章进行了论述，其中出版项目策划的内容可直接作为具体生产过程的第一个阶段的工作内容，本节不赘述。此节重点叙述后两个阶段的工作。

一、编辑工作

编辑工作是依照一定的思路开发选题，组织和加工整理好书稿，以形成符合正式出版要求的出版物精神产品形态的一系列工作。在出版物生产过程中，编辑工作是中心环节。不论何种载体材料，何种物质形态的出版产品，都必须经过编辑工作过程，才能成为正式出版物。

1. 编辑工作的意义

不论是从具体的出版物生产过程的角度看，还是从整个出版活动对社会的影响考察，编辑工作都有着非常重要的意义。

(1)编辑工作为出版结构的整体优化创造了条件。出版物生产就本质而言，是一种社会文化生产，要求按照整体优化的原则有计划地进行组织。然而，书稿的创作，无论是思想家、科学家的逻辑推理，还是文学家、艺术家的形象思维，一般都是以个体劳动的形式进行的，创作自由是其生产出有创造性价值精神产品的基本条件。这种精神生产的个性自由与社会文化生产的整体优化原则有相适应的一面，又有不相适应的一面。不相适应，是由个体精神生产的无计划性与社会文化生产要求有计划性之间的矛盾造成的。解决这一矛盾的办法就是通过编辑工作进行协调与控制。编辑工作中的总体构思，是努力使社会文化生产与社会需要相平衡，而具体的选题与组稿活动，则能对个体精神生产行为进行引导与调节。这样，就能使出版结构实现整体优化的目标。

(2)编辑工作对出版物内容质量能起把关作用。如果说，出版结构整体优化的意义主要是通过前期编辑工作如总体构思、选题、组稿等环节体现的话，那么，对出版物内容质量把关的意义，则主要表现在编辑工作的审读、改稿等环节上。由于进入出版生产过程的书稿资源大多是作者个体劳动的产品，受作者个体知识、经验、价值观、写作条件等因素的制约，书稿内容中肯定会有某些与精神文化生产的社会目的不完全相符的地方。编辑们根据一定历史时期社会政治的、法律的、道德的、文化的种种规范及一定的社会价值观要求，对书稿进行审读鉴别与筛选优化，再经去劣存优的加工，就能使书稿具有符合社会目标的健康内容。

(3)编辑工作是创作社会化精神产品的过程。作为出版资源的原稿，只是作者个体的精神产品，在没有得到社会承认时，不具有任何价值。法国文学社会学家罗贝尔·埃斯卡尔说："一本书为一个人写，那就没有任何意义。"①个体精神产品要成为社会化精神产品，则还需根据社会化的标准与要求对其进行再创造。编辑过程，就是这种创造性的劳动过程。编辑的总体构思，是按照社会知识交流的发展趋势要求，将个体精神产品生产导入社会化轨道的过程；选题组稿，编辑进行作者的选择、作品构思、提纲的审定等工作，是直接参与精神产品创作的过程；审稿加工阶段，是编辑按照社会价值标准对原稿价值进行认定、优化，并促其增值的过程。总之，整个编辑过程，都凝聚着编辑的创造性劳动。经过编辑加工过的书稿，与原作品相比，已发生了质的变化，由个体精神产品成为符合社会价值标准的社会化精神产品。

2. 编辑工作的内容

从较宽泛的意义上讲，编辑工作贯穿出版活动的始终，包括印制发行阶段的检查样书、宣传评介、收集反馈信息等，都可以成为编辑工作内容。仅从出版物生产过程的编辑工作而言，其主要内容有以下几项：

(1)选题。这是指编辑人员按照策划要求设计选题、制订选题计划的工作。选题是对某个出版项目的精神产品生产活动进行构想。它不只是提出一个项目名称，而是要就选题的各种构成要素提出明确的设想。选题的构成要

① [法]罗贝尔·埃斯卡尔．文学社会学[M]．符锦勇，译．杭州：浙江人民出版社，1987：43.

素包括：题目，即拟生产的出版物的主题内容及反映该内容的暂定名称；作者，即担负该出版物撰著任务的作者要求与计划人选；编辑意图，即推出该出版项目的目的和宗旨；读者对象，即该出版项目主要面向哪一类读者；基本内容，即拟生产的出版物由哪些主要内容构成；写作要求，即对书稿撰写所提出的内容方面的要求，如价值、特点、体裁、体例、结构、叙述风格等，以及外在形式上的要求，如篇幅、字数、装帧档次等。此外，还要确定撰稿进程、完稿时间等。编辑提出的选题经论证批准后即可纳入出版社的选题计划。选题计划的制定大体经历四个步骤：一是由出版社领导提出制订选题计划的原则与要求；二是由编辑室组织人员进行选题设计；三是由社领导召集有关人员研究、汇总，并进行初步筛选；四是召开选题论证会，一般还吸收发行人员参加，进行论证决策。

(2)组稿。这是按照选题计划的要求，组织作者完成书稿著译任务的工作。组稿方式有三种：一是征稿，这是出版机构以刊登征稿启事的方法向社会公开征集所需要的稿件，其中经常性的、没有截稿日期的征稿称为普通征稿，阶段性的、有截稿日期的征稿称为专题征稿；二是约稿，这是出版社根据书稿创作特点主动约请合适的作者担负书稿撰著任务的组稿方式；三是选编自投稿，这是出版机构对未经编辑约稿、作者主动投给编辑部的自由来稿进行审读、鉴定，将其中内容质量较好、符合选题要求的稿件直接组编成审读稿的组稿方式。

(3)审稿。这是对稿件进行审读、评价和处理的过程。审稿的任务，一是对稿件做出全面、准确的评价；二是对稿件进行评审，决定是否采用；三是对拟用稿件提出修改意见。我国出版社的审稿实行三级审稿制，即由编辑初审、编辑室主任复审、总编辑终审的审稿责任制度。初审负责对稿件的思想观点、学术内容、文字水平和资料价值进行全面的审查和评价，并提出处理方案或修改意见；复审负责审核初审者对稿件的评价和处理意见，解决初审者提出的问题并提出复审意见；终审负责审核前两审的意见，从整体上对出版价值做出最终的决断。实践证明，三审制对保证出版物的内容质量发挥了重要作用。

(4)加工整理。这是指对不需退修或退稿而决定采用的稿件进行修改润色的工作。其中加工的任务是通过文字与内容的增、删、改，实现稿件质量优化；整理的任务是通过对全稿所进行的技术性检查，使书稿各个部分统一协调。

(5)装帧设计。这是对出版物物质形态构造进行设想与安排的工作。其基本内容包括：形态设计，如开本大小、装订形式等；封面设计，如封面与扉页的艺术形式、用料质地、制作工艺等；版式设计，如字体字号、版心尺寸、纸张材料规格等；插图设计，如表现形式、插入方式、版面组合、用料及制作工艺等。

(6)发稿与校对。发稿是将加工整理好的书稿发送生产部门进行技术设计和生产安排。发稿的基本要求是齐、清、定。齐，是指书稿齐全，不可缺少书稿中应该有的任何一部分；清，是指稿面清楚，无乱涂乱改或文字排列不清现象；定，是指所有内容都已确定，不再需修改。发排之后要对生产厂家制作的清样进行校对。每校对修改一次，称为一个校次。一般书稿要经过三个校次才能付型印刷。各校次的职责是：一校负责对照原稿逐字逐句校对，基本消灭排版上的各种错误，填写目录页码，注意字体规格；二校负责进一步消灭初校遗漏的各种差错，并重点检查行距、字距是否合乎规定，检查版面格式，处理图表位置；三校负责最后把关，先要对一、二校校样改动处进行核对，再逐字逐句通读校正，并重点检查处理封面、扉页、目次、正文以及其他辅文中的差错，统一全书格式。经三校无误后，即可签字付型，出版物生产进入了产品物质形态制作的阶段。

二、产品物质形态制作

出版产品物质形态制作过程，是将编辑工作阶段所形成的精神产品加工制作成能够广为传播的出版物外在形态的阶段。这是出版物生产过程的最后一个阶段，也是非常重要的一个阶段。正是这个阶段，才使千姿百态的出版物完整形态得以形成。

1. 出版产品物质形态制作的功能与意义

出版产品物质形态制作过程是整个出版物生产过程不可或缺的重要组成部分。它具有两项基本功能。一是使精神产品具有一定物质形态，这种物质形态是按照有利于社会公众接受的出版物统一规格设计制作的。犹如没有精神产品构成内容的物质载体(如空白的纸张、磁带、光盘)不能称为出版物一样，不具有物质形态的精神产品也不能称为出版物。因此可以说，正是此种功能的发挥，才使出版物最终具有完整形态。二是使唯一性的精神产品具有了大量的复制品。这些复制品是社会化精神产品的物化形态，与唯一性的精神产品没有质的差别。正是这一功能的发挥，才使个体知识的社会化具有重要的物质前提。

上述两项功能的发挥，使出版产品物质形态制作过程在出版活动全过程中具有非常重要的意义。

第一，产品物质形态制作为出版活动根本目的的实现创造了物质条件。出版活动的根本目的是为了满足广大人民群众精神文化生活的需要。读者精神文化需要的满足，是通过观看、阅读出版物中的知识内容来实现的；而观看、阅读的条件就是能较方便地获得自己所需要的出版物。精神产品如果不经过物质形态制作过程，就只能永远处于唯一性状态，读者需求就根本无法实现。物质形态制作过程不仅使精神产品既保持了不变的内在质量，又具有了利于读者接受的外在形态，而且通过大量复制，为读者获取这些产品创造了方便条件。

第二，产品物质形态制作使出版劳动凝结成出版物商品价值。从商品再生产全过程考察，产品物质形态制作是商品价值承载物的生产，生产过程的全部耗费包括物化劳动(如纸张、油墨)及活劳动(如脑力、体力等)的耗费，凝结成出版物的商品价值。最后，通过市场交换，使这些价值得以实现，使劳动耗费能得到补偿。这种劳动耗费的补偿，不仅关系到出版物产品物质形态制作过程本身的劳动耗费补偿，关系到这一制作过程能否持续发展，而且还关系到精神产品生产阶段劳动耗费的补偿。缺少这种商品价值形成的过程，处于精神产品状态下的出版物就无法成为商品进入市场交换，那么，作者与编辑们的精神产品生产就很难持续进行下去。

第三，产品物质形态制作过程能够使出版资本增值。从产品物质形态制作过程的出版资本形态变化角度考察，其过程可用下列公式表示：

$$G \rightarrow W \begin{cases} \nearrow A \\ \searrow P_m \end{cases} \cdots P \cdots W' \rightarrow G'$$

2. 印刷出版物物质形态制作的具体过程

出版产品物质形态的制作，因其出版物类型的不同而有着不同的工作内容与程序。印刷出版物的制作，大体要经过以下三个步骤：

(1)排版。这是按设计要求将文稿制作成能复制印刷版的纸型或胶片的过程。按照印刷方式的不同要求，排版有两种类型。一是活字排版，也称铅字排版。这是铅印时所采用的排版方式。其具体过程包括：拣字、拼版、打样、校对、改版、付型、制纸型等环节。二是计算机排版。这是胶印时所采用的排版方式。其具体过程包括：文字录入、组版、出样、校对、改版、输出底片等环节。随着华光、金山、北大方正等计算机排版系统的陆续推出，计算机排版已成为最主要的排版方式。

(2)制版印刷。这是利用排版过程形成的纸型或胶片制作印版印制出版物散页的过程。铅印时的制版是利用纸型浇铸成铅版，并在铅版表面镀上一层薄金属层，以提高铅版的耐印率，所镀金属层依印次多少而定，镀铁可达10万印，镀铬可达50万印。胶印时的制版，是将胶片按照印版尺寸进行拼版，粘贴在透明的版基上，晒制蓝图，然后在涂有感光胶的薄金属版基或其他版基上晒制印版。印版制成后，即可上版印刷。

(3)装订成形。这是将印制好的散页装订成一定出版物形式的过程。其具体内容由书芯的订粘加工和书封的装帧加工两大部分组成。书芯的订粘加工，又包括折页、配页、锁线、订书等几道工序；书封的装帧加工，平装本又包括包封面、烫背、切书等，精装本又包括切书、制壳、套壳、压糟等工序。

3. 其他类型出版物物质形态制作的具体过程

与印刷出版物的物质形态制作相比，其他类型出版物的制作过程相对较简单，所以放在一起进行介绍。

(1)音像出版物的制作。录音带与录像带的制作，都需经过三个环节，即：编辑创作、表演、录制。产品物质形态制作，则主要是指录制环节。无论是录音带还是录像带的录制，都分工作母带的制作与复录生产两个步骤。其中复录生产都是使用相应设备对母带进行大量复制，其具体操作差别不大；而工作母带的制作则稍有区别。

录音带工作母带的制作，目前大多采用由前期录音与后期录音相结合的多声道录音工艺。前期录音将每个声道的信号内容(如将各种乐器声)同步地分别记录在磁带相对应的磁道上，完成母带制作的第一道工序；后期录音重放已记录的节目素材，并进行人工延时、混响、均衡等音质加工，调节节目所需的信号电平比例，最后合并成单声道或立体声节目，完成录音带母带的制作过程。录像带工作母带的制作，分为单机拍摄、脱机编辑、合成制作等环节，具体步骤包括：一是使用单摄像机一段一段地拍下拟选镜头，并录制于高档(1英寸)录像机上；二是将1英寸录像带上的节目(连用时间码)复制到1/2英寸(或3/4英寸)低档盒式录像机上；三是第一次脱机编辑，记下编辑决定并存储到电子编辑表上；四是在计算机控制下自动地进行实时的全套节目编辑试看；五是录下试看的全部节目(在低档录像机上)；六是观看并修改第一次的编辑；七是根据最后决定的编辑菜单，通过计算机控制的编辑机用1英寸录像机将原版1英寸带汇编成母带。

(2)电子出版物的制作。电子出版物的制作，主要是全文数据库的制作。利用激光照排和轻印刷的中间产品转换为全文数据库的机读数据，是目前我国电子出版物制作所采用的主要方式。利用已有的电子文本制作电子出版物，要经过格式处理、标引处理、建立索引等三个主要步骤。

格式化处理，是将电子文本记录按规范格式转化成一个个可作为检索结果处理单位的单元。格式化的较优方案是以电子文本中的自然段作为记录单位，同时将内容上密切关联的若干段落组成一个逻辑上相对独立的大单元。格式处理不仅要对这些单元构建进行设计，而且要对每个记录单元加上一定的标识符，并进行编号记数，以便作为其后建立的索引地址。

标引处理，是标出全文文本中具有信息检索价值和分析价值的知识项，也即检索点，如文本中的重要人名、地名、关键词等。电子出版物制作中的标引处理，以自动半自动标引为手段。自动标引的方法，目前以词典法为主，即事先编制人名、地名、年代、关键词的词表，用计算机根据词表扫描全文文本而加以标引。其中计算机作业主要是对词表中的词与全文文本进行字符串的匹配。完全的自动标引在检索时容易出现错误，所以还要进行有人工干预的半自动标引，这是在自动标引之后发现问题时，通过一定的文件处理软件手工按键完成标引过程。

建立索引，是将标引出的检索词按照一定方式系统排列以便为使用者提供检索途径的工作。电子出版物的索引一般有单字索引与关键词索引两类。两类索引文件的形成过程都要经过三个步骤：一是抽词，单字索引抽取单汉字，关键词索引抽取标引的关键词；二是排序，通过内排序形成多个有序文件，再经外排序将各有序文件归为一个有序文件；三是合并生成索引文件，即对排序后的有序文件按倒排形式把相同索引词的地址合并到一起，再以块的形式对索引文件进行划分，把每块的第一索引词抽出，形成更高层的索引，依此类推，形成多级索引文件。

将经过上述步骤形成的全部记录文件存储在计算机硬盘上，即构成了全文数据库。将数据库储存的内容拷贝到软磁盘或光盘上，就形成了电子出版物。

第三节　出版物生产成本及其控制

出版物生产是一个耗费出版劳动形成出版产品的过程，这一过程中所耗费的劳动要通过生产成本表现出来。控制出版物生产成本，就是尽量节省出版过程的劳动耗费，这对于提高出版物的生产效率有着非常重要的意义。

一、出版物生产成本的构成

出版物的生产成本是出版物产品形成过程中所耗费的各种劳动的货币表现，它是出版物全部成本的主要构成部分。出版物的全部成本又称为贸易成本，它由生产成本与销售成本两部分组成。在具体的经营过程中，当出版物的商品销售收入高于贸易成本时，经营者会获得赢利，否则就会亏损。因此，降低成本，尤其是降低生产成本，是提高出版活动经济效益的重要途径。

出版物的生产成本又包括直接生产成本和间接生产成本两部分。直接生产成本是在出版产品形成过程中直接耗费的劳动，它由稿费与编校费、纸张费、装帧材料费、制版费、印刷费、装订费、废品损失等七个项目组成；间接生产成本是间接作用于出版产品形成过程的劳动耗费，它主要由编辑费和企业管理费两个项目组成。

出版物生产成本的组成及其与销售成本的关系可以用图 7-1 表示。

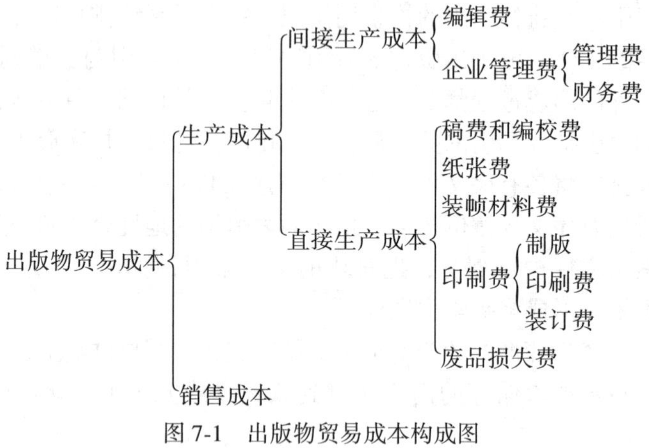

图 7-1　出版物贸易成本构成图

下面按图 7-1 所标顺序对各项生产成本进行简要介绍。

1. 编辑费

包括编辑人员工资、应提取的职工福利基金及各项编辑业务费用等。由于它的计算是按实际发生额分别摊入核算期内的各类出版物成本中的，所以生产者所推出的出版物总印张越多，其编辑费成本就越低。

2. 企业管理费

包括出版行政管理部门人员的工资、应提取的职工福利基金、各项出版行政费用以及应该由出版物生产者负担的其他业务费用。作为间接生产成本，企业管理费也与编辑费一样，属于不变成本，会随着出版物产量的提高而降低。根据1992年12月31日财政部发布的《电影、新闻出版企业财务制度》及有关的会计制度规定，从1993年7月1日起，企业管理费不再作为书刊成本开支项目，将企业管理费的开支主要分为管理费用和财务费用，作为损益性开支，计入当期损益(利润或亏损)。其中管理费用包括管理人员工资及工资性支出、职工福利费、差旅费、办公费、折旧费、修理费、低值易耗品摊销、工会经费、职工教育经费、审计费、劳动保险费、技术转让费、业务招待费等；财务费用主要包括利息支出、汇兑净损失、金融机构手续费等。这些费用尽管在新财务制度中规定不在书刊成本项目中列支，但实际上仍是出版物生产过程所耗费的劳动，应该包括在出版物生产成本的控制范围之中。

3. 稿费和编校费

包括支付给著作者或译者的稿费、请社外人士编辑或校订书稿的酬劳金以及书内图表的绘制、整理、加工等费用。由社内编辑承担书稿编辑加工任务的劳动耗费属于编辑费成本，不在此项成本中列支。

4. 纸张费

包括出版物正文以及同正文一起印刷的插页用的纸张费用。

5. 装帧材料费

包括出版物封面、封套和不同正文一起印刷的插页以及装帧用的各种纸张、封面版纸、纺织品、皮革、塑料薄膜、电化铝、金箔、丝带、木板等材料的费用。

6. 制版费

它指用于出版物排版和制版费用，包括文字录入、排版、出校改样以及制作铜版、锌版、玻璃版、铅皮版、凹印刷版、电镀版等的费用。

7. 印刷费

它指在出版物的印刷过程中所消耗的各种费用，包括制印版、装印版、进行印刷加工等的费用。

8. 装订费

它指用于出版物装订过程中的折页、配页、套页、平订、上封面、封套等各个工序的费用以及包装费用。如果一种出版物的全部印制成书工作都委托一家印刷厂承担，则一般将装订费与制版费、印刷费合并为印刷费进行核算。

9. 废品损失

它指出版物在印刷过程中因故需要部分变更书稿内容，因而发生的重制版、重排、重印或换页的纸张、材料费和印制费。其中有对象的可直接计入该种出版物的生产成本中，无对象的（如因故中途停止出版等）计入同期生产出版物总成本中，由该期所生产的出版物共同负担。

为了使核算工作适应不同类型的出版社成本管理要求，上述成本项目可以变通，根据实际需要进行增减、合并或者增设二级类目。

二、各类成本项目的计算

在上述的各个成本项目中，对一种出版物的生产有着直接影响的成本项目主要有：稿费和编校费、纸张和装帧材料费以及印制费。下面对这些项目的具体计算进行介绍。

1. 稿费和编校费的计算

这两项费用中，编校费的支付主要根据社外人士所完成的具体编校任务所付出的劳动量的大小酌情掌握，没有统一标准，且费用也不太多，所以，需要计算的主要是稿费。

稿费的计算有两种基本方式。

（1）字数稿酬。即按照国家规定的统一稿酬标准，根据书稿的字数及内容质量情况，以每千字若干元为单位计算基本稿酬，再加上按实际印行册数根据基本稿酬一定比率计算的印数稿酬，共同构成支付给著作者的酬金。

基本稿酬按版面字数计算，以千字为单位，不足千字的作千字算；印数稿酬按累计印数计算，以万册为单位，不足万册的作万册算。

这种按基本稿酬加印数稿酬的字数稿酬计算方式，其实质是出版者一次付酬买下了作者某种作品的全部出版权。这种稿酬计算方式虽然对稳定书价、保护出版者利益等有利，但由于目前国家规定的统一稿酬的标准太低，在书价基本放开的同时稿酬并未同时放开，所以对作者利益造成了不同程度的损害，使作者不关心出版物的市场命运。

（2）版税稿酬。即出版者按照出版物销售额的一定比例向作者支付版税的稿酬计算方式。版税支付额度依出版物的内容质量、作品形成的难易程度、市场前景及作者的知名度等因素而定，一般在出版物销售额的5%～

12%浮动。

这种稿酬计算方式，出版者并未一次买断某种作品的全部出版权，而是作者分次转让出版权。作者的收益与出版物为出版者所创造的经济价值直接挂钩，在出版者与作者的经济利益关系处理中较好地体现了平等、公正的原则，有利于刺激作者积极主动地参与出版物的市场开拓。但如果版税过高，则容易逼迫出版者抬高书价，不利于出版物的广泛流通。

2. 纸张和装帧材料费的计算

纸张和装帧材料费可以分为三个部分计算。

(1)正文用纸费的计算。可分三步进行：

第一步，计算正文用纸量，根据正文页数、印数、开数和用料加放率来计算出用纸令数，其计算公式是：

正文用纸令数=页数×印数×1/(开数×500)×(1+用料加放率)

也可换算成下列公式，即：用纸令数=印张数×千印数×(1+加放率)

第二步，计算用纸重量，即根据正文用纸令数、纸张定量、面积，计算正文用纸重量。其公式是：

正文用纸重量=正文用纸令数×纸张定量×纸张面积×500

第三步，计算正文用纸费用，即根据用纸重量、每吨纸的价格来计算用纸费用，其公式为：正文用纸费用=正文用纸重量×每吨纸张单价

(2)封面用纸费的计算。封面用纸与正文用纸不同，平装书的封面，必须与封底、书脊连在一起，有些还有勒口，书脊又依印张的多少而有宽窄，所以，封面用纸计算时必须首先根据书脊厚度、勒口大小计算出全张封面纸上能开出的封面个数，然后再来计算封面用纸量。其计算公式是：

封面用纸令数=印数/全张纸的封面开数×500

算出用纸令数后，再按与正文用纸相同的方法计算封面用纸费用。

(3)其他装帧材料费用的计算。如装帧材料由出版单位自己提供，则可参照正文和封面用纸的计算办法计算其耗用量，再乘以各种材料的单位价格；如不由出版单位自己提供而由印装单位提供，则通过结算装订费一并结算装帧材料费。

3. 印制费的计算

印制费可分为制版费、印刷费、装订费三部分分别进行计算。

(1)制版费的计算。制版费由排版工价和制版费用两部分组成。排版分汉文排版，外文及中、外文对照排版，表格、歌谱排版和插页、拼图排版等四类。汉文排版工价以每千字为单位计算，每单位工价按不同排版要求、字

号而稍有区别；外文排版按每行每厘米计算；表格、歌谱排版以每平方厘米为计算单位，并依内容繁简、费工程度不同而有区别地计价；插页、拼图排版，根据开本大小，按面积计算工价。制版费用计算依照不同的印版制作工价标准执行，其中占印版主流的胶印版的制作费用，由软片费、印版版基材料费及印版拼接加工费等项目组成。

(2)印刷费的计算。印刷费依印刷方式的不同而有着不同的计算项目与方法。目前印刷以胶印为主，故这里仅对胶印印刷费进行介绍，胶印的印刷工价以色令为计算单位。1 色令等于 1 千张对开纸单面印 1 色，或等于 1 令纸单面印一色(而铅印的千印却是 1 令纸双面印一色)。每色印数不满 1 色令者按 1 色令计算，超过 1 色令者按实际计算。胶印晒版费及上版费，以对开胶印机每 4 万印为计算基价，单独计算。

(3)装订费的计算。装订费可分为正文、精装封面和零件三类分别计算。

正文装订费的计算：正文装订费以 1 万页为计算单位，单价依开本大小和装订方式(骑马订、平订、胶订、锁线订等)的不同而有所区别。平装书封面 2 页作 4 页计；不足 20 页者按 20 页计。其计算公式为：

正文装订费=(装订总页数-零件页数)×装订册数×每万页单价

精装封面费的计算：精装封面费包括做书壳和书芯加工两项费用。书壳以“百个”为计算单位，依其封面用料不同，按不同类型如纸面精装、纸面布脊精装和全布面精装等分别按不同单价进行计算；书芯加工以“百册”为计算单位，也依封面用料不同而形成的不同加工难度分别计算。

零件装订费的计算：零件装订包括粘贴前后环衬，单装扉页和插页，加包封、夹衬纸等，因需单独操作，费工大，故另计工价，按每页每千册计算。

三、出版物生产成本的控制

正如前面所说，生产成本是出版物生产过程中所耗劳动的货币表现，所以，对出版物生产成本的控制，实质是对生产过程劳动耗费的控制。尽量节省生产过程的劳动耗费，是出版物生产成本控制的根本目的。因此，出版物成本的控制，必须通过各项劳动耗费，包括活劳动耗费与物化劳动耗费的尽量节约来实现。在前面提到的各项出版物生产耗费中，伸缩性最大的项目是纸张和装帧材料费、印制费，以及废品损失等。这三项耗费应该成为生产成本控制的重点。

1. 合理使用纸张材料

纸张和装帧材料耗费是出版物生产成本中所占份额最大、伸缩性也最大的成本项目。其比重一般为出版物直接生产成本的40%左右。因此，合理使用纸张材料，是控制出版物直接生产成本的至关重要的内容。合理使用纸张材料有三点基本要求。

(1)合理使用纸张材料的品种。出版物用纸的品种，可按印刷方法、出版用途以及代表纸张质量的品号和反映纸张厚度的定量等因素进行区分。合理使用纸张品种，就是要按照出版物的具体要求选用具有相应特征的纸张。例如印一般的图书，用52克凸版纸印制的图书而不必要地用了60克凸版纸，那么，每令纸在物料上则要损失3.437 6公斤，这样，一本10个印张的图书印1万册，就要增加用纸3.437 6公斤，按照目前纸张价格计算，仅正文用纸一项就要增加近2 000元的生产成本。

封面材料的安排，应该特别控制棉、麻、丝毛等物品的使用，尽量用坚韧的纸板和其他材料如漆纸等来代替；还应该尽量控制以真金箔作为烫印材料，而多用电化铝、色片等来代替。

(2)尽量提高纸张利用率。在不破坏美学原则的前提下，要通过精巧的版式设计，尽量增加每个印张的容字量，提高纸张利用率。首先，要根据出版物内容与表达形式合理地设计出版物开本。如横排新诗，采用787mm×1 092mm的32开本，切口有很多空白，改为较窄长的787mm×960mm的32开本，可以节约不少纸张。其次，要根据出版物开本安排好字体与行距。如787mm×1 092mm的32开本，横排每面老五号字23行，每行25字，每面可排575个字，一部20万字的书稿，正文需排348面，如排为25行×25字，只需排320面。两者相差28面，几乎可以减少一个印张。

(3)合理套裁，减少下料。一些畸形开本的正文用纸的裁切以及封面用纸的裁切，其规格往往与现行正文用纸及封面材料的标准规格不协调，所以必须通过合理的套裁以减少纸边的损失。纸张有破损剔出的，可从中整理出对开纸或四开纸来另派用场。甚至可以采用几种不同规格的畸形出版物一起套裁的办法，以尽量减少下料损失。

2. 节约印制费用

印制费用的控制，也是降低出版物生产成本的一个重要方面。节约印制费用的办法很多，其中最关键的是以下几点：

(1)科学地安排印装工艺过程。印装过程合理，能提高印制效率，相对节约活劳动耗费。如制版时，同一时期有许多块小锌版被安排制作，就可以把原尺寸或放缩比例相同的图稿粘贴一起，制好锌版后再切开。这样，较之单个制版可减少照相次数，也减少了因小块锌版低于计价基数而造成的损失。再如一些影印书，如果出版社不事先把原稿整理修饰好，而是到印刷厂照相制版阶段再修改，就不仅会延误生产时间，还会成倍地增加费用支出。可见，科学地安排好印装工艺过程，能保证印制工作有序地进行，避免重复劳动，提高劳动效率。

(2)正确地选择印装方法。印装方法的选择，不仅影响出版物生产成本，而且影响生产质量。正确选择印装方法，就是在保证产品质量的前提下，尽量采用较低成本的方法来实施印装。例如，一些实地印字的封面或套色简单的单页插图，既可用锌版的凸版印刷，又可采用平版胶印，但这两种印制方法的印制成本依印数的不同而有着一定差别。在具体的印制中，就可根据出版物印数的大小，经过认真核算之后，选择采用较低成本的印装方法。

(3)合理地使用印装材料与设备。印制成本的构成，除了以印装工价所代表的活劳动耗费之外，还有物化劳动的耗费，如机械的磨损，以及制版材料、油墨、粘胶的耗费等。合理地使用印装材料与设备，也能有效地节约出版物印制成本。如出版物的封面、插图的印制，使用双色胶印或四色胶印机印刷，就比单色机印刷的成本要低，而质量也更有保证。再如版材的选用，能用蛋白版的不要用软片，这样就可节省不少制版费。

3. 减少废品损失

由于工作计划不周密、质量把关不严，往往造成部分半成品或成品的废弃，或者要采取某些补救措施，如增加勘误表，等等，由此而增大了生产成本。所以，努力减少废品损失，也是控制出版物生产成本的重要内容。

减少废品损失可以从以下几个方面着手：

(1)搞好市场调研，把好选题关。在各类废品损失中，最为严重的是废稿损失，即一本书已经发排，甚至于付印，但由于印数太少或者其他原因，不得不停止出版而造成的人力、物力的浪费。这种情况只有通过严格的选题把关才能加以避免。

选题要以深入的市场调研为前提，并要进行周密的市场论证。要保证进入印制过程的书稿都能顺利地成为进入市场的出版物。

(2)抓好校对工作，把差错消灭在萌芽状态。大量的废版废品损失，都是因为各种差错未及时发现造成的。所以，校对工作非常重要。如由于书稿内容中的差错未及时发现，而不得不另印一张勘误表，那么该书印多少册，就得多付多少页的印制费用；再如铜、锌版的原稿由于未仔细校对，致使印版尺寸有误，就必须废版重做，成本就得增加一倍。因此，在校对工作中，每一校次都要严格把关，使各种错误在开始出现时就能及时得到纠正。

(3)健全岗位责任制，使各道工序都能严把质量关。各道工序的明确分工及其相互衔接，是减少废品损失的重要条件。要通过建立与健全岗位责任制，督促各道工序尽职尽责地完成好本工作环节的任务；并且要做到各道工序责任明确，上一道工序应该完成的任务，不能推到下一道工序去修补。这样，各道工序环环相扣，就能有效防止废品损失的发生。

【思考与练习】

1. 什么是出版物生产？它由哪些生产要素组成？
2. 就性质而言，出版物生产活动具有哪些基本特征？
3. 什么是出版项目策划？它由哪些主要内容组成？
4. 概述出版项目策划在出版物生产中的作用。
5. 编辑工作过程中由哪几个基本步骤组成？
6. 概述编辑工作在出版物生产中的作用。
7. 为什么说出版物产品物质形态制作过程能使出版资本增值？
8. 什么是出版物生产成本？它由哪些基本项目组成？
9. 从生产成本控制角度谈谈印刷厂商选择的意义与要求。
10. 选题的准确把握对于生产成本控制的意义何在？

第八章　出版物市场及其需求

☞ **内容要点：**

本章重点阐述了出版物市场的概念及其构成要素，分析了出版物市场的作用；探讨了出版物市场需求的基本类型和主要特征；并对影响出版物市场需求的各种不可控因素进行了分析。

☞ **学习目的：**

通过本章的学习，了解出版物形成的基本条件，认清出版物市场的作用；熟悉出版物市场需求的基本类型与主要特征；掌握各种影响因素对出版物市场需求的具体影响。

☞ **关键术语：**

出版物市场、卖方出版物市场、买方出版物市场、供给价格弹性、需求价格弹性、出版物经营者、出版物市场购买力、出版物市场购买动机、出版物市场需求、出版物市场的阅读需求、出版物市场的自尊需求、出版物市场的收藏需求、出版物市场的交往需求、出版物市场需求的多样性、出版物市场需求的层次性、出版物市场需求的可诱导性、出版物市场需求的专指性、出版物市场需求的伸缩性、出版物市场需求的时效性、出版物市场的可控因素、出版物市场的不可控因素、出版物市场消费结构

出版物是商品，商品的经营离不开市场。生产要按市场要求来组织，产品价值要在市场中实现，出版产业各个环节的运作都离不开市场。正如列宁所说："哪里有社会分工和商品生产，那里就有'市场'。"①出版发行领域也是如此。因此，加强对出版物市场的研究与分析，掌握出版物市场的内在规律，也就成了科学组织出版发行活动所不可缺少的条件。

---

① 列宁．列宁全集(第1卷)[M]．北京：人民出版社，1984：79.

第一节　出版物市场的构成及其作用

出版物是商品，商品的经营离不开市场。生产要按照市场要求来组织，流通要在市场中实现，出版产业各个环节的运作都离不开市场。因此，加强对出版物市场的研究与分析，掌握出版物市场的内在规律，也就成了科学组织出版发行活动所不可缺少的条件。

一、出版物市场的概念

市场的概念是随着商品交换的发展而发展的。最初，由于人类社会的生产力水平低，商品交换也不够发达，当时的市场就是指商品交换的具体场所，是进行商品买卖的地方，是一个空间上的地理位置概念。我们之所以将出现于西汉末年的“槐市”称为我国最早的图书贸易市场，就是从这种空间意义上来说的。后来，随着生产和社会分工的发展，商品交换日益频繁，人们的社会活动对于商品交换的依赖程序日益加深，市场的概念也因而具有更为深邃的经济内涵。它不单纯是一个地理位置概念，而是一个包括商品交换中的各种经济关系及经济活动在内在的综合概念。

在出版领域，商品交换关系依然存在，出版产品依然要通过商品交换形式走入千家万户。因此，围绕出版物的商品交换，必须进行一系列的经济活动，如出版社要根据读者需求来选题组稿，要确定恰当的购销制度来明确产销之间的权利与义务，要组织图书的批发与零售等。在开展这一系列活动的过程中，必须会产生许多的经济关系、如产销关系、批零关系、发行者与读者的关系、出版者与作者的关系、发行者相互之间的关系，以及质量与数量的关系、服务与管理的关系、成本与效益的关系，等等。所以，只要出版物是以商品交换的形式流通，出版物市场就必然存在。

所谓出版物市场，是指围绕出版物商品交换所进行的各种经济活动以及由此而产生的各种经济关系的总和。比如某出版社要出版一本书，在编辑阶段就要考虑该书的读者对象，考虑到有货币支付能力的读者人数，也就是说要考虑该书有多大的市场；还要开展一系列的宣传推销活动以将市场需求最大限度地开拓出来。对于读者来说，就要看该书是否适用以及价格是否合适，如果需求迫切，即使价格稍高也会购买，如果需求不很迫切，则价格就成了读者能否购买该书的决定性因素。对于发行者来说，要根据读者对该书的需求向出版社进货，并要根据价格、折扣、质量、时间等因素来确定销售方式与销售数量。围绕着该书的商品交换，出版者与发行者，以及读者之间产生了各种各样的经济联系，各项经济活动又围绕着协调种种经济关系而展开。于是，围绕这本书的出版就形成了一个市场。

出版物商品供求关系，是构成出版物市场的基本矛盾。这一矛盾的“供”方，由出版物质供应、出版物生产、出版物流通等要素构成；“求”方，则由读者及其购买力、购买动机及购买行为等要素构成。出版物市场中的供求双方，也和马克思所阐述的一般商品市场供求双方的关系一样，“……供给等于某种商品的卖者或生产者的总和；需求等于这同一种商品的买者或卖者(包括个人消费和生产消费)的总和。而且，两个集合力量来互相发生作用的。”①出版物供求矛盾的变化、运动，推动着出版发行活动不断发展。

依出版物商品供求矛盾性质的不同，出版物市场又有买方市场与卖方市场之分。卖方出版物市场是指在出版物供求矛盾运动中，卖方的发展满足不了需方增大的要求时所出版的商品供不应求的这样一种市场状态。买方出版物市场是指在出版物供求矛盾运动中，卖方的发展超过了需方增大的要求时所出现的商品供过于求的这样一种市场状态。具体地说，出版物市场中的买方市场与卖方市场的基本区别有如下几点：其一，买方市场的基本特征是在市场上较长时间地普遍出现需求基本饱和，供给相对过剩，图书供过于求的现象；卖方市场的基本特征是在市场上较长时间也普遍出现市场需求旺盛，供给相对不足，图书供不应求的现象；其二，卖方市场中需求者之间的竞争导致图书交换价格上升，对生产起刺激作用；在买方市场中，供应者之间的竞争导致图书交换价格下跌，对生产起抑制作用；其三，卖方市场中供给价格弹性较小，而需求价格弹性较大；在买方市场中，需求价格弹性较小而供给价格弹性较大。

出版物市场的种种神奇的变化，都是由于构成出版物市场的各种要素都在经常变化的缘故。我们要认识出版物市场的变化规律，就要首先了解出版物市场的构成要素。

二、出版物市场的构成要素

这里所说的出版物市场构成要素，也即形成出版物市场的基本条件。只有具备了这些条件，出版物市场才能运转。出版物市场的形成，必须具备三个方面的条件。

---

① 马克思．马克思恩格斯全集(第7卷)[M]．北京：人民出版社，2009：215.

1. 经营者

这是出版物市场活动的主体，是出版发行活动的具体组织者。出版物市场的经营者包括生产经营者、批发者、零售者三大基本类型。各自以不同的方式参与出版物市场的商品交换活动。这三类经营者共同组成出版物市场关系中的“供”方，它们决定着出版物市场上何时，以多大数量、何种价格供应什么样的商品；决定着市场供应能在何种程度上适应需求。所以，经营者是构成出版物市场的首要因素。

一定规模出版物市场的形成，不仅要求拥有足够数量的经营者，而且还要求具有合理的经营者结构。生产商、批发商、零售商三者之间要保持相互适应的比例，并要根据生产力的发展与进步而不断地进行调整。这样才能使出版物市场“供”方渠道畅通，使出版物市场繁荣局面的形成具有了基础。

就一种出版物而言，也必须具有一定数量的经营者，主要是批发者和零售者，才能形成市场。参与该出版物经营的批发者与零售者数量越多，则意味着该书的市场也相应愈大。

2. 出版物商品

作为商品出现于市场的出版物，是出版物市场活动的劳动对象，是形成出版物市场的物质基础。对于读者而言，出版物商品是需求的对象，是能够满足自己某种精神文化需求的使用价值；对于经营者而言，出版物是其所耗劳动的凝结物，是用于与别的劳动者进行交换的劳动价值的承担者。

一定的市场供求关系的构成，必须建立在以确定的商品为目标的基础之上。缺少出版物，市场供求关系就无法形成。出版物的种类、数量、价格、质量以及面市时间等，对出版物市场供求关系的形成，都有着重要的影响。以出版物的面市时间为例，如果某书出版延期，致使该书实际面市比预订时间推迟，那么，随着时间的变化，读者对该书的需求也会发生变化。尤其是一些时效性很强的需求，如高考之前对复习辅导资料的需求，较大政治学习活动之前对指定学习文献的需求，大型读书知识竞赛活动开展之前对推荐用书的需求等，这种变化则更为明显。一旦因面市时间的迟误错过了最佳销售期，即使经过宣传征订，已经形成的出版物市场也会大大萎缩甚至完全消失。可见，出版物确是出版物市场能否形成的一个关键因素。构成出版物市场物质基础的出版物品种是否丰富、结构是否合理、面市时间与交换价格是否适合读者要求，对出版物市场是否繁荣都有着直接的影响。

3. 消费需求

有需求才有供应，市场供求关系由此形成。所以，消费需求也是形成市场不可缺少的条件，甚至在经营者眼中，消费需求就是市场。消费需求本身是一个多种要素构成的综合性概念，其中构成消费需求的主要因素有以下三个：

(1)读者。这是构成出版物市场消费需求的基本要素。哪里有读者，哪里就有对出版物的需求，有什么样的读者，就形成什么样的消费需求结构。离开了读者，出版物市场也就没有存在的必要。从这个意义上讲，读者是出版工作者感兴趣的最重要的市场因素。我国出版工作的目的就是要满足读者不断增长的精神文化需求，因此，了解读者需求对出版业的发展具有十分重大的意义。

读者可按年龄、职业特点、文化水平、地区分布等标准划分为各种类型。不同类型的读者对出版物需求无论是品种、内容，还是在时间、数量上都有明显的区别。读者的数量与规模、年龄结构、教育水平等几个方面的因素对出版物市场的消费行为，都有着重要的影响。

(2)购买力。购买力即读者购买出版物的货币支付能力。读者观念上的需求要变成现实消费行为，必须以相应的货币支付能力为前提。缺少货币支付能力的主观愿望与要求，不能形成消费行为。对于一般商品市场而言，消费者个人收入的增加即意味着市场购买力的增长，而出版物市场属于文化消费品市场，人们对出版物的需求不属于生存需要。所以对于出版物市场来说，只有个人收入中扣除维持生活的必需费用和固定费用之后的剩余部分，也即“个人可以任意支配的收入”增加，其市场购买力才有可能增加。这是对个人购买力而言的。除此之外，出版物市场的购买力中，集团购买力也具有非常重要的地位。图书馆、党政机关、企事业单位用于购买图书的货币支出曾一度占我国图书市场的很大比例，目前仍占有1/4强的市场份额。团体购买力的发展取决于国家的经济形势和文化政策。总之，无论是个人读者还是团体读者，其购买愿望都要以一定的购买力作保证，所以，购买力也是形成出版物市场消费需求的基本要素。

(3)购买动机。有了读者与购买力，如果读者缺少购买欲望，消费需求也无法形成。购买欲望的产生，取决于一定的购买动机。购买动机是指促使读者选择、购买某种出版物的种种心理因素。动机是行为发生的先导和条件，读者的购买动机则支配着其购买行为，购买动机回答的是为什么要消费的问题。一个消费者即使很有钱，有极强的购买力，但是，如果他对读书没有兴趣，一般是不会去买书的，只有具备了一定的购买动机，也就是说，读者不仅拥有货币支付能力，而且具有明确的购买目的，才能实现由需求到消费的转化，并形成现实的消费需求。读者购买的动机产生是一系列复杂因素相互作用的结果。一般地讲，由于各人的需求、兴趣、爱好及秉性各不相同，在选择、购买出版物时，各自的心理活动也就不完全相同，选择、购买出版物的动机也不尽相同。

综上所述，出版物市场的形成需要具备三大基本条件，而其中的消费需求的形成又取决于读者、购买力、购买动机等三个要素。因此，出版物市场实际上有五个基本要素构成，构成出版物市场的五要素是：经营者、出版物商品、读者、购买力、购买动机。这五个要素相互制约、互相影响，共同作用于出版物市场，缺少其中任何一个要素，都无法形成出版物市场。我们在进行市场分析预测与经营决策时，就要将这五个要素联系起来进行综合分析，单凭一两个要素的把握来决策容易导致经营决策的失误。

三、出版物市场的作用

出版物市场的作用，主要表现在以下四个方面。

1. 市场是联结图书出版事业与读者需求的纽带

发展国家出版事业的根本目的，是充分地满足社会成员日益增长的文化需要，而这种需要在社会主义市场经济条件下，一般都是通过市场反映出来的。市场能灵敏地反映商品的需求结构及其变化趋势。出版社的选题出书计划的制订，必须分析和预测市场动态。发行部门的销售计划，也要反映市场的读者需求。只有符合市场需求的计划，才能对企业经营活动起正确的指导作用。读者的消费需求，也只有通过市场才能得到满足。出版物市场沟通了图书出版与读者之间的联系。

2. 出版物市场是出版物商品再生产过程实现的重要条件

出版物商品再生产过程的各个环节之间，只有通过市场才能联结成为一个有机的整体。出版物生产过程中耗费的活劳动与物化劳动，凝结成出版物的商品价值。通过市场使出版物的商品得以实现，才能使所耗费的劳动在价值上和实物上得到补偿，从而顺利地开展下一轮的生产。如果生产出来的产品不通过市场交换实现其价值形态的转变，出版物的商品再生产过程就会中断。所以，我们可以说，在市场经济条件下，没有出版物市场，也就没有出版物的商品再生产。

3. 出版物市场为出版发行企业生存创造竞争的环境

竞争是市场运行重要的特征之一。由于出版物市场的存在，参与市场流通的出版发行企业就必然要竞争。在国家出版行政管理部门的宏观指导之下，各个出版发行都要将自己所经营的出版物拿到市场上来，由读者择优选购。这样，经营者之间就要在品种、质量、价格、时间、风格、信誉等方面开展竞争。于是，就会在企业的外部形成一种强大的压力，强制各类出版经营企业努力改进工作，提高经济效益。出版物市场为出版发行企业创造的竞争环境，对国家整个出版事业的繁荣发展都是有好处的。

应当指出的是，上述出版物市场的作用，只是客观的、潜在的作用。要充分发挥好出版物市场的这些作用，则需要出版业经营者的主观努力。其中最为重要的是，经营者头脑里应有市场观念，要按照市场运行内在规律的要求来组织经营活动。长期以来，由于传统观念的影响和片面强调文化事业政治的功能，重视“文化战线”、“文化阵地”的宣传，忌提“文化市场”，忽视甚至不承认出版物市场的存在，使精神产品的生产与文化消费脱节，阻碍了出版发行事业的发展，这种不正常的状况，应当尽快扭转。

第二节　出版物市场需求分析

出版物市场需求从本质上讲是一种精神文化需求。相对于其他市场的商品需求而言，它更为复杂，更难以把握。所以必须进行认真研究。

一、出版物市场需求的概念

所谓出版物市场需求，是指出版物市场的潜在消费者想在市场上获得自己所需要的出版产品而又具有现实货币支付能力的愿望与要求。这一概念囊括了前面章节中提到过的形成出版物市场消费需求三要素的全部内容。潜在的消费者即为读者；具有现实的货币支付能力，即指市场的购买力；想获得自己所需要产品的愿望与要求，即指读者必须具有购买动机。

要对出版物市场需求的概念进行更为全面的理解，我们还必须明确以下几点：

1. 出版物市场需求是一种具有现实货币支付能力的商品需求

从形式上看，读者是否需要某书，主要看该书内容是否适合自己需要，也就是说，要看读者是否对该书具有观念上的需求。然而，这种观念上的需求却不能与市场需求画等号。市场需求是以交换为条件而获取自己所需商品的要求，是一种商品需求。要使读者观念上的需求能转化为市场需求，则必须具有现实的货币支付能力。现实的货币支付能力并不完全由读者所拥有的现实货币量决定，而是由读者能够支付也愿意支付的货币量决定，因此，出版物市场现实货币支付能力的形成，不仅取决于读者的经济实力，还取决于出版物商品的交换价格。

出版物使用价值的特殊性决定了读者观念上的需求是无限的，而读者的货币支付能力却是有限的，这就决定了出版物市场的需求也是有一定限度的。一些作者到出版社联系书稿出版时，总是把自己的书稿印数估计得很高，而实际印数却往往很低，这就是作者将读者观念上的需求误认为是市场需求的缘故。所以，在实际工作中，必须冷静地对读者需求进行分析，才能准确地掌握真正的市场需求。

2. 出版物市场需求是一种潜在的需求

正如前面所说，只要具备相应的条件，就能形成出版物市场需求，可见，出版物市场需求是一种不以经营者主观意志决定的客观存在。但这种客观存在无明显的外在表现，只是一个可供经营者开拓的潜在市场，是一种潜在的需求。要使这样潜在的需求转化为显在的销售额，还要取决于经营者对潜在市场开发的主观努力。如组织生产的品种是否对路，价格是否合理，渠道是否畅通，宣传推销是否得力，交易方式是否恰当，服务质量能否令顾客满意，等等。

3. 出版物市场需求是一种经常发展变化的需求

这是因为形成出版物市场需求的各种要素都在经常发生变化。首先，读者主观上的愿望与要求由于受到许多客观因素的影响而很容易发生变化；其次，现实的货币支付能力也因读者收入变化与出版物交换价格变化的双向互动而难以持续稳定；最后，在千姿百态的应市出版物商品中，有哪些最适合读者的需要，也是一个难以捉摸的变量。这三类要素的相互制约、互相影响，使得出版物市场需求经常发展变化。作为市场主体的出版业经营者，只有根据市场需求的发展变化情况随时调整自己的经营行为，才能掌握市场经营的主动权。如果以不变应万变，就很难在动荡的市场竞争环境中立足。

二、出版物市场需求的基本类型

出版物市场需求，可以按各种不同的标准划分出许多的类型。其中按消费动机所划分出的需求类型，对出版物市场经营具有实质性的指导价值。从消费动机考察，出版物市场需求具有以下四种基本类型。

1. 阅读需求

这是以满足读者的阅读需要为主要目的的出版物需求。读者购书订刊，主要是为了阅读。阅读消费是读者消费行为产生的主要原因。千差万别的阅读需要又可具体分为四种类型：

(1)求知型。这是读者为了培养自己的一般文化素养，学习、掌握有关的专业知识，探索人生与社会以及寻求生活的力量等而产生的阅读需要。各类教材、各类知识性读物、科普读物、文化修养读物、工具书和通俗哲学读物等出版品种的消费，即属于满足求知型阅读需要的阅读消费。

(2)实用型。这是读者为从出版物中获得关于工作、生活、学习等各类活动的实用知识以及解决各类活动遇到的具体问题等而产生的阅读需要，如为了参加某一项知识竞赛活动而对有关的书刊资料产生了阅读兴趣等。一些烹饪、裁剪、居家布置、化妆美容、保健卫生、电器修理、旅游指南之类的生活用书以及一些农业实用科技书籍等出版品种的消费，即属于满足实用型阅读需要的阅读消费。

(3)成就型。这是读者为了更加出色地完成自己认为重要或有价值的工作，并获得某种理想的成功而产生的阅读需要。此类阅读需要较多地存在于高层次读者中，尤其是中青年读者中。诸如科技书刊、学术著作、外文书籍、专业工具书、论文集，以及各种反映新学科、新思潮、新问题的图书等出版品种的消费，即属于满足成就型阅读需要的阅读消费。

(4)娱乐型。这是读者为了从出版物中获得积极的休息与消遣以及精神上的享受而产生的阅读需要。各类纯文学作品如中外文学名著、诗歌、散文、报告文学等，通俗文学读物如言情小说、武侠小说、侦探小说、历史小说等，以及各种文学期刊、音乐磁带、综合性杂志等出版品种的消费基金，即属于满足娱乐型阅读需要的阅读消费。

2. 自尊需求

这是以满足读者的自尊需要为主要目的出版物需求。我们在承认读者购书主要是为了满足各种阅读需要的同时，还必须承认这样一个事实，即：读者购书并不全部是为了阅读，有时是为了其他目的。满足自尊的需要，就是重要的目的之一。关于这一点，罗贝尔·埃斯卡尔在他的《文学社会学》一书里阐述得非常明确。他说：“书籍的消费不能跟阅读混为一谈。常常有这样的情况，一个消费者买(或者更少见的是借)一本书，但并不是专门想读它……它们可以举出那种‘炫耀性的’作为财富、文化修养或风雅情趣的标志而‘应当备有’某本书的现象(此为法国各书籍俱乐部最常利用的购书动机之一)。还有多种购书的情况：投资购买某一种罕见的版本，习惯性地购买某一套书的各个分册，出于无奈对某一项事业或某一位深孚众望的人物的忠诚而购买有关书籍，还有出于对美好东西的嗜好而购买。因为书籍可以从装帧、印刷或插图等方面视作艺术品，这是一种‘书籍兼艺术品’。”①在埃斯卡尔所列举的许多非阅读消费行为中，有好几种都是为了满足自尊需要而形成的消费。

自尊是人们普遍存在着的一种较高层次的需要，人人都希望别人尊重自己，每个人都在努力改善自己的公众形象，以期得到别人的尊重。为满足此类自尊的需要而形成的出版物消费行为，在我国出版物消费市场上并不少见。如：为了标榜自己具有高雅的情趣而花钱购买自己根本不感兴趣的图书；或者，与自己一起学习、工作的同伴都有了某本书，如果自己没有显得太寒碜，因此而购书。此外，购买年画、挂历、字画来装饰居室，也有不少是为了满足自尊的需要。

3. 收藏需求

这是以满足读者的收藏需要为主要目的的出版物消费。收藏消费的主体多为团体读者，尤其是图书馆、档案馆等团体单位，因其积累文化的基本职能所决定，购买图书必须坚持完整性、系统性原则，为了保证其藏书的完整配套，一些即使目前无人阅读的图书，也必须要购买。当然，图书馆藏书的最终目的还是满足阅读需要，但不可否认的是，满足收藏的需要，更是此类单位购书的直接目的。

个人读者中，收藏消费也已呈现出不断增长的趋势。其表现形式如：①出于某种藏书癖好而有目的地搜集、收藏某些图书；②出于对自己所崇拜的某位人物的忠诚或对自己所钟爱的某个事物的好感而购买图书，如收藏毛泽东著作的各种版本等；③因担心以后需要用书时买不到书而将其购回收藏待用的情况，如一些高校学者个人科研购书经费多余时，一些有价值的大型工具书就成为此类收藏消费的首选对象；④出于职业习惯或对自己所从事的事业的忠诚而系统购买与收藏属于职业或工作范围内的图书，如烹饪界购买各种菜谱即属于此种收藏消费。

4. 交往需求

这是以满足读者的人际交往需要为主要目的出版物消费。人际交往，从主观上讲，是一种“人类机能”；从客观上讲，是人的存在方式。离群索居对一般人来说是不可思议的，每个人都具有人际交往的需求。心理学家们将此种人际关系的需要归纳成三种类型：一是包容的需求，即希望与别人来

---

① 罗贝尔·埃斯卡尔．文学社会学［M］．符锦勇，译．杭州：浙江人民出版社，1987：89.

往、结交，想与别人建立并维持和谐关系；二是控制的需求，即在权力上与别人建立良好关系；三是感情的需求，即在爱情(广义的概念)与感情上与他人建立并维持良好关系。出版物作为人际交往的媒介，在沟通人与人之间的联系、增进了解、发展友谊、加深感情、密切关系等方面有着独特的作用。

由人际交往的需要而产生的读者消费行为，也是出版物消费中的一种重要类型。如一些作者在自己的著作面世后，往往要购买若干本赠送给在某学术领域有一知名度的学者，这就是由包容的需要而形成的交往消费。近几年来，捐赠类消费大有不断增长之势，因而使各种各样的礼品书大为流行，这是由感情的需要而引发的交往消费。总之，因人际交往的需要而产生的出版物消费，随着现代社会人际交往的发展也呈现出了不断发展的势头。

三、出版物市场需求的主要特征

从出版物市场整体对其进行综合性考察，就不难发现，出版物市场需求与其他商品市场需求相比较，具有以下几个基本特征：

1. 需求的多样性

由于读者的经济来源、收入水平、文化程度、职业、性别、年龄、经历、个性、家庭情况和生活习惯等各方面的情况不同，他们对图书商品就有着各种不同的需求。在这里我们姑且不讲影响读者需求的因素远不止上述10个方面，仅从上面列举的10种因素来分析，每两位读者中只要有其中的一种因素不同，则他们对图书的需求就会出现差异。如果再考虑其他因素的影响，出版物市场需求的多样性更是可想而知了。

2. 需求的层次性

由于读者文化知识水平不同，形成他们价值观的差异及精神追求目标的不同，这种差异表现在图书市场需求上，就呈现明显的层次性特征。出版物市场上自发形成的各种购书“热”，都与出版物市场需求的层次性有关。如“健康书热”是老年知识分子这一需求层次引起的，“武侠小说热”满足的是中小学文化程度男性读者的需求，而《生猪饲养》一类的农业科技书则能满足广大农村读者的需求。

3. 需求的可诱导性

对出版物市场需求可以进行引导和调节。通过市场活动或改变影响读者需求的某些社会因素，可以使需求发生变化和转移。可诱导性受两个因素影响：一是诱导购买图书的吸引力的大小，二是读者购书愿望的强弱程度。实践中，我们可以通过有针对性地组织受读者欢迎的图书进入市场，加强图书宣传，进行让利销售等方法，从上述两个方面积极地诱导图书市场的健康消费需求。

4. 需求的专指性

由于图书是知识产品，由知识产品生产的非重复性特点决定，图书的使用价值不具有通融性。即每一种书都有自己特定的知识内容与读者对象，很难相互替代。反过来，也就使出版物市场需求具有了专指性特征。搞航天技术工作的人，不会对《地鳖虫养殖》感兴趣；养鸡专业户，不会去购买《目录学概论》。甚至是一本书的不同版本，相互替代性也很差。如许多的教科书及教学参考书的需求，往往专指到××人编的××书第×版。

5. 需求的伸缩性

人们对出版物的需求实质上是对出版物中知识与信息的需求，是一种精神需求，它既不像生理需求那样具有必然性，也不像生理需求那样有一个相对固定的满足量。所以出版物市场从总体上说，有着较大的需求弹性。所谓出版物市场需求弹性，是指人们对出版物的需求会因某些因素的影响而发生一定限度的量的变化。最常见的影响因素是读者的收入水平与图书的交换价格。因读者收入水平变化而引起的出版物市场的需求量的变化，我们称为需求收入弹性；因图书价格变化而引起的出版物市场需求量的变化，我们称为需求价格弹性。商品学家们根据需求受弹性的差异将所有商品分成必需品和超必需品两大类。其中需求收入弹性系数小于 1 的商品为必需品(需求量变化的百分比除以收入变动百分比即为需求收入弹性系数)，需求收入弹性系数大于 1 的商品为超必需品。美国学者 E. 爱斯菲尔德曾专门计算包括书籍在内的若干类商品的需求收入弹性系数，得出如表 8-1 所示数据。

表 8-1　**美国一些常见商品的需求收入弹性**

黄油	奶酪	鸡蛋	水果和草莓	面粉	电	酒	肉类	烟草	牙病防治	家具	书籍
0.42	0.34	0.37	0.70	0.36	0.20	1.00	0.35	1.02	1.41	1.48	1.44

资料来源：罗紫初．图书发行教程[M]．沈阳：辽宁教育出版社，1995：63.

书籍的需求收入弹性系数为 1.44，可见出版物市场需求确实具有伸缩性的特征。

6. 需求的地区性

由于地理环境及其他因素的影响，一定地域上的居民慢慢形成了一些共同但却区别于其他地域居民的文化传统、价值观念、生活习惯、风俗民情等。这种特征反映在图书市场需求上，就表现为对某些图书品种、形式、内容的特殊要求。尤其是对年货市场商品的需求以及对实用型科技图书的需求，其地区性特点则更为突出。

7. 需求的时效性

读者对出版物的需求，本质上是对出版物中所含知识信息的需求。知识信息容易陈旧过时，决定了出版物市场需求也有着较强的时效性特点。年货的需求出现在春节之前；儿童读物的需求高峰是每年的"六一"国际儿童节前后；对有关《三国演义》图书的需求，会因同名电视连续剧播映的结束而消失，还会因为电视剧的重播而出现，等等。此一特点决定了出版物市场经营的风险也较大。

第三节　影响出版物市场需求的因素

影响出版物市场需求的因素很多，既有客观因素，又有主观因素。主观因素是指由出版物市场经营者本身决定的一些因素，如品种、定价、渠道、促销等，这些因素出版物市场的生产经营者可以自行调节控制，所以又称为可控因素；客观因素即构成影响需求的市场环境因素，如文化、经济发展水平、人口状况、社会形势等，这些因素出版物经营者可以了解它、适应它，但无法改变它，因为它是客观存在的，所以又称为影响出版物市场的不可控因素。对可控因素的分析在各章内容阐述中都有涉及，这里所述的影响因素，主要是对不可控因素进行分析。我们将各种不可控因素按其影响程度分为三类进行剖析。

一、影响出版物消费的基本因素

虽然出版物消费受到各方面因素的综合影响和交互作用，其形成与发展具有多因性；但是，对其起普遍性和决定性影响的因素则只能是文化教育状况与经济发展水平。正是这两个基本因素的共同作用，决定了出版物消费的基本面貌。下面我们分别对这两个因素进行具体分析。

1. 文化教育状况

出版物消费作为一种文化现象，除了与物质消费一样要支付货币之外，还要求消费者必须具备较高的文化素质，具有一定的阅读能力。出版物消费与物质消费的本质区别，就在于文化程度是影响个人出版物消费状况的首要因素，一国的文化教育状况也对该国出版物消费的整体发展具有决定性的作用。

一个国家或一个地区文化教育的发展状况，关系到消费者文化素质的高低。一般情况下，消费者文化素质越高，接受知识与信息的能力就越强，阅读消费出版物的愿望就越迫切。尤其是具有大学以上文化程度的消费者，是出版物市场中消费行为最具持久性与稳定性的群体，他们的出版物消费量，要大大超过其他的读者群体。一项调查表明，我国在校大学生的年人均购书量相当于全国人均购书量的 26 倍。① 文化教育越发展，读者的文化素质就越高，出版物市场的消费力就越强。

文化教育的发展，能促进全社会良好读书风气的形成。从人的社会行为角度分析，读者的出版物阅读能力是在群体生活中获得的，一方面通过家庭、单位、学校以及其他社会联系接受文化熏陶；另一方面，又受到同代人阅读倾向的影响。为了获得群体归属感与认同感，读者的观点与行为就会自觉不自觉地与群体中的多数人保持一致。如果文化教育的发展使社会各阶层成员接受教育的机会大为增多，那么在相关群体的影响下就能在全社会形成良好的读书学习的风气。而这种良好风气的形成，又正是出版物赖以存在和长期发展的基础。

文化教育的发展，还能直接刺激教材、课本及教学辅导读物等类型出版物的消费。开展任何形式的教育，都需要使用教材；接受教育的人口越多，需要的教材及教辅读物就越多。在我国出版物的消费构成中，教材与课本的消费数 1996 年占总册数的 55.6%，加上教辅读物消费，直接与教育有关的出版物消费至少要占 70%的市场份额。这就足以说明此类消费的发展对于整个出版物消费的发展具有多么重要的意义。

2. 经济发展水平

出版物消费的起因是文化教育背景下形成的精神文化需要，而这种需要的最终实现又必须由经济因素来决定。所以，经济发展水平也是影响出版物市场消费的基本要素。一个国家或地区经济发展水平的高低，不仅决定整个出版物市场消费水平状况，而且对个人出版物消费也有着重要的影响。

就消费个体而言，个人购买力状况与国家的经济发展水平紧密相关。只有社会经济发展了，居民人均收入才能增加；也只有居民收入达到一定标准

---

① 王世钧，马瑞苏．对武汉大学师生购书情况的调查分析[J]．出版发行研究，1998(2)．

之后，其满足精神需要的出版物消费投入才能有效增长。联合国粮农组织提出了用恩格尔系数(即全部生活费支出中食品支出所占比例)来测定不同国家或地区的生活水平。用此种方法来评定，我国居民目前的生活水平仍处于温饱阶段。在此种经济水平下，我国居民的书报费支出也就很有限(见表8-2)。

表 8-2　　我国城镇居民生活水平及书报消费状况表

项目 年份	生活费支出(元)	其中食品支出(元)	恩格尔系数	其中书刊支出(元)	占生活费比重(%)
1985	673. 20	351. 72	0. 522 5	6. 12	0. 91
1986	798. 96	418. 92	0. 524 3	6. 96	0. 87
1987	884. 40	472. 93	0. 534 7	7. 48	0. 85
1988	1 103. 98	567. 01	0. 513 6	8. 26	0. 75
1989	1 210. 95	659. 96	0. 545 0	10. 59	0. 87
1990	1 270. 89	693. 77	0. 542 5	11. 15	0. 87
1991	1 453. 81	782. 50	0. 538 2	13. 11	0. 90

资料来源：消费经济[J]. 1994(2)：28~29.

1985—1991 年，我国城镇居民的生活费支出中书刊支出比例不超过1%，而国外一些经济较发达的国家，这一比例大多在 3%~4%，加上我国居民全部生活费支出的绝对值也要比发达国家低得多，由此而使我国出版物市场个人消费购买力的攀升十分艰难。

就出版物市场的整体消费而言，经济发展水平不仅影响出版物消费水平，而且对消费结构甚至对消费方式都能产生重要影响。从消费水平看，我国人均出版物实物消费不超过 6 册，价值消费不超过 3 美元，与人均年消费图书在 10 册以上的美国、日本、英国及人均年消费图书价值在 50 美元以上的德国、法国、西班牙、加拿大等国家相比，仍有较大差距，其重要原因之一就是上述国家人均年国民收入都在 1 万美元以上，而我国没有超过1 000 美元。从消费结构看，我国的教科书(包括中小学课本)的消费超过了其他类图书消费的总和，也是因为经济发展水平制约了一般图书消费发展的缘故。从消费方式看，我国的出版物公共消费所占比例越来越低，其重要原因之一是图书馆购书经费连年下降。而图书馆购书经费不足又是我国国民经济发展遇到了暂时困难所致。公共消费投入的增加，必须以国民经济的发展为基础，作为公共消费一部分的出版物市场的集团消费也是如此。

二、影响出版物消费的重要因素

除上述两个决定出版物市场消费基本面貌的因素之外，人口状况与书业状况，也对出版物消费有着重要的影响。

1. 人口状况

出版物消费的主体是读者，而读者状况是由人口状况决定的。人口的数量与质量，都能对出版物消费产生重要影响。其影响具体表现在以下三个方面。

(1)人口数量决定出版物市场的总体消费量。一定的出版物市场规模，总是建立在一定规模的人口总量基础之上的。拥有较大的人口总量，就能给出版物市场的开拓提供较大的空间，从而促进出版物消费量的总体增长。有人曾对我国人口数量的增长所引起的居民消费总量增加的情况进行过分析，在 1978—1991 年，我国人口每增加 1 人，居民消费支出总额便增加 437. 58 元，按人口年净增 0. 15 亿计算，由于人口增长因素，每年使居民消费总额增加 65. 6 亿元之多。① 在此基础上，我们再按书报支出占消费总支出的 1% 推算，因人口增长可使出版物市场消费总量每年净增6 500万元。可见，人口数量对出版物消费总量的影响是非常明显的。

(2)人口结构决定消费结构。出版物市场由读者构成，有什么样的读者，就形成什么样的市场。如湖北十堰市，是我国第二汽车制造厂的所在地，该市居民的职业绝大多数与汽车制造有关，所以该市的出版物消费也以与汽车的生产、维修、使用有关的出版物为主要对象。法国社会学家罗贝尔·埃斯卡尔说："……通过对书店玻璃橱窗的观察，人们可以推测附近是否有学院、教堂、中学、工厂、剧院，甚至可以粗略地描绘出附近居民的社会职业结构。"②这也许就是对人口结构决定出版物消费结构的最好解释。

(3)人口素质决定消费层次。这里所指的消费层次，主要是就出版物的内容所代表的知识层次而言的。人口素质，尤其是人口的文化素质高低，决定其阅读能力的大小及价值取向的差异，也就决定着他们对出版物内容的知识层次有着不同的要求。以科技书的消费为例，农民读者购买的是单本的实

① 臧旭恒．中国消费函数分析[M]．上海：上海人民出版社，1994：217.

② 罗贝尔·埃斯卡尔．文学社会学[M]．杭州：浙江人民出版社，1987：7.

用科技书，技术人员一般对综合性科技著作感兴趣，而科学家则主要购买学术专著。我国每年所消费的科技书中，绝大部分属于内容浅显而实用的科普读物，就是由于我国人口的科技文化素质目前还普遍不高的缘故。

2. 书业状况

书业状况决定着出版物市场上可供商品的种类、数量及供应时间与方式等，是形成出版物市场消费的必不可少的条件。

首先，书业状况决定读者消费需求的满足程度。各种各样的社会因素，都在时时刻刻刺激着读者产生消费需求，能够及时地使这些需求得到满足，就能有效地促进出版物实际消费量的提高。发达的书业组织不仅能向市场提供多种多样、数量巨大的出版物，以保证读者现实需求能得到充分满足，而且能营造良好的文化氛围，诱发读者的潜在需求，刺激消费量不断增长。

其次，书业界向读者所提供的服务状况也直接影响出版物消费需求的实现。服务态度的好坏、服务质量的优劣、服务项目的多少、服务效率的高低，都要影响现实消费行为的实现，并且还会通过留给读者的印象而影响长远的消费。以书业界所提供的信息服务为例，北京开卷信息技术有限公司2013年年初展开的第十次全国读者调查显示，店面调查中，读者提到最多的新书信息获取渠道是“书店货架直接看到”，提到率达52.4%；书店店面宣传也是读者获取新书信息的重要渠道，提到率达42.5%。① 实体书店依然是读者获取出版物信息的主要渠道。

由此可以看出，专业经营者为读者提供的信息服务十分有限。书业经营中信息服务不到位，使出版物市场的供、求沟通受阻，已成了制约我国出版物消费水平发展的重要原因。

三、其他社会因素

影响出版物市场消费的因素，除基本因素与重要因素之外，还有诸如文化传统、社会风尚与形势、道德观念、法制政策、语言特点、地理环境等因素。这些因素主要影响出版物消费的社会环境，所以我们把它们统称为社会因素。社会因素对出版物消费的影响虽然不如前面介绍过的基本因素与重要因素那样直接而明显，但也绝非可以忽略。下面我们从众多的社会因素中选择几个主要的加以介绍。

---

① 杨毅．浅析开卷第十次全国读者调查报告[N]．中国新闻出版报，2013-07-17.

1. 文化传统

不同的国家、地区与民族，会有不同的文化传统。正是这种不同的文化背景，才形成了不同的消费动机，并呈现出不同的出版物消费结构。从消费动机上讲，中国人重文化知识的吸收积累、重自我修养，而西方人则重实用、重自我奋斗，所以中国人读书主要是精神享受，是为了不断完善自己，而西方人读书主要是为了应用，实用主义的消费观在西方出版物市场上十分流行。从消费结构上讲，在我国的出版物消费中，传播文化知识的出版物占有相当大的比重，而在西方各国与现实生活密切相关的出版物则占有相当大的市场份额。

我国的不同省份、不同地区之间，在出版物消费动机上也有着很大的区别。沿海开放地区受国外影响，出版物消费重实用，与现实生活密切相关的炒股、期货贸易、市场营销、求职、公关之类的书籍销售长盛不衰；而内地出版物市场则仍以课本与文化教育类图书消费为主体。这种消费动机与消费结构上的差异，就是由于文化传统对出版物消费的影响所致。

2. 社会形势

出版物的内容是社会生活的反映，读者阅读消费出版物的过程即是一个观察、参与社会生活的过程。因此，社会形势的发展就必然会对出版物消费产生影响。尽管这种影响持续的时间有限，但它的效力却不容低估。最典型的例子莫过于史无前例的“文化大革命”了。一方面，这场运动让全国人民共读指定的几种书，形成了奇特的集中读书运动；另一方面，它又造成了长达 10 年的全国性书荒，严重地摧残了图书消费。“文化大革命”结束之后，作为对“文化禁锢”政策和书荒的反拨，我国图书业与出版物消费出现极度繁荣，同时又延续了 10 多年的高速增长。20 世纪 80 年代以来我国书业发展与出版物消费所经历过的每一步路程，几乎都直接或间接地与那场运动相关联。

社会形势对出版物消费的影响，不仅表现在消费水平上，还表现在消费结构上。出版物市场上一个一个消费热潮的出现，如房地产图书热、股份制改造图书热、计算机图书热等，也大多与社会形势的发展变化有着一定的联系。

3. 语言特点

语言是记录与传播知识信息的工具。一种语言与其他民族语言的相通性如何，它的普遍性如何，往往成为影响一个国家出版物消费的不可忽视的因素。

欧美一些出版业发达的国家，人均图书消费水平相当高。在世界各国1995年人均购书额前20位中，第1~14位都是欧美国家。① 这固然与欧美经济发达有关，但与欧美各国的语言特点也不无关系。欧美各国有的使用共同的语言，不同语言之间也有较好的相通性，使得民族语言的流传没有太大的障碍，为各国之间的图书消费提供了方便条件。

我国是一个多民族的国家，各民族语言之间的差异也在一定程度上给出版物消费造成了障碍。并且，汉语作为我国使用较普遍的语言，与西语相比较也具有封闭性强的特点，加之我国读者能熟练地使用外语进行阅读的人数并不多，使其对进口图书的消费能力受到了很大的限制。这样，就从总体上对我国出版物消费形成了不利的影响。

综上所述，出版物消费作为一种文化经济现象，要受文化的与经济的、自然的与社会的、历史的与现实的等众多因素的共同影响。我们在规划出版发行事业的发展时，必须充分了解这些因素对出版物消费的影响，并且及时作出有针对性的决策，以促进出版物市场消费的不断增长。

【思考与练习】

1. 什么叫出版物市场？它由哪些基本要素构成？
2. 什么叫卖方出版物市场？什么叫买方出版物市场？它们的主要区别是什么？
3. 什么叫出版物市场需求？对这一概念应如何理解？
4. 简单分析出版物市场需求的基本类型？
5. 与其他商品市场需求相比，出版物市场需求具有哪些主要特征？
6. 简要分析社会文化教育状况对出版物市场需求的影响。
7. 社会经济发展水平是怎样影响出版物市场需求的？
8. 人口因素对出版物市场需求的影响主要表现在哪几个方面？
9. 试举例说明文化传统对出版物市场需求的影响。

---

① 南国书业报[N]. 1996-02-25.

第九章　出版物流通活动的组织

☞ **内容要点：**

本章重点介绍了出版物流通组织的一般过程，阐述了出版物流通组织的三种基本制度，探讨了出版物流通渠道的概念与基本结构，描述了我国图书流通渠道的现状及其未来发展。

☞ **学习目的：**

通过本章的学习，熟悉出版物(主要是图书)流通组织的具体步骤及其工作内容，了解三种图书流通基本制度的各自特点及其操作要求，掌握图书流通渠道的概念及其构成，了解我国图书流通渠道的现状及改革要求。

☞ **关键术语：**

出版物产销关系、出版物中间商、出版物经销商、出版物代理商、出版物宣传征订、出版物批发、出版物零售、图书调剂、图书码洋、码洋对等调剂、重印征订时报调、出版物物流组织、出厂成品收货、调拨收货、垂直发货、二级分发、二级发货、集运分发、直达运输、中转运输、转站分运、转仓运输、出版物货款结算、货款结算方式、货款结算关系、出版物流通制度、买断经营制、图书购销形式、征订包销、征订经销、寄销、经销包退、图书发行代理制、全国总代理、地区总代理、单品种独家代理、分级代理、分段代理、生产商自销制、出版社自办发行、出版物流通渠道、出版物流通环节、产销结合式直接流通渠道、产销分离式间接流通渠道、读者俱乐部、出版物流通制度

出版物的流通，作为整个出版活动不可或缺的重要部分，不仅对出版物的生产和整个出版业的发展有着非常直接的作用，而且对社会文化、经济，乃至整个社会文明的发展，都有着非常重要的意义。出版物流通活动的组织有着非常丰富的内容，本章仅对流通组织活动中的几个基本问题，包括出版物流通的内涵与构成流通过程、流通制度、流通渠道等，进行概括性描述。

第一节　出版物流通的内涵与构成

一、出版物流通的含义与基本内容

马克思在分析资本主义经济运动时，在双重意义上使用过流通这一概念。一种意义上的流通，相当于资本运动的总过程，考察这样的流通，不仅要考察资本三种形态——货币资本形态、生产资本形态、商品资本形态的循环与周转及其相互关系，而且还要考察保证社会再生产得以顺利进行的各种比例关系。因此，研究这种含义上的流通，实际上就是研究社会再生产的全部过程，也就是研究整个经济运动。另一种含义上的流通就是社会劳动生产物由生产领域向消费领域转移的过程，它是指不包括生产过程的狭义的流通。本书是从后一种意义上使用流通这一科学概念的。

据此，我们可以给出版物流通作如下定义：所谓出版物流通，即出版物由出版领域向读者消费领域运动的过程。这一运动过程，可采用商品或非商品的形式进行，在我国目前所处的社会历史阶段，出版物向读者消费领域的运动，大多采用商品流通形式，只有极少数出版物采用非商品形式向消费领域运动。因此，本书所涉及的出版物流通，也是专指出版物以商品形式向消费领域运动的过程。

全部出版物流通活动，由三部分具体内容构成：一是出版物信息流通，简称信息流，就是通过各种信息传播手段传递出版物商品信息，使出版物商品买卖双方相互了解彼此的需求，形成潜在的市场；二是出版物商品交易流通，简称为商流，就是在读者(消费者)与出版物商品经营者相互了解的基础上，在需求和供应相互适应的基础上，达成商品交易，实现出版物商品价值的转移；三是出版物货物流通，简称为物流，就是根据出版物商品交易情况组织与之相适应的出版物实体运动，通过储运使出版物产生位移。出版物的商流、物流、信息流的全部组织工作，我们统称为出版物发行工作。可见，所谓出版物发行工作，即出版物流通组织者以商品销售形式组织各类出版物从生产者手中向消费者手中转移的一系列工作。

二、出版物流通活动的构成要素

一项完整的出版物流通活动，必须由以下要素构成：

1. 流通主体

这是指在整个出版物商品流通环节中从事出版物经营活动的单位与个人，也即发行者。按经营业务划分，出版物流通主体主要有三类：总发行者、批发者、零售者。新闻出版总署颁发自2003年9月1日起施行的《出版物市场管理规定》中，除了对这三类流通主体的设立条件做出了要求之外，还对零售企业中的连锁经营企业这一专门类型企业的设立条件也做出了规定。现将这四类出版物发行主体及其设立条件在表9-1中作详细说明。

表9-1 **我国四类出版物发行主体及其设立条件**

发行主体	设立各类出版物发行企业或者其他单位从事各类出版物发行业务应当具备的条件				
	对企业名称和经营范围的要求	对企业从业人员职业资格的要求	对企业设备和经营场所的要求	对企业资金的要求	其他要求
出版物总发行企业	有确定的企业名称和经营范围；以出版物发行为主营业务	有与出版物总发行业务相适应的发行专业人员；法定代表人或者主要负责人应当具有高级以上出版物发行员职业资格；发行人员应当具有初级以上出版物发行员职业资格	有相适应的设备和固定的经营场所；经营面积不少于1 000平方米	注册资本不少于2 000万元	具备相应的计算机管理条件和健全的管理制度
出版物批发企业	有确定的企业名称和经营范围	有与出版物批发业务相适应的发行专业人员；法定代表人或者主要负责人应当具有中级以上出版物发行员职业资格；发行人员应当具有初级以上出版物发行员职业资格	有相适应的设备和固定的经营场所；其中进入批发市场的单店营业面积不少于50平方米；独立设置经营场所的营业面积不少于500平方米	注册资本不少于200万元	具备相应的计算机管理条件

续表

发行主体	设立各类出版物发行企业或者其他单位从事各类出版物发行业务应当具备的条件				
	对企业名称和经营范围的要求	对企业从业人员职业资格的要求	对企业设备和经营场所的要求	对企业资金的要求	其他要求
出版物零售、出租企业	有确定的企业名称和经营范围	经营者应当具有初级以上出版物发行员职业资格	有与其业务相适应的固定的经营场所		
出版物连锁经营企业	有确定的企业名称和章程，符合连锁经营的组织形式和经营方式，有10个以上的直营连锁门店	有与连锁经营业务相适应的发行专业人员；法定代表人或者主要负责人应当具有中级以上出版物发行员职业资格；发行人员应具有初级以上出版物发行员职业资格	总部及其门店有与其业务相适应的经营场所，其中样本店的经营面积不低于500平方米	注册资本不少于300万元，从事全国性连锁经营的，注册资本不小于1 000万元	具备相应的计算机管理条件和健全的管理制度

2. 流通的客体

这是指在出版物商品流通中作为流通主体作用对象的出版物。在我国，按照新闻出版总署的规定，只有正式出版物，才能进入市场，成为合法流通的商品，也即合法的流通客体。正式出版物是指经国家批准设置、具有法人资格的出版单位，以纸张或其他材料印刷出版发行的图书、期刊、报纸、音像出版物、电子出版物、互联网出版物等。除正式出版物外的其他类型出版物，如前两章节中提到过的非正式出版物、非法出版物、淫秽出版物，以及质量不合格的出版产品等，都不允许进入市场，也就不能成为合法的流通客体。

3. 流通的方式

这是指组织出版物从生产领域向消费领域转移所采取的具体方法与形式。马克思的社会再生产理论认为，产品进入消费领域的一般方式是分配与交换。我国的出版物流通，采用的是商品交换方式，即：经营者将出版物作为商品销售给读者，以实现出版物从生产领域向消费领域的转移。这与图书馆、文化馆以免费借阅方式组织出版物流通有着本质的区别：出版物是发行者所经营的商品，发行者要从经销出版物的折扣中获取经济利益。

4. 流通的对象

这是指出版物流通的方向与目标，也即对谁流通的问题。出版物流通的对象是读者。读者是构成出版物市场需求的基本条件，是出版物流通活动产生与发展的原动力。读者的需求决定出版物流通的内容，读者的分布决定出版物的具体流向，读者消费力的大小决定出版物流通量的大小，读者消费的时间决定出版物流通的时间，等等。总之，没有读者，出版物流通就失去了目标，也就丧失了存在的必要。

5. 流通的过程

这是指由一系列流通环节构成的出版物由生产领域向消费领域转移的工作程序。不经过一定的工作程序，出版物的转移就不可能实现。构成出版物流通工作程序的具体流通环节包括商品信息传播与市场沟通、进货、仓储、运输、销售、调剂、货款结算等。每一个环节又包括了许多的业务步骤与业务活动。不少人将书店门市部这种仅为销售中一种零售类型之一的工作看成是全部图书发行工作，无疑是对图书发行工作的一种误解。

上述五个要素相互联结、互相制约，共同组构成了生气勃勃的出版物流通活动。

三、出版物流通的性质

出版物流通的性质，是由出版物的性质决定的。出版物是出版生产过程中形成的产品，是出版工作者劳动耗费的凝结；出版物的内容由知识信息构成，是一种文化知识产品，但又具有一定的物质形态，是通过商品生产方式制作出来的商品。出版物的这些特征，决定着出版物流通在性质上也具有以下特征：

1. 出版物流通是出版活动的有机组成部分

完整的出版活动由四大环节构成：一是出版项目策划与资源准备；二是精神产品生产，也即编辑工作；三是物质产品形成；四是将大批复制好的物质产品通过一定方式公之于众。前三个环节构成出版物生产过程，而第四道环节的任务，则是由出版物流通来完成的。这四道环节中，缺少任何一个环节，出版过程就会中断；轻视或忽略某一个环节，出版过程的良性循环也会受阻。过去，我国出版领域一直存在着轻视出版物流通的倾向，由此而严重地阻碍了出版事业的正常发展，这种教训值得认真吸取。

出版活动的根本目的，是满足广大人民群众的精神文化需求。出版过程中的每一道环节，都要围绕这一根本目的的实现来运转，而这一目的的最终实现，是通过出版物流通活动来完成的。出版活动中的所有追求，都只有通过出版物流通的成功才能体现出来。

出版物流通是出版活动全过程的最后一道环节，又是连接出版物市场消费的一个枢纽环节。作为最后一道环节，出版物流通要对其他出版环节的运转状况进行检验，选题质量、编辑水平、印制好坏等，都能通过出版物流通状况反映出来；作为连接消费市场的枢纽，出版物流通要对出版全过程进行引导与控制，生产什么、生产多少、何时生产等，都要依据出版物流通所反馈的信息进行调整与安排。由此可见，出版物流通在出版活动全过程中处于非常重要的地位。

2. 出版物流通是文化知识的传播活动

出版物流通的基本功能是以商品交换形式组织出版产品源源不断地向消费领域转移。以知识与信息构成使用价值，是出版产品区别于其他物质产品的重要特性，在出版产品向消费领域转移的过程中，出版物中所蕴含的知识信息也借助物质载体的运动而不断得到扩散，从而使出版物流通过程具有文化知识传播的功能。

完整的出版物流通过程，并非单一的产品流通过程，而是以产品为中心由各种各样的流通组织活动共同组成的过程。其中作为信息流通重要组成部分的出版物宣传活动，即是其有机构成之一。应当承认，出版物宣传的主要目的是传递商品信息、扩大商品销售。但同样不可否认的是，无论采用何种宣传方式，都离不开对出版物内容及其价值的揭示。因此，出版物宣传活动，大多具有直接传播文化知识的作用。出版社和书店的橱窗比百货商店的橱窗更多地充满文化气息，就是这个道理。

3. 出版物流通具有商品流通性质

首先，进入流通过程的出版产品是商品，这是决定出版物流通具有商品流通属性的首要因素。出版物作为流通过程的劳动对象，是由生产过程中许多环节的劳动共同创造出来的，是劳动产品；进入流通过程的出版物都是用来交换的，编辑们编书、印刷工人印书、发行人员组织书的流通，都不是为了自己消费，而是用自己的劳动凝结成出版物价值，以便实现与别人劳动的交换；出版物具有使用价值，其所含的内容能够满足读者精神上、文化上的需求，所以消费者愿意购买。由于出版物具备商品所应具有的三个基本条件，出版物是商品，所以出版物流通具有商品流通属性也就理所当然了。

其次，出版物流通采用的是商品流通形式。马克思在《资本论》中，将发达的商品流通形式表述为 *G-W-G*，也即货币—商品—货币。出版物流通，也是采用的此种商品流通形式。进货阶段，是将货币资金(*G*)转化为商品资金(*W*)；销售阶段，是将商品资金(*W*)转化为货币资金(*G*)。无数次的出版物流通，都在重复着 *G-W-G* 的过程。这说明出版物流通在其流通形式上与一般商品流通没有区别。

此外，一般商品流通过程中的价值增值现象，在出版物流通过程中也同样存在。进货阶段，按实价购进出版物，此时，投入流通的货币资金转化为扣除进销差价后的出版物商品；销售阶段，按码价将出版物售给读者，将商品资金转化为货币资金，此时收回的货币资金除了原来投入的货币原值外，还增加了进销折扣部分。这表明，出版物流通过程也如马克思所描述的那样，是一个"为贵卖而买，即 *G-W-G*"的过程。

四、出版物流通的意义

出版物流通的意义，主要表现在以下三个方面：

1. 沟通出版物生产与消费的联系

在商品生产条件下，出版物的生产是为了与自己产品消费者的劳动进行交换，而不是为了满足自己的消费。这就是说，生产与消费是从根本上分离的。生产者要为产品找销路，消费者获得出版产品以满足自己的精神需求，只能依赖中间环节。因此，流通成了出版物生产与消费之间必不可少的联系中介。

出版物流通要为出版生产找市场，为出版产品找读者。读者的需求是在出版物市场上反映出来的，如某种出版物备受欢迎，某个品种开始滞销，这些信息都最先在流通过程中反映出来。发行者根据这些需求信息组织货源，一方面为出版产品找到了真正的读者，另一方面还能发挥反馈信息、引导生产的作用。出版物流通规模的扩大，以及流通速度的加快，可以促进生产规模的发展，加速生产资金的周转。

出版物流通不仅能直接满足读者的消费需求，使生产过程的劳动产品能成为现实的消费产品，而且还能对消费过程进行引导。由于消费者需求分散，每个消费者对出版物的认识、熟悉及购买都要通过市场进行，在这一过程中，人们的消费固然要受历史、地理、文化、社会等客观条件的影响，形成与这些因素相联系的消费习惯，但出版物流通将新产品推向市场，并营造相应的宣传推销氛围，能对读者消费心理产生极大的冲击，潜移默化地改变着人们的消费观念和消费习惯。

出版物流通既为读者寻找作为消费对象的出版产品，又替生产者寻找市场与产品销路。在这样的过程中，它沟通了出版物生产与出版物消费的联系，使出版物消费以出版物生产为依托，使出版物生产能针对出版物消费来组织。

2. 实现出版物商品的价值并增大出版物商品的交换价值

出版物生产是一个由精神劳动与物质劳动结合在一起的商品生产过程。这个过程要占用与耗费出版者大量的活劳动与物化劳动。这些耗费的劳动凝结成出版物商品的价值。出版物通过流通过程在市场上交换成功，这些价值才能实现，出版者的劳动才能得到补偿，出版者才能组织出版物的再生产。

此外，出版物脱离生产过程进入流通过程之后，要继续向消费领域运动，还要经历进货、仓储、发运、销售和调剂等诸多环节。在这个过程中要耗费大量的物化劳动与活劳动。这些劳动的价值构成了流通成本，从而追加了出版物商品的价值。这些追加的价值随着出版物商品的运动，到出版物进入消费领域，才连同出版物在生产过程中所形成的价值一同实现并得到补偿。通过出版物定价表现出来的交换价值，就包含了出版物流通过程所增大的价值。

价值的实现，关系到出版物再生产能否进行；追加价值的实现，则直接关系到流通本身的发展。

3. 促进社会文化的传播与交流

社会文化的传播与交流，是人类文明得以发展、社会得以进步的重要条件。人类文化的传播依其载体、工具的不同，分为非语言传播、口语传播和文献传播三种基本形式。出版物流通就是文献传播中的一种主要形式。

出版物中所蕴含的思想、知识、信息等文化因子，随着出版物载体的广泛流通而在社会成员中扩散。这实质上是作者与读者情感的沟通，归根到底，它是一种精神交流。就是在这种不断的扩散与交流中，将一些人所拥有的思想、知识、信息传送给了另外一些人，由此而丰富了社会成员的文化知识。日本著名出版家中平千三郎也说：“在光、影、音响交织成的世界中，书永远是智慧的传播者。我们可以认为：书承担着开发科学技术，记录并传授给后人的重任。”①

① ［日］中平千三郎．出版千凡录［M］．北京：北京大学出版社，1993：7.

第二节　出版物流通组织的一般过程

同出版物的生产一样，出版物的流通过程因出版物类型的不同而有所区别。所以，本节也只能以印刷出版物为重点，对出版物流通过程进行一般性描述。由出版物流通的基本内容决定，组织一项完整的出版物流通活动，大体要经历四个过程八个步骤。下面分别进行简要介绍与分析。

一、信息流通与市场沟通过程

这可以说是整个出版物流通过程的前奏，是一个为出版物商品交易作准备的过程。它的主要任务是传播商品信息、诱发读者需求、沟通供求联系、形成潜在市场。这一过程由以下两个主要步骤构成：

1. 产销关系的确定

这是出版物生产者选择出版物流通组织者并与其建立经济联系的过程。在社会化大生产条件下，出版物生产者不可能自己将产品直接转送到消费者手中，而必须通过中间商来组织流通。因此，出版物流通组织者的选择也就是中间商的选择。

依经营方式的不同，出版物流通领域的中间商又有经销商与代理商两大类型。两者的主要区别：一是经销商拥有商品所有权，与生产商是商品价值转让的关系，代理商不拥有商品所有权，与生产商之间不存在商品价值转让关系；二是经销商以自己的名义与客户建立业务关系，代理商以生产商的名义建立业务关系；三是经销商经营方式既可批发又可零售，代理商则只批发不零售；四是经销商以进销差价形成流通利润，代理商则以收取佣金方式得到报酬。这些区别归根到底是由于它们所形成的产销关系不同而造成的。

中间商的设置与选择，也即出版物产销关系的确立，是出版物流通体制的重要内容之一。依中间商性质的不同，出版物流通体制又有经销制与代理制之分。其中使用代理商作为中间商的流通体制称为代理制，也称图书发行代理制，是最近几年新闻出版署提倡推行的一种出版物流通新体制。

同一市场主体，可以在出版物流通中充当不同的中间商角色。所以，选择中间商的过程，主要的是确定产销关系的过程。产销关系的确定，要贯彻以下基本原则：一是双向自愿选择原则；二是互惠互利原则；三是有利于扩销原则。

2. 宣传征订

这是在出版物正式流通之前，根据所建立的产销关系情况，由出版社或中间商通过适当方式向经营商或直接向读者宣传图书、征求订数的过程。这一过程对于产、销双方有着不同的意义：对于出版社来说，这是一个推销征订的过程；对于流通组织者来说，这是一个货源组织的过程。但这一过程对产销双方又有着信息沟通的共同意义。

出版物宣传方式按其信息媒介的不同可分为三大类型：一是文字图画宣传，这是利用文字与图画组构成宣传品来传递图书商品信息的宣传方式，如海报宣传、报刊电视宣传、图书目录与订单宣传等；二是实物宣传，这是通过出版物直接展示来向读者传递出版信息的宣传方式，如橱窗宣传、门市图书陈列宣传、展销宣传等；三是口头宣传，这是通过声音来传播出版信息的宣传方式，如广播宣传、读书报告会宣传、日常口头宣传等。

通过各种各样的方式所进行的宣传，不仅沟通了出版者与流通组织者的联系，而且还沟通了出版者与消费者的联系。有了充分的宣传，就为出版物的商品交易营造了良好的市场。

二、出版物商品交易过程

这是通过销售进行出版物商品价值转移的过程。这一过程的具体作用是：实现出版物价值，使出版劳动与其他劳动者的劳动进行交换；直接满足读者需求，使出版工作的根本目的得以实现。出版物商品交易过程，是与前一过程即宣传征订过程交叉进行的。征订的过程，既是市场沟通的过程，又是商品交易的开始。

出版物商品交易过程由三个阶段组成。

1. 批发

这是按照宣传征订的意向，由出版社或批发商向零售商成批转移出版物商品所有权以供其继续转售的商品交易过程。这一过程，对于批发者来说，是将自己所拥有的商品转化为货币($W-G$)的销售过程；对于零售者来说，是将货币转化为商品($G-W$)的进货过程。在社会化大生产条件下，批发由于具有节省流通劳动耗费、增强商品辐射力、缩短流通时间等优势，而在出版物商品交易过程中处于不可或缺的地位。

我国的出版物批发交易，大体通过三种方式进行：一是目录征订交易，即通过寄发征订目录(或加上样书)，由需购者填单交易；二是参加订货会现场交易，由供求双方在订货会上面谈成交；三是到批发市场上进行现货交易，即一手交钱、一手交货式的交易。目前，第三种交易方式还未占主流，但随着出版物市场建设的配套与完善，批发市场的现货交易将会成为批发销售的主要方式。

衡量出版物商品交易方式的优劣，有两个基本标准：一是成交效率的高低；二是交易成本的大小。各经营者在批发交易中可依据这两个标准因地制宜地选择最优方式成交。

2. 零售

这是指零售者直接向消费者销售出版物的商品交易过程。零售是整个出版物商品流通过程的最后一道环节。它担负最终实现出版物商品价值的任务。

与批发相比较，出版物零售作为商品交易过程，具有以下特点：就销售功能而言，零售直接满足读者的消费要求；就销售对象而言，零售对象是出版物的直接消费者；就销售价格而言，零售一般按出版物定价销售；就销售数量而言，零售时除向少数团体读者销售有一次成交每种书数册的情况外，一般都是每种书仅限一本；就商品运动形态而言，经批发后的出版物仍处于流通状态，而零售后的出版物则脱离了流通领域进入了消费过程。

出版物零售的主要方式有：门市销售、日常流动销售、团体销售、预订销售、大型书展书市销售以及邮寄销售等。近几年来，一些零售店派出推销人员携带样书上门推销，如珠海市新华书店成立的三人直销组、深圳市新华书店组建的金典直销部，都以上门直销为主要销售方式。由于上门直销具有不占有资金、无库存损耗、针对性强等优点，所以越来越受到零售书店的重视。

3. 调剂

这是出版物市场经销商之间互相调整余、缺图书的出版物流通活动。它的基本功能是弥补经销商在流通活动中的失误，在各环节之间，尤其是进、销环节之间起补充和协调的作用。出版物市场千变万化，流通过程中难以预料的情况也经常出现，因此，商品交易中的失误在所难免，这就决定了调剂活动必然成为出版物商品交易过程的重要环节。

调剂过程在出版物商品交易过程中的具体意义表现为：一是对出版物调出者而言，这是一个销售过程，它能为调出者降低库存，增加销售；二是对出版物调入者而言，这是一个进货过程，它能为调入者补充货源，为销售创造条件；三是对整个出版物市场而言，这是一个协调过程，它使市场供求中的局部不平衡转化为整体平衡，提高出版物商品交易过程的整体效益。

出版物调剂活动的组织，可通过以下四种方式进行：一是重印征订时报调，这是在图书再版或重印时，结合调查原有存书数，在订单上填报需调出数，然后由原发书者统一将书调出的调剂方法；二是印发调剂书目调剂，这是将存书印成调剂书目，有针对性地散发，需调入者填报需调数而实现存书调剂的方法；三是举办调剂会进行样、卡展调，这是用交易会形式将需调样书或卡片陈列出来，调剂双方面晤成交的调剂方式；四是刊登广告调剂，这是利用公共传播媒体传播请调信息实现出版物调剂的方法。

三、物流组织过程

出版物的物流组织，是组织者按照出版物商品交易的要求组织相应的出版物实体运动。在出版物实体从生产领域向消费领域运动的过程中所产生的运输、仓储、包装、发货等活动，构成物流组织的基本内容。

物流组织的作用在于：一是使出版物按照商品交易的要求，位移至销售地，为销售创造条件；二是物流组织中的大量劳动耗费使出版物商品价值增加；三是解决出版物商品供求之间在时间、空间上所存在的矛盾，实现出版物市场供求平衡。正如马克思所说："商品不能自己到市场去，不能自己去交换"。① 离开了物流组织，出版物商品流通是无法进行的。

全部物流组织工作，由仓储与运输两大流通环节组成。

1. 出版物仓储工作

这是指使用仓库收储出版物的作业过程。它的基本任务是：组织好出版物的验收入库，保管好出版物，并根据商品交易需要包装发货。因此，收货、保管、发货，便构成了仓储工作的基本内容。

(1)收货。这是指对入库的出版物进行清点、验收的过程。按来源不同，出版物收货又可分为出厂成品收货和调拨收货两种类型。出厂成品收货是指对印装厂送达的新书进行清点、验收的过程；调拨收货是指对出版发行系统调拨的图书进行清点、验收的过程。两类收货在具体的操作程序与要求上也有所区别。

(2)保管。这是将暂不发出的出版物进行入库保养与管理的过程。保管工作的内容包括：货位安排、图书堆码、账卡设置、养护盘存、存书处理等。保管不仅要确保出版物的在库安全，而且要积极地服务于销售，促进销售的发展。

---

① 马克思．马克思恩格斯文集(第5卷)[M]．北京：人民出版社，2009：103.

(3)发货。这是仓储部门按照销售的需要将入存图书经分配、包装后从仓库发出的过程。发货方法有四种：一是垂直发货，即发运者直接将图书发运到订、添货的每一个零售店；二是二级分发，即将若干个收书店所要的书先集中发运到一个分发点上，然后再由分发点分发到收书店；三是二级发货，即发运店先将各省收书店所要的书集中发运到各省级书店，然后再由省级书店分发给本省的每一个收书店；四是集运分发，也称邮包集运分发，即发运店把一个省收货店所要的各种只能用邮包发运的零散图书，先集中发运到该省省级店，然后再由省级店分发，并装成大包运到各收书店。选择何种发货方法发货，要依运输条件、发书数量、出版物时间性要求等因素而定。

2. 出版物运输工作

这是指使用运力将出版物从出版地向销售地进行实体转移的过程。与其他商品物质运输相比，出版物发运具有时间性强、发运面广、发运点多、发运数量零碎、起点低等特点，由此而使运输组织也显得异常繁杂。

目前我国出版物运输主要采用以下几种运输形式：一是直达运输，即指通过一种运输工具将出版物由产地直接运达销售者所在地的运输形式，它具有速度快、费用省、损耗小、效率高等特点，但需要具备能够直达的运输条件才能采用；二是中转运输，即在将出版物由产地运达销售者所在地的过程中需要转换运输工具的运输形式，目前有60%的新华书店销货店需要图书时必须经中转运输才能到货；三是转站分运，也称凑整分运，是指将同一发站、同一流向、不同到站的各种零担图书，凑成整车或整集装箱，托运到一个适当的转运站，然后再以零担分运到各收货单位的运输形式，这是一种适宜在铁路发达地区采用的运输形式；四是转仓运输，是指发运者将若干个订货店的图书集中发运到一个分发点上，再由分发点拆包分发后重新包装，并通过各种运输工具将书运达各收货单位的运输形式。运输形式的采用要依发货方法而定，使用垂直发货方法时，一般采用前三种运输形式；转仓运输则是适应二级分发与二级发货方法的运输形式。

出版物的运输组织工作必须通过一定的托运途径进行。所谓出版物托运途径，就是出版物发运者委托哪一类运输机构具体承担出版物运输任务。我国的交通运输机构一般依运输工具的不同组成各类系统。所以，出版物托运途径的选择，事实上就是运输工具的选择。目前我国出版物托运途径主要有：铁路运输，包括货运与客运；水路运输，包括海运与内河航运；公路运输；航空运输；邮包托运等。

四、货款结算过程

所谓货款结算，即指在出版物流通过程中，由于所有权的转移而在出版社、书店、读者单位和个人之间发生的款项收付行为。按照出版物商品流通客观规律的要求，接收商品者必须支出货币，转让商品者应该得到货币，所以，出版物商品交易活动的终结，要以货币的收付为标志。货款结算的完成，意味着一次出版物价值实现过程的完结，同时又为下一次出版物商品交易创造了条件。因此，货款结算无论是从出版社，还是从书店的角度看，都是整个出版物流通过程中非常重要的环节。

依货款支付方式的不同，货款结算又可分为现金结算与转账结算两大类。以现金支付的，称为现金结算；通过银行转账的，称为转账结算。在实际结算活动中，除了少量情况下使用现金结算外，大多数都是通过银行办理转账。

我国出版发行系统内的货款结算，按照新闻出版署1995年5月颁发的《新华书店货款结算暂行规定》要求，出版社与新华书店、外文书店、古旧书店之间的货款结算，都按新华书店的结算办法办理。各级书店之间，可建立如下结算关系：一是新华书店总店(含北京发行所和音像发行所)、新华书店首都发行所、上海发行所、天津发行所、重庆发行所与各地新华书店相互间可以直接办理货款结算，也可以委托省级书店承转地、县店的货款结算；二是地区(市、盟、州)及地区以上，具有法人资格的书店，相互间可直接办理货款结算；三是省(区、市)内各级书店相互间可直接办理货款结算；四是省级书店与省(区、市)外的地区(市、盟、州)级以下具有法人资格书店的货款结算原则上通过对方省级店承转；五是省级书店所属开发公司、劳动服务公司等企业通过省级店汇总订货并列入分省汇总单的，货款结算可通过省级书店承转。

承转结算是出版发行系统货款结算的一大特色。过去都是实行无偿服务，从1989年3月11日起，承转结算实行有偿服务，1995年5月又对承转手续费进行了调整。目前的规定是：通过省级书店承转结算货款，承转方按承转额的6‰，最高不超过1%向委托承转方收取承转手续费。对于省级店来说，这是一种资金占用费，是一种风险抵押金；而对于委托收款方来说，这是一种为了降低风险而付出的收款成本。

货款结算的具体方式：同城结算或来人自取商品用“支票”、“委托银行收款”、“商业汇票”结算；异地结算货款采用“托收承付”、“委托银行收款”、“商业汇票”结算；倒装缺页、污损图书退货款及单项订货合同中明确规定预收货款可采用“汇兑”结算。

在上述各种结算方式中，“托收承付”是使用最普遍而又最容易出现矛盾的方式。为此，新闻出版署在《新华书店货款结算暂行规定》中特别强调，采用“托收承付”结算方式，要自觉遵守银行结算办法中有关结算纪律的条款，并执行如下规定：一是自取商品一律先付款、后提货，其他订货(含同城、异地)发货店先发货、后结算，收货店验单付款；二是发货店办理结算时必须在调拨单上填注发运日期；三是书店相互间调剂商品，调出店在支付发货店货款后，再向调入店划收货款；四是收货店无理拒付三次以上，或长期拖欠货款，发货店和承转店有权要求收货店改变结算方式，实行先付款、后发货；收货店严重违反结算纪律，发货店有权停止供货并追究经济责任。

第三节　出版物流通制度

出版物流通制度是出版物流通体制的重要组成部分，是指围绕一定的出版物商品流通方式而形成的关于处理出版物产、销之间经济关系的一系列规定与制度的总和。人类迄今为止所采用的商品流通方式，不外乎三种基本类型，即：代理、自销和购进买断(在国外也称为一般贸易)，依此而形成了三种不同的基本流通制度，即：代理制、生产商自销制和买断经营制。出版产业领域也不例外。下面就出版物流通领域三种基本流通制度的含义及其具体内容作较详细的介绍。

一、买断经营制及其购销形式

买断经营制是围绕批发商向生产商买断出版物所有权实行独立经营而形成的关于选择购销形式、建立购销关系、规范购销行为等一系列规定、制度的总和。在买断经营制条件下，批发商与生产商之间形成了一种商品购销关系，出现了商品所有权的转移。买断经营制的基本特点是：一是中间商以自己的名义独立自主地开展经营活动；二是中间商与出版社之间，通过一定的购销形式建立出版物商品购销关系；三是中间商要对自己所购商品的市场命运负完全责任。

买断经营制是我国出版产业领域长期以来采用的主要流通制度，在1982年出版社开始自办发行之前，甚至是唯一的出版物流通制度。目前在我国的出版物流通中也仍然占据着主体地位。买断经营制的核心是购销形式的确定。因此，下面对购销形式重点进行介绍。

出版物购销形式，是指出版物生产者(各出版社)对出版物流通组织机构转移出版物商品所有权的方式和出版物购销关系的调整形式。购销形式的确定，就意味着产销双方按照一定的条件建立了购销关系，也即经济关系。恩格斯指出每一个社会的经济关系首先是作为经济利益表现出来。所以，购销形式的确定，也是一种经济利益分配形式的确定。

1. 购销形式的构成内容

通过经济利益的调整来建立与发展良好的购销关系，调动产销双方的积极性，从而实现扩大出版物流通的目的，是购销形式存在的意义。因此，围绕购销双方经济利益的调整而设计的购销形式组成内容，就是购销形式的调整范围。它主要包括以下几个方面：

第一，关于总发行权的规定。总发行权是一种市场安排权，由谁担负某种出版物的总发行，就由谁来负责该出版物市场的全面安排。这种市场经营权是一种很重要的经济权利，各种出版物的市场命运，就是由总发行权拥有者来把握的。

第二，关于出版物交易过程与方式的规定。这是指是否需要一个征订过程，出版社通过什么样的方式与发行者达成商品交易。交易过程与方式不同，出版者与发行者各自负担的交易成本以及由此而承担的市场风险也就不同。所以，购销形式的该项内容也能对购销双方的经济利益进行调整。

第三，关于购销折扣的规定。这是规定购销双方如何根据各自所承担的经营责任与风险进行利益的直接分配。

第四，关于存货损失负担的规定。这是规定出版物商品购销活动中的经营风险由谁负责承担。存货损失是一种直接的经济损失，所以这是一种重要的经济利益调整。

第五，关于货款结算的期限与方式的规定。这是对如何结算、收货后多长时间付款等资金占用问题所做出的规定。资金占用需要支付成本，所以这也是一种经济利益的调整。

上述五个方面的规定，每一项都涉及购销双方经济利益的调整。所以，这五个方面的规定也就构成了购销形式的基本内容。由于这五个方面规定的不同，就出现了各种不同的购销形式。

2. 我国现行出版物购销形式的基本类型

我国现行的出版物购销形式有三种基本类型：征订包销、征订经销、寄销。现分别进行简要介绍。

第一，征订包销。这是指由某一发行机构包揽某类书或某种书在某一地区市场或全国市场范围内的专有销售权的购销形式。此种购销形式的特点是：在图书出版之前，先由包销者征订；出版社参考包销者的订数，再根据自己掌握的市场实际需求决定总印数；出书后由出版社向包销者交书，然后由包销者分发给每一个订书的零售店；包销者收书若干天后与出版社结算，零售店收书之后与包销者结算；存货损失由订书的零售店负担。此种购销形式的最大优点是购销双方都没有经营风险，最大缺点是难以真正搞活市场经营活动。

第二，征订经销。这是指在出版社安排市场的条件下由各发行机构承担自己所提订数图书销售任务的购销形式。此种购销形式与征订包销有很多相同的地方：征订、成交、发运过程相同；存货损失责任负担者相同；货款结算的期限与方式相同。不同之处有两点：一是总发行权归属不同，在征订经销的情况下，出版社拥有总发行权，在满足了经销书店的订数以后，可以自行决定补充征订，可以广泛开展对集体、个体书店的批发；二是进销折扣不同，按照出版管理机关的规定，经销书的进销折扣比包销书的进销折扣低1%~3%。这两点区别中，最关键的是第一点，即总发行权的不同；进销折扣在目前的实际操作中早已突破出版管理机关的统一规定，所以它不是主要的差别。

第三，寄销。这是指出版者以寄卖形式委托发行机构销售某类或某种图书的购销形式。此种购销形式的特点是：总发行权在出版社，图书印数由出版社自行决定；不需经过征订过程，图书印装好之后即由出版社直接分配或通过批发机构分配给零售店销售；每一种图书都规定一定的销售期限，期限已到而仍未销完的图书可以退货；存货损失不由零售店负担，而由出版者负担或由出版者与批发者两家分担。依具体操作过程的不同，寄销制又有以下几种类型：一是滚动式寄销，即以季度为寄销期，期满后未销完的图书一分为三，第一部分向出版社等价调换新书，第二部分折价处理，第三部分经双方同意转入下一寄销期，不断滚动；二是基数主发试销，即出版社按双方事先确定的基数，每种书发样书数册由销方试销，销方视销售行情及时填报订单向出版社添货；三是主动发货寄销，即出版社或批发店选择适销品种并考虑销方的可销量主动向销方批量发货，定期结算；四是经销包退式寄销，即按征订经销制的基本要求进行操作，但允许销货店将销不完的书退还给出版社或批发店。

下面将三种购销形式的基本内容构成统一绘制成表 9-2，以利我们对三种购销形式进行对比分析，从而根据实际情况选用合适的购销形式组织出版物流通活动。

表 9-2　　三种购销形式基本内容构成表

构成要素	征订包销	征订经销	寄　销
图书的总发行权	属负责包销的流通机构，出版社自办发行不得超过总码洋的 3%	属出版社。满足经销者订数后，出版社可自行批销	属出版社
图书所有权转移的过程	通过订货目录逐级征订、审核，报各地发货店统一向出版社订货，出书后由发货店直发订货店	同左	不通过征订，直接分配或通过发货店分配给销货店销售，如果双方同意，也可加一征订过程
进销折扣	课本教材：出版社 70% 批发，发货店 78%折；发其他四类：出版社 68% 折发，发货店 75%折发	出版社 67% 折批发给批发店，批发店 75% 折批发给零售商	出版社 69% 折批发给发货店，发货店 77% 折批发给寄销店
存货损失负担	由订货的零售店负担	同左	寄销一年，卖不掉的书可退给出版社或发货店
付款期限与方式	发货店收书 5 天后划款(通过省级店托收)	同左	发货店收书后 2 个月结算货款(通过省级店托收)

3. 购销形式的选择

购销形式的选择关系到产销双方的切身利益，所以无论是出版社，还是批发者或零售者，都必须认真对待。购销形式的选择，也即购销关系的确立，必须按照以下基本要求来进行操作：一是购销双方共同洽谈、协商，达成一致意见，并签订协议；二是根据出版物的内容性质、读者对象、市场特点等因素，因书制宜地选用相应的购销形式；三是对购销形式内容的规定要贯彻公正、公平、互利的原则；四是要符合出版政策法规及出版行政管理机关的有关规定。

按照上述要求，我们就现行三种主要购销形式的选择问题谈几点具体意见。

第一，选用征订包销的情况。在以下几种情况下，适宜选用征订包销的购销形式：一是国家出版行政管理机关规定由新华书店系统包销的图书，如中小学课本和大中专教材以及内部发行图书等；二是一些再版书、重印书，因为此类书的市场情况经初版流通过程已被发行者掌握，所以订书时不会留太大保险系数；三是一些具有专门的读者需求并且其需求地区也相对集中的书，如学术理论著作，读者需求集中在高等院校与科研单位，选择这些地区的发行机构包销，能使发行者准确地把握市场，有利于包销者通过广泛、深入的征订，充分挖掘市场潜力。

第二，选用征订经销的情况。在以下两种情况下，适宜选用征订经销的购销形式：一是流通地区范围较宽、读者需求较广泛的普及类出版物，这类出版物社会需求量大，但需求弹性也大，如中华书局去年恢复出版的《中华活页文选》，定价为每份0.80元，若采用征订经销形式，有利于通过各种各样的渠道组织流通，就能为读者提供更多的购买机会；二是一些篇幅较大、定价较高的图书，此类书经营利润高，但风险也大，必须通过征订才有把握进货，采用征订经销形式，有利于动员各种发行力量征订推销，也便于出版者直接向读者(尤其是团体读者)宣传销售。

第三，选用寄销制的情况。在以下三种情况下，适宜采用寄销形式：一是市场需求不容易把握的出版物流通时，如相同品种很多的出版物流通，或以前从未出版过此类书因而无法借鉴以往经验把握市场的出版物流通等，在这些情况下，经营者订货容易留有较大余地，采用寄销形式，有利于充分调动销货店订货的积极性；二是内容时间性强，来不及进行征订就需马上投入市场的图书，如配合政治学习用的理论书籍等，往往为了抢时间而省去了征订过程，这样就可采用寄销形式直接分配；三是产销双方在流通范围、对象、印数等方面不能取得一致意见的其他任何初版书。

二、图书发行代理制及其实现形式

图书发行代理制，是指出版社委托代理商代替自己发行图书的基本流通制度。它是以图书流通中的商务代理为主线而形成的关于选择代理商、签订代理协议、确定代理关系、规范代理行为等一系列规定、制度的总和。图书发行代理制的基本特征是：一是中间商不以自己名义，而是以出版社的名义开展经营活动；二是中间商与出版社通过签订代理契约建立代理关系，其行为受法律约束；三是代理商依据代理发行图书的数量收取相应的佣金，产销之间不发生商品所有权转移。

代理制的推行可以有多种多样的形式，根据我国出版发行领域的实际情况，推行图书发行代理制度较宜选用以下几种实现形式：

1. 全国总代理

这是出版社将自己所出版的所有出版物的全国专有销售权全部委托某一代理商代为行使的代理制形式。在契约规定的代理关系存续期间，代理商要对委托方全部产品的市场命运负责。在实现了全国总代理之后，委托方就不能再将自己的产品以任何方式交由第三方(包括出版社自办发行部门)销售。

2. 地区总代理

这是出版社将自己所出版的所有出版物在各个地区的专有销售权分别委托给在各地选择的某家代理商代为行使的代理制形式。采用此种代理制形式时，除地区总代理商之外，出版商在该代理地区范围内不能再指定其他发行机构以任何方式销售自己的产品；并且，如果出版社采用了全国总代理的形式，就不必要也不允许实行地区总代理。

3. 单品种独家代理

这是出版社将自己所出的部分产品或某一种产品在全国(或某个地区)的专有销售权委托给一家代理商代为行使。采用单品种独家代理形式后，出版社在全国或某地区范围内就不能再指定其他销售商以任何方式经营已由代理商独家代理的产品。依代理地区范围的不同，单品种独家代理又有单品种全国独家代理和单品种地区独家代理之分。

4. 分级代理

这是为了提高代理产品的市场覆盖率，而由属于独家代理的本代理商根据需要将自己所代理的产品销售权交由自己在各地所选择的再代理商在一定的地区范围内代为行使的代理制形式。采用分级代理时，代理层次的设置依照出版物商品市场的空间分布及经营活动的实际需要等具体情况而定。

5. 分段代理

这是出版社将本版书流通过程中某一环节的业务委托某代理商代为组织的代理制形式。如代理征订、代理宣传、代办储运、代印代发、代收货款等，都属于分段代理形式。采用分段代理时，其代理佣金的支付按照委托与代理双方互惠互利的原则确定。

代理制作为三大基本流通制度之一，在国外一些市场经济发达国家的商品流通中占有非常突出的地位，如在美国，其全社会商品批发总额的80%是通过代理商实现的；在日本，占全日图书市场批发总量70%以上的“东贩”和“日贩”，就是两大著名的图书批发代理商。我国从1994年开始，一些出版发行单位也进行了实行代理制的探索，新闻出版署也积极提倡推行代理制。实践证明：代理制是一种能够较好适应市场经济要求的商品流通制度，在我国出版发行业的运作与市场经济逐步接轨的今天，积极推行代理制具有非常重要的现实意义。

第一，代理制使产销双方的结合建立在自愿互利的契约关系上，有利于新型图书产销关系的建立。在代理制情况下，通过签订代理协议，代理商接收出版社授权，为其办理各种委托业务，由此形成了一种新型产销关系。这是一种能较好适应市场经济要求的关系，因为：一是与拉郎配式的行政撮合不同，它不是一种行政关系，而是一种互惠互利的新型利益关系，不是受命结合，而是产销双方在自愿互利基础上通过洽谈，建立起来的合作关系；二是它不是竞争对手的联合关系，代理商只是代替出版社发行图书，在一定的代理范围内出版社只能为代理商提供必要的条件而不再直接参与经营，这样，委托与代理双方处在了同一市场地位，具有了共同的市场利益；三是与购进买断时所产生的临时形成、极不稳定的产销关系不同，它是一种长时期相对稳定的关系，由于代理契约有效期相对较长，在契约存续期间，代理双方都要遵守契约要求，这样就使得这种具有法律意义的产销关系具有了长期性及相对稳定性。

第二，代理制为产销双方的购销联系提供了多样化模式，对灵活的图书购销机制的形成非常有利。一是在代理制下，出版社与书店都可以突破行政隶属关系的束缚，自由地选择合作伙伴发展代理关系，甲地的出版社可以找乙地的代理商，乙地的中间商可以为丙地出版社作代理，这样，能有效地减少市场营销中的行政干预；二是购销双方可以灵活选择代理经营的方式，既可选择总代理以有效地控制市场，又可采用分级代理以增强市场辐射力，不能或不愿采用全权代理时，还可采用分段代理取得某一方面的产销合作；三是代理佣金依据代理数量进行浮动，代理数量越大，代理商所获利益就越多，这就使得代理商的积极推销具有了内在动力。此外，代理制的推行并不影响其他流通方式的存在与发展，而只是在过去较为单一的流通模式中增加了一个种类，这本身就为经营者灵活选择流通方式提供了方便。

第三，代理制对产销双方都能进行法律约束，因而有利于出版物市场良好经营秩序的建立。代理制是一种法制，我国的《民法通则》及其他相应的经济法规中，对代理制度、契约制度的基本内容及其法律关系都做出了明确规定。一旦委托与代理双方正式签约，授权代理成立，双方权益就都受法律保护，违约行为会受法律制裁。这样，在购进买断方式下普遍存在着的各种不规范的经营行为就会得到有效遏制；守法经营、依法办事，就会逐步成为书业界的基本信条。这就为我国出版物市场形成开放、竞争、规范、有序的局面创造了条件。

第四，代理制推行有利于优化出版资源配置及出版产业结构的调整。随着出版品种的增多、销售范围的扩大以及同类产品市场竞争的加剧，出版物销售的费用也越来越高，这使出版社自销能力的发展受到了相应限制。通过选择优秀的代理商为其产品销售进行竞争，而出版社则专心策划好选题，不断推出新品种，提高出书的质量与效率，就能在生产和流通上取得双重竞争优势。此外，由代理制而形成的灵活机制使那些经济实力雄厚、市场开拓能力强的代理商能受到更多出版社的青睐，随着代理业务的不断扩充，其经营规模会不断扩大，其中的佼佼者甚至可能发展成跨地区经营、跨国经营的大批发商；那些品牌好、实力强的出版社，则能成为众多代理商的争夺目标，随着代理商为其开拓的市场扩大，它们的规模也会不断扩大。这样，计划经济时代形成的那种出版业规模结构平衡就会被彻底打破，也就为出版业按照资源优化配置原则进行结构性重组提供了可能。

因此，可以说，代理制是能适应市场经济要求的较理想的流通模式。

三、生产商自销制与出版社自办发行

生产商自销制是在商品还不太发达的情况下所出现的商品流通制度。在人类社会商品经济还不太发达的时候，商品的市场交换缺少中间商，生产商不得不自己拿着自己的产品到市场上去直接向消费者销售。后来出现了中间商，大宗商品的流通可以通过批发商或代理商来组织，但一些规模较小的生产商的产品以及一些销售很零散的商品，则仍然要依靠生产商自销来实现市场交换。在长期的市场交换实践中，生产商自销逐步巩固了自己的市场地位，并形成了一系列的运作规则与制度。由此而使生产商自销制与买断经营制、代理制一起，成为三大基本流通制度。

所谓生产商自销制，是指围绕生产商直接在市场零售自己的产品而形成的一系列规定、制度的总和。它的基本特点是：一是不通过中间商而由生产商自己组织商品流通；二是以直接的商品零售为经营方式。随着社会化大生产的发展，虽然生产商自销制也逐步由商品流通的主导模式变成了补充模

式，但迄今为止生产商自销制依然有着它的独特的存在价值。出版物流通领域也不例外。

出版社自办发行类似出版物流通领域的生产商自销制。尤其是 20 世纪 80 年代初期出版社自办发行开始起步的时候，各出版社都开设读者服务部、门市部，开展图书零售，以作为新华书店流通主渠道的补充，其生产商自销制的特征非常明显。之后，随着图书发行体制改革的逐步深入，出版社自办发行的规模也越来越大，其经营方式也越来越复杂。目前的出版社自办发行，已不仅仅是生产商自销制，而是一种包含着三种基本流通制度的混合型流通模式。在不少出版社的自办发行中，已基本不开展图书零售业务，这就意味着，真正意义上的生产商自销制在这些出版社的自办发行中已不复存在。因此，在出版物流通领域重申生产商自销制的独特存在价值不是没有必要。

出版物流通领域的生产商自销，可以通过许多的形式实施：一是在出版社旁开设门市部，直接向读者开展应客销售；二是派出推销员携样书到机关团体与企事业单位开展直销；三是利用富余人员定期到一些重点单位，如学校、部队营区等举办流动书展，对本版书实施机动展销；四是在全国性或国际性书展书市上设置摊位，展示销售本版书；五是在全国的一些重点图书市场上设立本版书零售网点，直接向当地读者零售本版书；六是通过电子商务形式实现计算机网络售书；七是开展本版书邮寄销售。通过上述多种方式的综合运用而实现的生产商自销，在出版业已步入社会化大生产阶段的今天，之所以仍需要积极地发展，主要是因为：一是能向公众提供一个全面展示出版社全部产品的场所，为读者提供一个了解本版书全貌的机会；二是能与读者直接进行市场信息沟通，有效避免信息失真现象的发生；三是能较好地满足零散的、特殊的读者需求，促进本版书需求满足率的提高；四是能联系、培养一大批本版书的忠实读者，有利于本社知名度的提高；五是能发挥零售环节开拓市场的先锋作用，促进其他流通业务的发展。

通过上面我们对三种流通制度的基本内容的介绍，我们就可知道：三种图书流通制度并存，各自发挥自己的优势，形成多元化的流通新格局，既是对计划经济条件下单一化流通模式的革命性变更，也是市场经济体制发展的必然结果。所以，在出版物流通体制的改革上，目前的重点是积极推行代理制，并要通过购销形式改革中寄销制的大力推行改善买断经营制的运行状况，而且，还应该积极地开展生产商自销。

第四节　出版物流通渠道

出版物流通渠道主要涉及流通组织者的合理分工与组配问题，对于流通生产力的发展有着非常重要的影响，所以是出版物流通体制的重要组成部分。

一、出版物流通渠道的构成

出版物流通渠道的构成，受着许多因素的影响。因此，在介绍出版物流通渠道的构成形式之前，我们首先要对出版物流通渠道的概念及影响渠道构成的因素进行叙述。

1. 出版物流通渠道的概念

简单地说，出版物流通渠道就是出版物从出版领域向读者消费领域运行的线路和过程。因为处于流通过程的出版物是商品，所以出版物在其流通的线路上必然要发生一次或数次商品所有权的转移。这些通过交换而发生的商品所有权转移的过程，是实现不同商品所有者之间利益关系的经济过程，也是实现商品价值形态变化的经济过程。由此我们可以知道：所谓出版物流通渠道，是指组织出版物从生产领域向消费领域流通时所需要经历的线路以及在这些线路上所必然发生的出版物商品所有权转移的经济过程。对这一概念，我们可以从以下几个方面来理解。

第一，出版物流通渠道是商品交易的过程与通道。出版物在流通领域中的运动，包括使用价值的转移，即出版物实体的物理运动以及价值形态的变化(即出版物价值的运动)这样两个过程。这两个过程中，唯有价值形态变化才是出版物商品流通的本质所在。事实上，有时甚至“没有商品的物理运动，商品也可以流通”。① 但如果只存在商品的物理运动而不存在出版物价值形态的变化，就不成其为出版商品流通，也就无所谓流通渠道了。可见，出版物流通渠道反映的不是出版物实体场所变更的空间路线，而是出版物价值转移的路线。

第二，出版物流通渠道由流通环节组成。出版物在沿着流通渠道向消费领域运动的过程中，每发生一次所有权的转移，都可以引起其在运行线路上的暂时停顿，这些停滞点或中间站就构成出版物流通过程中的一个个中间环

---

① 马克思．马克思恩格斯文集(第6卷)[M]．北京：人民出版社，2009：167.

节。这种通过商品货币关系发生买卖行为而导致商品所有权随之更迭的中间环节，我们称为出版物商品流通环节。出版物流通渠道，是由一个个流通环节串联组合而成的。

第三，出版物流通渠道有长短、宽窄之分。流通渠道的长短是依整个流通过程中流通环节的多少而定的。一般情况下，出版物流通的范围越广，路程越长，它所需要的中间环节就可能越多，流通渠道也就越长；相反，如果出版物在产地直接售给读者，商品所有权只经一次转移，那么，它需要的流通渠道就最短。流通渠道的宽窄，是依一定时限内可能流入消费领域的出版物数量和流通速度而定的。而这种流量的大小则取决于从事流通组织活动的机构多少、技术装备的优劣、人员数量的多少与素质的高低等。

2. 出版物流通渠道的基本结构

出版物流通的整个过程是由具体的出版物商品交换活动形成的。每一项具体的活动都有众多的流通当事人的参与，每一个流通当事人都是流通渠道的组织成员。众多的流通当事人组成多种多样、十分复杂的商品交换形式。出版物流通渠道，就是通过具体的出版物商品交换活动及其所形成的交换形式表现出来的。出版物商品交换形式决定着出版物流通渠道的基本结构。

多种多样的出版物商品交换形式可概括为两种基本类型。第一种类型是出版者直接将出版产品销售给消费者，包括个人读者和团体读者，由此形成的是产销结合式的直接流通渠道；第二种类型是出版者将出版产品销售给中间商，包括出版物批发者和零售者，再由中间商将其销售给消费者，由此形成的是产销分离式的间接流通渠道。

产销结合式的直接流通渠道又可分为无推销机构和有推销机构两种形式。无推销机构形式是出版者把流通组织活动作为自己的副业，其销售出版物的目的是调查市场、掌握信息、补充出版物流通主渠道的不足；有推销机构形式是出版者自设推销机构或推销系统，直接向消费者大规模地推销本社所生产的产品。这两种形式都属出版者与读者直接进行商品交换，在出版物生产者与消费者之间无中间环节，由此形成的就是无中间环节的直接流通渠道。

产销分离式的间接流通渠道则以其流通过程需有中间环节为主要特征。流通渠道的中间环节为批发商（一个以至若干个）和零售商，他们是出版物流通过程的主要当事人。依据中间环节构成状况的不同，此类流通渠道又有以下几种不同的结构模式：一是零售商渠道，其基本模式为出版者—零售者—读者；二是批发商渠道，其基本模式为出版者—批发者—零售者—读者；三是代理批发商渠道，其基本模式为出版者—代理商—批发商—零售者—读者；四是代理零售商渠道，其基本模式为出版者—代理商—零售者—读者。其中第二种、第三种渠道模式中的批发商又可分为多级。

除此之外，出版社的推销机构与不同环节的专门图书发行机构的组合，还能形成各种产销组合式的流通渠道。这是由前面所述的两种基本类型的交换形式派生出来的一种特殊的流通渠道。如出版社与出版物批发者联合组建或经营批发中心、出版社与若干零售书店联合办书展推销图书，就属于此类产销结合式的发行渠道。

一般情况下，产销结合式的直接流通渠道能较好地满足出版者尽量缩短流通时间的要求；而经过必要的中间环节，则能扩大销售半径，较好地满足出版者尽力扩大发行量的要求。所以，必须发展多种交换形式并存的发行渠道体系，以使各种出版物都能通过与之相应的发行渠道，尽快地流向所需要的读者手上。

二、我国出版物流通渠道现状

各类出版物的流通活动，都有着各自独特的模式。如期刊的发行，是主要通过邮局运用邮发目录统一征订、按期供货的模式流通；音像制品则通过各类音像书店直接向顾客零售的模式流通。由此决定各类出版物的流通渠道是各不相同的。这里要重点介绍的，主要是图书流通渠道的情况。

1. 我国图书发行渠道现状

从 1982 年以后，随着我国图书发行体制改革的深入进行，新华书店独家经营的局面被打破，出版物流通渠道也由单一化模式开始向多渠道方向发展。接着推出了以下改革举措：一是允许出版社自办发行；二是扶持集体、个体书店的发展；三是转变新华书店总店及省级新华书店的管理职能；四是从允许省会城市店向当地出版社直接进货发展到允许所有新华书店都可直接到出版社进货；五是推行征订经销和寄销形式，等等。之后，我国长期以来实行单一渠道流通的状况开始改变，如图 9-1 所示的多渠道流通局面开始形成。

图中上部双线箭头所示，是目前我国出版物流通的主渠道，也即出版物流量最大的渠道。经由该渠道模式流通的图书，要占国内图书市场流通总量的大部分。它实际上包括了两种渠道模式：一种是出版社→新华书店发货店→新华书店销货店→读者；另一种是出版社→新华书店发货店→新华书店销货店→集体、个体书店→读者。在第一种渠道模式中，新华书店销货店为单

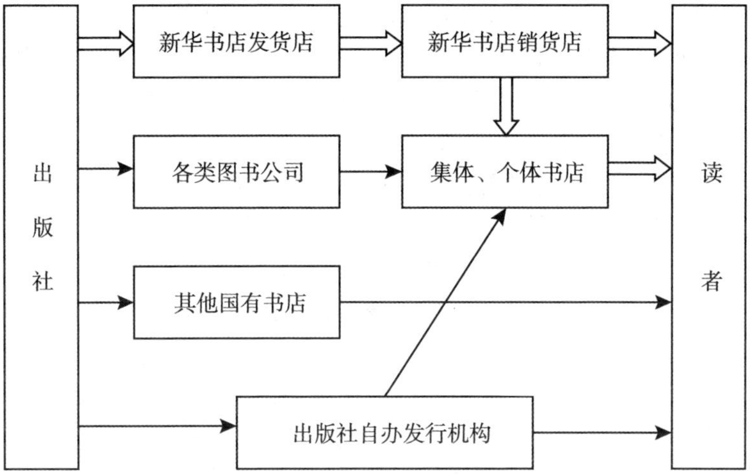

图 9-1　我国出版物流通渠道现状图

纯的零售商；在第二种渠道模式中，新华书店销货店担负了二级批发商的角色。

以各类图书公司为流通起点的渠道前几年非常活跃，后由于多种原因不少图书公司相继倒闭、转行。但最近几年，出版领域又迅速崛起了一批经国有资产重组而形成的新型图书公司，如辽宁新华布老虎发行有限公司、上海中科图书发行代理有限公司等。这些公司的运作能较好地适应市场竞争的需要，显示出较强的活力。

出版社直接向集体、个体书店批发图书，也是一种重要的渠道模式。随着出版社自办发行规模的扩大，大多数出版社都设立专门的批发部门向集体、个体书店批发图书；从 2003 年 8 月 1 日开始，具备条件的集个体书店可以开展图书总发行业务与图书批发业务。由此而使这一渠道也成了图书流通的主渠道。

图中所列的其他国有书店，是指除新华书店之外的其他专门从事出版物流通组织活动的国有发行机构，如外文书店、古籍书店等。由此类国有书店担负某些中文新书的总发行任务，也是图书发行体制改革之后在 1987 年才开始的。此类流通渠道的开辟，为出版社选择总发行者提供了条件。但此类国有书店自身网点不多，所以以此为起点的流通渠道目前实现的图书流通量还十分有限。

出版社自设门市部直接向读者零售，是一种产销结合式的直接流通渠道。此类渠道的主要作用是直接沟通出版社与读者的联系。通过门市流通，传递本社的出书信息，反馈读者需求信息。一些出版社的自办门市部还开展邮购服务，接受读者预订，以良好的服务满足读者的需求。

2. 我国图书发行渠道的改革

近几年来，我国出版物流通渠道的改革取得了一定的成果，多渠道流通的局面已初步形成。但同时我们也应该看到，与国外的出版物流通渠道相比较，与我国出版事业发展的需求相比较，我国目前的出版物流通渠道体系还有进一步改革与完善的必要。为此，我们特提出改革与发展我国出版物流通渠道体系的若干设想。

总的思路，是要建立一个既符合我国国情又符合出版物商品流通客观规律要求的流通渠道体系，要开辟更多的流通渠道以适应出版物流通总量日益增多的要求。对这样的流通渠道体系的具体构想如图 9-2 所示。

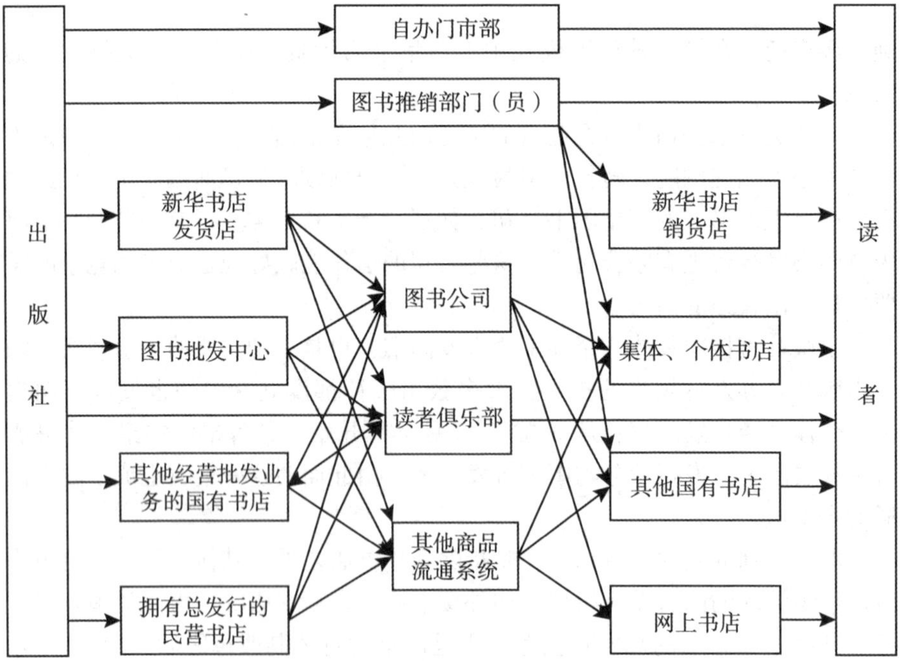

图 9-2　我国未来出版物流通渠道体系

图 9-2 所列的未来出版物流通渠道体系，与我国目前出版物流通渠道体系的不同之处，主要是增加了以下五种渠道模式。

(1)增设了以民营书店为首要环节(总发行)的流通渠道。由中华人民共和国新闻出版总署颁发、自 2003 年 9 月 1 日起施行的《出版物市场管理规定》中，做出了允许民营书店从事图书总发行的规定，目前，以山东志鸿教育集团为代表的数家民营书业企业已获准成为图书总批发商。因此，以民营书店开展总发行的民营批发渠道模式，在未来的我国图书流通格局中将会成为一股不可忽视的力量。

(2)通过图书推销部门(员)组织图书流通。与国外图书发行渠道中的推销公司一样，各出版社组建的图书推销部门以推销本版书为主，也可以为许多家出版社推销图书，既可以向国有书店的销货店推销，也可以向各类图书公司或直接向集体、个体书店推销，还可以直接向读者宣传推销，尤其是向图书馆之类的团体读者推销。

(3)组建读者俱乐部协助推销图书。通过读者俱乐部推销图书的情况，在国外十分普遍，我国也曾有个别出版社试行过，但还没有形成一种发行渠道模式。所以应该提倡较大的出版社与批发店积极筹组自己的读者俱乐部。在读者俱乐部有了较大的发展后，就可通过读者俱乐部推销图书。

(4)通过其他商品流通系统发行图书。除已经建立的国有商业售书点、供销社售书点之外，还可开辟某一专门商品流通系统从上至下系统发行的渠道，如出版社→文化用品公司→文化用品商店→读者；出版社→生产资料公司→生产资料门市部→读者；出版社→邮政局→邮政支局→读者，等等。通过供销社售书点流通图书，还可以考虑利用供销社本身的系统开辟渠道，如通过省供销总社往各县供销社批销图书，再由各县供销社向基层供销社批发。这样，供销社售书点既可以向县新华书店进货，也可以通过供销社的图书发行网络进货。

(5)通过网上书店组织出版物流通。我国的网上书店诞生于 1995 年，当时中国书店开办了国内第一家网上书店，1997 年杭州新华书店开办了新华书店系统的第一家网上书店。以后的短短几年，国内的网上书店如雨后春笋，迅速增多。目前全国网上书店难以数计，其中以当当网上书店和卓越亚马逊网上书店最为有名。通过网上书店售书，具有以下优势：一是供应产品数量多，品种全，方便读者选择；二是不受时空局限，使读者购书随时随地都可以进行；三是能提供增值服务，网上书店能充分发挥其网络优势，为读者提供多种多样的服务，如新书推荐、畅销书排行、读者评论、作者访谈、专家点评等诸多栏目，使读者既可以全方位地把握图书信息，又可以进行在线讨论，交流心得；四是能为读者提供便捷的检索方式和多种检索途径，方便读者找书；五是运行效率高，价格相对低廉。由此可以断定，通过网上书店组织出版物流通，将是未来出版物流通渠道发展的重要方向。

除了新增加的五类流通渠道之外，对原有的流通渠道进行整理与疏通，也是我国出版物流通渠道改革的重要内容。如将原来的图书公司直接向出版社进货调整为通过开放式的图书批发中心等代理商进货，疏通出版社向新华书店销货店直接批销的渠道，等等。

通过新增渠道以及对原有渠道结构进行必要的调整，来建立符合出版物流通客观规律要求的渠道体系，是发展我国出版物流通生产力的必由之路。

【思考与练习】

1. 承担图书流通组织任务的中间商有哪几类？它们的主要区别是什么？

2. 出版宣传促销方式按信息媒介划分有哪些基本类型？它们各自的适用范围是什么？

3. 什么叫出版物批发？什么叫出版物零售？它们的主要区别是什么？

4. 简述出版物调剂的作用及其基本方式。

5. 什么叫买断经营制？目前我国与之相应的图书购销形式有哪几种？它们各自的基本含义及主要区别是什么？

6. 什么叫图书发行代理制？其主要的实现形式有哪几种？为什么当前应当积极推行图书发行代理制？

7. 现阶段出版社自办发行的主要目标应该是什么？为什么？

8. 什么叫出版物流通渠道？它的基本结构有哪几种？

9. 试述我国图书流通现状及其未来发展。

10. 以某家出版社为例，说明出版社应该如何开拓发展本版书的流通渠道。

第十章　出版活动的经济效益与社会效益分析

☞ **内容要点：**

本章阐明了出版经济效益与社会效益的概念及其相互关系，介绍了考察评价出版两个效益的原则与标准，探讨了实现出版两个效益的主要途径。

☞ **学习目的：**

通过本章的学习，了解出版经济效益与社会效益的含义，认清两者的关系，熟悉考察评价出版两个效益的原则与标准，掌握实现出版两个效益的正确途径。

☞ **关键术语：**

出版经济效益、出版社会效益、成本利润率、销售利润率、资金利润率、销售增长率、再版重印率、资金运用效能、出版企业的商品资金、出版企业的非商品资金、出版企业的结算资金

由出版活动的性质决定，出版业经营者在组织出版物的生产与流通时，既要讲经济效益，又要讲社会效益。研究出版活动的经济效益与社会效益问题，对发展社会主义市场经济条件下的我国出版事业有着非常重要的现实意义。

第一节　出版经济效益与社会效益的概念及其相互关系

长期以来，在我国出版领域，有不少人对出版经济效益与社会效益概念的理解太狭隘，所以总感到这两个效益经常处于矛盾状态。在这种思想指导下，我国出版业的发展也经常被“左”的阴影所笼罩。因此，我们研究出版的两个效益，先从概念谈起。

一、出版经济效益的概念

出版经济效益，是指在组织出版物的生产与流通的过程中所占用与耗费的劳动同在满足读者消费需求中所实现的出版物商品价值和使用价值的比较。出版物从资源变成产品，又从生产领域传送到读者手中的全过程，需要占用和耗费大量的劳动，其货币表现就是出版物的生产成本与流通费用，也即经营者从事出版物的生产流通活动所发生的一系列开支。同时，它也取得一定的经济成果。从出版物再生产全过程考察，出版活动的成果直接表现为出版物商品交换的数量。由于出版物作为商品，是价值和使用价值的统一体，所以，出版过程所取得的经济成果，实际上就是最终实现的出版物商品价值和使用价值。

对出版的经济效益，我们可以从以下几个方面来理解：

(1)从范畴上看，出版经济效益是指在经济上所表现出来的利益，而不是经济以外的其他利益。在出版活动中，经营者除了取得经济上的利益之外，还会取得社会的、环境的以及其他方面的效益。比如出版发行《邓小平改革开放与经济发展思想研究》，该书售出之后，扣除生产与流通成本，经营者可获得一定的纯利润。同时，该书的使用价值得到实现，党的改革开放政策进一步深入人心，改变了人们的思想观念，加快了各地经济发展速度，获得了良好的社会效益。可见，经济效益与社会效益以及其他方面的效益是紧密相连的。但它们是不同的概念、不同的范畴。我们这里所讨论的经济效益，就是指直接在经济方面表现出来的利益。

(2)从质的规定性上看，经济效益是指各种具体的有效的经济利益，而不是泛指一般的经济成果。它是经济成果与出版物生产和流通中所耗劳动的比较，是一种比率关系。通过价值形式表示，就是出版物生产流通费用额或资金占用额同出版发行利润之间的比率。它既不是出版物的产值额，也不是出版物流转额或纯粹的利润额，而是一种利润率。

(3)从量的规定性上看，经济效益可以通过各种数量关系表示出来。经营者从事出版活动所获得的有效的经济利益，是可以而且必须进行定量计算的。在每项具体的出版发行运作中，投入一定的人力、物力、财力，到底产生多大的经济利益，不能单靠定性的分析，更不能笼而统之进行估计，而必须实实在在地进行量的计算。只有在计量的基础上进行定性分析，才能准确地测定经济效益的大小。

(4)从概念外延看，出版经济效益是指在组织出版物生产和流通活动过程中所取得的经济利益，而不是社会实践中所获得的效益。对于每个具有独立法人地位的出版业经营者来说，除了从事出版物的生产与流通之外，还可能从事其他的社会经济活动，如出租门面、开展文化用品经营、投资经营房地产等，在这些活动中也必定获取一定的经济效益。但这些活动中所取得的经济成果不表现为出版物价值和使用价值的实现，因此不能称为出版经济效益。可见，出版经济效益与出版发行企业的经济效益是两个不同的概念。从出版再生产过程考察出版经济效益，是由各个阶段所取得的效益综合起来的整体效益，每个阶段所取得的经济效益大小，都直接影响出版经济效益的大小。

二、出版社会效益的概念

在现代社会中，任何一项实践活动都不可能孤立地封闭地进行，而必然要与其他社会实践活动产生联系。因此，任何一项社会实践活动，除了能取得一定的经济效益之外，都要对社会产生一定的影响。这种社会实践对社会生活所产生的影响称为社会效果。在出版发行领域，任何一种出版物的生产与流通活动，都会或好或坏地对社会生活产生影响。有的出版物能激励人们奋发向上，此类出版物的生产与流通就能对社会产生有益的影响；有的出版物内容淫秽、反动，此类出版物的生产与流通就会对社会产生有害的影响。所谓出版社会效益，是指出版物生产与流通活动给社会带来的有益于社会前进发展的影响与作用。

对出版社会效益，我们也可以从以下几个方面来理解。

(1)从质的规定性上看，出版社会效益是指出版活动对社会所产生的好的影响与作用。我们首先应当明确，社会效益是指已经发生效果，而不是指可能产生的影响，它是一种客观存在。经常见到一些报刊上有“社会效益如此好的图书，居然不能出版”之类的文字，这就是对出版社会效益的质的规定性缺乏认识的表现。其次，还应当指出，出版社会效益是一个正概念，是指出版活动对社会产生的有益的影响与作用，那些不能对社会产生良好影响的出版活动就没有什么社会效益可言。有益于社会可以通过许多标准来衡量，而最关键的只有两条：一是有利于社会稳定，二是有利于社会发展。具有这两项功能的出版活动，就能取得良好的社会效益。

(2)从范畴上看，出版社会效益是指出版活动给社会带来的利益，而不是指出版活动组织者自身所获得的利益。也就是说，出版社会效益强调的不是经营者的个人利益，而是社会整体利益。每一项具体的出版活动，直接的效果都是使经营主体自身获得了一定的利益，这种利益以经济利益为主；在自身获得利益的同时，也要给社会带来好处，这种给他人或全社会带来的好处，就是社会效益。这里，“社会”是一个抽象的概念，它不仅包括了社会公共利益，也包括了每个社会成员的具体利益。到监狱里去售书能取得良好社会效益，就是从后一种意义上说的。

(3)从概念外延看，根据每项出版活动所影响的社会生活面的不同，出版社会效益也由多方面的效益共同构成。其中至少应包括：①政治效益，即通过出版活动在广大社会成员中倡导树立进步的人生观，宣传党的路线、方针和政策，增强人们的政策观念与法制观念，提高人们的思想觉悟和道德水平，从而对社会政治生活产生好的影响；②文化效益，即通过出版进行文化传播和文化积累，从而使社会成员的文化知识水平得到提高，使整个社会的文明程度得以改善，使国家与民族的文化财产越来越丰富；③宏观经济效益，即通过出版活动，促进社会生产力的发展，使出版者以外的其他国民经济部门、单位及其成员获得经济上的效益，如通过一本实用科技书的出版与发行，使某个农户发家致富，使某家行将倒闭的工厂起死回生，等等，所获取的就是此类社会效益；④娱乐效益，即通过出版活动，使社会成员能在紧张劳动之余从出版物中获得轻松愉快的享受，从而消除疲劳、调节情绪，以保持充沛的精力用于下一次的劳动。使读者获得积极的休息与娱乐，对于社会的稳定与发展也有一定的好处，所以娱乐效益也是出版社会效益的重要组成部分。从读者的购书动机与阅读目的看，消遣娱乐性的购买行为仍占有相当大的比重，满足此类消费需求，也是出版工作者应尽的职责。总之，出版社会效益是一个外延十分广泛的概念。

三、出版发行经济效益与社会效益的关系

出版经济效益与社会效益，是互相依存的对立统一关系。早在50多年前，我国出版界的前辈邹韬奋先生在谈到书店的事业性和商业性的关系时就曾对此进行了精辟的分析。他说：“因为我们所共同努力的是文化事业，所以必须顾到事业性，因为我们是自食其力，是靠自己的收入来支持事业，来发展事业，所以同时必须顾到商业性，这两方面是应该相辅相成的，不应该对立起来的。”“不但如此，我们为着要发展事业，在不违背我们事业性的范围内(我们当然不能为了赚钱而做含有毒菌落后的事业)，必须尽力赚钱，因为我们所赚的钱都是直接或间接地用到事业上面去。”①邹韬奋先生所讲的

---

① 赵晓恩．出版企业管理概论[M]．北京：东方出版社，1991：45.

事业性与商业性的关系，就是我们今天所讲的出版社会效益与经济效益的关系。

对出版社会效益与经济效益之间存在的这种互相依存的对立统一关系的具体理解，我们可以从以下三个方面来认识：

1. 出版社会效益是经济效益实现的前提

出版活动的根本目的，是为了充分满足广大人民群众对各类出版物的需求，这是由社会主义的基本经济规律所决定的。在前面的章节中我们已经多次提到过，出版物是知识信息的物质载体，它的使用价值首先在人们的精神生活中实现，人们一旦受到出版物中所蕴含的知识的熏陶而形成了正确的思想认识，就会千百次地产生正确的行为。所以，通过出版物影响与指导人们的社会实践活动，其意义特别深远。因此，我们在组织出版物的生产与流通活动时，必须首先考虑该项活动一定要对社会有益。也就是说，要把出版社会效益放在首位。

所谓以社会效益为前提，就是说每一项出版活动都必须在保证能够产生社会效益的情况下去实现经济效益；那些不能对社会产生良好影响的出版活动，即使经济效益十分诱人，经营者也应该不为所动。这不仅是出版活动的性质所决定的，也是社会主义出版工作者职业道德的要求。俗话说："君子爱财，取之有道。"社会主义出版工作者，也应遵循这一原则，使自己所开展的每一项职业活动，都能有益于读者，有益于全社会。

2. 出版经济效益是实现社会效益的重要条件

讲求经济效益，是一切社会经济活动的共同要求。在社会经济活动中，人们都要力求用最少的耗费去创造更多的有用成果。如果所得少于所费，人类将无法生存下去。正如恩格斯所说的那样："劳动产品超出维持劳动的费用而形成剩余，以及社会的生产基金和后备基金靠这种剩余而形成和积累，过去和现在都是一切社会的、政治的和智力的发展的基础。"①就出版物与一般商品的共性而言，其生产与流通仍属于商品生产与商品流通的范畴，出版业作为一个产业存在，是一项专门的社会经济活动。所以，与其他的社会经济活动一样，出版必须讲求经济效益。

归根到底，出版社会效益的实现，是出版物使用价值发生作用的结果，而出版物使用价值的实现，是以出版物商品价值的实现为条件的。道理很简单，内容再好的出版物，如果价值没有实现，就意味着仍滞留在书库里而未

① 恩格斯．马克思恩格斯文集(第9卷)[M]．北京：人民出版社，2009：202.

能被读者所用，这样，又怎么能对社会产生影响？出版经济效益的实现，意味着耗费了一定劳动后，出版物价值得到了实现。在出版物价值实现的同时，其使用价值也转移到了读者手中，在满足读者的精神文化需求中对社会产生着有益的影响与作用。正是从这种意义上讲，出版经济效益的实现是实现其社会效益的重要条件。

3. 出版社会效益与经济效益互相依存，既统一又矛盾

早在1983年，中共中央、国务院就在《关于加强出版工作的决定》中指出："社会主义的出版工作，首先要注意影响精神世界和指导社会实践活动的社会效果，同时注意出版物作为商品出售而产生的经济效果。出版部门要坚持质量第一，尽最大努力，把最好的精神文化食粮供给人民。"这是对出版经济效益与社会效益相互依存关系的进一步明确。

出版经济效益的获取，离不开商品价值的实现；出版社会效益的获取，离不开商品使用价值的作用。出版物商品价值的同一性决定了出版两个效益相互依存的必然性。经营者如果不按照社会稳定与发展的需要来组织对社会有益的出版物的生产与流通，就不能有效地开拓市场、扩大销售，出版的经济效益就不会提高；而出版者如果不以尽量少的劳动耗费去实现尽量多的出版物的商品价值，那么出版活动对社会的影响也就受到了限制，出版社会效益的实现也就要受影响。

出版经济效益和社会效益作为出版领域的一对矛盾，也和其他矛盾一样，既具同一性，又具斗争性。同一性除了上面所说的互相依存关系之外，还有很重要的一个方面，即我国出版业以公有制为主体构成的产业特征，决定了在大多数情况下，出版两个效益是统一的。我国的出版社，都是国有制单位，由党和政府实行集中统一的管理，这就使得一般情况下出版物生产过程能将保证内容质量放在首位。最近几年实行的出版社年检制及不断地进行的装印质量抽检制，也对出版物质量把关起到了很好的督促作用。在出版物内容质量有了保证的前提下，出版物流通量越大，经济效益越好，出版物对社会产生的影响就越大，社会效益也就越好。所以，在大多数情况下，出版两个效益是能够统一的。

应当承认，出版经济效益与社会效益有时也会出现矛盾对立的情况。其内在原因是：两者之间，一个强调的是企业目标，一个强调的是社会目标。我国目前还处于社会主义初级阶段，还存在着国家利益、集体利益及个体利益相互之间的矛盾，企业目标与社会目标还不完全统一。加上在社会主义经济运行机制转换过程中存在政策滞后现象及某些人为因素的影响，使得出版两个效益之间常常出现矛盾对立的情况。

出版两个矛盾对立的情况有两种：一种是经济效益受影响，却能较好地实现社会效益，如对一些政策性亏损品种的生产与流通，一些印数少的科技书籍的出版，向一些边远偏僻地区发行图书等，就属于此种情况；另一种情况是经济效益虽好，但影响社会效益的实现，如一些经营者盲目追逐市场，大肆发行内容不健康的书刊，还有的违反出版政策规定，擅自提价销售图书，还有的盗版盗印图书，等等。这样做尽管提高了本单位的经济利益，却不利于出版社会效益的实现。

出版两个效益的矛盾对立，不利于出版事业的繁荣与发展，因此必须尽力克服。但两类矛盾对立属于不同的性质，所以必须通过不同的办法来解决。对于第一类矛盾，需要国家通过经济政策的调整，来达到改善运行机制，实现图书两个效益统一的目的。比如通过改变统一折扣率的做法、实行差别税负制、对政策性亏损品种实行补贴等办法，从经济利益上向边远偏僻地区的图书流通活动倾斜，以调动经营者从事边远偏僻地区图书流通的积极性等。对于第二类矛盾，主要通过加强市场管理，监督经营者遵纪守法经营，以及提倡与鼓励经营者自觉地坚持经济效益服从社会效益的原则等办法来解决。

第二节　对出版两个效益的考察与评价

科学地考察与评价出版经济效益和社会效益，对于坚持出版活动的正确方向，端正出版业从业人员的经营思想，规范经营者的市场行为，以及寻找提高出版两个效益的有效途径，都有着十分重要的意义。

一、考察评价出版两个效益的原则与标准

要科学地考察出版两个效益，必须把握好正确评价两个效益的原则与标准，这是一个统一认识的基础。以往人们对出版两个效益的评价常常出现争论与分歧，就是因为缺乏评价的原则与标准而无法求得统一认识的缘故。

1. 考察评价出版效益的原则

出版的经济效益与社会效益是互相依存的关系，两者的实现，都要以图书在市场上的成功交换为条件。所以，我们在考察评价出版的两个效益时，更坚持出版经济效益与社会效益统一考评的原则。这一考评原则由以下三项具体内容组成：

(1)以出版的社会效益为前提进行考评。只有在保证良好社会效益下取得经济效益，才值得肯定。不顾社会效益而单纯为经营者自身的经济利益而不择手段地牟取暴利的行为是奸商行为，与社会主义出版活动的本质特征是格格不入的。我们在考察出版经济效益时以社会效益为前提，就能督促经营者坚持出版的正确方向，保证出版双效益的统一实现。

(2)坚持生产效益与流通效益统一考察评价的原则。我们前面已经提到，出版的整体效益由各个工作环节的效益共同构成，这些不同工作环节的效益尽管有着各自不同的计算标准与方法，但最终都通过出版整体效益体现出来。出版物的生产与流通则是出版全过程的两大基本环节。生产与流通的效益有着不同的计算方法，但最终也必须通过整体效益体现出来。因此，考察评价出版两个效益，要坚持生产效益与流通效益统一考察评价的原则，以督促生产者按照利于扩大流通的要求组织生产，也引导流通组织者按照促进生产发展的要求来追求流通环节的利益。

(3)考察评价目前效益要与长远效益的考察评价相结合。一般来说，目前的经济效益比较明显、比较直接，因而容易引起人们的注意和重视，但经营者决不能因此而忽视出版业的长远发展。尤其是实行经营承包之后，短视利益观容易滋生，如不重视设备的维修、保养，忽视对职工的培养教育，压缩正常的基建投资等。坚持目前效益与长远效益的考察评价相结合，有利于引导经营者放眼未来、统筹规划，使出版活动具有可持续发展的动力。

2. 评价出版两个效益的标准

遵循以上原则，我们可以从以下三个方面对出版的经济效益和社会效益进行综合评价：

(1)出版物生产目的的实现程度。出版物生产的根本目的，是最大限度地满足整个社会及其成员日益增长的精神文化需求。出版物生产过程的效益追求，就是在这种满足广大读者的精神文化需求中实现的。出版物生产目的的实现程度，可以通过出版物生产对社会精神文化需求的适应程度反映出来。出版物生产对需求的适应，主要包括以下四个方面的内容：一是产品的内容是否适应广大人民群众的精神文化需求；二是出版物生产数量是否能充分满足读者的需要；三是出版品种结构是否能适应读者消费结构的变化；四是出版物生产时间是否能与读者消费需求的时间相适应。由这四个方面内容构成的出版物生产与读者精神文化需求相适应的状况，既关系到出版物生产环节效益的实现，也关系到出版物流通环节效益的实现；既关系到出版物经济效益的实现，也关系到出版社会效益的实现。可见，出版物生产目的的实现程度，是评价两个效益的首要的标准。

(2)出版物流通基本职能的实现程度。出版物流通的基本职能，就是组织出版物市场的商品交换。通过出版物流通，为生产者缩短买卖商品时间，就能加速出版物的再生产过程。马克思指出："流通时间的延长和缩短，对于生产时间的缩短或延长，或者说，对于一定量资本作为生产资本执行职能的规模的缩小或扩大，起了一种消极限制的作用……流通时间越等于零或近于零，资本的职能就越大，资本的生产效率就越高，它的自行增值就越大。"①因此，流通时间的快慢，关系到出版物流通基本职能的实现。出版物经过流通过程的速度越快，在一定时间内通过流通领域的商品量越大，也就意味着出版物流通的基本职能实现越好。流通基本职能实现越好，就不仅能使流通过程本身能取得较多的经济效益，而且能使出版物生产过程的经济效益得以实现。并且在出版物内容质量能够得到充分保证的前提下，出版物流通速度越快，流通量越大，对社会产生的有益的作用也就越快越大。所以，出版物流通基本职能的实现程度，也是评价出版两个效益的重要标准。

(3)一定经济成果上的劳动耗费程度。衡量出版效益的大小，不仅要看到取得了多少实实在在的劳动成果，而且要看到耗费了多少劳动才取得这些成果的。不同的出版者，由于多种原因，耗费等量的劳动，不一定能获得同样多的经济成果；取得同样的经济成果，不同经营者所耗费的劳动量也会有别。除去各种客观影响因素(如市场条件、政策变化条件、经营机构的地理位置等)，一定经济成果上的劳动耗费程度就能直接反映出经营者的主观努力程度以及出版活动的组织管理水平。所以，它也是评价出版两个效益的基本标准。

上述三个标准中，有的侧重从流通角度考察，有的侧重从生产角度考察，有的则从综合角度考察，三者相结合，就较好地体现了评价出版两个效益的原则要求。

二、出版经济效益的考察与评价

正如前面所说，出版经济效益是所耗劳动与所得经济成果的比较，具有量的规定性。所以我们对出版经济效益进行考察与评价时，必须进行实实在在的量的计算。量的计算不能杂乱无章地进行，而必须根据各种出版活动过程的真实数据，按事先设计好的指标体系准确计算。

---

① 马克思．马克思恩格斯文集(第6卷)[M]．北京：人民出版社，2009：142.

各出版单位所承担的具体经营业务不同，考察评价经济效益的指标体系也会不同。根据我国出版业经营者的具体情况，我们重点对出版社与书店的经济效益考察评价指标分别进行介绍，以利于操作。出版社所设的发行机构独立核算可参考书店的指标，书店所从事的出版物生产运作项目可参考出版指标进行考察评价。

1. 出版社经济效益考察评价指标体系

出版社是生产出版产品的组织者。它既要组织出版物的生产制作，又要负责将自己的产品销售出去。出版社的经济效益最终要体现在完成一个出版项目从生产到销售的完整过程之后能否获得实实在在的经济收益上。一个出版社能否获取经济效益，以及获取经济效益的多少，关键不在于这个出版社产出了多少质量优良的合格产品，而在于生产了多少销出去了的产品。

出版社的经济效益考察评价体系，由以下三部分指标组成：

(1)考核产品生产阶段经济效益的指标。产品生产阶段的劳动耗费是生产成本，所取得经济效果是产品的价值，也即产值。但正如我们前面所说，出版社能否取得经济效益还要看产品能否销售出去，所以，衡量出版社出版物生产过程中的经济成果不能以产值为标志，而应以产品的实际销售效果为标志。因此，考核产品生产阶段经济效益的指标是成本利润率，这是出版社在某项出版活动中或某一时期的出版活动中所获的利润额与生产成本额的比率。其计算公式如下：

$$成本利润率 = \frac{销售利润额}{生产成本额} \times 100\%$$

根据 1992 年 12 月 31 日财政部发布的《电影、新闻出版企业财务制度》及有关会计制度规定，从 1993 年 7 月 1 日起，出版单位发生的企业行政管理费、书刊销售费用和财务费用，不再计入书刊成本，而直接计入当期损益。所以上述公式中生产成本，实际包括七类费用，即：稿费校订费、纸张材料费、制版费、印刷费、装订费、出版损失、编辑经费。

(2)考核产品销售阶段经济效益的指标。出版社的产品销售，是将本版书推向市场的过程，既包括直接向读者销售，又包括向各类中间商销售。销售方式不同，付出的代价也就不同。所以，只能用销售利润率来对出版社产品销售阶段的经济益进行考核。其计算公式如下：

$$销售利润率 = \frac{销售利润额}{产品销售额} \times 100\%$$

和成本利润率一样，销售利润率既可按一定时期出版社销售产品的总额计算，又可以按一种出版物计算。

(3)考核出版社全部经营活动整体经济效益的指标。出版社全部经营活动的综合效益考察指标是资金利润率。它是产品销售利润额与各项资金综合占用的比较。其计算公式如下：

$$资金利润率=\frac{销售利润额}{固定资金平均占用额+定额流动资金平均占用额}\times 100\%$$

它反映了出版社资金占用所获的利润大小，是衡量出版社资金运用效能状况的一个主要指标。而资金运用效能，又是衡量经济活动效益的核心指标。

2. 书店经济效益考评指标体系

书店是专门从事出版物流通组织业务的出版机构，其经济效益考评指标也主要围绕出版物流通活动来设计。考核出版物流通经济效益的指标体系，大体由两部分指标组成：一是考核出版物商品流通时间的指标，据此可以考核出版物流通基本职能的实现程度；二是劳动耗费补偿指标，据此可以考核一定经济成果上的劳动耗费程度。这两部分指标既可以综合，又可以分解，从而使各个层次的指标构成一个体系。

考核出版物流时间的指标主要是资金周转率，既可用资金周转次数表示，又可用周转时间表示。计算公式如下：

$$资金周转次数=\frac{出版物销售额}{资金平均占用额}$$

$$资金周转时间=\frac{报告期天数}{资金周转次数}$$

出版物流通中所占用的资金分为流动资金与固定资金两类，考核资金周转率时可分别计算。

劳动耗费补偿指标主要是销售利润率。出版物流通中发行者所得利润是销售折扣去掉成本、税金及其他各项费用之后剩余的部分。所以，销售利润率又可分解成销售折扣率、成本率、税金率、费用率等指标。

资金周转率与销售率综合起来，可以形成一个综合性指标——资金利润率。它把经营者占用资金的多少同经营成果的大小直接联系起来，综合反映出版物流通的经济效益。它们之间的关系是：

$$资金利润率=销售利润率\times资金周转率$$

将上述各个层次的考察评价指标综合起来，就可以形成对书店经济效益进行综合评价的指标体系(见图 10-1)。

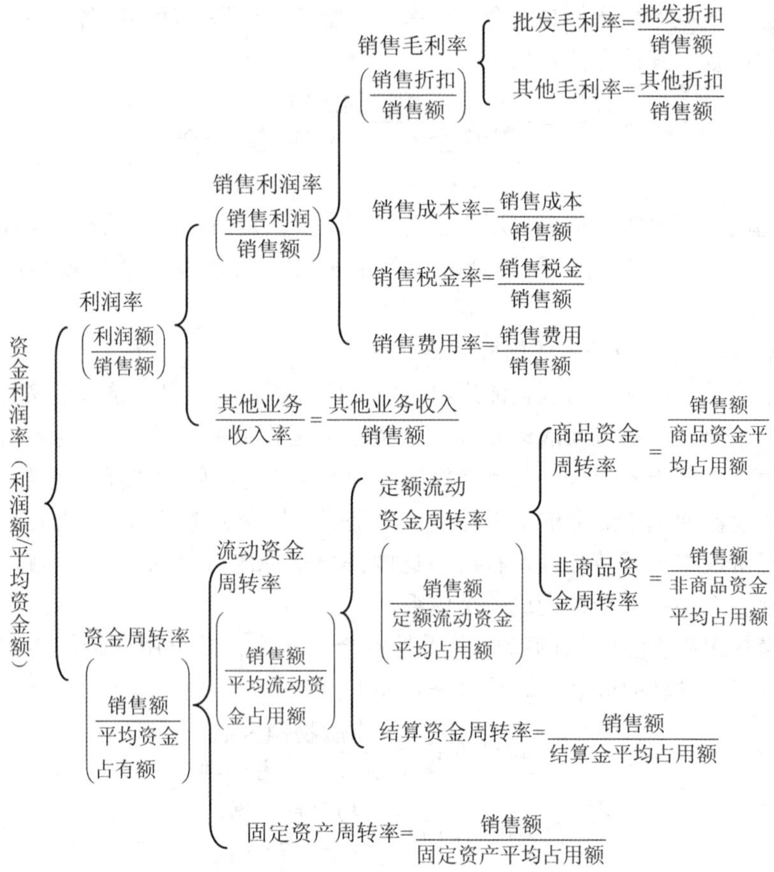

图 10-1　书店经济效益考核指标体系图

三、对出版社会效益的考察与评价

对出版社会效益的考察评价，要比考察评价出版经济效益复杂得多。这主要是出版社会效益自身特点所决定的。因此，在讨论出版社会效益的考察评价方式前，我们先对出版社会效益的特点进行简要分析。

1. 出版社会效益的特点

出版发行活动与其他社会与社会活动一样，要对社会产生影响，但出版发行影响社会的方式却与其他社会活动有着很大的差别。这一点我们在前面讨论出版物的生产与流通的特点时曾经进行过阐述。这就决定了出版社会效益与其他社会活动的社会效益相比也有着明显的差异。我们将出版社会效益的特点概括成以下三点：

(1)出版社会效益不具有量的规定性。出版活动对社会产生的有益影响与作用，主要是通过出版物使用价值对人们的精神生活产生影响来实现的。由于不直接影响社会物质生活，所以对其影响程度无法进行定量分析。举一个例子：浙江余姚县马渚区群众由于不懂养兔的技术，使幼兔死亡率在40%以上，严重影响养兔业的发展，后来经营者在该区大力宣传发行《长毛兔》一书，使幼兔死亡率下降到2%，兔毛收购量增加了8倍。应该说该项图书流通活动取得了十分明显的社会效益，这种社会效益是通过宏观经济效益表现出来的。然而，尽管马渚区群众养兔的经济效益可以计算，但《长毛兔》一书的作用到底占多大比例却无法准确地计算出来。

(2)出版社会效益的实现在很大程度上取决于读者的素质。在出版物使用价值潜移默化地影响读者的过程中，读者的自身素质决定其价值取向。由此决定同一种书对不同的读者会产生不同的作用。从同一部《红楼梦》里，道学家看到的是淫，史学家看到的是封建社会的没落史，政治家看到的是血淋淋的阶级斗争。即使是一些知识较单纯的科技著作，在经图书流通渠道进入消费领域之后，能否及时地对社会产生有益的影响，也是由读者来决定的，读者"消化"书中的知识内容，并使之转化为物质财富是一个非常复杂的过程。读者自身条件是这一转化过程的主导因素。所以，不管何种情况，读者素质对出版社会效益的真正实现都起决定性的作用。

(3)出版社会效益实现时间的滞后性。出版社会效益的实现，是通过出版物在为读者阅读利用的过程中慢慢体现出来的。从本质上讲，这是一个精神文化作用于社会的持久过程。这一过程一般由两个步骤构成，第一步是通过阅读，读者根据自己的理解接受出版物内容中所传播的精神文化；第二步是促进这些精神文化在现实的生活中应用。读者接受精神文化的过程是一个非常缓慢的过程，不能像物质产品满足消费者生理需求那样立竿见影；应用精神文化来影响现实的社会生活更要受着许多复杂因素的干扰而常常要经过一个漫长而曲折的过程，由此而使出版活动对社会的影响大大落后于出版过程，往往要在出版活动结束以后相当长的一段时间才能显现出来。

2. 出版社会效益的考察评价方式

出版社会效益的上述特点，决定了我们在考察评价出版社会效益时必须采用定性分析与定量分析相结合的综合考察评价方法。这种考察评价可以从以下几个方面进行：一是考核出版满足读者需要的程度；二是考核出版各项方针政策的贯彻执行情况；三是评价经营者在出版活动中的服务水平。

考核出版满足读者需要的程度，可以通过以下指标进行：①出版物品种结构，指进入消耗领域的各类出版物所占比重，品种结构合理，对读者需求的满足率就高；②销售增长率，以册数为单位进行计算的销售增长率越高，对读者需求的满足率就高；③再版重印率，出版物如果能根据读者需求不断地再版重印，对读者需求就能达到较理想的境界。

考察出版方针政策的贯彻执行情况，主要是进行定性分析。出版的方针政策是出版管理机关从社会目标出发对出版提出的规范化的要求。检查经营者是否贯彻执行了出版方针政策，也是考评出版社会效益的重要标准。分析内容包括：出版物内容是否健康；出版物生产与流通的具体操作有无违纪违法现象，如买卖书号等；出版物营销竞争手段是否正当；产品质量状况如何，如获奖书占有多大比重，等等。

评价出版服务水平，则既需要进行定量分析，也需要进行定性分析。定量分析的指标包括：①计划供应品种的按时供货率，如大中专教材及中小学课本的课前到书率；②预订品种的覆盖率，直接向读者预订的品种占全部生产品种的比例越高，出版发行工作质量就越有保障；③主动上门服务次数，等等。除此之外，还要考察服务项目、方式是否适应读者要求，工作人员的服务态度是否热情，服务设施与手段是否先进，读者(或顾客)对出版业经营者的服务是否满意，等等。但这些情况无法通过直接的数量关系表示出来，而只能根据实际情况进行具体分析。

第三节　实现出版两个效益的主要途径

两个效益的实现途径，可以从宏观与微观两个层次上进行分析。从宏观上分析，主要是从全社会的角度探讨应该如何为经营者创造能使其获取良好效益的宏观环境；从微观上分析，主要是探讨经营者自身可以通过哪些方面的努力来取得良好的经营效益。从宏观角度看，出版经济效益与社会效益的实现有着共同的要求，所以探讨提高两个效益的宏观途径也应一起分析；经营者自身的努力则分经济效益的获取途径与社会效益的实现途径，我们可以单独分析。

一、从宏观上看提高出版两个效益的途径

无论是经济效益的获取，还是社会效益的实现，都必须以出版物的市场交换为条件。在出版物内容质量合格的前提下，交换出版物的数量越多、速度越快，出版的两个效益就越好。所以，从宏观上看提高出版两个效益的途径，实际上主要是围绕出版物市场交换的顺利组织创造良好的宏观环境。

具体思路主要有以下三条：

1. 关系到出版事业发展全局的战略决策要准确

经济发展过程中，带有全局性的宏观战略决策是否正确，不仅关系到各生产经营单位，而且关系到整个社会经济的发展。在出版事业的发展中，战略决策决定出版事业的发展方向、步骤与道路，决策中的任何失误都会直接影响到出版两个效益的实现。

准确地对出版事业的发展战略进行决策，可以解决两个问题：一是使国家出版业的发展与整个社会的发展同步；二是使出版系统内各部门、各环节的发展协调。社会的发展，是出版事业发展的基础与条件。社会政治、经济、科技、文化如果没有相应的发展，出版物市场需求就难以提高，出版事业的发展规模与速度就要受到限制，如果不顾社会发展的现实状况而盲目地超前发展，则会造成严重的商品积压，从而使出版两个效益的实现受阻。如2008年以来，我国图书品种进入一个新的快速增长期，新书品种不断增加。2013年年初，国家新闻出版行政管理部门开展了图书质量专项检查，许多图书出版单位也主动压缩品种，在提高图书质量方面下工夫。到2013年年底，成效开始显现，年度新书品种数减少，动销品种数增长速度放缓，这不失为市场理性的一种体现(见表10-1)。

表10-1　　**近5年图书零售市场品种规模**

年份	2009	2010	2011	2012	2013
新书品种数	15.4万	16.9万	17.9万	20.5万	20.2万
动销品种数	99万	105万	114万	125万	126万

资料来源：北京开卷信息技术有限公司研究总监杨伟.2013年中国图书零售市场报告[R]. 2014-01-08.

此种超常规的发展带来的直接后果是每种书的印数急剧下降，发行总册

数在62亿册左右徘徊了10多年，直到新闻出版署强制推行战略性转移的措施，才使出版效益普遍下降的局面有所改变。

出版系统内部各环节、各部门协调发展，也是实现出版两个效益的重要条件。专业化分工虽然是社会化大生产的进步的产物，但如果缺乏强有力的管理与协调，就会成为生产力发展的桎梏。出版业的发展也是如此。出版系统各部门、各环节之间在运作机制、利益分配、操作时机、运作方式与手段等方面都能相互协调，就能保证整个系统的有序运行。

2. 建构适应市场经济要求的出版组织形式

出版活动是在社会主义市场经济体制全面推行的宏观背景下进行的，其组织形式也必须适应市场经济要求。合理的组织形式，能促进出版工作效率的提高，促进出版生产力的发展，因而对出版两个效益的实现也有着非常重要的促进作用。要使出版组织形式能适应市场经济要求，必须对计划经济时代形成的旧模式进行彻底改造，其中与出版两个效益的实现关系最直接的改造主要有以下几点。

首先，按市场经济机制要求重组市场主体。长期以来，我国的出版机构按行政区划布局，使一些出版机构长期生存于缺乏出版资源的地区，犹如在没有矿藏的地方所设置的矿山一样，效益十分低下；各地出版机构的规模也大体相当，既缺乏能对出版物市场起强有力支撑作用的大型出版发行企业集团，又缺少经营灵活且各具特色的小型经营实体；经营上缺乏必要的自主权，长期作为政府机关的附属物存在。这些特征使我国的出版发行机构，尤其是国有的出版发行机构很难适应市场经济的要求，因此必须进行改造。首先，要将国有出版发行机构按现代企业制度要求改造成公司制企业，使其成为真正的法人实体与市场竞争主体；其次，要通过资产重组、强强联合、竞争兼并等方式组建出版发行企业集团，打破各地出版机构大体平衡的格局；最后，还要改善宏观管理，尽量减少对出版企业经营的行政干预，使各类出版企业都能按市场机制要求进行运作。

其次，按经济区域发展要求规划出版物批发市场建设。批发市场是出版物商品交换的枢纽，发达的批发市场体系是扩大出版物流通范围、实现出版两个效益的非常重要的条件。批发市场建设要适应市场经济的要求，很重要的一点是不能按行政区划而应按经济区域来进行规划与建设。1996年年底，新闻出版署已做出在北京、上海、广州、武汉、沈阳、成都建设六大国家级出版发行中心的部署。除此之外，各省区及县市还需建设不同层次的批发市场，使之成为体系。这些市场的选址，就要考虑经济区域发展的要求。按经济区域建立起来的批发市场，能有效地节省出版物供、求双方的交易成本，促进出版物流通量的增长。

再次，按客观经济规律要求实行市场开放式经营。按客观经济规律要求组织经营活动，这是市场运作的基本原则。贯彻好这一原则需要有一个开放性的市场环境。目前，在我国出版物市场上，地方保护主义还严重存在。地区市场的相互封闭使全国统一的大市场被分割成了二三十个小市场。在封闭式的小市场里，粗制滥造的出版物可免遭淘汰、竞争的氛围往往被垄断所冲淡。长此下去对出版业整体的提高是十分不利的。所以，应采取必要的措施(包括立法)，彻底打破地区之间的市场封锁，提倡公正、公平的竞争，实行开放性经营。营造一个优胜劣汰的自由竞争宏观环境，对出版两个效益的实现十分有利。

3. 加强出版物市场管理，维护正常的经营秩序

经营秩序的好坏，对于出版两个实效的实现影响较大。如市场上“黄色”出版物和非法出版物泛滥，就会使健康的正式出版物的市场占有率下降。这不仅影响了出版这些健康的正式出版物的经济效益的实现，而且更严重的是这些“黄色”的和非法的出版物腐蚀读者，尤其是青少年读者的思想，污染社会风气，阻碍出版发行社会效益的实现。因此，必须坚持打击非法出版活动，保护合法经营者的利益。

要建立良好的经营秩序，关键是要加强对图书市场的管理。中共中央十二届四中全会以来，全国各地开展了一年一度的集中“扫黄”“打非”，取得了明显成效，严重混乱的图书市场初步得到了净化。国家新闻出版署有关整顿流通秩序、禁止党政机关发行图书、整顿协作出版、禁止买卖书号以及加强图书总发行的管理等方面内容的一系列文件的颁发，为正常的市场经营秩序的建立创造了条件。但由于目前图书市场管理上依然存在着种种问题，如管理法规不具体、管理机构不健全、管理部门责任不明确等，以及一些其他方面的原因，使得良好经营秩序的建立依然未能实现，非法出版活动仍屡禁不绝，个别市场管理部门甚至执法违法，因此，必须改革管理体制、健全管理机构，把图书市场管理由“突击性”变为“经常性”。为了保持管理部门应有的权威性，应当使经营与管理脱钩，切断管理部门与出版者或发行者在经济利益上的联系。并且，对管理部门要实行“责、权、利”相结合，管理好的，要给予嘉奖；对玩忽职守，给社会造成损害者，则需追究其渎职之责。市场管好了，正常的经营秩序建立了，出版两个效益的实现就有了保证。

二、从微观上看实现出版社会效益的途径

前面已经提到，出版活动对社会产生影响，是通过出版物间接地进行的，出版社会效益的实现在时间上具有滞后性。因此，对出版者而言，追求良好的社会效益，只能通过自身的主观努力为出版物对社会能够产生有效的影响创造良好的条件。从这种意义上讲，从微观上实现出版社会效益的途径，也就是出版企业营造社会效益实现的良好环境的途径。这些途径如下：

1. 把好出版物内容质量关，保证进入消费过程的出版物都是有价值的出版物

出版社会效益的实现，主要依靠出版物使用价值发挥作用。对于出版者来说，就是要为出版物使用价值发挥作用创造条件，也就是要确保进入消费过程的出版物的内容质量。

对于出版物生产者来说，从选题开始，就要重视出版物内容的文化品位与价值，要按照正确的价值标准把握好出版物的内容质量。衡量一种出版物是否有价值，是否值得出版，要看其内容是否符合以下五条标准：①有利于社会秩序的安定；②能促进社会生产力的发展；③能进行社会信息的交流传递；④能满足社会成员正当的文化娱乐要求；⑤有利于国内外思想文化的积累。能保证出版产品在内容上具有上述五项功能中的至少一项，就为出版物广泛传播之后能对社会产生有益的影响提供了保证。

对于出版物流通组织者来说，除了也要从内容质量上对流通品种进行选择把关之外，还要根据出版物内容性质的不同，把握好流通的范围。有些出版物，在合适的范围内发行，能对社会产生有效的影响；但如发行范围不合适，就不仅不能产生有益的影响，而且还有可能危害社会。如《金瓶梅》一书，具有文学史上的认知价值，在研究文学史的读者范围内流通，能使该书的出版发行具有积极的意义；但在广大公众中公开发行，则有可能使许多不懂文学史的青少年受到不良的影响。所以，流通范围的合理把握也是很重要的。

2. 通过为读者提供优质的服务来实现出版社会效益

出版企业为读者所营造的良好社会环境，除了内容健康的出版物之外，还包括为消费者所提供的优质服务。首先，要在出版发行时间上适应消费者要求，因为即使是经过严格的内容把关的出版物，如果没有及时使消费者得到，那么对社会的影响也要大打折扣，例如大中专教材与中小学课本如果不能做到课前到书，就会影响学校的正常教学活动。其次，要在出版发行方式

上千方百计地方便读者，尽量满足读者的要求。如果出版者仅满足于对出版物内容质量的把关，沾沾自喜于没有出版或发行过一本内容不健康的图书，而对读者中大量迫切而正当的需求却不予理睬，那么，从整体上看，出版社会效益就要受影响。所以，无论是出版社还是书店，都应该主动了解读者需求信息，积极地向市场推出受广大读者欢迎的图书，在充分满足各式各样的读者需求中实现社会效益。出版发行企业还要通过到读者中去开展上门服务、举办书展书市、设点摆摊等方式为读者提供主动服务，这样既能扩大流通范围，又能为读者节省购书的时间与精力，所以它也是营造良好社会环境的重要内容。

3. 积极开展健康有益的出版物宣传活动，向读者直接传播知识与信息

出版活动中通过海报、橱窗、书目订单、书刊广告等形式所进行的出版物宣传活动，除了能扩大出版物的影响，还能向社会传播知识与信息。例如，沈阳市新华书店皇姑区店门市部在宣传《吸烟与肺癌》一书时，除在橱窗里重点陈列该书之外，还绘制了烟中尼古丁对生命威胁的各类动物试验死亡结果图表，在图表下端还介绍了一个戒烟的药方，使每天来围观橱窗与抄录药方的人络绎不绝。这一宣传活动不仅促进了《吸烟与肺癌》一书的销售，而且还直接向读者传播了科学知识，即使不购书的读者也能从宣传品中受教育。可见，图书宣传活动本身也能直接获得社会效益。

出版企业积极开展出版物宣传活动，要解决好三个问题：一是要树立与市场经济要求相适应的宣传观念，包括宣传投资观念、宣传促销观念、宣传长效观念等；二是要加大宣传投入，要使出版物宣传活动具有一定的声势，这样才能对读者产生强大的吸引力，而造势的过程是需要较大投入的；三是宣传方式的多样化，要改变过去那种宣传方式单一、呆板的状况，调动一切公共传播媒介开展全方位、立体式的宣传。

大张旗鼓的出版物宣传活动，不仅为内容健康的出版物更多地进入消费过程起到了鸣锣开道的作用，而且也为良好社会环境的营造增添了一道亮丽的文化景观。

三、从微观上看提高出版经济效益的途径

对于出版企业来说，要提高出版活动的经济效益，一是要打开出版物产品的销路，二是要节约劳动耗费，包括活劳动与物化劳动的耗费。具体的措施有以下几条：

1. 面向市场组织出版物的生产与流通，努力扩大出版物销售

归根到底，出版经济效益的实现是通过产品销售来完成的。出版物销售量的大小，不仅关系到销售者本身的经济效益，而且也关系到出版物生产者经济效益的实现。扩大出版物销售不只是销售者的任务，而且也是生产者的任务，因为出版物销售量的扩大，必须以品种的适销对路为前提，所以要求出版业经营者都必须面向市场组织出版物的生产与流通。

面向市场组织经营活动，首先要求具有市场观念，出书发书一定要从市场需要(也即广大读者的需要)出发，要以满足广大人民群众的普遍需要为重点，选题组稿、编辑策划、图书定价、宣传推销等各个环节的运作都要多为读者着想。

面向市场组织经营活动，还要重视市场信息的收集与利用，要对市场有充分的了解。一些非常有针对性的好的出版产品的市场开发，都是在充分了解市场的基础上运作的。金盾出版社曾向市场推出过一本计算正在生长着的树木材积的书，就是该社推销人员在下基层书店推销过程中得到信息并深入地进行了市场调查之后才推出的。没有对市场的充分了解，这本后来发行了60多万册的畅销书当时能否问世还很难预料。

面向市场组织经营活动，更要重视市场开拓。与适应市场相比，开拓市场是经营者更为主动的运作，是面向市场的更高境界。开拓式的市场经营，一是要出创新的名牌产品；二是要用全新的运作方式；三是要造强烈的宣传声势。这三条既是开拓式经营的基本条件，又是经营者开拓市场的基本手段。做到了这三条，产品扩销的目的就不愁不能实现。

2. 加强劳动管理，提高劳动生产率

出版企业的一切经营活动，都必须通过人的劳动来完成。加强劳动管理，把劳动者合理地组织起来，使劳动者的劳动能力积极发挥出来，就能极大地提高劳动生产率。而劳动生产率的提高，实际上是相对节约活劳动耗费，这对出版经济效益的提高有着非常直接的意义

加强劳动管理，首先要对职工的劳动进行科学分工。要根据业务忙闲的规律要求，合理调配劳力，合理设置机构，合理安排工作任务与时间。要做到人人有事干、事事有人干。

加强劳动管理，还要推行岗位责任制。要将每个岗位的工作要求制订成标准，包括数量与质量标准，并督促每个岗位的工作人员执行好标准。要完善奖惩制度，对履行岗位职责好的职工实施奖励，并处罚违犯劳动纪律、完不成工作岗位职责任务的员工。

加强劳动管理，还要不断地对劳动者进行教育培训，以提高劳动者素质。教育培训的任务：一是知识教育，使每个职工都能随时了解出版业的新形势以及对业务工作提出的要求；二是职业道德教育，使每个职工都能爱岗敬业。劳动力素质的提高，能直接促进劳动效率的提高。

3. 加速资金周转，提高资金的运用效能

出版活动的每一道环节，都需要占用一定的资金。资金占用是一种物化劳动的耗费，减少资金占用，对出版经济效益的获取具有重要意义。提高资金的运用效能，就是要充分发挥各项资金的作用，使其在加速运转中不断地为出版者创造更多的价值。

出版活动中需占用的资金项目很多，其中尤以下几项资金的合理使用与出版经济效益的实现关系密切。一是出版物商品资金，即为储备出版产品占用的资金，包括库存图书与在途图书资金。此类资金的运用应该注意的是：在保证市场供应的前提下，要尽量压缩图书库存量，及时处理滞销压库图书，以减少库存图书资金的占用。要加强与供货方的联系，及时组织查询，到货后迅速验收入库，以减少在途图书资金的占用。二是非商品资金，即储备包装物、家具等物品所占用的资金，此类资金的运用要精打细算，以保证正常的流转需要为标准储备物品，并且要留心此类商品市场的物价变化，选择最佳的时机与品种购进。三是结算资金，即在正常结算过程中所占有用的资金，此类资金的运用，要坚持在正常结算前提下尽量少存现金及尽量减少银行存款的原则，让资金时刻处于不断运动之中；并且，要准确迅速地组织好与客户和读者之间的结算工作，该付的按时付出，该收的及时收回。三是固定资金，即购置固定资产占用的资金，此类资金的运用，要特别注意不要盲目扩大固定资产，一旦购置完成，就要充分发挥它们的作用，如建成的房屋要合理使用，店堂、仓库要充分利用，买回的汽车、设备要投入运行等。

4. 节约生产流通费用

出版的经济效益是劳动成果与劳动耗费之比。节约生产流通费用，就是尽量减少劳动耗费。这样，在劳动成果不变的情况下，劳动耗费越少，经济效益就越多。

要节约生产流通费用，首先要抓好职工的教育。要使出版企业的职工了解费用与效益的关系，树立效益观念，养成精打细算的习惯；要通过企业精神教育，培养职工的主人翁责任感与自觉性，在企业内形成人人讲节约、处处讲节约的风气。这样，节约生产流通费用就具有良好的群众基础。

要节约生产流通费用，必须加强财务管理。费用开支通过科学的计划进行控制，计划指标要落实到各个具体部门，一般情况下不应允许突破，计划外的开支要有严格的审批程序与手续来控制，要杜绝随心所欲地乱开支的现象；要制订非常具体的费用开支范围与开支标准细则，并督促全体人员严格执行；要经常进行各项费用的分析，及时发现与堵塞费用开支上的漏洞，挖潜力，不断降低费用水平。

要节约生产流通费用，还要注意抓好重点。在全部生产流通费用中，最主要的是银行利息、职工工资、出版物发运费用、商品损耗、差旅费、材料购置费及印制加工费 7 个项目。这 7 项费用，要占到全部生产流通费用的 80%以上，抓好了这些费用的节约，就为有效地降低生产流通成本提供了保证。

【思考与练习】

1. 什么是出版经济效益？对这一概念应该如何理解？
2. 什么是出版社会效益？对出版社会效益的概念应该如何理解？
3. 对出版经济效益与社会效益的关系应该如何理解？
4. 概述对出版两个效益进行考察评价的基本原则与指标体系。
5. 出版企业应该如何实现出版社会效益？
6. 出版企业应该如何实现出版经济效益？

第十一章　我国出版业的未来发展

☞ **内容要点：**

本章从知识经济、市场经济、中国加入 WTO 三个方面对我国出版业未来发展面临的新环境进行了描述；对我国出版业未来发展的主要特征进行了揭示；并对我国出版企业未来发展的思路与对策进行了探讨。

☞ **学习目的：**

通过本章的学习，认清我国出版业的未来发展所面临的社会环境，掌握我国出版业未来发展的主要趋势，并了解我国出版企业应该如何应对出版业的新发展。

☞ **关键术语：**

知识经济、桌面出版系统、直接制版技术、按需印刷、经营机制、WTO、最惠国待遇、统一国民待遇、连锁书店、正规连锁店、特许连锁店、自由连锁店、组织结构多元化、出版业运行机制、出版物购销机制、出版要素、Intranet、Internet、自主发展观、风险发展观、竞争发展观、跨越式发展观、企业三项制度、出版项目运作制、出版品牌、创新经营战略、整体经营战略、主动经营战略、联合经营战略

出版业的发展，离不开既定的社会环境。回顾我国出版业走过的道路，我们不难发现，社会政治、经济、文化、科技的发展，都会给出版业的发展打上深深的时代烙印。因此，探讨我国出版业的未来发展，必须认识出版业未来发展所面临的社会环境。

第一节　我国出版业的发展面临的新社会环境

进入 21 世纪的中国社会，正在发生着剧烈的变化，全球知识经济的发展、社会主义市场经济的深入推行，以及中国加入 WTO 等重要因素，为出版业的发展营造了一个崭新的社会环境。适应新环境的要求，我国出版业也

必然会出现一系列前所未有的变化。

一、知识经济的发展对我国出版业发展的影响

自20世纪90年代初，联合国经贸组织明确提出“以知识为基础”的经济以来，“知识经济”这个概念就成为一个全球性的热点话题。对于什么是知识经济，国内外许多专家学者提出了自己的看法。其中最具代表性的描述是国际经济合作与发展组织(OECD)的定义：知识经济是建立在知识和信息的生产、分配和使用之上的经济。知识经济与以往经济形态最大的不同点在于：经济的繁荣不是直接取决于资源、资本、硬件技术的数量、规模和增量，而是直接依赖于知识或有效信息的积累与利用。相对于以往的经济形态而言，知识经济具有：产业结构知识化、产品价值高科技化、资本投入无形化、经济发展可持续化、知识创新普遍化、世界经济一体化、管理决策理性化等具体特征。虽然在今天的现实世界中，知识经济并没有真正形成，但不应否认的事实是：知识经济的社会细胞已经出现并迅速地发展壮大。可以预见，知识经济全面形成的时代已为时不远。

知识经济社会的来临，对出版业发展的影响，主要表现在以下几个方面：

1. 知识需求量的增长为出版业的发展提供了有利的市场条件

知识经济是以知识信息的广泛应用为特征的知识。在知识经济社会，知识在社会发展中的作用与地位是其他社会经济形态无法比拟的。这一社会现实使人们追求知识的热情大增。在众多的知识传播媒介中，出版物作为一种普及性的大众传播媒介，也必然会随着人们追求知识热情的增长而更受广大社会成员的青睐。由此而使出版业这一知识资源积累最多的产业也成为知识经济时代社会最需要的一个产业。

归根到底，出版业的发展要靠市场消费量的不断增长来实现。知识经济社会的来临，使人们对知识的需求越来越迫切，需求知识的社会成员越来越多，作为知识载体的出版物的社会需求量也必然会越来越大。强大的消费需求，为出版业的发展提供了有利的市场条件。

2. 知识创新的发展，为出版业的发展提供了良好的资源条件

创新是知识经济的重要特征之一。人类社会之所以能不断进步，一个重要原因就是在原有知识的基础上进行不断的创新。知识经济社会，创新要求普遍化、社会化，知识创新的速度、方向决定着经济运行的成败，成为经济发展的内在驱动力，人们普遍重视创新，知识创新的队伍越来越大。知识经

济社会逐步形成的创新机制，催生了大批知识创新的成果，也培养了大批知识创新的队伍。由此而为出版业的发展提供了良好的资源条件。

俗话说，巧媳妇难为无米之炊。出版业是以人类对自然和社会的新认识为原料的内容产业，出版产品的质量与数量，取决于原创性作品的质量与数量，大批创新知识成果的涌现，充实了出版人的“米袋子”，为出版业的发展提供了足够的资源。

3. 先进科技的发展为出版业生产力的提高创造了优越的技术条件

知识经济时代也是先进的科学技术不断涌现的时代。一大批新的科学技术的涌现，催生出了以这些技术为主导的相关产业，如信息技术产业、新科技技术产业、空间技术产业、环境技术产业、新能源技术产业……这些知识经济时代支柱产业的逐步膨胀和扩大，不仅带动了整个时代的发展，而且也为出版业生产力发展创造了优越的技术条件。

以信息技术的发展为例，数字化信息处理技术的发展，导致了桌面出版系统的问世与直接制版技术的出现；信息网络传输技术的发展，又使得按需印刷成为可能。对于出版业的发展而言，桌面出版系统、直接制版技术、按需印刷技术的出现，都直接使出版生产力的发展一次次跃上了新的台阶。信息技术的发展，还为出版企业管理、出版物流通组织、出版营销决策等提供了新的技术支持，而这些出版要素的发展，也能间接促进出版生产力的发展。

由此可见，知识经济社会先进科学技术的发展对于出版生产力发展的促进作用是十分明显的。

二、市场经济的发展对我国出版业发展的影响

市场经济是以充分发挥市场机制在社会经济运行中的作用为特征的经济运动形态。与计划经济相比较，市场经济的基本特征可以用八个字加以概括，即：开放、竞争、效率、公平。

首先，市场经济是开放的经济。地区、系统、行业都要打破计划经济时代形成的封闭式经营状态，实行开放式经营。甲地的产品，可以到乙地的市场上去销售；甲行业的经营者，可以从事乙行业的经营业务。计划经济时实行的专业分工、行政性市场壁垒都不复存在。国内市场也将逐步向国外经营者开放。

其次，市场经济是竞争的经济。市场经济鼓励竞争、反对垄断。因为垄断阻碍生产力的发展，所以各国政府在立法中都强调竞争的合法性，都列出

条款防止垄断行为的滋生。一切行政性的垄断特权都将逐步取消，企业在市场中将主要凭自己的实力竞争、发展。

再次，市场经济是讲效率的经济。在市场机制的作用下，生产资源在市场信号的指挥下自由配置，使产品供应与生产切合客观实际需要，由此而能带来较高的运行效率。在市场经济条件下，办事讲效率、经营讲效益成为重要的社会信条。

最后，市场经济还是公平的经济。市场经济实行统一国民待遇，鼓励公开、公平、公正地竞争与交易。国家通过加强法治维护市场的经营秩序，经济生活中的政府保护、行政干预将会逐步取消。

以上述开放、竞争、效率、公平为基本特征的社会主义市场经济体制的不断完善，将从以下几个方面对我国出版业的发展产生重要的影响。

1. 促使我国出版业彻底转换经营机制

我国出版业长期按计划经济模式运行，为此而形成的经营机制也带有很深的计划经济痕迹。随着市场经济的深入推行，我国出版业的经营机制也将发生深刻变化。以市场为核心组织出版经营活动将成为势所必然。按照市场的需求组织产品的生产，根据市场信号配置出版资源，遵循市场规律要求处理好产销关系及企业内部各种关系等各项适应市场经济要求的经营机制与举措，都将在我国出版企业得到普遍运用。目前正在进行的出版机构由事业单位向企业转制，就为出版业经营机制的转换创造了良好的条件。

2. 促使我国出版业的结构发生根本性变化

我国目前的出版业结构，是在计划经济体制下逐步形成的。其基本特征可用五个“单一”加以概括。一是以国有资产为主的单一产权机构，二是以教材、教辅读物为主的单一产品结构，三是以行政区划为主的单一市场结构，四是以行政级别为主的单一主体规模结构，五是以专业分工为主的单一组织结构。以这五个“单一”为主要特征的我国出版业结构，其计划经济的特色非常突出。

随着市场经济的深入运行，计划经济下形成的这种结构平衡将会被逐步打破。通过开放性市场竞争，优胜企业将会获得跨越式发展，形成跨地区、跨所有制、跨行业、跨媒体经营的出版企业集团；通过多元化经营的发展而使出版单位对教材、教辅读物的严重依赖性逐步弱化；由于利益机制的作用，出版产业的资产构成也逐步变得复杂、多样，等等。这些变化都会促使出版业结构发生根本性变化。

3. 加快我国出版业的产业化发展步伐

产业是围绕某类产品的市场交换而形成的生产、流通企业和其他相关企业及其经营活动构成的经济系统。出版产业则是围绕出版物的市场交换而形成的出版物生产、流通企业和其他相关企业及其经营活动构成的经济系统。出版产业化是各种出版要素都能围绕出版产品的市场交换而运作的过程。产业化是逐步发展的过程，因为各种产业要素是逐步进入市场化运作轨道的。出版产业化的具体标志，至少包括了出版产品商品化、出版机构企业化、运行机制市场化、活动目标效益化、经营规模集约化等内容。

市场经济的发展，向出版业提出了产业化发展的要求，也为出版业的产业化发展创造了良好的条件。目前我国出版业正在进行的各项改革，如出版社的转制、新华书店的改制、出版企业集团的发展等，都是在市场经济体制的推动下向出版产业化方向发展所迈出的坚实的步伐。

三、我国加入 WTO 对出版业发展的影响

加入 WTO(世界贸易组织)，是我国社会发展史上一件非同寻常的大事，对我国经济，乃至整个社会的发展，都将产生重要的影响。WTO 的基本原则，由以下内容组成：一是成员不分大小一律非歧视地进行贸易，包括享受最惠国待遇和统一国民待遇；二是市场准入，包括逐步按各种协议要求开放市场，降低阻碍商品进口的高关税；三是促进公平竞争与贸易，包括防止用不正当的手段竞争，允许采用反倾销和反补贴措施以保护公平竞争；四是贸易政策法规必须公开、透明，包括政府制订的与 WTO 有关的法律法规必须公布，符合 WTO 要求的任何方面的情况和信息成员组织都有权获得。从这些基本原则可以看出：WTO 对促进全球经济的发展，对全球人类资源的充分利用，有着非常重要的意义。因此，我国积极申请，并于 2001 年年底正式获准加入了 WTO。

中国加入 WTO 之后，对我国出版业发展的影响，有短期与长期、直接与间接、积极与消极之分。现综合罗列几个方面进行简要阐述。

1. 促使出版人思想观念上发生很大变化

中国加入 WTO 之后，出版业的竞争由国内走向国际。出版业的国际竞争，促使出版人的商品观念、市场观念、效益观念、竞争观念进一步得到强化。出版物市场开放之后，国外的出版商要进入我国书业市场，我国的出版企业也要进入国际市场，使中外出版人接触的机会大为增多。在频繁的接触与文化交流中，发达国家的一些新的出版理念与思想观念，包括价值观、道

德观、消费观、人才观都会对我国出版人的传统观念形成强烈的观念冲击。

2. 推动我国出版体制改革的深入发展

在加入WTO的谈判过程中，我国政府曾就开放出版物市场问题做出过承诺。这些承诺的兑现，受到现行出版体制的制约。这也说明，我国现行出版体制中还有许多方面不符合WTO基本规则要求。加入WTO之后，要求我国的出版业也必须按照国际惯例来运作，出版体制改革，也要以此为方向。由此，一些以往改革中的瓶颈问题，如取消行政干预、彻底实行政企分开，实行统一国民待遇，将国有书业企业推向市场，等等，就有望在进一步的体制改革中得以解决。

3. 国外书业资本将会大举进入我国出版市场，促使我国出版产业结构发生深刻的变化

加入WTO后，我国已于2003年5月1日开放了出版物零售市场。自此到2006年年底，我国批准外资和港台投资的分销服务企业46家，其中14家有批发权。在报刊出版领域，2006年年底，中外期刊合作项目达52项。① 在全面开放政策推动下，外资企业低迷趋势逐渐好转，2011年首次实现出版物数量增长，2012年首次实现出版物销售额增长。截至2012年年底，外资企业总数为144家，比上年增加48家；出版物销售总额达18.6亿元，比上年增长了124.3%。②

随着国外书业资本的进入，国内出版行业外资本也将大量进入出版业。这些资本的大举进入，将促使我国出版业的资本结构形成多元化构建局面，并且将促使我国出版业规模结构和组织结构发生变更。

外资的进入，不仅是直接占据现存出版物市场份额，而更重要的是培养读者新的消费理念与消费习惯，由此而使国内的出版业经营者面临着更为严峻的挑战。

4. 国外先进的经营管理经验，能促进我国出版业经营管理水平的发展

国外出版业的运作，尤其是一些出版业发达国家的运作，是在长期市场经济的环境中实现的。国外书业界在市场经济下形成的书业管理理念、管理方式、管理技术手段等，都值得我们借鉴。市场开放后，在与国外书商进行的同场竞争或合作共事中，我国的书业经营者能够通过各种方式吸纳国外书

① 徐升国．入世五年出版产业的变与不变[N]．中国图书商报，2007-01-02.

② 中国新闻出版研究院. 2013年出版物发行产业发展报告[N]．中国新闻出版报，2014-02-17.

业的先进经营管理经验。这对改善我国出版业的经营管理状况，提高我国出版业的经营管理水平是非常有利的。

5. 促进我国出版业的国际化发展

加入 WTO 后，我国的出版业经营者与国外同行合作、交流的机会大为增多，合作的方式也多种多样。通过多样化的合作或联合经营的发展，可以利用外商的关系使国内的出版产品进入国际市场；也可以用投资入股或设立分支机构等形式向国际市场实施资本扩充。另外，国外书业资本进入中国市场后，大批出版人会到中外合资企业或外资出版企业工作，在实践中学习出版业经营管理知识。这样，实际上也能为我国的出版业培养大批国际书业的经营管理人才，为我国出版业的国际化发展创造良好的人力资源条件。

总之，由上述三个方面因素而形成的特定社会环境，使我国出版业正面临着前所未有的发展机遇与挑战。

第二节　我国出版业未来发展的主要特征

在上节所描述新的社会环境下，我国出版业的发展将会呈现出以下主要特征：

一、出版产业结构的多元化

随着市场经济体制所要求的经营主体自主性的增强以及资产重组社会化过程的推进，原先建立在计划与垄断经营基础之上的出版产业的单一化结构模式将会被彻底打破，出版产业结构将会逐步朝多元化方向发展。仅从产业主体角度而言，出版产业结构的多元化过程，就可以从以下几个方面表现出来：

1. 规模结构的多元化

我国的出版机构，“大的不强，小的不弱”这一特征非常突出。就职工数量而言，大多在 50 人以上，500 人以下；就年出书品种而言，大多在 50 种以上，500 种以下；就年出版产值而言，大多在 500 万元以上，5 亿元以下；就年创利额而言，大多在 100 万元以上，1 000万元以下；各省发货店规模，人数大多在 200 人以上，500 人以下；零售书店人数，大多在 20 人以上，200 人以下。既缺少对市场起支撑作用的大型出版集团，又缺少小型精干的有特色的出版社。此种全国出版机构经营规模基本上处于同一层面的单一化结构，是我国出版业长期按计划经济体制运行的产物。这种靠行政手段维持的结构平衡，必然会随着市场机制作用的强化而被彻底打破。出版机构的规模，将会出现以下明显的变化：

(1)超大型出版集团将会陆续出现。适应市场经济要求的超大型出版集团，不是通过行政手段，按行政隶属关系拼凑起来的“大船”，而是通过资产重组、竞争联合而构建起来的，按现代企业制度运作的超大型的综合性出版产业实体。

这种超大型的出版集团应具有以下基本特点：一是以经济联系为纽带，通过资产重组实行自愿联合，不受行政隶属关系的限制；二是按现代企业制度运作，遵循市场经济规律要求开展经营活动；三是经营规模大，竞争实力强；四是实行综合化经营，出版资源配置合理。在一些出版业发达国家，都有数个这样的出版集团在支撑着本国的书业市场，如德国的贝特尔斯曼公司拥有5万名职工，年度营业额达160多亿美元；美国的麦格劳-希尔图书公司拥有1.3万名职工，年度营业额达20亿美元。我国出版界目前还没有此类货真价实的出版“大船”，但各种造“大船”的计划却在紧锣密鼓的筹划之中。中国出版集团、上海世纪出版集团、辽宁出版集团等的出现，可以算是向组建超大型出版集团的方向迈出了第一步。

(2)连锁书店将会普遍发展。连锁书店是指经营同类出版物，使用同一商号的若干门店，在同一总部的管理下，采用统一进书或授予特许权等方式开展经营活动，实现规模效益的经营组织。作为书业零售业实现规模扩张的重要手段，由于连锁经营具有规模优势、信息优势、分工优势而必将成为我国出版业未来发展的一种普遍性倾向。

连锁书店按其连锁形式的不同又可大体分为三类：一是正规连锁店。这类店资产属总部所有，经营管理完全由总部控制，呈现与总部的高度一体化；二是特许连锁店，也称加盟连锁店，此类店以自由加盟的形式参与连锁集团的经营活动，经营由总部统一组织，但产权与管理独立；三是自由连锁店，这是以合同形式获得连锁总部的经营授权，自己独立经营的中小型店，此类店与总部的联系最为松散。在未来的发展中，这三种不同类型的连锁店都会有较大的发展。

(3)经营设施规模将会越来越大。10多年前，出版业经营设施中最大的北京王府井书店，其营业面积也不过3 000余平方米。按行政区划建设的经营设施，其规模都处于大体相等的状态。这种平衡，也将被市场竞争的需要所打破。为发展集约化经营，追求规模效益，目前全国各地都在争先恐后地兴建大型经营设施。据资料统计，仅“八五”期间，全国兴建的营业面积在

5 000平方米以上的经营网点就达 160 多处。

大型经营设施因其经营面积大而具有较强的抗市场风险的能力，因其机制灵活而较易实现与市场对接，因其规模效益好而敢于面对竞争，所以，其发展的势头在相当长的时期内将不可逆转。

2. 资产结构的多元化

就市场主体的资产性质而言，我国出版业的资产结构长期处于较为单一的状况。尽管从形式上看，在发行领域允许集体、个体书店存在，但就市场地位而言，这些机构仍只是作为国有书店的附属物而存在的，还没有成为严格意义上的市场主体。我国出版业的市场主体，绝大多数属国有独资企业，非常容易受行政权力的干扰，不利于生产力的发展。

按照规划，要通过资产重组、组织创新等途径解决国有企业运行效率低下的问题。这一发展国民经济的重要举措，同样适用于出版业。而出版业资产重组、组织创新的结果，必然使出版业的资产结构呈现出多元化的特征。资产结构的多元化将会通过以下形式实现：

(1)国有独资企业的股份制改造。股份制在国外已实行数百年，实践证明是一种适应市场经济要求的较好的产权组织形式。将国有书业企业改造成股份制企业，能促进出版生产力要素合理流动，实现社会资源优化配置，提高国有资产的营运效率，还能促进国有书业企业之间的横向联系，增强企业的凝聚力；而更为重要的是，能减少行政干预，有利于企业按市场规律组织营销活动。

经股份制改造之后，企业资产由国有资产、企业资产、职工资产组成多元化的结构。

(2)中外合资企业的发展。加入 WTO 促进了我国出版业市场的对外开放，也促使我国出版企业积极参与国际出版物市场的竞争。这样，中外合资企业的发展，作为我国出版业与国际书业市场对接的重要实现方式，也就成为一种必然趋势。通过中外合资企业的发展，大量引进外资，将对实现我国出版业资产结构的多元化起到一定的促进作用。

(3)各类所有制资本的相互结合。长期以来，虽然我国出版业中各种所有制形式的经营主体都已出现，但在市场活动中，国有、集体、个体经营者都是“各行各的道，各唱各的调”。不同所有制的经营者，其经营原则、运作习惯、营销方式、职业规范等都有着很大的差别，但在我国图书市场上却能长期共存，这主要是我国出版业行政管理中实行的是“区别对待”的原则。随着市场经济中“统一国民待遇”要求的实现，“区别对待”的原则会逐步失效，各种所有制形式的经营者都会按统一的市场规则进行运作。在竞争机制与效益目标的驱动下，各类所有制资本的相互结合就会成为一种必然。具体操作时，可采用诸如组建集体、个体企业的股份制公司，国有企业向集体、个体企业投资共同经营某一项目，国有企业与集体、个体企业联合参股组建新的经营实体，集体、个体书店以特许连锁店的身份加入国有企业的营销网络等方式，使国有、集体、个体资本相互结合，你中有我，我中有你，大家按照共同的规则运作，既相互竞争，又相互监督。这样，市场经济条件下出版业的繁荣发展就更有了保障。

3. 组织结构的多元化

这里所指的出版业的组织结构，即出版物生产与流通的组织形式构成。组织结构的多元化，就是打破按照专业分工进行封闭式运作的出版物生产流通的单一组织模式，采用多种开放式的方式，组织出版物的生产与流通。

组织结构的多元化可以从以下几个方面表现出来：

(1)以各种方式参与出版过程运作的出版经纪人的出现。最典型的例子莫过于各地纷纷成立的策划室、工作室、研究室等机构了。此类机构大多由具有一定专长的出版业外人士组织建立，以为某一特定的出版环节提供服务并收取相应报酬方式经营，其本身不具有出版人资格。他们或为出版者策划选题，或参与某些出版品种的组稿与编辑，或专为出版者进行封面设计与装帧设计，或专门从事文字录入和校对工作。

出版经纪人作为一种很重要的出版人力资源，能有效地弥补出版者人力资源结构的缺陷，使出版者的出版能力不受自身人力资源的限制，所以，在出版业的未来发展中，出版经纪人的活动会越来越活跃，越来越引人注目。

(2)多家出版社联合运作倾向的增多。为了打破旧体制的束缚，克服专业分工造成的出版社独立运作在人才、资金、资源、市场、权限等方面的局限性，各家出版社将会根据出版物市场营销的需要，不断增强相互之间的联合操作。目前，参与联合出版的出版社已逾百家。①

多家出版社联合操作一个选题，构成一种以市场为纽带的新的生产组织形式，对于有效利用出版资源、充分开拓与占领市场，有着较明显的优势。因此，此种出版社联合运作的倾向，还会呈逐步增多之势。

(3)发行者积极参与出版物生产过程运作将会成为潮流。我国出版业中编、印、发各环节各自独立运作的格局目前事实上已被打破。随着出版社自

---

① 郭济访．联合出版的实质[J]．出版广场，1998(2)：34.

办发行的普遍发展，发行者参与出版物生产过程运作也将会成为潮流。

目前，不少发行者都在进行参与出版物生产过程运作的尝试。例如，新华书店总店与国内 13 家出版社联合投资上千万元，共同出版 48 卷本的《中国现代美术全集》；江苏姜堰市新华书店向江苏教育出版社、南京师范大学出版社等出版单位提供策划选题 20 余项 100 多个品种，每个品种都达到了数十万册乃至 100 万册的印数。这些成功的实践证明：发行者利用自己熟悉市场需求的优势，积极参与出版物生产过程运作，能促进出版者更好地面向市场组织生产，因而是大有前途的。

二、出版运行机制的市场化

所谓出版业运行机制，即出版业的各种构成要素之间互为因果、相互制约的联系与作用方式。在社会主义市场经济条件下，出版业的各种构成要素之间是通过市场联结在一起的，因此，出版业运行机制的市场化也就成了一种必然的发展趋势。

出版运行机制市场化，包含着极其丰富的内容，其中最为重要的发展，将主要表现在以下三个方面：

1. 宏观调控向间接化、法制化方向发展

在计划经济时期，我国出版业的管理以政企合一、行政调控为主要特征。政府通过出版行政机关对出版单位的人、财、物实施直接管理，对出版单位的经营活动也主要通过行政手段进行直接控制。这种状况将会随着市场经济体制的全面推行发生彻底改变，出版业的宏观调控也必定会出现以下变化：

(1) 出版机构由事业单位向企业转变。出版业作为从事出版物商品生产经营活动的产业，在市场经济条件下，必须遵循客观经济规律的要求来运作。各个出版单位作为出版产业的经营者，同时也是出版物市场的主体，应该具有与市场主体地位相称的企业性质。因此，出版机构由事业单位向企业转变，也就成了顺理成章的事。

出版系统内的出版物印刷、发行单位，虽然名义上早已成为企业，或者称为事业单位企业管理，但实际上根本不具备企业所应具备的基本条件。这种名不符实的状况今后将会逐步转变，随着现代企业制度的推行及出版行政机关职能的转变，国有书店与印刷企业，有的可以实行公司制改造，仍保持国有性质；有的可进行资产重组，形成国家控股、吸收非国有资金入股的有限责任公司或股份有限公司。

出版系统内的出版物编辑、出版单位，即出版社、杂志社等，长期享受事业单位待遇，但随着出版物生产受市场调控比重的增大，出版单位除少数根据国家特殊需要可继续按事业单位性质进行管理与运作之外，绝大多数都将逐步转变成出版企业。它们根据市场信号自主地从事出版物营销活动，在保证遵循有关法规的条件下完全按文化企业运作，直接面向出版物大市场以求发展；经营得好的，可以壮大，可以兼并其他企业，经营差的，可以裁员，可能破产或被兼并。

只有出版机构由事业单位向企业性质转变，才能使出版物市场主体真正完善起来；也只有实现这种转变，才能使我国的出版业在市场经济条件下实现新的发展。

(2)出版行政管理将由直接管理向间接管理转变。随着出版机制的变化，出版行政机关的职能也将发生变化，在管理对象上将由管企业向管市场转变，在管理模式上将由以直接控制企业为主向以通过市场进行宏观调控为主转变。出版行政机关将由企业的“婆婆”变成市场的“警察”。

过去的管理，出版行政机关主要是代表国家对国有企业的经营过程进行直接控制。转变职能后，对出版企业的管理主要通过国有资产管理部门来实施，其管理目标也主要是确保出版企业国有资产的保值与增值。出版行政机关与国有出版企业的直接隶属关系已不存在，作为市场主体的出版企业，不论其所有制性质、规模大小、级别高低，都享受统一的“国民”待遇。这样，就为企业独立自主地按照市场规律组织经营活动创造了良好的条件。

转变职能后，一些应该由出版单位自行决定的事务，如选题的确定、审稿的程序、稿酬的标准、经营网点的设置，等等，就将完全放手由企业去操作，出版行政机关就可集中精力管市场、管导向、管宏观协调，如通过立法执法来规范企业的行为，通过产业政策的制订完善来进行宏观导向，通过对市场的日常监管来维持良好的经营秩序，等等。

(3)管理方式将由依靠行政权威管理向法制化管理转变。在行政管理机关与出版企业的行政隶属关系存续的时期，我国出版业的宏观调控，都是通过行政命令及党的纪律约束来实现的。开会、发文件、审批计划、任免企业领导人等行政手段的普遍运用，使出版业的宏观管理具有主要依靠行政权威来维系的特征。随着出版业市场机制的不断强化，行政权威会越来越脆弱，出版业的宏观管理，会逐步走上法制化轨道。

各种维持出版业良好运行秩序的法律法规会成龙配套。如出版物市场准入规则、市场交易规则、市场竞争规则等，都将不断完善，一切出版行为都将有法可依。目前，出版业立法正在加紧进行，《出版物市场管理规定》、《期刊管理暂行规定》、《互联网出版管理暂行规定》、《出版物印刷管理规定》等法规已相继出台。

执法力度将会不断加大。随着出版行政机关职能的转变，出版管理机关将腾出更多的精力与人员进行执法监督与检查，以督促执法工作规范化、制度化。国务院又颁布了《中华人民共和国新闻出版行政执法证管理办法》，全国新闻出版行政执法将执行统一的执法证件管理，一支庞大的、素质较高的执法队伍将“持证上岗”，活跃在全国出版物市场上。这无疑为执法力度的强化提供了条件。

守法经营、依法办事，将成为出版界的基本信条。市场经济条件下营销环境的变化，将使守法经营成为市场主体生存的前提。书业经营者在免受行政干预的同时，也失去了各种行政性保护，而只能依靠自身实力在法规的监督下参与竞争。此种新形势将促使出版业经营者不管愿意与否，都必须遵守法律法规要求，由此而在整个行业形成守法经营、依法办事的风气。各种不规范的经营行为将受到抵制，非法经营活动将受到制裁。经营者的守法经营，又反过来促使出版业的法制化管理向着更为成熟、更为完善的方向发展。

2. 购销机制向灵活性、多样化方向发展

购销机制是与出版物购销活动有关的各种要素之间互为因果、相互制约的联系与作用方式。它由购销体制、购销形式、购销渠道、购销方式等许多内容构成。作为出版运行机制的重要组成部分，购销机制在出版运行机制市场化的过程中，也将改变其单一、僵化的模式，呈现出灵活多样的特征。其中以下几个方面的发展，将会成为出版业购销机制向灵活性、多样化方向发展的明显标志。

(1)以代理制的发展为标志的经营体制多样化。代理制是一种选择代理商作为中间商的经营制度，即代理人依法接受被代理人委托，为其办理各种业务，并收取相应报酬的这样一种经营制度。代理制能使产销双方建立起符合社会主义市场经济要求的业务联系，与以专业分工为前提的批销调拨制度相比，代理制能给出版业经营以更多的灵活性，因此值得积极推行。

尽管迄今为止代理制的实际推进速度还不是太快，仍有不少的出版业经营者对代理制的认识还似是而非，但不可否认的是，推行代理制的积极意义也正被越来越多的经营者所接受，并有不少的出版社与国有书店通过实践体会到了代理制确实是一种符合市场经济要求的较好的经营体制。

应当指出的是，代理制只是经营体制的构成部分之一，而不是经营体制的全部。尽管代理制由于能较好适应市场机制的要求而可能在未来获得较大的发展，但它绝不可能使我国所有的出版物都通过这种单一模式来组织经营。然而，代理制的发展使我国单一化的书刊经营制度开始改变；各种经营制度并存，为经营者自由地选择合作伙伴提供了可能性，由此而使我国出版业的经营体制也会逐渐呈现出灵活性的特点。

(2)以寄销制的推行为标志的购销形式的多样化。与征订包销和征订经销制相比，寄销制对于推动出版业经营的发展有以下明显优势：

一是对于出版社来说，通过寄销制能够增加产品与读者见面的机会，增强产品的市场辐射力。出版物销量的大小，与读者接触出版物的机会多少密切相关。在寄销制条件下，出版物的经销者因免除了后顾之忧而提高了订货的积极性，就能为图书创造更多的与读者见面的机会。产品的市场辐射力，会随着这种市场机制的增多而不断增强。

二是对于发行者来说，降低了交易成本负担，增强了订货的主动性。在寄销制条件下，存货损失不由发行者负担，致使订书店的经营风险大为降低，进货的积极性与主动性进一步增强，这就从机制上保证了订数最大化目标的实现。

三是对于出版业的宏观发展来说，有利于真正按市场需要组织出版活动，能有效地避免出版资源的浪费。在寄销制条件下，由订货店的订数所反映的虚假需求已不存在，出版社在市场风险压力下将尽力避免盲目性并为此而采取相应的措施，这样就能使出版活动的针对性进一步增强，出版资源优化配置的目标更易实现。

上述优势说明，要建立与市场经济相适应的图书购销机制，在购销形式上就必须走以寄销为主的道路。这种认识，正被越来越多的出版界人士所接受。

近几年来，不少的出版社对寄销制的推行进行了积极的探索，如金盾出版社对本版新书普遍实行了“基数主发式”寄销，江苏省出版界全面推行了“征订包退式”寄销等，都取得了较好的经营效果。由此可以推断，一个以寄销制为主体的多样化购销形式体系将会逐步取代以征订包销和征订经销为主体的单一化购销形式结构。

(3)以市场现货批发的发展为标志的交易方式的多样化。交易方式是出版物购销活动中购销双方达成商品交易的具体方法与形式。出版物购销过程的成败、交易效果的好坏、经营效益的高低，都要受交易方式的影响。所以，交易方式也是出版物购销机制的重要组成部分。

我国出版业的商品交易方式，有以下三种基本类型：一是订单征订交易，二是订货会上面洽交易，三是市场现货批发交易。

目前，前述三种交易方式中，传统的交易方式(即订单征订交易的方式)仍占据主导地位；而订货会洽谈成交方式虽已使不少业内人士感到厌烦，但因一些有影响的订货会如全国书市订货会、新华书店的分片订货会及北京的春季订货会等，其交易实效越来越好，所以在经过规范、整顿之后，仍会获得一定的发展；市场现货批发，则必然会随图书市场建设的配套完善及市场面市品种的增多，而成为一种未来出版物交易中最主要的方式。这也就是说，在未来的图书市场经营中，三种交易方式将呈三足鼎立之势，而三足中的主力将是市场现货批发。

3. 市场运行向完整化、体系化方向发展

出版业市场的全面启动与系统运行，是出版业运行机制市场化的基本条件与重要标志。宏观调控与购销机制的市场化，都必须以出版业市场的系统运行为前提。正是从这种意义上讲，出版业市场运行向完整化、体系化方向发展，也就成了我国出版业未来发展的重要趋势。这一趋势的明朗化，将主要通过三个方面表现出来。

(1)各种出版要素都将逐步进入市场，出版业市场将会逐步形成完整的体系。出版要素是指构成一项完整出版活动的必要因素，如人才、资金、信息、书稿资源、生产设备、纸张等物质材料等。随着出版业产品市场化程度的提高，这些出版要素都将通过市场机制进行调控，并逐步形成各类专门的要素市场，如出版资金市场、出版人才市场、出版资源市场等。这些要素市场与业已运作的出版物产品市场相互联结，共同构成出版业的完整市场体系，将会使我国出版业的发展形成十分活跃的局面。

近几年来，我国出版界出现了许许多多的新奇现象，如书稿拍卖、经纪人活跃、出版资源开发招标、出版银行动议的提出等，这或许就是各类出版要素市场形成的前奏。

(2)出版物产品批发市场的建设将加快步伐，各级各类出版物批发市场将会成龙配套，形成体系。作为出版业市场体系核心的出版物产品市场，将以批发市场为重点，抓紧进行建设。新闻出版署于1996年年底做出了决定，在全国六大中心城市(北京、上海、沈阳、武汉、广州、成都)建设六个大型的全国性出版发行中心，其中作为武汉中心的武汉出版文化城的建设项目已开始启动，其建筑面积为15万平方米。其他五大中心也在积极筹划之中。

除此之外，各省级、地区级的批发中心也都在规划建设之中，如河北省就准备在石家庄、张家口、唐山建设三大书刊批销中心。这些市场陆续建成后，全国出版物产品市场就可形成一个分级批发、配套运作的网络体系。这不仅有利于建立良好的经营秩序，而且也为先进的交易方式的推行提供了重要条件。

(3)各类出版业市场运行规则将逐步完善，市场运作将有章可循。如果说出版物批发市场的建设属于市场硬件建设的话，那么，市场运行规则的建立与完善则属于市场软件建设的内容。犹如购置了机器还要掌握操作规程一样，要确保出版业市场的顺利运作，也还要完善市场运行的规则。

就产品市场而言，其运行的基本准则包括如下三类：

一是市场进入规则。此类规则的制订主要解决三个问题：什么样的出版物可以进入市场参加交易；具备什么素质的经营者可以经营图书；具备什么条件才能开展经营活动。

二是市场交易规则。此类规则的制订主要是对市场交易过程中购销双方的行为做出规范性要求。包括明确购销双方在图书商品交易中的各自的权利与义务，以及在各种具体的交易方式中如何体现公平、公正、等价地进行交易的原则。

三是市场竞争规则。此类规则的制订主要是对图书市场竞争的范围、方式及内容等做出规范性要求。包括明确何为合法竞争，何为非法竞争，以及应该在什么样的条件下展开竞争等。

除了产品市场的运行规则之外，还必须对出版要素市场的运行规则进行完善，通过立法或制订行政条例的方式对要素市场的运行进行规范。只有各类市场运行规则完整、配套，才能使各类出版行为都能有章可循，有法可依。

三、出版技术手段的电子化

人类进入20世纪90年代以来，电子技术的巨大进步导致了电脑、多媒体技术与交互式信息网络的迅速普及，开创了一个知识信息传输的电子化时代。与此相适应，作为信息产业重要组成部分的出版业，其技术方法与手段也必然会朝电子化方向迈进。

我国出版技术手段的电子化发展趋势，主要由以下内容构成：

1. 出版物形态的电子化

从中国人蔡伦改进造纸术以来，纸质印刷品就一直是出版物形态的主流，在人类传播史上独领风骚 1600 余年。直至 20 世纪 60 年代出现机读型磁带，到如今电子出版物的大量涌现，才使纸质印刷品的存在受到了严峻的挑战。

电子出版物由于具有信息存储多维化、阅读方式交互化、选题内容个人化、著述队伍扩大化、接受对象大众化、传播环境全球化等方面的特征，近十多年来发展速度非常快。自从世界上第一种光盘图书于 1985 年正式上市以来，以 CD 为载体的电子出版物便层出不穷，至今已达数万种之多。其后出现的 DVD，其信息储存容量比 CD 大 7 倍以上，而且具有良好的兼容性、保密性，可以通用于 PC 和 TV，正成为电子出版物的新星。日本东芝基础技术研究所还于 1997 年研制成功新型的光存储技术，它可使信息记录密度提高到 DVD 的 200 倍，使用此类技术生产的电子出版物，其性能将大大优于今天的光盘图书。我国 1992 年首次研制出以软磁盘为载体的电子出版物，之后又研制出以光盘为载体的电子出版物。截至 2012 年，全国共出版电子出版物11 822种，较 2011 年增长 5.7%；出版数量 2.6 亿张，增长 23.5%。电子出版物出版实现营业收入 9.2 亿元，增长 48.6%；增加值 4.6 亿元，增长 47.7%；利润总额 2.3 亿元，增长 76.8%(见表 11-1)。

表 11-1　**电子出版物出版总量规模**（单位:种,亿张,亿元,%）

总量指标	数量	较 2011 年增长
品种	11 822	5.65
出版数量	2.63	23.47
营业收入	9.23	48.58
增加值	4.58	47.66
总产出	9.50	51.34
利润总额	2.27	76.77

资料来源：出版产业发展司. 2012 年全国新闻出版业基本情况[R]. 2012.

新兴的电脑多媒体技术和网络技术的发展，不仅促进了光盘式的电子出版物的发展，而且还促进了网上出版物的出现，由此而使今后的出版物将由单一的纸质印刷品向着如下三种形态并存的方向发展。

(1)纸质印刷品形态的出版物仍将继续存在，但是它们在整个出版物市场上所占的份额将会渐渐变小，最终稳定在一个有限的比例上。即使是在电子传媒极为普及的环境下，读书看报也仍然是人们接受信息最为惬意、自由、悠然和富于情趣的方式。纸质印刷品也就以其能方便携带与阅读而将会继续受到读者欢迎。并且，学校师生们所用的教科书，即使是在计算机非常普及的情况下，也仍然会作为传授知识的依据而存在。因此，那种认为纸质印刷品会最终走向消亡的论断和忧虑是毫无根据的。

(2)大量的时事、知识类出版物将转变为以网上传播方式为主导的形态，或者是以纸质印刷品和网上传播两种形态并存。网上传播形态不仅使传统的、原生形态的书刊出版可以运作得更快、更方便，而且可以及时提供传统书刊无法提供的有关事件与人物的声音、影像信息。并且，由于采用了电脑互联网络多媒体通信特有的"超级文本链接"方式，网上传播形态还可使读者根据自己的兴趣自由地选择阅读主题，节省获取某一特定知识信息的时间。

(3)使用多媒体光盘形态作为具有长期保存收藏价值的出版物的主要存在形态。多媒体光盘既能像纸质印刷品一样长期保存，又具有字符、图像、声音与影像融为一体。且具能综合性再现的优势，所以将会成为长期保存收藏类出版物的主要形态。如武汉大学出版社将《四库全书》制作成电子出版物，清华大学出版社将全国的重要期刊制作成电子出版物，等等，即预示着多媒体光盘形态将成为我国出版物形态的主体。尤其是一些具有收藏价值的出版物，如精华本、精选本，以及知识性、教育性书刊，很适宜于制作成多媒体光盘形态。以张玮云科技发展公司制作的电子出版物《中国古典文学大宝库》为例，一小盒光盘，内含有《红楼梦》、《水浒传》、《西游记》、《三国演义》、《儒林外史》、《醒世恒言》、《警世通言》、《喻世明言》、《初刻拍案惊奇》、《二刻拍案惊奇》等10部小说及一部《全唐诗》，非常利于保存，书中知识的查找非常方便。随着个人电脑的普及化，人们对电子出版物的需求将会大幅度提高，以多媒体光盘形态存在的电子出版物在全部出版物中所占比重也会不断提高。

出版物形态的电子化，意味着出版物生产制作方式也会随之发生革命性变化。传统的出版作业流程，以"淘汰铅与火"为标志，正在向"减少纸和笔"的方向前进；现代出版业发展不可或缺的信息传输工作，也正在由传统的手工作业向电子化网络传播方向发展。与此相适应，出版业的内部管理，也正以计算机的普遍应用为标志，逐步朝现代化目标前进。

2. 出版业内部管理的计算机化

我国出版业的内部管理，包括劳动组织、经营决策、业务运作、信息沟通等，长期以来都主要靠手工操作，不仅效率低下，而且与外部环境也很不协调。在社会计算机普及化的今天，出版业内部管理也必然要朝计算机化方向发展。

电子计算机是20世纪最伟大的科学发明成果。它被广泛地应用于人类实践的各个方面，具有运算速度快、储存信息量大，并且具有记忆、判断功能等优点。出版业计算机应用虽起步较晚，但发展速度却比较快。

出版业内部管理中的计算机应用，下一步将会朝以下两个方向继续发展：

(1)在出版业管理的各个环节上普遍使用计算机。

随着计算机应用功能的深入开发，以及各类适用的计算机应用软件的问世，计算机在出版业各环节应用的空白点将会逐步被消灭。在出版业管理的各个环节上，都会逐步使用计算机。1998年年初，新闻出版署在湖南长沙主持召开了全国新闻出版信息化工作会议，会议就加速本行业信息化建设与计算机应用达成了共识。为适应信息化社会的需要，国家新闻出版署决定用5~6年时间，筹集3个多亿的资金，启动我国的“金版工程建设”。其中包括建四个大型数据库，即“新闻出版管理数据库”、“中国百科术语数据库”、“图书在版编目数据库”和“国家新闻出版版权数据库”。这四个大型数据库的建设，既为出版业各环节计算机的广泛应用创造了条件，又能对出版业计算机的普遍应用起到良好的推动和促进作用。

(2)将各种单机联在一起，建成局域网。

局域网是一定局部地域内的计算机相互联结在一起的计算机内部专用网络系统。它能使企业或部门的信息集中处理、资源共同利用，因而具有较高的运行效率。

在一个企业内部，如果每个分支机构的计算机都单机运行，仅维持正常运转就要耗费大量的人力、物力。以深圳市新华书店为例，在没有实现计算机联网之前，下属12家门市部的40多台计算机都是单机运行，进、销、存业务各自处理，光是计算机操作员数量就相当可观。在1996年实现联机运行后，所有经营信息都集中到市店计算中心处理，业务上实行联进分销，节省了大量的人力、物力。

由于计算机联机运行比单机运行的效率要高得多，所以，在企业内部计算机使用较为普遍的情况下，局域网的建设就会很快提上议事日程。

总之，随着计算机在出版业内部管理各环节上的普遍使用，以及出版发行企业或部门内部计算机专用网络的发展，出版业内部管理的计算机化进程将进一步加快。以此为基础，出版业信息传输网络化的脚步也就越来越近了。

3. 出版业信息传输网络化

出版业的正常运作离不开信息。出版系统既要从外部吸收大量信息，才能了解市场、策划选题，又要向外部发送大量信息，才能沟通市场、推销产品。过去，出版业信息传输主要靠手工操作，如发订单、上门推销、调查走访等，速度慢、效率低。一张订单从发出到回收订数，正常情况下需要50天左右的时间，难以适应快节奏的社会发展步伐。因此，传统的出版业信息手工传输方式必然会逐步为计算机网络传输所代替。

计算机网络，就是将分散在各处的计算机通过线路连接起来而形成的系统。通过网络，分散在各处的计算机之间能够互相通信，分散的信息系统能够互相联系，使所有资源(包括人、计算机、信息)能够为需要者所共享，人们能够克服地理位置的局限而协同工作。作为计算机业与通信业联袂发展的产物，计算机网络以国际计算机互联网(Internet)的发展为标志，目前正处于如日中天的发展状况之中。

通过计算机网络传输信息，具有速度快、效率高、针对性强、效果好的特点，因而在出版业信息传输中有着广阔的发展前景。在国外，出版业的信息传输早已在一些发达国家实现了计算机网络化。日本于20世纪70年代初建立的日贩出版信息网络，将数千家零售书店的计算机与批发公司的计算机中心联在一起，每天处理30张添货单上的数百万个数据；英国的全国电话订货系统，利用每天夜晚12点之后的电话空闲时间，将全国所有的书店、出版社、批发公司的计算机连成一个网络，开展一小时的订货业务。美国、德国、法国、意大利、加拿大等国的出版业，运用计算机网络传输信息的情况也非常普遍。

在我国出版界，计算机网络建设尚处在起步阶段，但在不久的将来，我国的出版业的信息传输就会步入网络化时代。此种发展趋势，将会以下列三种方式表现出来：

(1)建立出版社的Intranet，并实现与Internet网的互联。

Intranet，即以Internet网的技术和标准建立的企业或部门内部专用的网络系统。也就是我们前面所提到的出版业内的局域网，不过是Intranet系统按国际标准建立的局域网，其技术要求更高罢了。

目前，我国有300多家出版社和少数书店建立了自己的Intranet，并有多家出版社(如电子工业出版社、清华大学出版社、中国青年出版社等)及书店(如长春市科技书店、开封市新华书店等)在国际计算机互联网上开设了网址，加入了 Internet 网的运行。

实现与 Internet 网的互联之后，可以从网络上获取国际科技、经济、文化、学术动态信息和国际书业市场信息，也可以通过网络发布商品信息，能够为外向型出版活动的发展及图书国际贸易的扩大创造条件。因此，凡外向型出版业务较多的出版社，或准备积极发展国际图书贸易的出版发行机构，迟早都会迈出与 Internet 网互联的这一步。

(2)建立全国性的出版信息网络，实现全行业的计算机联网。

建立本行业的全国性计算机信息传输网络，是实现出版业信息传输网络化的核心内容。通过出版行业全国性的计算机联网，将全国出版物大市场连成一个整体，快速地处理各种信息，大幅度地提高出版系统的运行效率，对我国出版业的跨世纪发展，有着革命性意义。

目前，全国性的出版信息网络建设已经起步。其中两大网络工程的上马最为引人瞩目。一是新闻出版署直接领导筹建的“全国新闻出版管理信息网络系统”，它将全国书刊出版单位的信息系统连成一体，以储存与检索书目信息为主要功能，通过该系统可随时检索到在版图书状况、出版管理政策法规要求、版权注册保护情况等信息。二是“全国新华书店出版物发行信息网络”，这是由新华书店总店负责筹建，以总店的局域网为中心，以部分发货店(省级店和发行所)为分中心的两级信息网络系统。该网络通过电话网连接分布在出版社、发货店、销货店的远程工作站，其主要功能是接收处理发行信息。通过该网络办理进销业务，可以大大节省出版物交易时间。

随着这两大信息系统的建成并正式运行，其他的出版业信息网络还会不断出现，全国的出版发行单位都会自觉或不自觉地加入出版业的行业计算机网络行列，这就将使出版业信息传输网络化的过程大为加快。

(3)加入区域性的社会公共信息网络，发展网上售书业务。

近几年，各地区域性的社会公共信息网发展非常快，其中上海热线、武汉热线等公共信息网，其发展已具相当规模。出版业经营者积极加入此类公共信息网络，通过公共信息网发布书刊信息，开展销书业务，也是出版业信息传输网络化的重要发展方向。

1997 年 5 月 18 日，上海南京东路新华书店加入了上海公共信息网——上海热线。读者可在上海热线上看到介绍南京东路书店的照片和该店正在销售的 4 万种图书，还可在网上看到该店每月畅销书排行榜、每月 20 种新书等信息。读者获得自己所需图书信息后，可给书店发 E-mail，书店则对本市读者送书上门，对外埠读者则邮包寄送，这样既给读者提供了方便，又扩大了书刊的销售。

像南京东路书店这样的网上书店，目前各地已出现不少，尽管它们目前的发展还无法与国外异常火爆的网上书店相比，但随着电脑的日益普及化，以及上网费用的降低，我国的网上书店也必定会出现发展的高潮。

第三节　我国出版企业的发展思路与对策

明确了整个出版业的发展方向，再来讨论我国的书业企业应该如何发展的问题。新时期出版企业的发展，更重点解决好以下三个方面的问题：

一、解放思想，更新观念

新时期社会环境发生了根本性变化，出版业的发展也呈现出了新的态势。因此，出版人的观念也必须与时俱进，不断更新。要突破传统认识的束缚，在思想观念上实现与市场经济接轨的要求，出版人迫切需要树立以下几类新的观念：

1. 树立适应市场经济要求的新价值观

市场经济是竞争经济，企业的发展是在竞争中实现的。竞争的胜负，则在很大程度上取决于效率的高低。同类企业的竞争，其效率高者产品价格相对较低，因而也更受消费者欢迎，能占领更多的市场；社会个体的竞争，其效率高者工作绩效相对较高，因而也更受企业欢迎，能获得更多的发展机会。正是由于竞争的存在，才显示出了效率在市场经济价值观的核心地位。我们甚至可以说，市场经济的价值观即是效率观。

市场经济的价值观由许多内容构成，其中与计划经济的价值观相比，差别悬殊的内容主要是以下几点，这几个方面也是出版者目前需要更新价值观的重点内容。

(1)在价值判断上，要以效率为标准。计划经济的价值观，是以道德为核心的价值观，在价值判断上使用的是道德标准，强调的是人的德行而不是效率。在计划经济时代，使用人重态度不重才干，评价人重印象不重业绩，评价事情重过程不重结果。这都是使用道德标准进行价值判断的结果。

市场经济条件下的价值判断，应使用效率标准，更强调办事讲效率，经营讲效益，竞争讲实力。因而在对人对事的判断上形成了与计划经济时代截然不同的要求：使用人要重才干而不重态度，评价人要重业绩而不重印象，评价事情要重结果而不重过程。

(2)在利益分配上，以贡献大小为标准。在计划经济时代，实行的是大锅饭式的利益分配，名义上的按劳取酬为实质上的平均主义所取代。利益分配上干与不干一个样、干多干少一个样的分配机制，极大地扼杀了人的积极性与创造性。

适应市场经济要求，在分配上首先要真正贯彻按劳取酬的原则，使多劳者能够多得，使劳动者的工作绩效通过利益分配的形式得以认同；其次，还要运用其他的分配依据进行利益分配，如按资本取酬，按贡献大小取酬等，以鼓励职工在积极劳动的同时，还能关心企业发展，从各方面为企业多作贡献。

(3)在效益取舍上，要以“双效”并重为标准。正如前面章节中多次强调的那样，出版工作具有文化工作属性，理所当然地应当重视社会效益；但出版工作同时具有经济工作属性，也应重视经济效益。也就是说，出版工作性质决定了社会效益与经济效益并重，应成为出版企业效益取舍的标准。然而，在计划经济时代，出版单位实际重视的是社会效益。确保书刊内容不出问题，这本身无可非议。但许多单位却在认识上将两个效益对立起来，在重视书刊内容正确的同时，忽视了经济效益的重要性。

市场经济从机制上对出版单位经济效益的提高提出了要求，出版机构从事业单位转制为企业之后，经济效益目标也更为突出。此时，需要警惕的倒是不要忘了出版企业的社会目标与责任。

因此，在效益取舍上以双效并重为标准，也应成为坚持市场经济价值观的重要内容。

2. 树立新的市场观念

市场经济条件下的出版企业，要充分认识市场的重要性，出版过程的每一道环节都要按市场机制的要求来运作，整个出版机器都能围绕市场来运转等，这些都是出版企业树立市场观念的应有之义。除此之外，形势的发展又赋予了市场观念许多新的内容。因此，我国出版企业在树立市场观念时，尤其要重视以下几种新观念的建立：

(1)群众观念。出书发书一定要从广大人民群众的利益出发，要以满足广大普通读者的需要为重点，选题组稿、编辑策划、产品定价、宣传促销等各个环节的运作都要多为读者着想。目前出版界出现的各种各样的新奇策划、贵族化的出书倾向，都是缺乏群众观念的表现。新形势下的出版企业要有效地开发、占领市场，首先就要强化群众观念。

(2)质量观念。未来的出版物市场竞争，质量是取胜的关键。产品质量好的企业，能赢得读者的信赖，形成良好的品牌效应。因此，强化出版物质量意识，依靠优质产品去竞争，应该成为市场观念的重要组成部分。树立质量观念，要求出版企业高度重视出版物内容与印刷装帧质量，每一道环节都能严把质量关，坚决与粗制滥造的行为作斗争，确保推向市场的出版产品都是优质品。

(3)服务观念。新形势下，市场的开发要依靠服务的发展。对于出版企业而言，市场开发包含了两个方面的内容：一是资源市场开发，二是产品市场开发。两个方面的市场开发都离不开服务。资源市场的开发，要在为作者服务的过程中实现；产品市场的开发，离不开良好的读者服务。因此，出版企业要树立服务观念，以全心全意为作者、为读者服务作为经营宗旨，做到服务不讲条件、不怕麻烦，通过优质服务来巩固作者队伍，扩大产品销售。

3. 树立新的发展观念

在新形势下应该如何发展，依靠什么发展等问题上，出版企业要抛弃过去依靠上级发展，依靠政策保护发展，以及按照计划有条不紊地发展的计划经济思维模式，树立新的发展观念。新的发展观念，由以下基本内容构成：

(1)自主发展观。在出版行政机关转变职能后，与出版企业的隶属关系不复存在。加入WTO之后实行的统一国民待遇原则，使出版企业过去享受的一些政府保护与政策优惠也不复存在。出版企业只能依靠自己的力量，独立自主地发展。因此，克服依赖思想，树立自主发展观念非常重要。

(2)风险发展观。出版企业在未来激烈的市场竞争环境中发展，就会时刻面临着风险与机遇并存的局面。要发展，就会遭遇风险。大发展会遭遇大风险，小发展会遭遇小风险。为此，出版企业需要树立风险发展观，要充分认识只有敢冒风险，企业才能抓住更多的发展机会，既要在实际操作中敢冒风险，又要在思想意识上做好敢于承担风险后果的准备。当然，树立风险发展观并不意味着莽撞、蛮干，相反，更须胆大而心细，在进行风险决策时，要认真进行调查研究，仔细分析影响因素，做好规避风险的充分准备。

(3)竞争发展观。在未来的发展中，出版企业要敢于竞争，不惧怕竞争；同时又善于竞争，在竞争中充分发挥自己的优势，通过竞争不断地使企业获得发展。这就是应有的竞争发展观。企业面对的是市场。俗话说：市场如战场，时时处处充满着竞争。没有竞争的市场是不存在的。这就要求出版企业必须主动参与竞争，在与对手的竞争中不断地充实、发展自己。

(4)跨越式发展观。在改革发展为社会主旋律的年代，出版企业的发展不能摸着石头过河，而必须高速度、高效率、跨越式的发展。新时期的跨越式发展绝不是大跃进时代的“左”倾冒进。新时期是社会经济体制彻底转变时期，市场经济的推行可以借鉴一些市场经济发达国家的经验，可以超越某些阶段直接运用国际经验解决市场经济发展中的许多新问题；此外，市场经济条件下企业的命运由自己掌握，自由竞争机制将企业置于了爬坡汽车的境地，这更加强化了企业跨越式发展的必要性。实现跨越式发展，不仅要有科学的发展规划，还要有脚踏实地的工作方案；在经营上不仅要稳固好现有的市场，而且要不断地寻找新的增长点。

总之，以上述三个方面观点树为核心内容的观念更新，是出版企业未来发展中最难也最为关键的举措。

二、加强企业自身的建设

我国的出版单位长期按事业单位、企业管理的模式运行，迄今为止，也没有成为真正意义上的企业。因此企业意识淡薄，企业建设严重滞后。未来的发展要在新环境中实现，出版单位大部分也将转制成企业，加强自身建设问题也就理所当然地成了未来发展的关键。出版企业建设的内容很多，除了前面章节中阐述过的加强出版企业组织建设、加强出版企业制度的建设以及加强出版企业文化建设等企业建设的基本内容之外，目前在加强出版企业自身建设方面急需做好以下两个方面的工作。

1. 进一步深化出版企业体制与运行机制的改革

出版企业的体制改革已进行很长时间，但一些体制与运行机制方面的问题依然严重存在。一是从企业性质上看，由于出版社是主管主办制，不符合企业的法人治理结构，只能对上级负责，不是对企业股东负责。不是以现代企业制度所要求的追求利润效用最大化为导向，不以市场需求配置资源；平均主义，铁饭碗、大锅饭习惯势力强大。二是从管理方式上看，陈旧、落后、传统的管理方式仍占主流，不考虑员工的分工和效率；没有整体的生产计划和调度；只注意小节，却忽略大的方面；管理团队不熟悉现代企业经营管理，不明白管理者的职责；不善于授权，不明白具体业务和管理的区别，陷于员工的日常业务中，不能调动职工的积极性。三是从组织机构和管理手段上看，市场情况早已改变，而社内对沿用数年、效率低下的组织机构和生产流程没有进行根本性改造；在战略管理方面更是一个空白，没有长期规划、中短期计划和当年目标，不是按市场配置人力资源，进行严格的岗位管理；岗位设置不科学，职责不明确，安排工作随意性强；不用科学的管理手段调动现有员工的积极性，对员工缺少激励机制；对干部的选用，不是使用效果好的竞聘制和考评制，而是沿用多年的任命制。未能打造一个让员工充分发挥各自才能的平台，等等。

(1)深化企业三项基本制度改革。改革国有企业内部人事、劳动、分配制度(以下简称三项制度)，是充分调动职工积极性、增强企业市场竞争力的一个关键因素。出版业是智力密集型产业，出版企业的竞争，归根到底是人才的竞争。因此，通过深化企业三项基本制度改革来实施科学的人力资源管理，是出版企业改善运行机制、增强竞争活力的第一要务。

第一，要建立良好的激励机制。包括设计一个富有吸引力的绩效薪酬体系，打破平均主义的大锅饭分配原则，向创造高附加值的骨干人员倾斜。同时，要拉开普通员工、中层管理人员和社级管理人员之间的差距，留住骨干人员。

第二，要实行竞争上岗。“赛马”而不是“相马”，从而打造一个使人才发挥才能的平台。

第三，调整好人力结构。从宏观上讲，社内要有一个人力资源规划，形成一个老、中、青相结合的人才团队，骨干人才、中层干部要有后备力量，不能再出现青黄不接，老的老、小的小的局面。从人员组成上看，要增加一线编辑与营销人员的数量，减少非生产人员的数量。

第四，要实行严格的岗位责任制。要科学地设立工作岗位，各岗位职责权力利益明确；人员竞聘上岗，责、权、利统一；不能胜任本岗位者，降薪或调换岗位，形成能者上、庸者下的环境。

(2)积极推行项目运作制。传统出版机构大多采用的是以编辑室和发行部为建制单位的直线职能式组织结构。这种管理方式在特定的社会经济条件下具有积极意义，然而随着经济体制的嬗变和文化体制的改革，出版机构要想在竞争中立于不败之地，就必须从管理模式寻求突破，进行创新。积极推行项目运作制，就是这种运行机制与管理模式创新的重要方向。

所谓出版项目运作制，就是为了完成一个出版项目而对出版企业的各种资源进行优化组合的一种组织形式和目标责任制度。它有两层含义：其一，出版项目运作制是一种以出版项目即选题运作为核心的组织形式；其二，它是一种目标责任制度，即这样的组织形式总是围绕既定的目标而开展工作的。与传统的以编辑部门为核心，各部门分工协作的直线职能式的传统组织形式相比，项目运作制突出优势就是能优化出版资源配置，提高出版营运效率。

推行项目运作制的具体意义，可简要概括成以下几个方面：一是推行项目运作制可以降低经营成本，有利于加强经济核算及单本核算和增收节支；二是推行项目运作制可以减少编、印、发的矛盾冲突，加强协作，增强三者的合力，加强责任制管理；三是推行项目运作制能提高客户服务质量与水平；四是推行项目运作制能打破原有的分配体制、改善员工工资及福利待遇；五是推行项目运作制有利于发挥员工积极性和创造性，同时有利于培养复合型出版人才；六是推行项目运作制有利于提高出版业竞争力，增强出版企业适应市场应变的能力；七是推行项目运作制，有利于实现科学化、标准化、规范化的管理。

在实际操作中，对于单本书的项目，一般可由责任编辑(或策划编辑)担任项目负责人，项目负责人的工作范围主要包括负责选题策划、自行安排书稿加工审读和装帧设计，同时要对图书的用纸、印刷、装订方式、定价、印数负责，与发行人员相互配合制订图书的营销宣传和促销方案，对图书的销售折扣、渠道等有建议权，同时监督图书回款情况。对于重要的出版项目或套书项目，则可以由主管社领导或编辑部主任担任项目负责人，在全社范围内组织一个包括各部门人员在内的团队共同完成，这样既可以集中力量办大事，又可以使各部门成员相互沟通，互通有无，取长补短，增强出版社的战斗力和凝聚力。由此可见，实行出版项目制可以打破中小型专业社传统直线职能式组织结构的局限，通过在工作流程中引入项目负责人，不仅可以协调整个出版流程中的各项活动，还能对图书市场的变化进行及时反应。

依照合作幅度和合作深度的不同，出版项目制大致可划分为以下几种模式：

一是选题项目制。选题项目制又可以分为编辑室内部的项目制和跨编辑室的项目制两种。这种项目合作仅仅停留在选题的合作开发上，对于一些大的出版项目，由于选题种类较多，在较短的时间内推出这些图书，对于一两个编辑来说是不可能的事情。在这种情况下，选题项目制无疑可以加快图书的上市时间，有利于图书占有更多的市场份额。

二是“选题+发行”项目制。对于一个出版社来说，每年的图书动辄数百种，发行人员很难把握每一种图书的详细内容，也不可能对每一种图书的特点都了如指掌。实施项目制，把选题开发和图书发行融合在一起，使发行人员参与图书的开发，不仅有利于发行人员准确地把握图书的市场定位和目标读者群，而且可以使策划编辑充分考虑到发行人员捕捉的市场信息，使编辑加工更适合市场和读者的需求。目前，许多出版社的重大选题都采用此运作方式，如广西师范大学出版社的《大学人文读本》就采用了这种项目运作方式，取得了明显的市场业绩。

三是“选题+营销+发行”项目制。这种项目制整合了编辑、营销和发行三个部门的力量，尤其是营销人员的加盟将会使项目运作如虎添翼。现在，出版社越来越重视图书的营销工作，但是如果要使营销工作更加科学、有效，必须有真正懂营销的人才，制定出有针对性的营销方案。而只有科学的营销方案才能使每个项目的营销手段、媒体选择、实施时间等卓有成效。这种项目制的实施不仅会使具体的项目获得成功，更重要的，它会使项目组的负责人增长市场运作的经验。

2. 加强出版企业品牌的建设

出版社作为文化企业，同样需要进行市场化运作，而在市场经济条件下，企业品牌是一笔巨大的无形资产，立足品牌建设，既有利于出版社的眼前经济效益，更有利于其未来发展。企业品牌有广义和狭义之分。狭义品牌指识别标识，如出版企业和所出图书产品的名称、商标等；广义品牌是指出版社在长期出版活动中，通过其出版的图书，使读者所感受到的与之相关联的印象位置与心理认同。我们这里所强调的是出版社广义品牌的建设。所谓出版社品牌就是出版社在长期出版活动中，通过其出版的图书，使读者所感受到的与之相关联的与心理认同。

出版社的品牌建设，是一个长期积累的过程。这一过程大体由品牌打造、品牌维护、品牌延伸三个阶段组成。

(1)在品牌打造阶段。出版社首先要从本社的实际出发，对文化、出版、教育等领域进行全方位的审视和剖析，对准自己的文化与市场定位，找到自己立足发展的空间；其次，还要对图书出版的市场格局进行立体化的研讨，结合有效的市场点差，确定自己的发展方向从而找到自己有能力开拓的疆域，推出自己的标志性出版物。准确定位是出版社创立品牌的基础。每一家出版社都是根据自己拥有的作者资源、出版资源、选题资源和营销策略等综合优势，确定自己的图书门类，进而确立自己的图书品牌，确立自己的品牌声誉。这种声誉是对产品进行准确定位后在读者的心目中给自己定下一个位置，这个位置必须能与其他竞争对手相区隔，也是竞争对手无法挤占的；这个位置有自己鲜明的特色，并能让读者产生文化上的认同。如果全线出击，什么类型的书都做，就不可能做深做透，很难有精品产生出来，更没有品牌可言。

(2)在品牌维护阶段。一个好的品牌一旦形成，还需要企业不断地为它注入新的活力，才能起到品牌维护的作用。出版社首先要围绕已有的品牌图书的方向，不断地推出相关的选题图书，实行品牌图书的规模化出版；其次，出版社在图书选题上要保持与已有品牌图书趋近的方向，要在较长的时间纬度里保持着相似的选题思路，将具有鲜明特色、精耕细作的领域逐渐拓宽，以形成与竞争中不同的产品差异；最后，在巩固自己的产品品牌特色的基础上，出版社的各个部门、出版过程的各个工作环节要协调配合，确保品牌图书的质量及出版活动的信誉，将出版物市场消费者从对品牌产品的认同顺利转化为对出版社经营理念的认同。

(3)在品牌延伸阶段。品牌延伸是指利用已经获得的成功品牌来推出新产品，使新产品投入市场伊始即获得原有的品牌优势支持。时代在变，消费者在变，读者也在变。出版社就必须作相应的调整，没有永远一成不变的出版品牌，出版社必须与时俱进，不断创新，用众多的品牌出版物打造品牌出版社。从市场营销学的角度看，品牌延伸具有三个方面的良性效应：品牌延伸能使新产品尽快进入市场，缩短其市场导入期的产品认知过程；品牌延伸下的新产品扩大了原有品牌的产品组合，有利于广大消费者对出版品牌的良性认识，并趋于形成极具创新内涵的品牌形象；品牌延伸还有利于集中资源，加强核心品牌的主导地位，提高品牌家族的投资效益；品牌延伸可以使出版社实现低成本扩张，达到品牌家族集约化投资目标。出版社品牌延伸一般可以通过以下几种途径。其一，利用品牌伞效应，推出与原有出版品牌一脉相承的，具有相同性质、相同读者对象的新产品；其二，进行与原有品牌相关产品的开发；其三，在一个品牌旗帜之下倾力打造丛书或书系。人民文学出版社出版的中国古典小说四大名著在国内名著市场上占有不可动摇的地位，尤其是它的《红楼梦》，选用庚辰本的底本和中国艺术研究院红楼梦研究所的校注，得到学界和读者的双重好评，几十年来长盛不衰。但是，一个出版社要有所突破，寻求新的利润增长点，怎么能只依靠作古一二百年的古人呢？于是，人民文学出版社把眼光投向海外，积极引进正在全球畅销的《哈利·波特》，聘请著名翻译家翻译此书，并在市场上大力宣传，短短几年内，为出版社创造了巨大的利润。《哈利·波特》与《红楼梦》相比，同是名著，只不过时间和风格不同，也符合人民文学出版社出版世界名著的一贯做法和品牌内涵。这种延伸，让它得到了经济和社会双重效益。

三、积极运用新的经营战略

归根到底，出版企业的发展都要通过经营活动来实现。因此，通过新的经营战略的运用来促进出版企业经营活动的发展，也是新时期出版企业发展的重要思路。

适应新时期经营环境的新变化，出版企业的经营也有如下新的战略可供选择。

1. 创新经营战略

这是通过不断推出有创意的经营活动以寻求企业经营的新突破的经营战略。创新是知识经济的重要特征之一，也是出版业竞争重要手段。通过创新不断寻找新的经济增长点，才能使出版企业经营的跨越式发现成为可能。

创新经营作为一种经营战略，在具体实施中又包含了以下三项主要内容。

(1)经营项目的适时更新。这是指在稳定已有经营业绩的基础上，适时推出新的经营项目以实现企业经营的新飞跃。如科利华公司，以经营《学习的革命》进入书业领域；站稳脚跟后又开始发展网上售书业务；近几年进军教辅读物市场，其所推出的一系列教辅读物已在我国的教辅读物市场上形成了一定的品牌效应。新的经营项目的不断推出，无疑为该公司迅速跻身全国民营企业 50 强行列立下了汗马功劳。

(2)经营产品设计创新。这是指要不断地向市场推出富有创意的新产品以吸引更多的消费者。富有创意的新产品不仅仅指出版产品的主题内容新颖，还包括产品的编著形式新颖。如第十届全国书市上武汉一家民营企业所推出的一套装修类图书，就因一改以往装修书的内容混合式组编形式，按房型结构分类组编成系列书而备受顾客的青睐。

(3)经营方式与手段的推陈出新。这是指要不断采用新的经营方式与经营手段来促进销售，以增强经营活动的活力与对顾客的吸引力。如组织开设专场讲座、开展签名售书等销售现场的促销，发展组织知识竞赛、开展以旧换新业务等常规促销，以及发展网络销售、赊销业务、上门推销等全方位、立体式的经营，等等。经营方式与手段的推陈出新，往往能在激烈的市场竞争中起到出奇制胜的效果。

2. 整体经营战略

这是指出版企业的各个部门、经营活动的各个环节，都能紧紧围绕经营市场来进行整体协调运作的战略。该项战略的运用，由以下具体内容组成。

(1)企业成员的整体参与。这是指企业的每个员工，都要关心市场经营活动，积极参与到经营活动中来。如春风文艺出版社在出版《幻城》一书时，社长向发行商写信促销，副总编参加记者招待会介绍相关情况，责任编辑参与图书宣传，装帧设计人员与作者一起进行插图设计，等等。真可谓举全社之力经营该书，终于使该书一炮走红，初版不到3个月就发行了30万册。

(2)相关环节的整体协调。一项完整的出版活动，从项目的策划到货款的回收，由许多的工作环节组成。所有的工作环节都要围绕出版产品的市场交换来运转，并且要相互协调，而不应相互掣肘。

(3)营销项目的整体开发。这是围绕出版项目的核心知识点开发出一系列的产品，以充分利用出版资源，提高出版的整体效益。如《哈里·波特》的出版商围绕该书的知识内容制作了电影、电视剧，开设了专门网站，开发了玩具产品，开办了服装店等，从而使该书的知识价值得到了充分利用。

(4)经营手段的整体互动。这是指在经营活动中要运用多种经营手段，各种经营手段要互相配合。并且，不仅要重视对出版产品本身的宣传促销，而且要充分运用服务营销及卖场环境营销等手段予以配合，才能获得理想的经营效果。

3. 主动经营战略

这是指采用主动出击的办法来开拓市场，实现预期经营目标的经营谋略。该项经营战略的运用，包括以下内容：

(1)理念更新。要从过去的单纯满足需求的经营理念向不仅要满足需求而且要创造需求的经营理念转变。传统的以单纯满足需求为目标的经营是被动的经营。新形势下的经营，要求经营者积极培育市场，主动开拓市场，先将市场需求主动创造出来，然后再组织产品去予以满足。

(2)服务要主动。新产品推出时，出版企业要通过信息发布会、首发式等多种方式主动地向读者传递商品信息；卖场经营中，营业员要主动接近读者；要主动保持与客户的经常联系，随时掌握本版书在客户处的行销状况，等等。

(3)主动走出去开展销售活动。包括上门推销、流动摆摊、会议展销等。珠海市新华书店组建了一个三人直销小组，采用上门推销方式为顾客提供主动服务，一年销售达100多万码洋，创造了相当于有37名营业员的中型门市部的经营效益。

4. 联合经营战略

这是通过一定方式与企业外的市场力量联合组织经营活动以实现既定经营目标的经营战略。联合经营战略的运用，能有效地壮大企业的竞争实力，增强企业的抗风险能力，从而能赢得更多的市场机会。

出版企业可通过多种形式，如出版企业之间的联合操作，与行业外企业的经营组合，与机关事业单位的联谊合作，企业内部的连锁经营等，实施联合经营战略。浙江人民出版社推出了一种纪念新中国成立 49 周年、香港回归一周年的图书《中国文史百科》，为扩大该书在香港的销路，与台州一家私立学校联合组织向香港中小学校赠书的活动，由这所私立学校出资 18 万元购买了2 000套该书，到香港共同举办赠书仪式，收到了良好的经营效果。

【思考与练习】

1. 什么叫知识经济？知识经济社会的来临对出版业发展有何影响？

2. 什么是市场经济？市场经济的发展对我国出版业发展的影响，主要表现在哪几个方面？

3. 我国加入 WTO 后，出版业的发展将会逐步出现哪些变化？

4. 对国外资本进入我国出版市场应该如何看待？

5. 举例说明我国传统出版业规模结构的特点及进行多元化改革的主要方式。

6. 我国出版业的资产结构的多元化改革有何意义？

7. 简述我国出版运行机制市场化的主要表现。

8. 就未来出版物形态问题谈谈你自己的认识。

9. 结合出版业的实际，说明我国出版业实现信息传输网络化的主要障碍是什么。

10. 从社会环境因素方面说明，未来出版业发展中需要树立哪几种新的观念？其依据是什么？

11. 什么是出版项目运作制？为什么要积极推行出版项目运作制？

12. 什么是出版品牌？出版企业应如何建设出版品牌？

参考文献

一、著作类

[1]罗紫初．编辑出版学导论[M]．长沙：湖南大学出版社，2008.

[2]罗紫初．出版学基础[M]．太原：山西人民出版社，2005.

[3]吴平．编辑本论[M]．武汉．武汉大学出版社，2005.

[4]方卿，姚永春．图书营销学[M]．太原：山西经济出版社，1998.

[5]徐丽芳等．数字出版概论[M]．北京：电子工业出版社，2013.

[6]易图强．出版学概论[M]．长沙：湖南师范大学出版社，2008.

[7]罗紫初．比较出版学[M]．武汉：武汉大学出版社．2008.

[8]罗紫初．比较发行学[M]．北京：高等教育出版社，2000.

[9]刘静，陈艳红．数字媒介传播概论[M]．北京：清华大学出版社，2010.

[10]张志强．现代出版学[M]．苏州：苏州大学出版社，2003.

[11]黄先蓉．出版物市场管理概论[M]．武汉：武汉大学出版社，2005.

[12]余敏．出版学[M]．北京：中国书籍出版社，2002.

[13]赵航．选题论[M]．沈阳：辽宁教育出版社，1998.

[14]王彦祥，朱宇．编辑出版学研究进展(第 2 卷，2010 年度报告)[M]．北京：中国书籍出版社，2012.

[15]师曾志．现代出版学[M]．苏州：苏州大学出版社，2006.

[16]辛广伟，魏玉山．世界华文出版年度观察[M]．北京：华文出版社，2004.

[17]陆本瑞．外国出版概况(修订版)[M]．沈阳：辽海出版社，2003.

[18]李玲，黄小玲．编辑出版实务与技能[M]．成都：四川大学出版社，2005.

[18][美]小赫伯·贝利．图书出版的艺术与科学[M]．王益，译．石家庄：河北教育出版社，2004.

[19][英]伊恩·麦高文，詹姆士·迈考尔．国际出版原则与实践[M]．徐

明强，译．北京：中国书籍出版社，2000.
[20] 中国出版年鉴（1998—2012 年各卷）[M]．中国出版年鉴社，1989—2013.
[21] 中国期刊年鉴（2006—2012 各卷）[M]．中国期刊年鉴杂志社，2000—2013.

二、论文类

[1]罗紫初．论出版学的学科体系[J]．出版发行研究，2004(7).
[2]王建辉．编辑策划的哲学内涵[J]．编辑学刊，1999(1).
[3]罗紫初．近几年来出版学基础理论研究综述[J]．出版科学，2010(5).
[4]孙宝祥，颜家水．传媒产品的经济效益与社会责任[J]．民族论坛，2007(8).
[5]柳斌杰．全面深化新闻出版领域体制改革[J]．中国编辑，2008(5).
[6]顾永才，刘军．转企改制后出版企业的管理创新[J]．编辑之友，2008(6).
[7]曹巍．深化出版体制改革[J]．大学出版，2006(3).
[8]周立纲．谈现代出版市场营销的新特点[J]．科技创新导报，2009(26).
[9]黄卫．论出版资源整合[J]．出版参考，2008(4 月上旬).
[10]张涵，苗遂奇．谈谈文化选择与选题策划[J]．出版发行研究，2004(1).
[11]包卫国．图书的成本核算与经济效益[J]．中国少儿出版，1999(1).
[12]周立伟．世纪初的中国书业十论[J]．中国图书商报，2000-01-07.
[13]罗紫初．构建编辑出版学专业本科课程体系的几点想法[J]．出版广角，2004(1).
[14]罗紫初．从 WTO 基本规则对我国书业格局的影响谈书业企业的营销战略[J]．图书情报知识，2004(2).
[15]李新祥．试论出版学的学科体系[J]．科技与出版，2009(11).
[16]张志强．出版学的学科构想及其实现[J]．出版科学，2007(3).
[17]田胜立．编辑出版学专业定位和培养模式[J]．中国编辑，2006(1).
[18]蔡鸿程．电子商务与出版物发行[J]．出版发行研究，2000(7).
[19]石宗源．推进连锁经营，加快现代出版物流通体系建设[J]．出版发行研究，2002(1).
[20]蓝明春．出版物市场竞争研究[J]．西南民族学院学报(哲学社会科学

版)，2000(S2).
[21]刘艳．谈编辑流程规律[J]. 东北财政大学学报，2001(6).
[22]吕志军．数字出版对传统出版业务流程的影响[J]. 大学出版，2007(2).
[23]齐学进．推动传统出版向数字出版转型必须具备的十大能力[J]. 出版发行研究，2010(7).
[24]张建明．论数字出版泛化的出版概念对出版产业的影响[J]. 出版发行研究，2009(3).

附录一

中共中央关于深化文化体制改革推动社会主义文化大发展大繁荣若干重大问题的决定

（2011年10月18日中国共产党第十七届中央委员会第六次全体会议通过）

中国共产党第十七届中央委员会第六次全体会议全面分析形势和任务，认为总结我国文化改革发展的丰富实践和宝贵经验，研究部署深化文化体制改革、推动社会主义文化大发展大繁荣，进一步兴起社会主义文化建设新高潮，对夺取全面建设小康社会新胜利、开创中国特色社会主义事业新局面、实现中华民族伟大复兴具有重大而深远的意义。全会作出如下决定。

一、充分认识推进文化改革发展的重要性和紧迫性，更加自觉、更加主动地推动社会主义文化大发展大繁荣

文化是民族的血脉，是人民的精神家园。在我国五千多年文明发展历程中，各族人民紧密团结、自强不息，共同创造出源远流长、博大精深的中华文化，为中华民族发展壮大提供了强大精神力量，为人类文明进步作出了不可磨灭的重大贡献。

中国共产党从成立之日起，就既是中华优秀传统文化的忠实传承者和弘扬者，又是中国先进文化的积极倡导者和发展者。我们党历来高度重视运用文化引领前进方向、凝聚奋斗力量，团结带领全国各族人民不断以思想文化新觉醒、理论创造新成果、文化建设新成就推动党和人民事业向前发展，文化工作在革命、建设、改革各个历史时期都发挥了不可替代的重大作用。

改革开放特别是党的十六大以来，我们党始终把文化建设放在党和国家全局工作重要战略地位，坚持物质文明和精神文明两手抓，实行依法治国和以德治国相结合，促进文化事业和文化产业同发展，推动文化建设不断取得新成就，走出了中国特色社会主义文化发展道路。我们坚持解放思想、实事求是、与时俱进，不断推进马克思主义中国化时代化大众化，形成和发展了中国特色社会主义理论体系，为开辟和拓展中国特色社会主义道路、确立和完善中国特色社会主义制度提供了科学理论指导；坚持推进社会主义核心价值体系建设，用马克思主义中国化最新成果武装全党、教育人民，用中国特色社会主义共同理想凝聚力量，用以爱国主义为核心的民族精神和以改革创新为核心的时代精神鼓舞斗志，用社会主义荣辱观引领风尚，巩固了全党全国各族人民团结奋斗的共同思想道德基础；坚持为人民服务、为社会主义服务的方向和百花齐放、百家争鸣的方针，发扬广大人民群众和文化工作者的创造精神，推动优秀文化产品大量涌现，丰富了人民精神文化生活；坚持推进文化体制改革，创新文化发展理念，解放和发展文化生产力，推动文化事业全面繁荣、文化产业健康发展，大幅度提高了人民基本文化权益保障水平，大幅度提高了文化在经济社会发展中的地位和作用；坚持发展多层次、宽领域对外文化交流格局，借鉴吸收人类优秀文明成果，实施文化走出去战略，不断增强中华文化国际影响力，向世界展示了我国改革开放的崭新形象和我国人民昂扬向上的精神风貌。我国文化改革发展，显著提高了全民族思想道德素质和科学文化素质、促进了人的全面发展，显著增强了国家文化软实力，为坚持和发展中国特色社会主义提供了强大精神力量。

当今世界正处在大发展大变革大调整时期，世界多极化、经济全球化深入发展，科学技术日新月异，各种思想文化交流交融交锋更加频繁，文化在综合国力竞争中的地位和作用更加凸显，维护国家文化安全任务更加艰巨，增强国家文化软实力、中华文化国际影响力要求更加紧迫。

当代中国进入了全面建设小康社会的关键时期和深化改革开放、加快转变经济发展方式的攻坚时期，文化越来越成为民族凝聚力和创造力的重要源泉、越来越成为综合国力竞争的重要因素、越来越成为经济社会发展的重要支撑，丰富精神文化生活越来越成为我国人民的热切愿望。我国仍处于并将长期处于社会主义初级阶段，人民日益增长的物质文化需要同落后的社会生产之间的矛盾仍然是社会主要矛盾。全面建成惠及十几亿人口的更高水平的小康社会，既要让人民过上殷实富足的物质生活，又要让人民享有健康丰富的文化生活。我们必须抓住和用好我国发展的重要战略机遇期，在坚持以经济建设为中心的同时，自觉把文化繁荣发展作为坚持发展是硬道理、发展是党执政兴国第一要务的重要内容，作为深入贯彻落实科学发展观的一个基本要求，进一步推动文化建设与经济建设、政治建设、社会建设以及生态文明建设协调发展，更好满足人民精神需求、丰富人民精神世界、增强人民精神力量，为继续解放思想、坚持改革开放、推动科学发展、促进社会和谐提供坚强思想保证、强大精神动力、有力舆论支持、良好文化条件。

我国文化领域正在发生广泛而深刻的变革，推动文化大发展大繁荣既具备许多有利条件，也面临一系列新情况新问题。我国文化发展同经济社会发展和人民日益增长的精神文化需求还不完全适应，突出矛盾和问题主要是：一些地方和单位对文化建设重要性、必要性、紧迫性认识不够，文化在推动全民族文明素质提高中的作用亟待加强；一些领域道德失范、诚信缺失，一些社会成员人生观、价值观扭曲，用社会主义核心价值体系引领社会思潮更为紧迫，巩固全党全国各族人民团结奋斗的共同思想道德基础任务繁重；舆论引导能力需要提高，网络建设和管理亟待加强和改进；有影响的精品力作还不够多，文化产品创作生产引导力度需要加大；公共文化服务体系不健全，城乡、区域文化发展不平衡；文化产业规模不大、结构不合理，束缚文化生产力发展的体制机制问题尚未根本解决；文化走出去较为薄弱，中华文化国际影响力需要进一步增强；文化人才队伍建设急需加强。推进文化改革发展，必须抓紧解决这些矛盾和问题。

全党必须深刻认识到，社会主义先进文化是马克思主义政党思想精神上的旗帜，文化建设是中国特色社会主义事业总体布局的重要组成部分。没有文化的积极引领，没有人民精神世界的极大丰富，没有全民族精神力量的充分发挥，一个国家、一个民族不可能屹立于世界民族之林。物质贫乏不是社会主义，精神空虚也不是社会主义。没有社会主义文化繁荣发展，就没有社会主义现代化。在新的历史起点上深化文化体制改革、推动社会主义文化大发展大繁荣，关系实现全面建设小康社会奋斗目标，关系坚持和发展中国特色社会主义，关系实现中华民族伟大复兴。我们要准确把握我国经济社会发展新要求，准确把握当今时代文化发展新趋势，准确把握各族人民精神文化生活新期待，增强责任感和紧迫感，解放思想，转变观念，抓住机遇，乘势而上，在全面建设小康社会进程中、在科学发展道路上奋力开创社会主义文化建设新局面。

二、坚持中国特色社会主义文化发展道路，努力建设社会主义文化强国

坚持中国特色社会主义文化发展道路，深化文化体制改革，推动社会主义文化大发展大繁荣，必须全面贯彻党的十七大精神，高举中国特色社会主义伟大旗帜，以马克思列宁主义、毛泽东思想、邓小平理论和“三个代表”重要思想为指导，深入贯彻落实科学发展观，坚持社会主义先进文化前进方向，以科学发展为主题，以建设社会主义核心价值体系为根本任务，以满足人民精神文化需求为出发点和落脚点，以改革创新为动力，发展面向现代化、面向世界、面向未来的，民族的科学的大众的社会主义文化，培养高度的文化自觉和文化自信，提高全民族文明素质，增强国家文化软实力，弘扬中华文化，努力建设社会主义文化强国。

建设社会主义文化强国，就是要着力推动社会主义先进文化更加深入人心，推动社会主义精神文明和物质文明全面发展，不断开创全民族文化创造活力持续迸发、社会文化生活更加丰富多彩、人民基本文化权益得到更好保障、人民思想道德素质和科学文化素质全面提高的新局面，建设中华民族共有精神家园，为人类文明进步作出更大贡献。

按照实现全面建设小康社会奋斗目标新要求，到二〇二〇年，文化改革发展奋斗目标是：社会主义核心价值体系建设深入推进，良好思想道德风尚进一步弘扬，公民素质明显提高；适应人民需要的文化产品更加丰富，精品力作不断涌现；文化事业全面繁荣，覆盖全社会的公共文化服务体系基本建立，努力实现基本公共文化服务均等化；文化产业成为国民经济支柱性产业，整体实力和国际竞争力显著增强，公有制为主体、多种所有制共同发展的文化产业格局全面形成；文化管理体制和文化产品生产经营机制充满活力、富有效率，以民族文化为主体、吸收外来有益文化、推动中华文化走向世界的文化开放格局进一步完善；高素质文化人才队伍发展壮大，文化繁荣发展的人才保障更加有力。全党全国要为实现这些目标共同努力，不断提高文化建设科学化水平，为把我国建设成为社会主义文化强国打下坚实基础。

实现上述奋斗目标，必须遵循以下重要方针。

——坚持以马克思主义为指导，推进马克思主义中国化时代化大众化，用中国特色社会主义理论体系武装头脑、指导实践、推动工作，确保文化改革发展沿着正确道路前进。

——坚持社会主义先进文化前进方向，坚持为人民服务、为社会主义服务，坚持百花齐放、百家争鸣，坚持继承和创新相统一，弘扬主旋律、提倡多样化，以科学的理论武装人，以正确的舆论引导人，以高尚的精神塑造人，以优秀的作品鼓舞人，在全社会形成积极向上的精神追求和健康文明的生活方式。

——坚持以人为本，贴近实际、贴近生活、贴近群众，发挥人民在文化建设中的主体作用，坚持文化发展为了人民、文化发展依靠人民、文化发展成果由人民共享，促进人的全面发展，培育有理想、有道德、有文化、有纪律的社会主义公民。

——坚持把社会效益放在首位，坚持社会效益和经济效益有机统一，遵循文化发展规律，适应社会主义市场经济发展要求，加强文化法制建设，一手抓繁荣、一手抓管理，推动文化事业和文化产业全面协调可持续发展。

——坚持改革开放，着力推进文化体制机制创新，以改革促发展、促繁荣，不断解放和发展文化生产力，提高文化开放水平，推动中华文化走向世界，积极吸收各国优秀文明成果，切实维护国家文化安全。

三、推进社会主义核心价值体系建设，巩固全党全国各族人民团结奋斗的共同思想道德基础

社会主义核心价值体系是兴国之魂，是社会主义先进文化的精髓，决定着中国特色社会主义发展方向。必须强化教育引导，增进社会共识，创新方式方法，健全制度保障，把社会主义核心价值体系融入国民教育、精神文明建设和党的建设全过程，贯穿改革开放和社会主义现代化建设各领域，体现到精神文化产品创作生产传播各方面，坚持用社会主义核心价值体系引领社会思潮，在全党全社会形成统一指导思想、共同理想信念、强大精神力量、基本道德规范。

(1)坚持马克思主义指导地位。马克思主义深刻揭示了人类社会发展规律，坚定维护和发展最广大人民根本利益，是指引人民推动社会进步、创造美好生活的科学理论。要毫不动摇地坚持马克思主义基本原理，紧密结合中国实际、时代特征、人民愿望，用发展着的马克思主义指导新的实践。坚持不懈用中国特色社会主义理论体系武装全党、教育人民，推动学习实践科学发展观向深度和广度拓展，引导党员、干部深入学习贯彻党的基本理论、基本路线、基本纲领、基本经验，学习马克思主义经典著作，系统掌握马克思主义立场、观点、方法。科学分析世情、国情、党情新变化，深入研究解决改革开放和社会主义现代化建设新课题，不断深化对共产党执政规律、社会主义建设规律、人类社会发展规律的认识，不断把党带领人民创造的成功经验上升为理论，不断赋予当代中国马克思主义鲜明的实践特色、民族特色、时代特色。坚持以领导班子和领导干部为重点，以提高思想政治素养为根本，以建设学习型党组织为抓手，大力推进马克思主义学习型政党建设。深入推进马克思主义理论研究和建设工程，实施中国特色社会主义理论体系普及计划，加强重点学科体系和教材体系建设，推动中国特色社会主义理论体系进教材、进课堂、进头脑，加强和改进学校思想政治教育。

(2)坚定中国特色社会主义共同理想。中国特色社会主义是当代中国发展进步的根本方向，集中体现了最广大人民根本利益和共同愿望。要深入开展理想信念教育，引导干部群众深刻认识中国共产党领导和中国特色社会主义制度的历史必然性和优越性，深刻认识中国特色社会主义道路既是实现社会主义现代化和中华民族伟大复兴的必由之路，也是创造人民美好生活的必由之路，自觉把个人理想融入中国特色社会主义共同理想之中，最大限度把广大人民团结和凝聚在中国特色社会主义伟大旗帜之下。紧密结合中国特色社会主义成功实践，联系干部群众思想实际，针对社会热点难点问题，从理论和实践结合上作出有说服力的回答，引导干部群众在重大思想理论问题上划清是非界限、澄清模糊认识，有力抵制各种错误和腐朽思想影响。深入开展形势政策教育、国情教育、革命传统教育、改革开放教育、国防教育，组织学习中国近现代史特别是党领导人民进行革命、建设、改革的历史，坚定广大干部群众对中国特色社会主义的信心和信念。

(3)弘扬以爱国主义为核心的民族精神和以改革创新为核心的时代精神。爱国主义是中华民族最深厚的思想传统，最能感召中华儿女团结奋斗；改革创新是当代中国最鲜明的时代特征，最能激励中华儿女锐意进取。要广泛开展民族精神教育，大力弘扬爱国主义、集体主义、社会主义思想，增强民族自尊心、自信心、自豪感，激励人民把爱国热情化作振兴中华的实际行动，以热爱祖国和贡献自己全部力量建设祖国为最大光荣、以损害祖国利益和尊严为最大耻辱。广泛开展时代精神教育，引导干部群众始终保持与时俱进、开拓创新的精神状态，永不自满、永不僵化、永不停滞，以思想不断解放推动事业持续发展。大力弘扬一切有利于国家富强、民族振兴、人民幸福、社会和谐的思想和精神，大力发扬艰苦奋斗、劳动光荣、勤俭节约的优良传统。加强民族团结进步教育，增进对伟大祖国和中华民族的认同，促进各民族共同团结奋斗、共同繁荣发展。加强爱国主义教育基地建设，用好红色旅游资源，使之成为弘扬培育民族精神和时代精神的重要课堂。

(4)树立和践行社会主义荣辱观。社会主义荣辱观体现了社会主义道德的根本要求。要深入开展社会主义荣辱观宣传教育，弘扬中华传统美德，推进公民道德建设工程，加强社会公德、职业道德、家庭美德、个人品德教育，评选表彰道德模范，学习宣传先进典型，引导人民增强道德判断力和道德荣誉感，自觉履行法定义务、社会责任、家庭责任，在全社会形成知荣辱、讲正气、作奉献、促和谐的良好风尚。深化群众性精神文明创建活动，广泛开展志愿服务，拓展各类道德实践活动，倡导爱国、敬业、诚信、友善等道德规范，形成男女平等、尊老爱幼、扶贫济困、扶弱助残、礼让宽容的人际关系。全面加强学校德育体系建设，构建学校、家庭、社会紧密协作的教育网络，动员社会各方面共同做好青少年思想道德教育工作。深入开展学雷锋活动，采取措施推动学习活动常态化。深化政风、行风建设，开展道德领域突出问题专项教育和治理，坚决反对拜金主义、享乐主义、极端个人主义，坚决纠正以权谋私、造假欺诈、见利忘义、损人利己的歪风邪气。把诚信建设摆在突出位置，大力推进政务诚信、商务诚信、社会诚信和司法公信建设，抓紧建立健全覆盖全社会的征信系统，加大对失信行为惩戒力度，在全社会广泛形成守信光荣、失信可耻的氛围。加强法制宣传教育，弘扬社会主义法治精神，树立社会主义法治理念，提高全民法律素质，推动人人学法遵法守法用法，维护法律权威和社会公平正义。加强人文关怀和心理疏导，培育自尊自信、理性平和、积极向上的社会心态。弘扬科学精神，普及科学知识，倡导移风易俗、抵制封建迷信。深入开展反腐倡廉教育，推进廉政文化建设。

四、全面贯彻“二为”方向和“双百”方针，为人民提供更好更多的精神食粮

创作生产更多无愧于历史、无愧于时代、无愧于人民的优秀作品，是文化繁荣发展的重要标志。必须全面贯彻为人民服务、为社会主义服务的方向和百花齐放、百家争鸣的方针，立足发展先进文化、建设和谐文化，激发文化创作生产活力，提高文化产品质量，发挥文化引领风尚、教育人民、服务社会、推动发展的作用。

(1)坚持正确创作方向。正确创作方向是文化创作生产的根本性问题，一切进步的文化创作生产都源于人民、为了人民、属于人民。必须牢固树立人民是历史创造者的观点，坚持以人民为中心的创作导向，热情讴歌改革开放和社会主义现代化建设伟大实践，生动展示我国人民奋发有为的精神风貌和创造历史的辉煌业绩。要引导文化工作者牢记为人民服务、为社会主义服务的神圣职责，坚持正确文化立场，认真对待和积极追求文化产品社会效果，弘扬真善美，贬斥假恶丑，把学术探索和艺术创作融入实现中华民族伟大复兴的事业之中。坚持发扬学术民主、艺术民主，营造积极健康、宽松和谐的氛围，提倡不同观点和学派充分讨论，提倡体裁、题材、形式、手段充分发展，推动观念、内容、风格、流派积极创新。把创新精神贯穿文化创作生产全过程，弘扬民族优秀文化传统和五四运动以来形成的革命文化传统，学习借鉴国外文化创新有益成果，兼收并蓄、博采众长，增强文化产品时代感和吸引力。

(2)繁荣发展哲学社会科学。坚持和发展中国特色社会主义，必须大力发展哲学社会科学，使之更好发挥认识世界、传承文明、创新理论、咨政育人、服务社会的重要功能。要巩固发展马克思主义理论学科，坚持基础研究和应用研究并重，传统学科和新兴学科、交叉学科并重，结合我国实际和时代特点，建设具有中国特色、中国风格、中国气派的哲学社会科学。坚持以重大现实问题为主攻方向，加强对全局性、战略性、前瞻性问题研究，加快哲学社会科学成果转化，更好服务经济社会发展。实施哲学社会科学创新工程，发挥国家哲学社会科学基金示范引导作用，推进学科体系、学术观点、科研方法创新，重点扶持立足中国特色社会主义实践的研究项目，着力推出代表国家水准、具有世界影响、经得起实践和历史检验的优秀成果。整合哲学社会科学研究力量，建设一批社会科学研究基地和国家重点实验室，建设一批具有专业优势的思想库，加强哲学社会科学信息化建设。

(3)加强和改进新闻舆论工作。舆论导向正确是党和人民之福，舆论导向错误是党和人民之祸。要坚持马克思主义新闻观，牢牢把握正确导向，坚持团结稳定鼓劲、正面宣传为主，壮大主流舆论，提高舆论引导的及时性、权威性和公信力、影响力，发挥宣传党的主张、弘扬社会正气、通达社情民意、引导社会热点、疏导公众情绪、搞好舆论监督的重要作用，保障人民知情权、参与权、表达权、监督权。以党报党刊、通讯社、电台电视台为主，整合都市类媒体、网络媒体等宣传资源，构建统筹协调、责任明确、功能互补、覆盖广泛、富有效率的舆论引导格局。加强和改进正面宣传，加强社会主义核心价值体系宣传，加强舆情分析研判，加强社会热点难点问题引导，从群众关注点入手，科学解疑释惑，有效凝聚共识。做好重大突发事件新闻报道，完善新闻发布制度，健全应急报道和舆论引导机制，提高时效性，增加透明度。加强和改进舆论监督，推动解决党和政府高度重视、群众反映强烈的实际问题，维护人民利益，密切党群关系，促进社会和谐。新闻媒体和新闻工作者要秉持社会责任和职业道德，真实准确传播新闻信息，自觉抵制错误观点，坚决杜绝虚假新闻。

(4)推出更多优秀文艺作品。文学、戏剧、电影、电视、音乐、舞蹈、美术、摄影、书法、曲艺、杂技以及民间文艺、群众文艺等各领域文艺工作者都要积极投身到讴歌时代和人民的文艺创造活动之中，在社会生活中汲取素材、提炼主题，以充沛的激情、生动的笔触、优美的旋律、感人的形象，创作生产出思想性艺术性观赏性相统一、人民喜闻乐见的优秀文艺作品。实施精品战略，组织好“五个一”工程、重大革命和历史题材创作工程、重点文学艺术作品扶持工程、优秀少儿作品创作工程，鼓励原创和现实题材创作，不断推出文艺精品。扶持代表国家水准、具有民族特色和地方特色的优秀艺术品种，积极发展新的艺术样式。鼓励一切有利于陶冶情操、愉悦身心、寓教于乐的文艺创作，抵制低俗之风。

(5)发展健康向上的网络文化。加强网上思想文化阵地建设，是社会主义文化建设的迫切任务。要认真贯彻积极利用、科学发展、依法管理、确保安全的方针，加强和改进网络文化建设和管理，加强网上舆论引导，唱响网上思想文化主旋律。实施网络内容建设工程，推动优秀传统文化瑰宝和当代文化精品网络传播，制作适合互联网和手机等新兴媒体传播的精品佳作，鼓励网民创作格调健康的网络文化作品。支持重点新闻网站加快发展，打造一批在国内外有较强影响力的综合性网站和特色网站，发挥主要商业网站建设性作用，培育一批网络内容生产和服务骨干企业。发展网络新技术新业态，占领网络信息传播制高点。广泛开展文明网站创建，推动文明办网、文明上网，督促网络运营服务企业履行法律义务和社会责任，不为有害信息提供传播渠道。加强网络法制建设，加快形成法律规范、行政监管、行业自律、技术保障、公众监督、社会教育相结合的互联网管理体系。加强对社交网络和即时通信工具等的引导和管理，规范网上信息传播秩序，培育文明理性的网络环境。依法惩处传播有害信息行为，深入推进整治网络淫秽色情和低俗信息专项行动，严厉打击网络违法犯罪。加大网上个人信息保护力度，建立网络安全评估机制，维护公共利益和国家信息安全。

(6)完善文化产品评价体系和激励机制。坚持把遵循社会主义先进文化前进方向、人民群众满意作为评价作品最高标准，把群众评价、专家评价和市场检验统一起来，形成科学的评价标准。要建立公开、公平、公正评奖机制，精简评奖种类，改进评奖办法，提高权威性和公信度。加强文艺理论建设，培养高素质文艺评论队伍，开展积极健康的文艺批评，褒优贬劣，激浊扬清。加大优秀文化产品推广力度，运用主流媒体、公共文化场所等资源，在资金、频道、版面、场地等方面为展演展映展播展览弘扬主流价值的精品力作提供条件。设立专项艺术基金，支持收藏和推介优秀文化作品。加大知识产权保护力度，依法惩处侵权行为，维护著作权人合法权益。

五、大力发展公益性文化事业，保障人民基本文化权益

满足人民基本文化需求是社会主义文化建设的基本任务。必须坚持政府主导，按照公益性、基本性、均等性、便利性的要求，加强文化基础设施建设，完善公共文化服务网络，让群众广泛享有免费或优惠的基本公共文化服务。

(1)构建公共文化服务体系。加强公共文化服务是实现人民基本文化权益的主要途径。要以公共财政为支撑，以公益性文化单位为骨干，以全体人民为服务对象，以保障人民群众看电视、听广播、读书看报、进行公共文化鉴赏、参与公共文化活动等基本文化权益为主要内容，完善覆盖城乡、结构合理、功能健全、实用高效的公共文化服务体系。把主要公共文化产品和服务项目、公益性文化活动纳入公共财政经常性支出预算。采取政府采购、项目补贴、定向资助、贷款贴息、税收减免等政策措施鼓励各类文化企业参与公共文化服务。鼓励国家投资、资助或拥有版权的文化产品无偿用于公共文化服务。加强文化馆、博物馆、图书馆、美术馆、科技馆、纪念馆、工人文化宫、青少年宫等公共文化服务设施和爱国主义教育示范基地建设并完善向社会免费开放服务，鼓励其他国有文化单位、教育机构等开展公益性文化活动，各类公共场所要为群众性文化活动提供便利。统筹规划和建设基层公共文化服务设施，坚持项目建设和运行管理并重，实现资源整合、共建共享。加强社区公共文化设施建设，把社区文化中心建设纳入城乡规划和设计，拓展投资渠道。完善面向妇女、未成年人、老年人、残疾人的公共文化服务设施。引导和鼓励社会力量通过兴办实体、资助项目、赞助活动、提供设施等形式参与公共文化服务。推进国家公共文化服务体系示范区创建。制定公共文化服务指标体系和绩效考核办法。

(2)发展现代传播体系。提高社会主义先进文化辐射力和影响力，必须加快构建技术先进、传输快捷、覆盖广泛的现代传播体系。要加强党报党刊、通讯社、电台电视台和重要出版社建设，进一步完善采编、发行、播发系统，加快数字化转型，扩大有效覆盖面。加强国际传播能力建设，打造国际一流媒体，提高新闻信息原创率、首发率、落地率。建立统一联动、安全可靠的国家应急广播体系。完善国家数字图书馆建设。整合有线电视网络，组建国家级广播电视网络公司。推进电信网、广电网、互联网三网融合，建设国家新媒体集成播控平台，创新业务形态，发挥各类信息网络设施的文化传播作用，实现互联互通、有序运行。

(3)建设优秀传统文化传承体系。优秀传统文化凝聚着中华民族自强不息的精神追求和历久弥新的精神财富，是发展社会主义先进文化的深厚基础，是建设中华民族共有精神家园的重要支撑。要全面认识祖国传统文化，取其精华、去其糟粕，古为今用、推陈出新，坚持保护利用、普及弘扬并重，加强对优秀传统文化思想价值的挖掘和阐发，维护民族文化基本元素，使优秀传统文化成为新时代鼓舞人民前进的精神力量。加强文化典籍整理和出版工作，推进文化典籍资源数字化。加强国家重大文化和自然遗产地、重点文物保护单位、历史文化名城名镇名村保护建设，抓好非物质文化遗产保护传承。深入挖掘民族传统节日文化内涵，广泛开展优秀传统文化教育普及活动。发挥国民教育在文化传承创新中的基础性作用，增加优秀传统文化课程内容，加强优秀传统文化教学研究基地建设。大力推广和规范使用国家通用语言文字，科学保护各民族语言文字。繁荣发展少数民族文化事业，开展少数民族特色文化保护工作，加强少数民族语言文字党报党刊、广播影视节目、出版物等译制播出出版。加强同香港、澳门的文化交流合作，加强同台湾的各种形式文化交流，共同弘扬中华优秀传统文化。

(4)加快城乡文化一体化发展。增加农村文化服务总量，缩小城乡文化发展差距，对推进社会主义新农村建设、形成城乡经济社会发展一体化新格局具有重大意义。要以农村和中西部地区为重点，加强县级文化馆和图书馆、乡镇综合文化站、村文化室建设，深入实施广播电视村村通、文化信息资源共享、农村电影放映、农家书屋等文化惠民工程，扩大覆盖、消除盲点、提高标准、完善服务、改进管理。加大对革命老区、民族地区、边疆地区、贫困地区文化服务网络建设支持和帮扶力度。深入开展全民阅读、全民健身活动，推动文化科技卫生“三下乡”、科教文体法律卫生“四进社区”、“送欢乐下基层”等活动经常化。引导企业、社区积极开展面向农民工的公益性文化活动，尽快把农民工纳入城市公共文化服务体系。建立以城带乡联动机制，合理配置城乡文化资源，鼓励城市对农村进行文化帮扶，把支持农村文化建设作为创建文明城市基本指标。鼓励文化单位面向农村提供流动服务、网点服务，推动媒体办好农村版和农村频率频道，做好主要党报党刊在农村基层发行和赠阅工作。扶持文化企业以连锁方式加强基层和农村文化网点建设，推动电影院线、演出院线向市县延伸，支持演艺团体深入基层和农村演出。中央、省、市三级设立农村文化建设专项资金，保证一定数量的中央转移支付资金用于乡镇和村文化建设。

六、加快发展文化产业，推动文化产业成为国民经济支柱性产业

发展文化产业是社会主义市场经济条件下满足人民多样化精神文化需求的重要途径。必须坚持社会主义先进文化前进方向，坚持把社会效益放在首位、社会效益和经济效益相统一，按照全面协调可持续的要求，推动文化产业跨越式发展，使之成为新的经济增长点、经济结构战略性调整的重要支点、转变经济发展方式的重要着力点，为推动科学发展提供重要支撑。

(1)构建现代文化产业体系。加快发展文化产业，必须构建结构合理、门类齐全、科技含量高、富有创意、竞争力强的现代文化产业体系。要在重点领域实施一批重大项目，推进文化产业结构调整，发展壮大出版发行、影视制作、印刷、广告、演艺、娱乐、会展等传统文化产业，加快发展文化创意、数字出版、移动多媒体、动漫游戏等新兴文化产业。鼓励有实力的文化企业跨地区、跨行业、跨所有制兼并重组，培育文化产业领域战略投资者。优化文化产业布局，发挥东中西部地区各自优势，加强文化产业基地规划和建设，发展文化产业集群，提高文化产业规模化、集约化、专业化水平。加大对拥有自主知识产权、弘扬民族优秀文化的产业支持力度，打造知名品牌。发掘城市文化资源，发展特色文化产业，建设特色文化城市。发挥首都全国文化中心示范作用。规划建设各具特色的文化创业创意园区，支持中小文化企业发展。推动文化产业与旅游、体育、信息、物流、建筑等产业融合发展，增加相关产业文化含量，延伸文化产业链，提高附加值。

(2)形成公有制为主体、多种所有制共同发展的文化产业格局。加快发展文化产业，必须毫不动摇地支持和壮大国有或国有控股文化企业，毫不动摇地鼓励和引导各种非公有制文化企业健康发展。要培育一批核心竞争力强的国有或国有控股大型文化企业或企业集团，在发展产业和繁荣市场方面发挥主导作用。在国家许可范围内，引导社会资本以多种形式投资文化产业，参与国有经营性文化单位转企改制，参与重大文化产业项目实施和文化产业园区建设，在投资核准、信用贷款、土地使用、税收优惠、上市融资、发行债券、对外贸易和申请专项资金等方面给予支持，营造公平参与市场竞争、同等受到法律保护的体制和法制环境。加强和改进对非公有制文化企业的服务和管理，引导他们自觉履行社会责任。

(3)推进文化科技创新。科技创新是文化发展的重要引擎。要发挥文化和科技相互促进的作用，深入实施科技带动战略，增强自主创新能力。抓住一批全局性、战略性重大科技课题，加强核心技术、关键技术、共性技术攻关，以先进技术支撑文化装备、软件、系统研制和自主发展，重视相关技术标准制定，加快科技创新成果转化，提高我国出版、印刷、传媒、影视、演艺、网络、动漫等领域技术装备水平，增强文化产业核心竞争力。依托国家高新技术园区、国家可持续发展实验区等建立国家级文化和科技融合示范基地，把重大文化科技项目纳入国家相关科技发展规划和计划。健全以企业为主体、市场为导向、产学研相结合的文化技术创新体系，培育一批特色鲜明、创新能力强的文化科技企业，支持产学研战略联盟和公共服务平台建设。

(4)扩大文化消费。增加文化消费总量，提高文化消费水平，是文化产业发展的内生动力。要创新商业模式，拓展大众文化消费市场，开发特色文化消费，扩大文化服务消费，提供个性化、分众化的文化产品和服务，培育新的文化消费增长点。提高基层文化消费水平，引导文化企业投资兴建更多适合群众需求的文化消费场所，鼓励出版适应群众购买能力的图书报刊，鼓励在商业演出和电影放映中安排一定数量的低价场次或门票，鼓励网络文化运营商开发更多低收费业务，有条件的地方要为困难群众和农民工文化消费提供适当补贴。积极发展文化旅游，促进非物质文化遗产保护传承与旅游相结合，发挥旅游对文化消费的促进作用。

七、进一步深化改革开放，加快构建有利于文化繁荣发展的体制机制

文化引领时代风气之先，是最需要创新的领域。必须牢牢把握正确方向，加快推进文化体制改革，建立健全党委领导、政府管理、行业自律、社会监督、企事业单位依法运营的文化管理体制和富有活力的文化产品生产经营机制，发挥市场在文化资源配置中的积极作用，创新文化走出去模式，为文化繁荣发展提供强大动力。

(1)深化国有文化单位改革。以建立现代企业制度为重点，加快推进经营性文化单位改革，培育合格市场主体。科学界定文化单位性质和功能，区别对待、分类指导，循序渐进、逐步推开，推进一般国有文艺院团、非时政类报刊社、新闻网站转企改制，拓展出版、发行、影视企业改革成果，加快公司制股份制改造，完善法人治理结构，形成符合现代企业制度要求、体现文化企业特点的资产组织形式和经营管理模式。创新投融资体制，支持国有文化企业面向资本市场融资，支持其吸引社会资本进行股份制改造。着眼于突出公益属性、强化服务功能、增强发展活力，全面推进文化事业单位人事、收入分配、社会保障制度改革，明确服务规范，加强绩效评估考核。创新公共文化服务设施运行机制，吸纳有代表性的社会人士、专业人士、基层群众参与管理。推动党报党刊、电台电视台进一步完善管理和运行机制。推动一般时政类报刊社、公益性出版社、代表民族特色和国家水准的文艺院团等事业单位实行企业化管理，增强面向市场、面向群众提供服务能力。

(2)健全现代文化市场体系。促进文化产品和要素在全国范围内合理流动，必须构建统一开放竞争有序的现代文化市场体系。要重点发展图书报刊、电子音像制品、演出娱乐、影视剧、动漫游戏等产品市场，进一步完善中国国际文化产业博览交易会等综合交易平台。发展连锁经营、物流配送、电子商务等现代流通组织和流通形式，加快建设大型文化流通企业和文化产品物流基地，构建以大城市为中心、中小城市相配套、贯通城乡的文化产品流通网络。加快培育产权、版权、技术、信息等要素市场，办好重点文化产权交易所，规范文化资产和艺术品交易。加强行业组织建设，健全中介机构。

(3)创新文化管理体制。深化文化行政管理体制改革，加快政府职能转变，强化政策调节、市场监管、社会管理、公共服务职能，推动政企分开、政事分开，理顺政府和文化企事业单位关系。完善管人管事管资产管导向相结合的国有文化资产管理体制。健全文化市场综合行政执法机构，推动副省级以下城市完善综合文化行政责任主体。加快文化立法，制定和完善公共文化服务保障、文化产业振兴、文化市场管理等方面法律法规，提高文化建设法制化水平。坚持主管主办制度，落实谁主管谁负责和属地管理原则，严格执行文化资本、文化企业、文化产品市场准入和退出政策，综合运用法律、行政、经济、科技等手段提高管理效能。深入开展"扫黄打非"，完善文化市场管理，坚决扫除毒害人们心灵的腐朽文化垃圾，切实营造确保国家文化安全的市场秩序。

(4)完善政策保障机制。保证公共财政对文化建设投入的增长幅度高于财政经常性收入增长幅度，提高文化支出占财政支出比例。扩大公共财政覆盖范围，完善投入方式，加强资金管理，提高资金使用效益，保障公共文化服务体系建设和运行。落实和完善文化经济政策，支持社会组织、机构、个人捐赠和兴办公益性文化事业，引导文化非营利机构提供公共文化产品和服务。加大财政、税收、金融、用地等方面对文化产业的政策扶持力度，鼓励文化企业和社会资本对接，对文化内容创意生产、非物质文化遗产项目经营实行税收优惠。设立国家文化发展基金，扩大有关文化基金和专项资金规模，提高各级彩票公益金用于文化事业比重。继续执行文化体制改革配套政策，对转企改制国有文化单位扶持政策执行期限再延长五年。

(5)推动中华文化走向世界。开展多渠道多形式多层次对外文化交流，广泛参与世界文明对话，促进文化相互借鉴，增强中华文化在世界上的感召力和影响力，共同维护文化多样性。创新对外宣传方式方法，增强国际话语权，妥善回应外部关切，增进国际社会对我国基本国情、价值观念、发展道路、内外政策的了解和认识，展现我国文明、民主、开放、进步的形象。实施文化走出去工程，完善支持文化产品和服务走出去政策措施，支持重点主流媒体在海外设立分支机构，培育一批具有国际竞争力的外向型文化企业和中介机构，完善译制、推介、咨询等方面扶持机制，开拓国际文化市场。加强海外中国文化中心和孔子学院建设，鼓励代表国家水平的各类学术团体、艺术机构在相应国际组织中发挥建设性作用，组织对外翻译优秀学术成果和文化精品。构建人文交流机制，把政府交流和民间交流结合起来，发挥非公有制文化企业、文化非营利机构在对外文化交流中的作用，支持海外侨胞积极开展中外人文交流。建立面向外国青年的文化交流机制，设立中华文化国际传播贡献奖和国际性文化奖项。

(6)积极吸收借鉴国外优秀文化成果。坚持以我为主、为我所用，学习借鉴一切有利于加强我国社会主义文化建设的有益经验、一切有利于丰富我国人民文化生活的积极成果、一切有利于发展我国文化事业和文化产业的经营管理理念和机制。加强文化领域智力、人才、技术引进工作。吸收外资进入法律法规许可的文化产业领域，保障投资者合法权益。鼓励文化单位同国外有实力的文化机构进行项目合作，学习先进制作技术和管理经验。鼓励外资企业在华进行文化科技研发，发展服务外包。开展知识产权保护国际合作。

八、建设宏大文化人才队伍，为社会主义文化大发展大繁荣提供有力人才支撑

推动社会主义文化大发展大繁荣，队伍是基础，人才是关键。要坚持尊重劳动、尊重知识、尊重人才、尊重创造，深入实施人才强国战略，牢固树立人才是第一资源思想，全面贯彻党管人才原则，加快培养造就德才兼备、锐意创新、结构合理、规模宏大的文化人才队伍。

(1)造就高层次领军人物和高素质文化人才队伍。高层次领军人物和专业文化工作者是社会主义文化建设的中坚力量。要继续实施“四个一批”人才培养工程和文化名家工程，建立重大文化项目首席专家制度，造就一批人民喜爱、有国际影响的名家大师和民族文化代表人物。加强专业文化工作队伍、文化企业家队伍建设，扶持资助优秀中青年文化人才主持重大课题、领衔重点项目，抓紧培养善于开拓文化新领域的拔尖创新人才、掌握现代传媒技术的专门人才、懂经营善管理的复合型人才、适应文化走出去需要的国际化人才。创新人才培养模式，实施高端紧缺文化人才培养计划，搭建文化人才终身学习平台。鼓励和扶持高等学校和中等职业学校优化专业结构，与文化企事业单位共建培养基地。完善人才培养开发、评价发现、选拔任用、流动配置、激励保障机制，深化职称评审改革，为优秀人才脱颖而出、施展才干创造有利制度环境。重视发现和培养社会文化人才。对非公有制文化单位人员评定职称、参与培训、申报项目、表彰奖励同等对待。完善相关政策措施，多渠道吸引海外优秀文化人才。落实国家荣誉制度，抓紧设立国家级文化荣誉称号，表彰奖励成就卓著的文化工作者。

（2）加强基层文化人才队伍建设。基层文化人才队伍是文化改革发展的基础力量。要制定实施基层文化人才队伍建设规划，完善机构编制、学习培训、待遇保障等方面的政策措施，吸引优秀文化人才服务基层。配好配齐乡镇、街道党委宣传委员、宣传干事和乡镇综合文化站专职人员。设立城乡社区公共文化服务岗位，对服务期满高校毕业生报考文化部门公务员、相关专业研究生实行定向招录。重视发现和培养扎根基层的乡土文化能人、民族民间文化传承人特别是非物质文化遗产项目代表性传承人，鼓励和扶持群众中涌现出的各类文化人才和文化活动积极分子，促进他们健康成长、发挥作用。壮大文化志愿者队伍，鼓励专业文化工作者和社会各界人士参与基层文化建设和群众文化活动，形成专兼结合的基层文化工作队伍。

（3）加强职业道德建设和作风建设。文化工作者要成为优秀文化的生产者和传播者，必须加强自身修养，做道德品行和人格操守的示范者。要引导广大文化工作者特别是名家名人自觉践行社会主义核心价值体系，增强社会责任感，弘扬科学精神和职业道德，发扬严谨笃学、潜心钻研、淡泊名利、自尊自律的风尚，努力追求德艺双馨，坚决抵制学术不端、情趣低俗等不良风气。鼓励文化工作者特别是文化名家、中青年骨干深入实际、深入生活、深入群众，拜人民为师，增强国情了解，增加基层体验，增进群众感情。文化工作者要相互尊重、平等交流、取长补短，共同营造风清气正、和谐奋进的良好氛围。

九、加强和改进党对文化工作的领导，提高推进文化改革发展科学化水平

加强和改进党对文化工作的领导，是推进文化改革发展的根本保证，也是加强党的执政能力建设和先进性建设的内在要求。必须从战略和全局出发，把握文化发展规律，健全领导体制机制，改进工作方式方法，增强领导文化建设本领。

（1）切实担负起推进文化改革发展的政治责任。各级党委和政府要把文化建设摆在全局工作重要位置，深入研究意识形态和宣传文化工作新情况新特点，及时研究文化改革发展重大问题，加强和改进思想政治工作，牢牢把握意识形态工作主导权，掌握文化改革发展领导权。把文化建设纳入经济社会发展总体规划，与经济社会发展一同研究部署、一同组织实施、一同督促检查。把文化改革发展成效纳入科学发展考核评价体系，作为衡量领导班子

和领导干部工作业绩的重要依据。制定社会主义核心价值体系建设实施纲要。在全党深入开展社会主义核心价值体系学习教育，使广大党员、干部成为实践社会主义核心价值体系的模范，做共产主义远大理想和中国特色社会主义共同理想的坚定信仰者。深入做好文化领域知识分子工作，充分尊重知识分子创造性劳动，善于同知识分子特别是有影响的代表人士交朋友，把广大知识分子紧紧团结在党的周围。

(2)加强文化领域领导班子和党组织建设。坚持德才兼备、以德为先用人标准，选好配强文化领域各级领导班子，把政治立场坚定、思想理论水平高、熟悉文化工作、善于驾驭意识形态领域复杂局面的干部充实到领导岗位上来，把文化领域各级领导班子建设成为坚强领导集体。加强领导班子思想政治建设，增强政治敏锐性和政治鉴别力，筑牢思想防线，确保文化阵地导向正确。各级领导干部要高度重视并切实抓好文化工作，加强文化理论学习和文化问题研究，提高文化素养，努力成为领导文化建设的行家里手。把文化建设内容纳入干部培训计划和各级党校、行政学院、干部学院教学体系。结合文化单位特点加强和创新基层党的工作，发挥文化事业单位、国有和国有控股文化企业党组织的领导核心和政治核心作用，重视文化领域非公有制经济组织、新社会组织党的组织建设。注重在文化领域优秀人才、先进青年、业务骨干中发展党员。文化战线全体共产党员要牢固树立党的观念、党员意识，讲党性、重品行、作表率，在推进文化改革发展中创先争优、发挥先锋模范作用。

(3)健全共同推进文化建设工作机制。推动社会主义文化大发展大繁荣是全党全社会的共同责任。要建立健全党委统一领导、党政齐抓共管、宣传部门组织协调、有关部门分工负责、社会力量积极参与的工作体制和工作格局，形成文化建设强大合力。文化领域各部门各单位要自觉贯彻中央决策部署，落实文化改革发展目标任务，发挥文化建设主力军作用。支持人大、政协履行职能，调动各部门积极性，支持民主党派、无党派人士和人民团体发挥作用，共同推进文化改革发展。推动文联、作协、记协等文化领域人民团体创新管理体制、组织形式、活动方式，履行好联络协调服务职能，加强行业自律，依法维护文化工作者权益。全面贯彻党的宗教工作基本方针，发挥宗教界人士和信教群众在促进文化繁荣发展中的积极作用。

(4)发挥人民群众文化创造积极性。人民是推动社会主义文化大发展大繁荣最深厚的力量源泉。要牢固树立马克思主义群众观点，自觉贯彻党的群众路线，为广大群众成为社会主义文化建设者提供广阔舞台。广泛开展群众性文化活动，提高社区文化、村镇文化、企业文化、校园文化等建设水平，引导群众在文化建设中自我表现、自我教育、自我服务。积极搭建公益性文化活动平台，依托重大节庆和民族民间文化资源，组织开展群众乐于参与、便于参与的文化活动。支持群众依法兴办文化团体，精心培育植根群众、服务群众的文化载体和文化样式。及时总结来自群众、生动鲜活的文化创新经验，推广大众文化优秀成果，在全社会营造鼓励文化创造的良好氛围，让蕴藏于人民中的文化创造活力得到充分发挥。

中国人民解放军和中国人民武装警察部队文化建设工作，由中央军委根据本决定精神作出部署。

中华民族伟大复兴必然伴随着中华文化繁荣兴盛。全党要紧密团结在以胡锦涛同志为总书记的党中央周围，满怀信心带领全国各族人民在坚持和发展中国特色社会主义的伟大实践中进行文化创造，为把我国建设成为社会主义文化强国而努力奋斗！

附录二

新闻出版业“十二五”时期发展规划

国家新闻出版总署

“十二五”时期，是全面建设小康社会的关键时期，是深化新闻出版体制改革、加快转变发展方式的重要时期。为实现新闻出版业又好又快发展，推动我国向新闻出版强国迈进，根据《中华人民共和国国民经济和社会发展第十二个五年规划纲要》和《国家“十二五”时期文化体制改革和发展规划纲要》，编制本规划。

一、“十一五”时期新闻出版业取得巨大成绩

“十一五”时期，新闻出版业以科学发展观为统领，始终坚持正确的政治方向和舆论导向，解放思想，开拓进取，深化改革，加快发展，探索走出了一条中国特色新闻出版发展的新路，开创了新闻出版业改革发展的新局面。

（一）服务能力显著增强

坚持围绕中心、服务大局，牢牢把握社会主义先进文化的前进方向，把建设社会主义核心价值体系贯穿到新闻出版工作各个方面，组织出版马克思主义中国化最新理论成果和弘扬主旋律的精品力作，加强主流媒体和舆论引导能力建设，坚守意识形态阵地，传播党的创新理论，传承中华优秀文化，引领时代思想潮流，为经济社会发展提供了重要的思想保证、精神动力和舆论支持。围绕服务群众、改善民生，组织实施了打造传世经典的重点出版工程、服务农民的农家书屋工程、扶持新疆少数民族地区发展的东风工程、提升国民素质的全民阅读工程、净化市场的文化环保工程，新闻出版公共服务体系框架基本建立，为满足人民群众精神文化需求、保障人民群众基本文化权益，作出了历史性贡献。

（二）产业规模快速提升

图书、报纸、期刊、音像、电子出版物等传统出版持续发展，印刷复制增长势头强劲，出版物发行呈现多元化趋势。新闻出版业与现代科学技术加

速融合，数字出版、数字印刷、数字发行等新业态发展迅猛，新闻出版业发展空间逐步拓展，产业规模迅速扩大，产业结构不断优化，产业链日趋完善，基本形成以图书、报纸、期刊、音像、电子、网络、手机等媒体的出版、印刷、复制、传播、外贸等为主，包括教育、科研、版权代理、物资供应、国际合作等在内的完整产业体系。2010 年，全国共出版图书 32.8 万种，71.7 亿册(张)；出版期刊9 884种，35.4 亿册；出版报纸1 939种，500.2 亿份；全国出版物进出口经营单位出口图书、报纸、期刊、音像制品、电子出版物1 047.5万册(份、盒、张)、出口金额达3 758.2万美元，出版物已进入世界 190 多个国家和地区，报刊发行覆盖 80 多个国家和地区，对重点发达国家的版权输出总量比 2005 年增长近 14 倍。目前，我国日报出版规模、图书出版品种与出版总量居世界第一，电子出版、网络学术出版总量居世界第二，印刷业总产值居世界第三。2010 年，新闻出版业总产出达到 1.22 万亿元，增加值达到3 500亿元。生产能力和产出总量都表明，我国已经成为名副其实的出版大国，新闻出版业不仅是文化的主阵地，还成为文化产业的主力军，国民经济增长的新亮点。

(三)改革开放全面推进

“十一五”时期，是新闻出版体制改革取得重大突破的一个历史新阶段。经营性图书、音像、电子出版社转制工作基本完成，组建了一批出版传媒集团和报业、期刊、印刷、发行集团。转制后的企业成为市场主体，竞争能力显著增强，投融资渠道不断拓宽，跨媒体、跨行业、跨地区、跨国界和跨所有制的并购重组取得突破性进展。社会资本进入新闻出版的领域和规模不断扩大，以公有制为主体、多种所有制共同发展的格局正在形成。“走出去”模式不断创新，渠道日渐宽广，对外贸易结构逐年改善，实现了出版物出口和版权输出双增长。

(四)行政管理水平不断提高

新闻出版行政机构更加健全，实现了政事分开、政企分开、政资分开和管办分离，政府职能得到切实转变。进一步完善新闻出版法规，制定和修订了一批法规规章，废止了一大批不再适用的规章和文件。积极完善版权管理工作体系，深入开展“扫黄打非”，严厉打击侵权盗版，保护知识产权力度进一步加大。

与此同时，新闻出版业发展还存在问题和不足。新闻出版产品和服务还不能充分满足人民群众的需求，产业集中度和产品差别化程度较低，产业及产品的结构性矛盾和科技创新滞后问题较为突出，重塑市场主体的任务仍很艰巨，统一的市场体系尚未完全形成，我国出版传媒业在国际上的传播力和影响力还有待于进一步提高。

专栏1 “十一五”规划主要指标实现情况

指标	单位	2005 年	规划目标		实现情况	
			2010 年	年均增长（%）	2010 年	年均增长（%）
增加值	亿元	1 900	2 660	7.0	3 500	13.0
图书出版品种数	万种	22.2	25.5	2.8	32.8	8.1
图书出版总印数	亿册(张)	64.7	70	1.6	71.7	2.1
图书出版总印张数	亿印张	493.3	600	4.0	606.1	4.2
报纸出版总印数	亿份	412.6	500	3.9	500.2	3.9
报纸出版总印张数	亿印张	1 613.1	2 030	4.7	2 153.8	6.0
期刊出版总印数	亿册	27.6	30	1.7	35.4	5.1
期刊出版总印张数	亿印张	125.3	140	2.2	200.1	9.8
出版物出口数量	万册、份、盒、张	807.6	1 011.3	4.6	1 047.5	5.3
版权输出品种	种	1 517	3 000	14.6	5 691	30.3
发行网点数量	万个	16.0	18	2.4	16.8	1.0
百万人均年拥有图书种数	种	170.1	192	2.4	244.6	7.5
人均年拥有图书数量	册/人	4.9	5.3	1.4	5.35	1.6
人均年拥有期刊数量	册/人	2.1	2.4	2.6	2.6	4.6

续表

指标	单位	2005 年	规划目标		实现情况	
			2010 年	年均增长（%）	2010 年	年均增长（%）
每千人拥有报纸份数	份/千人	86.5	90	0.8	102.2	3.4
报纸普及率	份/户	0.27	0.3	2.1	0.37	6.8

二、“十二五”时期新闻出版业面临的发展环境

从国际看，世界经济政治格局的变化，使得新闻出版业面临前所未有的历史性机遇与挑战。

——国家间文化软实力的博弈使新闻出版业的地位作用日益凸显。文化软实力已成为国家间竞争战略中的重要因素。新闻出版业作为国家文化软实力的重要方面，在巩固舆论阵地、传播中华文明、增强综合国力等方面的重要作用更加突出。

——世界经济格局的新变化使全球新闻出版业格局面临重构。“十二五”时期，文化产业在西方发达国家经济社会发展中的地位、作用和所占比重仍将继续提高，全球范围的并购重组势头仍将继续加强，市场竞争必将进一步加剧，我国新闻出版业做大做强、参与国际市场竞争的环境更加复杂。

——全球化产业竞争的新特征要求新闻出版业抢占科技创新和新兴产业的制高点。当前，全球新闻出版业正经历新一轮技术革命。随着数字技术、信息技术、网络技术全面普及，以数字出版为代表的新业态已成为新闻出版业发展的新的战略制高点，各国在新闻出版技术创新、标准制定、新业态培育领域的竞争将更加激烈。

从国内看，新闻出版产业已成为国家经济发展新的增长点和加快转变经济发展方式的重要着力点，发展将面临新的更高要求。

——社会主义现代化建设赋予新闻出版业新的历史使命。新闻出版业是中国特色社会主义事业总体布局的重要组成部分，在全面建设小康社会的关键时期，新闻出版业肩负着建设社会主义核心价值体系，增强社会主义意识形态的吸引力和凝聚力，推进马克思主义中国化、时代化、大众化，巩固舆论阵地，传承中华文明，普及科学知识的重要使命。

——加快转变经济发展方式，推动文化产业成为国民经济支柱性产业的

大局，要求新闻出版产业加快发展。新闻出版产业是文化产业的基础产业和核心产业。加快转变经济发展方式，一方面要求新闻出版产业为国家经济发展方式转变作出贡献；另一方面要求新闻出版产业不断扩大产业规模，加快产业结构调整和升级，提高新闻出版产业在国民经济中的比重。

——人民群众日益增长的精神文化需求对新闻出版业发展提出了更高要求。随着经济社会不断发展和人民生活水平不断提高，人民群众的精神文化需求呈现出多样化、多层次、多方面的新特点，人民群众对知识的渴求比任何时候都更加迫切，人民群众参与文化创造的愿望比任何时候都更加强烈，这就要求新闻出版业顺应人民群众新期待，加速发展新闻出版事业和产业。

从行业自身看，“十二五”时期，是新闻出版业深化改革、加快发展和产业格局调整与升级的关键时期。

——新闻出版体制改革进入攻坚期。新闻出版体制改革进一步面临创新体制、转换机制、面向市场、增强活力的任务，将触及深层次的矛盾和问题，需要在重点领域和关键环节有突破性进展。

——新闻出版产业格局进入战略调整期。随着市场体系日趋完善，企业并购日渐活跃，高新技术日新月异，必将导致人才、资本和资源等市场要素更大范围的流动和重组，必将带来新闻出版产业格局的深入调整。

——新闻出版业转型升级进入加速期。随着新闻出版企业自主创新能力和高科技应用水平不断提高，产品形态不断创新，产业融合不断深化，数字出版、数字印刷、数字发行等新业态将进一步加快发展，必将推动新闻出版业转型及技术升级步伐进一步加快。

“十二五”时期，新闻出版业发展仍处于可以大有作为的重要战略机遇期，具备许多有利条件。中央提出推动文化产业成为国民经济支柱性产业，使文化产业发展上升为国家战略，为新闻出版业发展提供了难得的历史机遇；人民群众快速增长的精神文化需求，十三亿人口的文化消费潜力，为新闻出版业发展提供了巨大的市场空间；新闻出版体制改革的强力推进，为新闻出版业发展提供了强大动力；科技进步特别是信息网络技术的迅猛发展，为新闻出版业发展提供了重要支撑；国家政策支持力度的不断加大，为新闻出版业发展提供了有力保障；金融支持和资本市场的不断完善，为新闻出版业发展提供了有利条件；中国国际地位的日益提高和中华文化不断“走出去”，为新闻出版业发展提供了新的契机；各级党委、政府的高度重视，为新闻出版业发展提供了坚强的思想保证和组织保证。

三、“十二五”时期新闻出版业发展的指导思想和基本要求

（一）指导思想

以邓小平理论和“三个代表”重要思想为指导，深入贯彻落实科学发展观，高举旗帜，围绕大局，服务人民，改革创新，以科学发展为主题，以转变经济发展方式为主线，以深化改革为动力，着力保障人民群众基本文化权益，着力激发市场主体活力，着力调整产业结构，着力提升行业自主创新能力，着力增强中华文化的传播力和影响力，大力弘扬中华文化优良传统，为实现新闻出版强国目标打下坚实的基础。

(二)基本要求

——坚持社会主义先进文化的前进方向。牢牢把握正确的舆论导向，弘扬主旋律，坚持三贴近，始终把建设社会主义核心价值体系贯穿到新闻出版工作各个方面，把社会效益放在首位，实现社会效益与经济效益的有机统一，充分发挥新闻出版引导社会、教育人民、推动发展的功能，增强民族凝聚力和创造力。

——坚持加快发展。以科学发展为主题，深化新闻出版体制改革，用改革的办法解决发展中的问题，用发展的成果检验改革的成效，切实解放和发展新闻出版生产力，推动新闻出版业又好又快发展。

——坚持以人为本。以服务人民为根本宗旨，以满足人民群众精神文化需求、促进人的全面发展为根本目的，在满足人民群众精神文化需求、尊重人民群众主体地位、实现人民群众基本利益诉求中推动发展。

——坚持全面协调。将全面协调可持续作为推动新闻出版业发展的基本要求，一手抓公益性新闻出版事业，一手抓经营性新闻出版产业，公益性事业和经营性产业共同发展，强化协作，促进联合，推动新闻出版业结构和布局更加优化，速度与质量、效益更加协调，可持续发展能力进一步增强。

——坚持统筹兼顾。将统筹兼顾作为推动新闻出版业发展的根本方法，正确处理新闻出版建设与经济社会发展、社会效益与经济效益、弘扬主旋律与提倡多样化、民族文化与外来文化、促进繁荣与加强管理、发挥政府作用与调动全社会力量、公有制为主体与多种所有制共同发展等重大关系。

——坚持科技创新。将科技创新作为推动新闻出版业发展的主要支撑，提高自主创新能力，推动产业技术革新，推动传播手段创新，推动新兴业态发展，推动传统出版业的现代化转型。

四、“十二五”时期新闻出版业发展的主要目标

到“十二五”期末，新闻出版业发展方式转变基本到位，新兴业态蓬勃发展，数字出版等战略性新兴产业领域的发展达到世界先进水平。新闻出版产品和服务更加丰富，公共服务能力和水平进一步提高。基本扭转新闻出版产品和服务的出口逆差状况，大幅度提升中华文化的国际传播力和影响力。

基本形成以公有制为主体、多种所有制共同发展的产业格局，以民族文化为主导、吸收外来有益文化共同繁荣的开放格局。基本建立起统一开放、竞争有序、健康繁荣的现代出版物市场体系，以人为本、面向基层、惠及大众的新闻出版公共服务体系，技术先进、传输快捷、覆盖广泛的现代传播体系。

——经济总量。“十二五”时期，新闻出版产业增长速度达到 19.2%，到“十二五”期末实现全行业总产出29 400亿元，实现增加值8 440亿元。

——产品规模。到“十二五”期末，年图书出版总印数达到 79.2 亿册(张)；报纸出版总印数达到 552.3 亿份；期刊出版总印数达到 42.2 亿册。出版物实物出口数量超过1 150万册(份、盒、张)，版权输出品种数达到7 000种。

——社会贡献。到“十二五”期末，实现人均年拥有图书 5.8 册、期刊 3.1 册，每千人拥有日报达到 100 份，国民综合阅读率达到 80%，人均书报刊用纸量达到 240 印张，千人拥有出版物发行网点数 0.13 个，版权登记数量 70 万件。

——节能降耗。“十二五”时期，科技投入在行业增加值中所占比重逐年增加，单位能源消耗逐年降低，绿色印刷企业在全部印刷企业数量中所占比重超过 30%。

专栏 2　“十二五”时期新闻出版业发展主要指标

指标	单位	2010 年	2015 年	年均增长(%)
经济指标				
增加值	万亿元	0.35	0.84	19.2
总产出	万亿元	1.22	2.94	19.2
品种数量指标				
图书出版品种数	万种	32.8	41.9	5.0
图书出版总印数	亿册	71.7	79.2	2.0
报纸出版总印数	亿份	500.2	552.3	2.0
期刊出版总印数	亿册	35.4	42.2	3.6
出版物出口数量	万册、份、盒、张	1 047.5	1 156.5	2.0
版权输出与合作出版品种	种	5 691	7 000	4.2

社会服务指标				
人均年拥有图书数量	册/人	5.3	5.8	1.5
人均年拥有期刊数量	册/人	2.6	3.1	3.1
每千人拥有日报份数	份/千人	91.7	100.6	1.9
人均书报刊用纸量	印张/人	220.7	240.1	1.7
千人拥有出版物发行网点数量	个	0.125	0.132	1.0
国民综合阅读率	%	77.1	80.0	0.7
版权登记数量	件	506 700	700 766	6.7

五、“十二五”时期新闻出版业发展的重点任务

(一)传播社会主义先进文化，弘扬社会主义核心价值体系

组织出版马克思主义中国化最新理论成果，紧密联系改革开放和现代化建设实际，以重大现实问题为着眼点，以深入研究关系党和国家事业发展的全局性、战略性、前瞻性问题为主攻方向，推出一批有深度、有价值的出版项目；围绕深层次思想理论问题和社会热点难点问题，组织出版反映中国特色社会主义理论体系，特别是科学发展观和社会主义核心价值体系的精品力作和更多更好的通俗理论读物，用社会主义核心价值体系引领社会思潮，提升经济发展和经济产品的文化含量、精神品格，推动马克思主义中国化、时代化、大众化。提高报刊的传播能力和舆论引导能力。

专栏3　社会主义核心价值体系建设工程

01　中国共产党思想理论资源数据库与传播工程(二期)

围绕“有序保管、永续保存、高效传播”的目标，整合党的思想理论类图书、报刊文章资料，重点完成对党的思想理论类图书20万种、报刊文章200万篇，以及相关图片、音视频作品入库及数字化。开发“中国共产党思想理论词库”，完成马列著作、领袖著作、党和国家文件文献的语义标注。开发建设手持阅读器、卫星传播系统和短版印刷业务，开设外文网页，开发服务新功能，开拓服务新领域，扩大理论传播的覆盖面。推动全国乡镇以上党政机关和相关单位网站与中国共产党思想理论数据库网站建立链接，努力建成内容系统、编校规范、功能先进的具有广泛影响力的党的思想理论传播平台。

(二)加强精品力作的生产，传承和弘扬中华文明

大力推动内容创新，重点抓好国家重大出版工程、重点学术期刊等精品工程，组织出版更多具有时代精神与特点的精品力作，推出更多代表中华民族永久记忆乃至世界永久记忆的各类出版物，创造出影响世界文明的中国故事、中国形象、中国风格和中国精神。推动廉政文化出版工作。充分发挥中国出版政府奖、国家出版基金的导向作用，不断提升新闻出版产品的质量和水平。加强对新闻出版精品力作的宣传推广，深入开展书评等活动。

专栏4　新闻出版精品生产工程

01　国家重大出版工程 重点抓好马列经典、经济社会发展、哲学社会科学等领域100种国家重大出版项目，推动弘扬民族精神和时代精神的出版物和倡导社会主义荣辱观、树立正确世界观人生观价值观出版物的出版，推动廉政文化建设出版物的出版，推出一批传承历史、服务当代、惠及后人的精品出版物。
02　国家古籍整理出版工程 推出300种国家重点古籍整理出版项目，系统整理散失海外的中华古籍珍本，甄选精品进行翻译，促进出版“走出去”。加强对数学、天文历法、农医、少数民族等科技典籍的整理出版，增加珍贵、稀有社会文献档案、出土文献等的整理出版，加强古籍数字化成果的出版，提高古籍整理出版成果的使用和应用能力。
03　国家重点学术期刊建设工程 建立学术期刊科学遴选和培育机制，重点支持代表我国学术水平、具备国际办刊能力、具有良好发展前景的学术期刊发展。培育20种国际一流学术水平的国家重点学术期刊，培育一批有影响力的优秀学术期刊，推动我国学术期刊整体学术水平和国际影响力的提升。
04　国家学术论文数字化发布平台 建立覆盖主要学科领域数字学术期刊，打造基于“云计算”技术的学术论文发布平台，建立多学术期刊单位的在线投稿、同行评议、出版与发布系统，鼓励传统学术期刊与数字学术期刊互动，推动学术期刊出版数字化转型，带动原创学术文献数字出版的产业化、规范化、规模化发展。

(三)完善新闻出版公共服务体系，保障人民群众基本文化权益

按照公益性、基本性、均等性、便利性要求，通过增加投入、转换机制、增强活力、改善服务，加快健全以政府为主导、以公共财政为支撑、以公益性单位为骨干、以新闻出版公共服务重大工程项目为载体，社会力量广

泛参与的新闻出版公共服务体系，使人民群众基本文化权益得到有效保障。充分发挥公益性新闻出版单位的骨干作用，积极调动新闻出版企业的积极性，提高新闻出版产品和服务的生产能力与传播能力，完善新闻出版公共服务生产供给体系，提高供给总量与质量，重点支持民文出版、“三农”出版、盲文出版和面向未成年人、进城务工人员等特殊群体的出版，构建新闻出版公共服务产品体系。以中西部农村和民族边疆地区为重点，全面加强农牧区、学校、社区、工厂、连队等基层新闻出版服务设施的建设，构建覆盖城乡的新闻出版公共服务网络体系。努力提高新闻出版公共服务的数字化、网络化水平。大力开展全民阅读活动，倡导全社会形成读书风尚，提高全民文化素质。

专栏5　新闻出版公共服务建设工程

01　农家书屋工程 到2012年基本完成农家书屋覆盖全国所有行政村的任务。逐步扩大农家书屋工程实施范围，建设社区书屋、职工书屋、农林牧场书屋、寺庙书屋、部队书屋等，并逐步向自然村和家庭延伸。建立出版物更新机制，通过多种渠道、多种方式，争取每年为已建成书屋更新一定数量的出版物，逐步提高农家书屋音像制品和电子出版物供应比例。完善配送系统，开展数字农家书屋试点。
02　城乡阅报栏(屏)工程 “十二五”期间，采取政府支持、报社(集团)实施、社会力量参与、市场化运作模式，在城市和乡镇车站、集贸市场、商场、广场等人流密集地点建设10万个阅报栏和电子阅报屏。上架和传输的报纸以党报、“三农”类报纸、科普类报纸、文化生活类报纸、健康文摘类报纸为主。
03　新闻出版东风工程 在新疆、西藏等地建设民文出版基地。为一批民族语言文字出版单位、民族地区党报党刊、重点民文期刊和主要承担民文印刷任务的单位配置必要的业务用房和编辑印刷生产设备。在民族地区新建和改扩建一批县级新华书店营业网点，配备一批流动售(送)书车。实施出版物免费赠阅、民文新媒体建设、民文出版物“走出去”、民族地区新闻出版人才队伍建设和出版物市场监管等方面的项目。
04　重点民文出版译制工程 资助民族宗教政策法规解读、科技致富、民族职业教育、青少年教育、优秀传统民族文化、医疗卫生保健、文学艺术等出版物的出版，每年资助重点民文(含民汉双语)图书1 000种，重点民文音像制品500种。资助优秀汉文、外文出版物的民文翻译，每年翻译图书800种、音像制品500种。

05 盲文出版工程 加强盲文出版基地建设，配置盲文刻印机和盲文制版印刷生产线，实现年生产盲文书刊1 600种、70万册的规模。开发符合盲人认知的盲文乐谱、工具书、期刊、数字有声读物，出版《盲人百科全书》等重点图书。建设中国盲文图书馆(中国视障文化资讯服务中心)。设立盲用信息化辅助技术研究和产品研发专项。
06 全民阅读工程 以推动儿童阅读与青少年阅读、满足特殊群体阅读需求为重点，大力推广数字阅读，传播阅读理念，培养全民阅读习惯，提高全民阅读能力。重点开展儿童“阅读起跑线”和阅读原著活动，推动全民阅读示范基地建设。加强阅读研究与指导，逐步整合各地区各部门的阅读活动资源，建立健全全民阅读活动组织机构。积极争取建立国家阅读基金，设立国家读书节，逐步建立全民阅读工程建设长效机制。
07 中国出版博物馆建设项目 汇集和展示中国出版业历史资料、典藏文物，展现中国出版业的悠久历史、辉煌成就和发展历程；开设互动体验区，使参观者亲身体验中国出版文化的悠久魅力和技术水平；开展学术交流，促进中国出版文化研究，发挥博物馆的教育启蒙和历史传承作用。

(四)做优做大做强新闻出版产业，提高新闻出版业整体实力和竞争力

大力发展“五大产业”：以内容创新和数字化转型为重点，加快资源整合，继续发展图书、报纸、期刊等纸介质传统出版产业；以业态创新和服务创新为重点，加快新技术应用，大力发展数字出版等战略性新兴出版产业；以原创创意为重点，快速提高国产动漫出版产品的数量和质量，加速发展动漫游戏出版产业；以技术升级和绿色环保为重点，加快数字化技术推广，坚持发展印刷复制产业；以区域整合为重点，创新出版物传播手段和渠道，积极发展新闻出版流通和物流产业。打造一批大型出版传媒“航空母舰”、重组一批大型印刷复制企业、组建一批大型发行物流集团。鼓励新闻出版产业与其他产业的融合与对接。

专栏6 新闻出版产业发展重点

01 传统出版产业发展重点 构建国家、省级和出版单位三级重点出版物出版规划网络体系，形成精品生产的长效机制，组织实施《“十二五”国家重点图书、音像电子出版物出版规划》(2 000种)。组织开展“三个一百”优秀原创作品评选活动，加快国家音乐产业基地建设，培育20家特色鲜明、核心竞争力强、有原创能力的音像品牌企业，带动音像出版业发展。增强中央主要报刊和学术期刊的持续发展能力、传播能力。形成10个左右具有较强辐射能力的报刊出版产业集聚中心。打造10家左右跨地区、跨行业、跨媒体经营的大型国有报刊传媒集团。建设专业学科领域内具有国际影响力的品牌学术期刊群。实现期发行量超过百万份的综合性日报20种，期发行量超过百万册的大众服务类期刊30种。全国报刊出版单位数量减半，降至5 000家以下。非独立法人报刊编辑部占报刊出版单位总数的比例减半，下降到30%以下。

02　新兴新闻出版产业发展重点 到“十二五”期末，力争实现数字出版总产值达到新闻出版产业总产值的25%，整体规模居于世界领先水平。在全国形成10家左右各具特色、年产值超百亿的国家数字出版基地或国家数字出版产业园区，建成5~8家集书报刊和音像电子出版物于一体的海量数字内容投送平台，形成20家左右年主营业务收入超过10亿元的具有国际竞争力的数字出版骨干企业。
03　动漫游戏出版产业发展重点 加快发展民族动漫产业，大幅度提高国产动漫产品的数量和质量；大力扶持以手机为主要传播渠道和载体的动漫游戏出版产品的开发；积极发展民族网络游戏产业，鼓励扶持民族原创网络动漫产品的创作和研发，拓展民族网络文化发展的空间。
04　印刷复制产业发展重点 以中小学教科书、政府采购产品和食品药品包装为重点，大力推动绿色印刷发展，以数字印刷、数字化工作流程、CTP和数字化管理系统为重点，在全行业推广数字化技术，推动我国从印刷大国向印刷强国的转变取得重大进展，争取在新闻出版业中提前实现强国目标。到“十二五”期末，争取成为全球第二印刷大国；培育一批具有国际竞争力的优势印刷企业；力争绿色印刷企业数量占到我国印刷企业总数的30%；数字印刷产值占我国印刷总产值的比重超过20%。在保持光盘复制业平稳发展的基础上，大容量高端光盘产品产能增长500%，小容量低端光盘产品产能淘汰40%~50%。到“十二五”期末，我国光盘复制产量占全球的50%，成为全球重要的复制基地。
05　出版物发行产业发展重点 基本形成以连锁经营、物流配送、电子商务为主要特征，以大城市为中心、中小城市相配套、贯通城乡的出版物发行流通网络。跨地区发展取得重大突破，基本形成以南方、北方全国性新华发行集团和邮政报刊发行集团为主导的发展格局。建成3~4家辐射全国的现代新闻出版流通企业，有效降低新闻出版业物流成本。形成4~5家科技含量高、具有自主知识产权、销售额超亿元的数字发行和互联网发行企业。到“十二五”期末，力争实现出版物发行网点覆盖到全部乡镇。

专栏7　新闻出版产业振兴工程

01　中央国有大型出版传媒集团公司扶持工程 整合中央各部门各单位优质出版资源，建设三四个中央国有大型出版传媒集团公司。
02　“原动力”原创动漫及民族网游出版工程 每年重点鼓励100种原创漫画图书、40种原创漫画期刊、60种原创数字动漫、100种原创游戏作品的创作出版，扶持100个优秀原创动漫、游戏人才(团队)，支持50个国产动漫游戏技术研发重点项目。重点培育一批月发行量超过100万册的原创漫画期刊，推出一批具有较强影响力的国产大型网游精品和一定数量的网页游戏、手机游戏精品，鼓励手机动漫报、手机动漫杂志的出版，以及手机动漫WAP网站建设。

03　绿色印刷和数字化印刷工程 实施数字印刷与印刷数字化工程、绿色环保印刷体系建设工程两个子项目，加快印刷技术、工艺、管理的创新和产业化步伐，实现喷墨数字印刷技术自主开发和应用，逐步建立和完善绿色印刷环保质量体系，发挥绿色印刷和数字技术对整个印刷产业实施创新驱动、内生增长的引导作用，带动产业转型和升级。
04　全国性出版物物流体系建设项目(含新华书店"一网通") 以各省级新华书店为基础，加快全国性国有大型发行集团建设。实施出版物现代供应链系统示范工程，建立健全出版物物流标准体系，实现产业链上下游信息系统互联互通；构建开放式、综合性、多功能集成的出版物流通信息平台，推动出版领域物联网建设。推动全国新华书店信息平台、卖场平台、物流平台以及服务支持平台等有机链接，实现新华书店"一网通"。
05　农村出版物销售网点建设项目 推广新华书店农村出版物连锁模式，鼓励新华书店依托农家书屋、各类便民店以及个体工商户，建立各种形式的出版物发行网点或代销点，不断壮大农村出版物发行主渠道，培育农村出版物消费市场。到2015年，努力实现"市市有书城、县县有书店、乡乡有网点、村村有书屋"。

(五)顺应数字化、信息化、网络化趋势，推进新闻出版业转型和升级

建立以政策为先导、投入为保障、企业为主体、创新平台为支撑、市场需求为导向、产学研相结合的新闻出版科技创新体系。鼓励和支持新闻出版企业开发拥有自主知识产权的关键技术，发展以内容生产数字化、管理过程数字化、产品形态数字化、传播渠道网络化为主要特征，以网络出版、手机出版为主要代表的数字出版等新兴业态，推动数字内容加工、存储、传输、阅读等技术和装备的研发与制造，发展电子阅读及有声阅读，改造提升传统新闻出版产业，提高新闻出版企业装备水平和新闻出版产品的科技含量，实现新闻出版内容资源深度整合。加强新闻出版公共服务项目的数字化建设，加快国家数字出版重大工程建设和国家数字出版基地建设。进一步完善新闻出版电子政务系统。

专栏8　新闻出版科技创新工程

01　中华字库工程 到"十二五"期末，完成中华字库工程。收集现有文献资料中的汉字形体和少数民族文字形体，建立主要文字的编码和全部字体字符库。重点研发文字的编码体系、输入输出、存储传输以及相互兼容等关键技术。实现收录汉字及少数民族文字字符数在50万个以上，并完成字符编码，实现字体格式适合于数字出版印刷和网络化、数字化。

02　国家知识资源数据库工程(一期) 建设国家知识资源数据库架构和应用示范平台，系统整合各个行业领域现存的各种类型的知识资源，建立起结构科学、层次清晰、覆盖全面、高度关联的分布式知识库群。一期工程是项目的建设阶段，目标是整体规划数据库架构，制定相关标准，建设应用示范平台。建设国家出版资源数字样本库，完成中国大百科全书、中华老唱片等出版物的数字化整理。
03　国家数字复合出版工程 制定一系列数字复合出版标准规范，研制协同采集编审平台、综合加工制作平台、全媒体资源管理平台、多渠道发布平台、互动服务与支撑平台及相关公共技术。在工具书出版、教育出版、科技出版、报业新闻出版、医学期刊出版以及大众出版等不同类型的出版领域开展应用示范，并进行全行业推广。
04　数字版权保护技术研发工程 开展适用于数字出版、具有自主知识产权的数字版权保护技术研发，实现关键技术和核心突破，形成数字出版版权保护技术整体解决方案和数字版权公共管理技术体系并推广应用。构建应用示范环境，搭建数字版权保护综合监管服务平台。
05　电子书包研发工程 研究开发以网络环境为依托，由移动终端设备、电子教学服务平台、资源加工出版支撑体系以及教育教学数字内容共同构建，参与者通过使用终端设备来进行教学活动的电子书包工程。工程一期启动电子书包研发工作并展开小范围试点；二期进行优化调整并在部分地区推广；三期进行全国范围推广工作。
06　国家数字出版服务管理平台建设项目(包括全国党报新媒体信息发布平台项目) 借助复合出版、数字版权保护、数据海量处理、语义分析等高新技术，开发建设开放的数字出版资源集成服务平台，实现数字内容资源共享，逐步成为数字出版生产与加工服务中心、数字内容投送交易中心、数字出版内容监管中心。

(六)统筹国际国内两个大局，推动新闻出版业“走出去”

积极利用国际国内两个市场、两种资源，大力推动新闻出版业“走出去”。有计划地布局布点，着力打造一批具有国际竞争力的大型传媒集团和物流企业，打造具有重要影响力的国际版权交易平台，打造具有核心竞争力的知名出版传媒品牌，使新闻出版产品、服务、企业、资本“走出去”步伐明显加快。资助优秀出版物对外翻译，扩展版权输出与对外合作出版的区域和范围，提高版权输出质量。“十二五”时期实现版权引进与输出比例降至2∶1。鼓励企业生产更多的外向型新闻出版产品，保持出版物出口持续增长，到2015年实现出版物出口金额4 200万美元。重点支持企业以动漫、网络游戏、期刊数据库、电子书等数字出版产品和服务开拓海外市场，进入国际主流市场，到2015年数字出版产品和服务出口金额超过10亿美元。大力推动印刷服务出口，鼓励企业承接国际高端印刷加工业务，到2015年实现印刷服务出口收入达到1 000亿元人民币。支持有能力的企业扩大对外投资，通过多种方式在境外兴办新闻出版实体，拓展新闻出版业务。办好北京国际图书博览会等重要国际性展会，继续开展重要国际书展中国主宾国活动。积极开展同港澳台的出版交流合作，充分利用香港、澳门区位优势，推动新闻出版产品和服务出口。

专栏9　新闻出版“走出去”工程

01　“经典中国”国际出版工程 采用项目管理方式资助外向型优秀图书选题的翻译、出版、推广，以版权输出和出版合作等方式，实现对外出版发行，进入国外主流发行渠道，提高中国出版物出版水平和国际竞争力；鼓励向发达国家输出，以主流社会读者为对象，向国际市场推广我国优秀思想文化、精神文明以及历史成就。
02　中国出版物国际营销渠道拓展工程 积极实施“借船出海”战略，加强与全球性和区域性大型连锁书店的合作，拓展国际主流营销渠道；整合和巩固现有海外华文出版物营销渠道；积极开拓重要国际网络书店等新型出版物销售渠道；从而构建国际立体营销网络，推动更多的中国优秀出版物走向世界。
03　重点新闻出版企业海外发展扶持工程 加快我国新闻出版企业海外发展步伐，为我国重点新闻出版企业在产品输出、境外机构设立、境外资本运营等方面提供支持。重点扶持20家外向型骨干企业，通过独资、合资、合作等方式，到境外建社建站、办报办刊、开厂开店，通过参股、控股等多种方式，扩大境外投资，参与国际资本运营和国际企业管理；营造良好环境和服务平台，鼓励和支持各种所有制企业拓展新闻出版产品和服务出口业务。
04　两岸出版交流合作工程 大力推进海峡两岸新闻出版交流合作，重点支持挖掘和整合两岸出版资源、文化资源，完善两岸业界交流机制，加强项目合作，共同开拓海外华文市场，弘扬中华文化。

05 中国国际图书展销中心建设项目 以服务国际出版物贸易、版权贸易为重点，建造国际一流的大型综合性交流平台，为各国参展商提供各项服务，为世界各地的出版商寻找到新的接触机会。

（七）加强市场体系建设，创造良好的市场秩序

加快出版物市场和资本市场、技术市场、信息市场等要素市场建设，形成统一开放、竞争有序、健康繁荣的现代新闻出版市场体系。加快推进新闻出版诚信体系建设，建立新闻出版业社会信用体系的基本框架和运行机制，完善新闻出版企业评价体系，规范市场竞争行为。加大版权保护力度，保护原创作品，保护权利人的权益，保护文化创新精神。深入开展“扫黄打非”、打击侵权盗版和非法出版活动，整治市场环境。充分发挥政府的管理职能、行业的自律功能、社会的监督作用，形成良好的市场环境秩序。

专栏 10 新闻出版市场监管工程

01 全国“扫黄打非”能力提升项目 建立通达全国各省（区、市）“扫黄打非”办公室以及全国“扫黄打非”工作小组各成员单位的保密信息专网和“扫黄打非”内部工作管理平台等系统；建立非法出版物数据库、非法出版物网上鉴定平台、互联网违禁内容监测管理平台、出版物市场实时监控平台；加强“扫黄打非”队伍建设；加强“扫黄打非”的装备保障，全面提高“扫黄打非”工作水平和工作效率。
02 国家版权监管平台建设项目（二期） 整合现有的各种版权登记资源，完善版权公共服务体系，建立便捷、高效、畅通的日常行政管理渠道，向社会和执法部门提供作品登记、版权许可和转让登记、版权认证登记、版权质押登记等相关信息，为发展版权产业和加强版权执法提供服务。为打击各类侵权盗版行为提供技术支持，营造良好版权秩序。
03 新闻报刊出版监测系统建设项目 整合报刊内容资源，建立覆盖全国报刊出版单位的内容传输网络，形成实时更新的全国报刊内容数据库系统，全面建成全国报刊电子样本库，通过信息技术手段实现对报刊出版内容的分级监测，依法实现对全国报刊出版情况的统计、分析、评价和引导，为我国新闻报刊出版行政管理提供科学有效的基础平台。

六、推动“十二五”时期新闻出版业发展的主要措施

（一）坚持改革开放

进一步深化新闻出版体制改革，在重点领域和关键环节取得突破。全面完成非时政类报刊出版单位转制工作。加快推进党报党刊发行体制改革，建立健全市场发行体系。推动新闻出版企业建立现代企业制度，完善法人治理结构，打造大型新闻出版传媒集团，提升企业核心竞争力。扩大对内开放，鼓励、引导和规范社会资本以多种形式进入政策许可的领域，为非公有制文化企业持续快速健康发展，创造良好的政策环境和平等竞争机会。扩大对外开放，引进战略投资者，加大印刷、分销等对外开放力度，加强版权合作和合作出版。进一步深化公益性新闻出版单位体制改革，完善事业单位法人治理结构，提高新闻出版公共服务能力和水平。进一步深化新闻出版行政管理体制改革，加快政府职能转变，创新政府管理的体制、机制、方式、方法，提高行政效能。

(二)加快结构调整

进一步加快新闻出版产品结构、产业结构、企业组织结构、所有制结构、区域布局结构、技术结构的调整，建立和完善新闻出版产业体系，全面提升产业水平和国际竞争力。进一步加快推进传统新闻出版业数字化转型，加快发展数字出版等战略性新兴新闻出版产业。进一步培育新闻出版骨干企业，鼓励有条件的新闻出版企业跨区域跨行业跨所有制经营和重组，推动新闻出版资源适度向优势企业集中。支持“专”、“精”、“特”、“新”的现代新闻出版企业发展。进一步加快建设新闻出版产业带、产业园区和产业基地，继续推动长三角、珠三角、环渤海等新闻出版产业集群、产业带建设，重点发展数字出版、版权创意、印刷复制产业等产业园区和基地，鼓励差异化、特色化发展，促进产业区域协调发展，提升新闻出版产业集中度。进一步利用多种渠道融资，推动有条件的企业上市，吸收社会资本有序参与新闻出版活动。

(三)加快转变发展方式

进一步加快新闻出版业发展由主要依靠资源扩张向主要依靠科技进步、文化创新和提高劳动者素质转变，真正实现新闻出版业发展方式由粗放型向效益型转变，由数量型向质量型转变，由扩张型向科技型转变。加快思想观念创新、体制机制创新、内容形式创新、出版形态创新、传播手段创新、产业体系创新、商业模式创新、版权服务体系创新。建立创意激励机制，以鼓励内容创新为核心，对各类创意作品、创意人才、创意机构、创意产业园区进行国家奖励与扶持，着力培育创新主体。

(四)加快科技进步

推动科技创新和科技成果转化，研发一批拥有自主知识产权，具有战略性、引导性和带动性的前沿技术，掌握一批具有支撑作用、保障作用的基础技术，重点支持内容采集与处理技术、声音与图形图像技术、云出版技术、语义分析技术、数字显示技术、数字印刷技术、下一代彩色阅读设备的研发，加强知识组织管理与协同编辑管理技术、新型印刷、油墨、材料技术的开发与应用。鼓励和支持企业技术研发与改造。加快新闻出版行业标准化建设步伐，推进数字出版相关标准制定与推广工作，编制完成行业基础性标准，研究编制新业态核心标准。推行绿色出版战略，倡导低碳环保生产模式。在全行业推行“绿色出版”的环保理念，推广高效节能技术和产品的应用。打造“绿色”印刷产业。

（五）加强人才队伍建设

确立人才优先发展战略，以培养新闻出版各类领军人物为目标，统筹抓好领导人才、经营管理人才、专业技术人才特别是复合型人才与行业紧缺和急需人才队伍建设，造就一批名作者、名编辑、名记者、行业技术专家和出版家、企业家。重点开展新闻出版名家工程、领军人才工程、专门人才培养与开发计划。以职业准入和岗位准入为抓手，不断提高基层人才队伍素质。完善新闻出版专业技术人员职业资格制度，建立多种形式的人才培训机制。把非公有文化机构的人才队伍纳入行业人才建设体系。创新人才激励机制，健全人才选拔机制，完善人才流动机制，形成有利于各类人才脱颖而出的体制环境。

（六）加强政策支持与引导

加大政府投入，争取国家财政加大对国家出版基金、农家书屋工程可持续发展资金、民族文字出版专项资金、“走出去”专项资金等的支持力度。争取延续并扩大国家对新闻出版业的税收优惠、贸易促进等政策，抓好政策落实。积极争取中央和地方政府对新闻出版领域重大项目的资金支持，加大新闻出版重点项目的实施力度，加快新闻出版改革发展项目库建设步伐，引导和带动新闻出版业发展。制定和公布产业发展和投资指导目录，完善、落实投融资政策。制定和实施出版资源向重点出版传媒企业和基地倾斜的政策，对大型跨地区骨干出版传媒企业和国家级出版产业基地，在出版资源配置上予以倾斜，鼓励其做大做强。完善版权相关法律、法规和政策制度，扶持版权代理、评估、质押、投资、融资等活动，支持建设版权服务平台。研究转制后新闻出版企业资产管理、劳动分配等新问题，激发企业发展活力。

（七）加强依法行政

健全保障新闻出版业发展的法制体系，推动新闻出版法规、规章的制定和修订，完善出版单位法人制度、主管主办制度、新媒体出版管理等法律制度。提高依法行政水平，推进服务政府、法治政府、责任政府、廉洁政府建设。建立完善新闻出版企业准入、评估、考核、奖惩、退出等机制和资产、经营、收益分配等监管制度，改进事业单位管理办法和业绩评价、考核办法，规范企事业单位的行为，加强行风建设。制订新的书号核发管理办法。完善审读、舆情监测、信息沟通和应急管理机制，进一步规范新闻采编秩序和报刊经营秩序。依法加强和改进新闻出版统计工作。

（八）加强组织领导

从全局高度出发，充分认识新闻出版业的战略性地位，切实加强对规划实施工作的组织领导。新闻出版总署负责本规划的统筹协调和宏观指导，制定各项目标任务的分解落实方案和重大工程实施方案，建立规划实施情况的监测、评估、考核机制，并加强督促检查。各级新闻出版行政部门要增强推动新闻出版业发展的责任意识，积极争取党委、政府对新闻出版产业的领导和支持，健全和完善领导体制和工作机制，根据规划的目标、任务和措施，确定“路线图”，制订“时间表”，选定责任人，签订责任状，并实行严格的问责制，确保新闻出版业“十二五”规划保质保量如期落实。